Japans Zukunftsindustrien

Andreas Moerke · Anja Walke
(Herausgeber)

Japans Zukunftsindustrien

Mit 40 Abbildungen und 54 Tabellen

Springer

Dr. Andreas Moerke
DIJ - German Institute for Japanese Studies
Nissei kojimachi Bldg. 2F.
Kudan Minami 3-3-6 Chiyoda-ku
102-0074 Tokyo
Japan
moerke@dijtokyo.org

Dr. Anja Walke
Institut für Asienkunde
Rothenbaumchaussee 32
D-20148 Hamburg
Germany
walke@ifa.duei.de

ISBN-10 3-540-29806-1 Springer Berlin Heidelberg New York
ISBN-13 978-3-540-29806-9 Springer Berlin Heidelberg New York

Bibliografische Information der Deutschen Nationalbibliothek
Die Deutsche Nationalbibliothek verzeichnet diese Publikation in der Deutschen Nationalbibliografie; detaillierte bibliografische Daten sind im Internet über http://dnb.d-nb.de abrufbar.

Springer ist ein Unternehmen von Springer Science+Business Media

springer.de

Herstellung: LE-TEX Jelonek, Schmidt & Vöckler GbR, Leipzig
Umschlaggestaltung: WMX Design GmbH, Heidelberg

SPIN 11577010 43/3100YL - 5 4 3 2 1 0 Gedruckt auf säurefreiem Papier

Vorwort

Japans nicht verlorenes Jahrzehnt

Für Japan schien in den 1990er Jahren die Zukunft fast vorbei zu sein: Das gesamtwirtschaftliche Wachstum betrug zwischen 1992 und 2001 im Jahresdurchschnitt gerade einmal 1,1%. Der Aktienindex Nikkei 225 fiel von seinem 1989 erzielten Höchststand von fast 40.000 Punkten zwischenzeitlich bis auf unter 13.000 Zähler im Oktober 1998 (und sogar auf fast 7.600 Punkte im April 2003). Sinkende Bruttoanlageinvestitionen verursachten einen Rückgang des Wirtschaftswachstums, und selbst die von der Regierung in Angriff genommenen Konjunkturprogramme, die nominal eine Größenordnung von bis zu 6% des Bruttoinlandsproduktes erreichten, brachten nicht den gehofften Erfolg. Im Gegenteil: Ende der 1990er Jahre verfiel Japan in eine bis 2005 anhaltende Phase der Deflation.

Mittlerweile hat Japans Wirtschaft aber wieder an Fahrt gewonnen und befindet sich auf einem stabilen Wachstumspfad. Nach einem spürbaren Anziehen der Wirtschaft im Jahr 2005 erwartet die OECD für das Kalenderjahr 2006 einen realen Zuwachs von 2,8% und einen nominalen von 2,2%. In der Retrospektive erwies sich das „verlorene Jahrzehnt" zudem gar nicht als so verloren: Japans Unternehmen haben die 1990er Jahre erfolgreich für grundlegende Umstrukturierungen und Neuausrichtungen genutzt. Sie haben Überkapazitäten abgebaut, ihre Kosten gesenkt und erzielen wieder Gewinne. Zudem zeigen sie sich recht investitionsfreudig und sind dabei, einen tief greifenden Anpassungsprozess an die Bedingungen der Globalisierung zu vollziehen. In wichtigen Bereichen hat Japan wieder internationalen Anschluss gefunden.

Neue Technologien: Investitionen in die Zukunft

Die guten Ergebnisse japanischer Unternehmen sind auch das Resultat konsequenter Investitionen in Forschung und Entwicklung sowie einer strukturierten Forschungs- und Technologiepolitik. Japan hat in den letzten zehn Jahren kontinuierlich einen höheren Prozentsatz des Bruttosozialprodukts in FuE investiert als alle anderen großen Industrienationen: Für das Jahr 2004 lag beispielsweise die Quote für Japan bei 3,15%, für die USA bei 2,59% und für Deutschland bei 2,49%. Diese Investitionen resultieren auch in einer hohen Anzahl von Patenten: Japan rangiert mit weltweit rund 190.000 erteilten Patenten im Jahr 2002 auf Platz 2 nach den USA mit rund 195.000 Patenterteilungen. Selbst in den USA sind noch immer rund 20% der erteilten Patente japanischen Ursprungs!

Die konsequente Forschungs- und Entwicklungspolitik der japanischen Regierung manifestiert sich unter anderem im „Rat für Forschungs- und Technologiepolitik“ (CSTP), der einmal monatlich tagt, sowie in zahlreichen technologiebezogenen Regierungsinitiativen wie dem „New Industrial Structure Report“ mit entsprechenden Fördermaßnahmen. Der japanische Staat hat in bewährter Manier Themenfelder definiert und versucht, anders als früher, nicht über Dirigismus, sondern über Förderung Entwicklungen anzustoßen. Mit dem Ziel, die Wettbewerbsfähigkeit des Standorts Japan und der Unternehmen zu sichern, hat die japanische Regierung beispielsweise in ihrem 2. FuE-Rahmenprogramm (2001-2005; Gesamtvolumen: 24 Bio. JPY) vier Sektoren identifiziert, von denen sie ein hohes Wachstumspotenzial erwartet und die daher auch besonders gefördert werden: Lebenswissenschaften, IT, Umwelt und Nanotechnologie. Im 3. FuE-Rahmenprogramm (2006-2010; Gesamtvolumen: 25 Bio. JPY) liegt der Fokus auf den Bereichen Energie, IT, Life Sciences, Nano-/Materialwissenschaft, Umwelttechnologie, Verfahrenstechnik sowie Raumfahrt und Meeresforschung.

Forschungsförderung ist jedoch nur eine Seite der Medaille. Genauso wichtig ist die Änderung der Rahmenbedingungen für Innovationen – und damit für die Entstehung von Zukunftstechnologien. Ein Schritt auf diesem Weg war die jüngste Hochschulreform, deren wichtigste Merkmale die Umwandlung von bisher staatlichen Universitäten in unabhängige Rechtskörperschaften, die systematische Evaluation von Forschungs- und Ausbildungsergebnissen und die Förderung von Forschung und Bildung in ausgewählten Schwerpunkt-Bereichen darstellten. Als eine Folge hat sich die Bereitschaft der Universitäten, Unternehmen zu gründen und Forschungsergebnisse zu vermarkten, deutlich erhöht. Ferner sollen durch Neuregelungen der Beteiligungen an Patenten Professoren stärker dazu angeregt werden, ihre Forschungsergebnisse an Unternehmen weiterzugeben, um dadurch den Wissenstransfer aus den Universitäten in die Wirtschaft zu erhöhen.

Kurz: das japanische Innovationssystem befindet sich in einem Wandel, und die „Zukunftsindustrien", die in diesem Buch beschrieben werden, sind nur die bisher manifesten Erscheinungen dieses Wandels. Sie stellen aber wichtige Meilensteine auf Japans Weg in die Technologie(n) der Zukunft dar, und ihre Kenntnis hilft, die Stellung Japans im System der Weltwirtschaft besser zu verstehen.

Japans Zukunftsindustrien – Intention und Struktur des Bandes

„Japans Zukunftsindustrien" ist ein Produkt der Kooperation zwischen dem Deutschen Institut für Japanstudien (DIJ) in Tokio und dem GIGA Institut für Asienkunde in Hamburg. Der vorliegende Sammelband schließt inhaltlich an den 1997 vom ifo Institut für Wirtschaftsforschung und dem Sakura Research Institute vorgelegten Vergleich der Wettbewerbsfähigkeit deutscher und japanischer Industrien („A Comparative Analysis of Japanese and German Economic Success") sowie an die 1998 vom DIJ vorgelegte Darstellung japanischer Wirtschaftsstrukturen („Die Wirtschaft Japans") an. Es ist daher nur folgerichtig, dass auch dieser Band im Springer-Verlag erscheint.

Im vorliegenden Band werden die wirtschaftspolitischen Rahmenbedingungen für die Entstehung und Entwicklung von Zukunftsindustrien und -technologien umrissen und das Wechselspiel von politischer Gestaltung und wirtschaftlicher Dynamik anhand markanter Technologien und Industrien untersucht. Ferner werden Wettbewerbsstrategien japanischer „Global Player" analysiert und ihre Stärken und Defizite exemplarisch aufgezeigt. Der Band untersucht die Frage nach Japans Stellung in den Industrien und Technologien, die international als zukunftsweisend gelten. Es wird international vergleichend herausgearbeitet,

- welche Weichen Japan für die Zukunft gestellt hat,
- in welchen Zukunftsbereichen japanische Unternehmen welche Rollen spielen,
- und welche Entwicklung(en) Japan offensichtlich verpasst hat.

Bei der Konzeption des Sammelbandes stand der Praxisbezug mehr als die theoretische Beschäftigung mit den Themenfeldern Innovationen, Technologieentwicklung, Technologietransfer etc. im Vordergrund. Die siebzehn Beiträge sind sechs Themenbereichen zugeordnet, um die Vielfalt der

Technologien, Industrien und Forschungsansätze zu bündeln und Gemeinsamkeiten deutlicher herauszuarbeiten.

Im ersten **Themenbereich** werden die **„Rahmenbedingungen"** für die Entwicklung von Zukunftstechnologien und -industrien umrissen. Werner Pascha zeigt gesamtwirtschaftliche Megatrends und ihre Implikationen für die japanische Branchenstruktur auf. Er kommt zu dem Ergebnis, dass die Lage in Japans bisherigen Paradedisziplinen, den Montage- und Verarbeitungsindustrien, zwar schwierig ist, die Wettbewerbsdynamik jedoch nicht unterschätzt werden darf. Zudem zeigen Japans Industrien Ansätze, ausgetretene Pfade zu verlassen und neue Potentiale (Stichwort „Cool Japan") zu erschließen. Kerstin Cuhls beschreibt, wie Zukunftstechnologien in Japan mit Hilfe groß angelegter Foresight-Studien systematisch identifiziert werden und auf welche Felder bzw. Technologien konkret gesetzt wird. Andreas Nabor befasst sich mit der institutionellen Ausgestaltung des japanischen Finanzsystems zur Finanzierung von Zukunftstechnologien. Er stellt dar, dass das traditionelle bankbasierte Finanzsystem Japans durchaus in der Lage ist, die traditionelle Forschung und Entwicklung in Japans Großunternehmen zu finanzieren, und dass darüber hinaus das japanische Finanzsystem bereits auf dem Weg ist, auch die vornehmlich durch kleine Unternehmen geprägten Zukunftsindustrien effizient durch die Einführung marktbasierter Elemente zu fördern.

Der **Themenbereich „Life Sciences"** untersucht die Entwicklungen in der japanischen Biotechnologie, Pharmaindustrie und Medizintechnik. Anja Walke legt dar, dass Japan in der Biotechnologie mittlerweile die Phase relativer Rückständigkeit der 1990er Jahre überwunden hat und sich aktiv am internationalen Wettlauf beteiligt. Ob es Japan gelingt, die Entwicklung der Biotechnologie deutlich voranzutreiben, wird jedoch in hohem Maße davon abhängen, inwieweit drei grundlegende Probleme gelöst werden: die Fragmentierung in der Forschung, der Zugang zu Finanzressourcen und der Schutz des geistigen Eigentums. Jörg Mahlich beschreibt den Versuch japanischer Pharmaunternehmen, durch höhere Forschungsinvestitionen und über eine Internationalisierung der Forschung zur internationalen Konkurrenz aufzuschließen. Weitere Konsolidierungen auf dem zweitgrößten Pharmamarkt der Welt scheinen jedoch unabdingbar. Tim Goydke stellt die wichtigsten Bestimmungsgrößen des japanischen Medizintechnikmarktes und seine Rahmenbedingungen vor. Aufgrund der demografischen Entwicklung schätzt er die Aussichten für die Medizintechnikbranche in Japan als positiv ein, obwohl anhaltender Kostendruck und die anstehende Gesundheitsreform Unwägbarkeiten darstellen.

Der **Themenbereich „Miniaturisierung/Automatisierung"** umfasst Beiträge zu den Feldern Nanotechnologie, Chip-Industrie und Robotik. Iris Wieczorek konstatiert, dass Japan auf dem besten Weg ist, sich beim Nanotechnologie-Wettlauf einen vorderen Platz zu sichern. Da in einigen wichtigen Bereichen noch Nachholbedarf besteht, ist schnelles und effektives Handeln gefragt, um den Anschluss nicht zu verpassen. Nach Jürgen Maurers Auffassung hat Japan, das in den 1980er Jahren die weltweite Chip-Industrie dominierte, an Marktmacht verloren und befindet sich derzeit an einem Scheideweg. Die japanischen Chiphersteller versuchen, durch massive Investitionen in Forschung und Entwicklung Neuentwicklungen schnell zu kommerzialisieren. Pascal Gudorf weist nach, dass Japan bei der Entwicklung und dem Einsatz von Industrierobotern führend ist und diesen Vorsprung zurzeit durch umfassende Forschungsprojekte abzusichern versucht. Auch bei Servicerobotern verspricht Japan zu einem Führungsmarkt zu werden, wenn es gelingt, aus humanoiden Prestigeobjekten konkrete und praktisch einsetzbare Produkte zu generieren.

Im **Themenbereich „Information und Kommunikation"** werden Japans Markt für mobile Kommunikation und die japanische Videospielindustrie vorgestellt. Alexander Müller und Martin Seibert argumentieren, dass die Zukunftsfähigkeit der i-mode-Technologie durch Smartphones gefährdet ist. Auf der anderen Seite zeigen sich für die japanischen Anbieter von Mobile Solutions aber auch hervorragende Wachstumschancen durch die Standardisierung im Telematik-Bereich und durch den Wissensvorsprung im Bereich von 3G-Infrastruktur. Christian Winkler stellt fest, dass der Weltmarkt für Spielekonsolen trotz des Zutritts durch Microsoft noch immer von Sony und Nintendo dominiert wird. Auch sind etliche japanische Softwarehersteller sowohl zu Hause als auch auf dem Weltmarkt sehr gut positioniert. Aufgrund steigender Entwicklungskosten dürfte sich die Konsolidierung der Industrie allerdings fortsetzen.

Der **Themenbereich „Transport"** umfasst Beiträge zur Brennstoffzellen-Technologie, zu Intelligenten Transportsystemen (ITS) und zur japanischen Luftfahrtindustrie. Hiromichi Kunimi konstatiert, dass Brennstoffzellen als Fahrzeugantriebssystem der Zukunft gelten. Auch in ihren Einsatz im privaten Haushalt werden hohe Erwartungen gesetzt. Allerdings wird das Tempo der Verbreitung von Brennstoffzellen von ihren Preisen, der Preisentwicklung auf dem Energiemarkt generell und vom Aufbau des Versorgungsnetzes abhängen. Andreas Moerke beschreibt, dass die konzentrierte Aktion von Ministerien und Industrien im Bereich ITS Japan eine Spitzenposition verschafft hat. Da kein Nachlassen der Aktivitäten zu sehen ist, kann weiterhin von einer Spitzenstellung Japans in diesem Bereich ausgegangen werden. Sigrun Caspary vertritt die These, dass Japan in der Luftfahrtindustrie in technologischer Hinsicht durchaus den Ländern der weltweiten Spitzengruppe zuzurechnen ist und auch künftig in diesem Bereich eine nennenswerte Rolle spielen wird.

Natürlich dürfen auch zukunftsorientierte Entwicklungen im Dienstleistungssektor nicht ignoriert werden. Der **Themenbereich „Services“** zeigt Beispiele aus den Feldern Finanzdienstleistungen, Modeindustrie und Distribution. Nach Ansicht von Martin Schulz ist Japan nicht länger „overbanked“ und scheint am Anfang einer Reihe von Finanzinnovationen im Bereich des „elektronischen Geldes“ zu stehen. Sowohl der Markt wie auch die Infrastruktur und die notwendigen Technologien sind hierfür bereits reif. Ob die Banken diese Chance im Retail Banking ergreifen, ist jedoch noch offen. Sabine Pick sieht neben dem gestiegenen Wettbewerbsdruck durch internationale Konkurrenten den demografischen Wandel Japans als große Herausforderung für die japanische Modeindustrie. Sie konstatiert darüber hinaus eine voranschreitende Polarisierung der Preissegmente, auf die die Hersteller bisher nur unzureichend reagieren. Hendrik Meyer-Ohles Beitrag unterstreicht, dass sich das japanische Distributionssystem in den 1990er Jahren und zu Beginn des 21. Jahrhunderts deutlich gewandelt hat. Die Vorrangstellung der Hersteller ist einer Orientierung an Kundeninteressen gewichen, was dem Einzelhandel eine deutlich bessere Verhandlungsposition sichert. Es gibt sogar Einzelhandelsunternehmen, die so stark geworden sind, dass sie den Großhandel aus der Vertriebskette eliminieren. Auch die Hersteller suchen verstärkt die direkte Zusammenarbeit mit dem Einzelhandel ohne Nutzung des Großhandels.

Naturgemäß konnten nicht alle Industrien und Technologien, die international als zukunftsweisend gelten, in einem einzigen Band umfassend abgehandelt werden. So mag mancher Leser Ausführungen zu ebenfalls interessanten Gebieten, wie Optoelektronik, Umwelttechnologien oder Digital Content, vermissen. Dennoch gibt der Sammelband einen guten Einblick in Japans Stärken und Schwächen in zentralen Zukunftstechnologien und -industrien.

Grußwort und Danksagung

Die Entstehung von „Japans Zukunftsindustrien“ wäre nicht möglich gewesen ohne die Forschungsnetzwerke, in denen wir uns bewegen. Unser Dank gilt zuerst den Autorinnen und Autoren, die ihr Wissen mit uns teilen. Kollegiale Unterstützung erfuhren wir auch an beiden Instituten durch Diskussionen über die Struktur des Bandes oder bei der Suche nach und Ansprache von Autoren. Wir freuen uns, dass der Springer-Verlag den Band so bereitwillig und schnell in das Verlagsprogramm aufnahm. Frau Dr. Martina Bihn hat das Projekt engagiert und geduldig betreut. Ohne Stephan Schönfelds Lektorat und sein sowie Nina Bonges Einsatz beim Layout wäre der Band vielleicht noch immer nicht fertig gestellt. Ihnen beiden gilt ebenfalls unser herzlicher Dank. Trotz aller Unterstützung bleibt die Verantwortung für Fehler bei den Herausgebern. Wir hoffen, dass es nicht zu viele sein mögen und dass die Inhalte das Interesse vieler Leser wecken!

Für Anfragen, Anmerkungen oder auch Kritik sind wir unter den E-Mail-Adressen moerke@zukunftsindustrien.de und walke@zukunftsindustrien.de zu erreichen. Wir freuen uns auf Ihre Nachricht.

Tokio und Hamburg, im Juli 2006

Andreas Moerke
Deutsches Institut für Japanstudien

Anja Walke
GIGA Institut für Asienkunde

Inhaltsverzeichnis

Information und Kommunikation

Transport

Services

Anhang

Grundlagen

Gesamtwirtschaftliche Megatrends und die Aussicht auf dynamische Zukunftsindustrien in Japan

Werner Pascha[1]

1 Einführung

Der vorliegende Beitrag untersucht die Grundlagen der zukünftigen japanischen Wirtschaftsentwicklung jenseits der kürzerfristigen konjunkturellen Perspektiven. Im Fokus stehen insbesondere solche Aspekte, die längerfristig über Erfolg und Misserfolg in den einzelnen Industrien entscheiden. Wir suchen also nach zentralen Faktoren („Megatrends"), die die Entwicklung der Branchenstruktur in Japan treiben und auch in Zukunft von herausragender Bedeutung bleiben werden. Dazu gehören:

- der rasante Strukturwandel,
- die Stärke des heimischen Wettbewerbs, zumindest in vielen Branchen,
- der Schwerpunkt in den Montageindustrien und die Frage nach dem Wert „japantypischer" hybrider Netzwerke, wie sie gerade dort zu finden sind,
- die Möglichkeit einer Überwindung dieses *Lock-in* in den Montageindustrien,
- die Nachfrage als Treiber oder Bremse der japanischen Wirtschaftsdynamik und
- der Einfluss des Staates und seiner Wirtschaftspolitik auf die Dynamik.[2]

---

[1] Ich danke meinem Mitarbeiter Roman Bartnik für die Unterstützung bei der Materialsammlung und -auswertung, insbesondere bei den Berechnungen zur Branchendynamik. Judith Pütter sei für Hilfe bei Formatierung und Aufbereitung der Tabellen gedankt.

[2] Weitere Megatrends, wie die gesellschaftliche Alterung und deren Auswirkungen auf die Wirtschaft, werden aus Platzgründen hier nicht betrachtet. Vgl. dazu etwa Walke (2003).

2 Japans rasanter Strukturwandel

Japans Wirtschaft gilt seit den 90er Jahren als wachstumsschwach. Hierüber ist inzwischen so oft diskutiert worden, dass sich genauere Belege fast erübrigen. Eher wäre umgekehrt darauf zu verweisen, dass Japan seit dem Ende der Hochwachstumsphase um 1970 zeitweise durchaus beachtliche Zuwächse erzielt hat. Je nach Abgrenzung der verglichenen Perioden steht Japan kaum schlechter da als die USA oder die EU, geschweige denn Deutschland.

Selbst wenn man aber eine Wachstumsschwäche konstatiert, verbirgt sich dahinter ein ausgeprägter industrieller Strukturwandel. Um dies nachzuzeichnen, sollen nicht einfach die Branchengrößen oder -anteile ermittelt und verglichen, sondern soll auf die dahinter stehende Veränderung der Spezialisierung im Rahmen der anderen OECD-Länder eingegangen werden.

Edward Wolff (2001) definiert dazu einen Spezialisierungsgrad SG als Anteil des Outputs eines Sektors i des interessierenden Landes h(y_i^h) am Gesamtoutput dieser Branche i in allen betrachteten Ländern, bezogen auf den Anteil des Landes am BIP (GDP) der gesamten Ländergruppe.[3] Das bedeutet:

$$SG_i^h = \frac{[\frac{y_i^h}{\sum_h y_i^h}]}{(\frac{GDP^h}{\sum_h GDP^h})}$$

Ein Wert von SG_i^h über 1 (= Spezialisierung) bedeutet also, dass der Anteil, den das Land h an der Wertschöpfung der Branche i hat, größer ist als der Anteil des Landes am gesamten BIP der Ländergruppe, und impliziert insofern relative Spezialisierung in diesem Wirtschaftszweig. In Tabelle 1 finden sich entsprechende Daten für Japan, Deutschland und die USA für die Jahre 1980, 1990 und 2000. Die Daten sind der STAN Structural Analysis Database 2003 der OECD entnommen (OECD 2004) und von daher

---

[3] Wolff benutzt OECD-Daten für 14 Länder und 33 Branchen der verarbeitenden Industrie. Der Index entspricht offenkundig dem bekannten Balassa-Index für offenbarte Wettbewerbsvorteile, der mit Außenhandelsdaten arbeitet. Die Verwendung von Output-Daten im Zähler und BIP-Werten im Nenner bedeutet, dass Länder mit einem starken Anteil der verarbeitenden Industrie – wie Japan oder Deutschland – häufig höhere Werte im Zähler als im Nenner haben werden; vgl. dazu Wolff (2001: 180, Fußnote 6).

mit den Berechnungen von Wolff (2001) für den Zeitraum 1970-1994 vergleichbar.[4]

Für die verarbeitende Industrie insgesamt gilt, dass Japan bis um 1990 noch hinter Deutschland lag – beide allerdings vor den USA – und inzwischen in Bezug auf relative Spezialisierung deutlich auch am vereinigten Deutschland vorbeigezogen ist. Der Wert von 1999 beträgt 1,38 gegenüber 1,20 für Deutschland und sogar nur 0,85 für die USA. Der „Überholvorgang" erfolgte also im angeblich „verlorenen Jahrzehnt" Japans. Dieser generellen Veränderung liegt ein dynamischer Strukturwandel in den einzelnen Branchen zu Grunde: In bestimmten Feldern hat Japan Spezialisierungen auf- und in anderen hingegen abgebaut, und zwar über die Bandbreite technologischer Niveaus hinweg. Ein deutlicher Unterschied besteht zu den USA, die im Wesentlichen nur in High-Tech-Segmenten und einigen wenigen Low-Tech-Segmenten wie Textilien Spezialisierungen über 1 aufweisen. Allerdings hat Japan – wie Deutschland – gegenüber der Gruppe der anderen OECD-Länder insgesamt leicht an relativer Spezialisierung verloren.[5]

Wie markant diese Veränderungen in der Branchenspezialisierung sind, lässt sich anhand einer Korrelationsanalyse der Spezialisierungsindizes über längere Zeiträume hinweg untersuchen. Eine hohe Korrelation bzw. Wechselbeziehung von (nahe) 1 bedeutet für ein gegebenes Land, dass sich das Muster der Branchenspezialisierung im Zeitablauf kaum geändert hat. In Tabelle 2 sind die Korrelationskoeffizienten für Japan, Deutschland und die USA über mehrere Zeiträume hinweg erfasst. Die Werte zeigen, dass Japan sich gerade im längeren Vergleich von 1970 bis 1994 abhebt: Hier ist die Dynamik des Branchenwandels deutlich sichtbar. Die Korrelation der Branchenspezialisierung zwischen diesen beiden Jahren beträgt gerade einmal 0,58. Für die relativ zeitnahe Periode 1979-1994 hat Wolff den geringsten Abstand zwischen Japan und Deutschland bzw. den USA ermittelt. Wir haben deshalb die Rechnung für den Zeitraum 1980-1999 wiederholt. Das Ergebnis (rechte Spalte in Tabelle 2) zeigt, dass Japan in der Spezialisierungsdynamik weiterhin deutlich führt.

---

[4] Wegen Änderungen in den Datengrundlagen der OECD sind die Werte nicht völlig kompatibel. Wolff arbeitet mit 14 OECD-Ländern und 33 Branchen innerhalb der verarbeitenden Industrie, wir mit 11 Ländern und 23 Branchen, da nicht für alle Länder und Branchen entsprechende Daten verfügbar waren. Zu beachten ist auch, dass in der Datenquelle deutsche Werte ab 1999 für Gesamtdeutschland gelten.

[5] Die Unterschiede sind aber so klein, dass sie kaum über die statistische Unschärfe hinausgehen.

Tabelle 1. Spezialisierungsgrade (SG) in Japan, Deutschland und den USA

	Spezialisierungsgrade		1980			1990			1999		
	Wirtschaftszweig	*ISIC Rev.3*	Japan	Deutschland	USA	Japan	Deutschland	USA	Japan	Deutschland*	USA
Low Tech	**Herstellung von Waren (gesamt)**	**15-37**	1,39	1,43	0,85	1,50	1,53	0,83	1,38	1,20	0,85
	Herstellung von Nahrungsmitteln und Getränken	15	1,48	1,21	0,75	1,46	1,20	0,76	1,54	1,06	0,73
	Tabakverarbeitung	16	0,40	0,65	1,34	0,45	0,81	1,22	0,88	0,60	1,20
	Herstellung von Textilien, Bekleidung, Leder und Lederwaren	17-19	1,18	1,12	0,75	1,17	1,00	0,67	0,99	0,63	0,66
	Herstellung von Holz sowie Kork- und Flechtwaren	20	1,01	1,08	1,12	0,86	1,08	1,14	0,65	1,10	1,09
	Herstellung von Papier, Zellstoffen, Papierprodukten, Verlags- und Druckerzeugnissen	21-22	1,22	1,19	1,01	1,25	1,19	1,03	1,21	1,02	1,00
	Sonstige Produktion, Recycling	36-37	1,98	1,17	0,66	2,30	1,10	0,68	2,06	0,84	0,81
Medium Low Tech	Kokerei, Mineralölverarbeitung, Herstellung und Verarbeitung von Spalt- und Brutstoffen	23	1,44	1,08	0,80	2,06	0,38	0,98	2,25	0,44	0,62
	Herstellung von Gummi- und Kunststoffwaren	25	0,69	1,77	0,83	0,60	2,13	0,83	0,44	1,57	0,90
	Herstellung sonstiger nicht-metallischer Mineralien	26	1,41	1,59	0,67	1,49	1,49	0,53	1,28	1,25	0,62
	Erzeugung von Eisen und Stahl	271+2731	2,39	1,35	0,69	2,39	1,76	0,52	2,34	1,14	0,55
	Erzeugung und Bearbeitung von NE-Metallen	272+2732	1,90	0,93	1,07	1,90	1,67	0,92	1,90	1,16	0,98
	Herstellung von Metallerzeugnissen außer Maschinen und Anlagen	28	0,93	1,42	0,92	1,29	1,59	0,78	0,97	1,46	0,83
	Schiff- und Bootsbau, Reparatur	351	1,69	0,83	0,68	0,89	0,77	0,85	1,09	0,42	0,60

Tabelle 1. (Fortsetzung)

Medium High Tech	Herstellung von chemischen Erzeugnissen ohne pharmazeutische Produkte	24ex2423	1,17	1,80	0,88	1,18	1,88	0,96	1,12	1,40	0,92
	Maschinen- und Anlagebau	29	1,18	1,82	0,86	1,67	2,27	0,73	1,42	1,94	0,76
	Herstellung von Geräten der Elektrizitätserzeugung und -einrichtung	31	1,21	2,34	0,77	1,62	2,84	0,65	1,87	2,41	0,58
	Herstellung von Kraftwagen und Kraftwagenteilen	34	2,00	2,08	0,60	1,97	2,51	0,56	1,57	1,74	0,84
	Schienenfahrzeugbau und Herstellung von sonstigen Fahrzeugen	352+359	1,50	0,89	0,79	1,12	1,05	0,79	0,65	0,87	0,98
High Tech	Herstellung von pharmazeutischen Erzeugnissen	2423	1,90	1,19	0,69	1,53	1,04	0,86	1,19	0,75	1,03
	Herstellung von Büromaschinen, Datenverarbeitungsgeräten und -einrichtungen	30	1,08	1,10	1,29	1,80	1,07	1,10	1,83	0,62	1,03
	Rundfunk- und Nachrichtentechnik	32	2,12	0,85	0,86	2,43	0,71	0,91	2,04	0,43	1,01
	Medizin-, Präzisionsinstrumente, Optik	33	0,86	1,50	1,15	0,83	1,56	1,21	0,69	1,49	1,14
	Luft- und Raumfahrzeugbau	353	0,17	0,52	1,61	0,12	0,59	1,62	0,20	0,77	1,39

Quelle: OECD (2003), eigene Berechnungen, * Gesamtdeutschland.

Tabelle 2. Dynamik industrieller Spezialisierungsmuster (Pearson-Korrelationskoeffizienten von Spezialisierungsindizes; vgl. Text)

Zeitraum Land	1970-1979 (Wolff)	1979-1994 (Wolff)	1970-1994 (Wolff)	1980-1999 (Pascha)
Japan	0,84	0,84	0,58	0,73
Deutschland	0,96	0,87	0,76	0,88
USA	0,96	0,92	0,86	0,80

Quelle: Wolff (2001: 181); eigene Berechnung auf leicht modifizierter Datenbasis (vgl. Text).

Diese starke Intensität des Branchenwandels in Japan hat verschiedene Implikationen:

- Selbst bei niedrigem Gesamtwachstum können einzelne Marktsegmente rasant zunehmen. Dies schafft erhebliche Marktchancen.
- Nicht mehr zeitgemäße Märkte können rasch schrumpfen. Firmen haben dies ebenfalls in Rechnung zu stellen.
- Branchendynamik bedeutet wirtschaftliche Dynamik, mit allen positiven Facetten von Anpassung und Vorwärtsorientierung, allerdings auch den entsprechenden sozioökonomischen Belastungen.

3 Die Kraft des Wettbewerbs: „neue Dualität“ zwischen wettbewerbsstarken und -resistenten Branchen

Das Ende der *Bubble*-Jahre 1990/91 markiert in mehr als einer Hinsicht eine Zeitenwende. Aktien- und Immobilienpreise brachen ein, die Wirtschaft war nicht in der Lage, nach der ersten Rezession auf einen nachhaltigen Wachstumskurs einzuschwenken. Im Nachhinein sprechen viele Japaner von den 1990er Jahren als dem „verlorenen Jahrzehnt“. Diese Jahre sind aber auch von einer zunehmend sichtbaren industriellen Auffächerung geprägt. So waren nicht alle Branchen in gleicher Weise von den krisenhaften Entwicklungen betroffen, wie schon ein Blick auf die Entwicklung der Aktienkurse zeigt. Gewiss mussten alle Wirtschaftszweige von den hohen Kursen von 1989 Abschied nehmen; die Varianz innerhalb dieses Trends ist jedoch beachtlich. Einige Branchen, wie Präzisionsinstrumente oder Transportmaschinen, insbesondere also der Kfz-Bereich, konnten immerhin etwa ¾ ihres Börsenwertes verteidigen. Andere Bereiche, wie das Bankenwesen, das Bauwesen oder der Luftverkehr, büßten um die $^{9}/_{10}$ ihrer Aktiennotierung ein (vgl. JCER 2003a).

Mit leichter Überspitzung kann man nachgerade von einer „neuen Dualität“ in der japanischen Wirtschaftslandschaft sprechen – „neu“ deshalb, weil früher von Dualität immer im Hinblick auf die Unterscheidung von Großunternehmen und den schwächeren Klein- und Mittleren Unternehmen die Rede war.

Was macht das Entscheidende der neuen Zweiteilung aus? Bei den auch an der Börse erfolgreicheren Branchen handelt es sich in der Regel um international wettbewerbsfähige Industrien, die gleichzeitig einem hohen Grad von Außenöffnung und internationalem sowie nationalem Wettbewerb unterliegen. Ein weiteres Merkmal besteht darin, dass die staatlichen Interventionen, sei es über gezielte Förderung oder über Schutzmechanismen, relativ gering sind. Umgekehrt haben diejenigen Industrien in den letzten Jahren eine besonders schwache Performance gezeigt, die hinter hohen Regulierungsmauern vor dem Wettbewerb geschützt waren bzw. noch sind und sich daher nicht dynamisch weiterentwickeln mussten.

Porter und Sakakibara (2004) haben die japanischen Industrien nach diesem Kriterium geordnet. Die Ergebnisse entsprechen im Wesentlichen den obigen Überlegungen (vgl. Tabelle 3). Natürlich können sie nicht für jeden Einzelfall und für jede Einordnung gelten. Zum Beispiel erschließt sich nur unzureichend, warum Videospiel-Software zu den internationalen Leistungsträgern zählt, obwohl Software im Allgemeinen nicht zu den japanischen Stärken zu rechnen ist.

Es sollte betont werden, dass Wettbewerb nicht in jedem Fall bessere Ergebnisse schafft. Porter et al. (2000: 82-91) monieren z.B. das strategielose Parallelverhalten – andere würden vom *me-too*-Syndrom sprechen – in Japans Halbleiterindustrie. Gleiches ist auch in anderen Branchen anzutreffen. Viele Firmen versuchen, allen Kunden alles zu bieten, dabei ihre (japanischen) Mitbewerber imitierend, mit denen sie in harter Konkurrenz standen und stehen. Das Ergebnis war oft genug ein Verlust an Wettbewerbsfähigkeit mangels klar erkennbarer Kernkompetenzen. Schon immer gab es freilich Ausnahmeunternehmen mit einer klaren Strategie, in der Elektronik z.B. lange Zeit Sony, und viele Firmen arbeiten inzwischen an klareren Konturen. Gerade das Unternehmen Sony, das neuerdings durch einige eklatante Fehleinschätzungen des Marktes aufgefallen ist,[6] zeigt, dass erfolgreiche Fokussierungen immer neu zu adjustieren sind.

[6] Man denke beispielsweise an die Verspätung bei Fernsehgeräten mit Flachbildschirm und bei MP3-Playern oder an die bisher nicht realisierten Synergien zwischen elektronischer Hardware und zugehörigen Inhalten wie Musik oder Film.

Tabelle 3. Die „neue Dualität“ in der japanischen Branchenstruktur

Industrie	Japanische Weltmarktposition	Wettbewerbsintensität im Inland; staatliche Einflussnahme
International erfolgreiche Industrien		
Audiogeräte für Autos	Weltmarktführer	8 Firmen (1997) mit unterschiedlichem Hintergrund; innovationsstark
Faxgeräte	Dominanter Produzent und Exporteur	13 Firmen im Wettbewerb (1976); keine Staatsinterventionen
Heimaudiogeräte	Weltmarktführer bei vielen Geräten	25 Firmen mit eigenen Markennamen; keine Staatsinterventionen
Kommunikationsgeräte (Mikrowellen; per Satellit)	Weltmarktführer bei Satellitenkommunikation	Keine offizielle Markteintrittsbeschränkung, aber „NTT-Familie“ bevorzugt
Halbleiter	Weltmarktführer in den frühen 90ern	15 Rivalen (1997); Außenwirtschaftsschranken 1974 abgeschafft
Schreibmaschinen	Weltmarktführer	8 Firmen (1997); keine Staatsinterventionen
Videogeräte	Dominanter Produzent und Exporteur	9 Firmen (1997); VHS/Beta-Rivalität; keine Staatsinterventionen
Musikinstrumente	Weltmarktführer	2 Rivalen, sogar am gleichen Ort (Hamamatsu); keine Staatsinterventionen
Heimklimageräte	Weltmarktführer zu Beginn der 80er	13 Schlüsselfirmen im Wettbewerb; keine Staatsinterventionen
Nähmaschinen	Weltmarktführer	Allein 20 Firmen bei Heimnähmaschinen; Importrestriktionen nur in früher Nachkriegszeit
Roboter	Weltmarktführer	190 Produzenten (1997) im Wettbewerb; keine Staatsinterventionen
Karbonfasern	Weltmarktführer mit den USA	7 Rivalen im starken Wettbewerb; keine Staatsinterventionen
Synthetikgewebe	Weltmarktführer	Mehr als 5.000 Produzenten (1986); staatliches „scrap-and-build“-Programm führte zu höheren Kapazitäten
Fotoapparate	Dominanter Produzent und Exporteur (knapp 80 %)	13 Rivalen (1997), schwankende Marktanteile deuten auf starken Wettbewerb; Rezessionskartell 1965
Sojasauce	Weltmarktführer	2.500 Firmen, Verbesserungswettbewerb; keine Staatsinterventionen

Tabelle 3. (Fortsetzung)

Videospiele	Weltmarktführer	Viele Softwareentwickler; keine Staatsinterventionen
PKW	Weltmarktführer	9 Anbieter im intensiven Wettbewerb; staatlicher Versuch der Konsolidierung scheiterte
Gabelstapler	Weltmarktführer	8 Rivalen; Importbarrieren 1964-65 aufgehoben
Reifen für LKW und Busse	Weltmarktführer mit den USA	5 Wettbewerber; Rezessionskartell 1965, staatliche „Anleitung“ zur Reduktion der Reifentypen
LKW	Weltmarktführer	11 Rivalen; Importbeschränkung 1961 aufgehoben
International erfolglose Industrien		
Ziviler Flugzeugbau	Weniger als 1% der Weltexporte; hohes Importdefizit	Lizenzimporte; alle Entwicklungsprojekte seit 1953 sind kooperativ, ohne Wettbewerb
Chemie	6% der Weltexporte. Zwar 14% der Weltproduktion, aber im Wesentlichen für das Inland	Erheblicher Staatseinfluss verminderte den Wettbewerb: z.B. Zugangsbeschränkungen, Preis- und Angebotskontrollen, Rezessionskartelle, koordinierter Kapazitätsabbau u.Ä.
Wertpapiere	Folgt bei Produkten USA und Europa nach; Überseeexpansion auf der Basis niedriger Zinsen für japanische Firmen; Skandale	Zugangsbeschränkungen, Gebührenordnungen, Marktzugangsschranken für Ausländer, staatliche Auftragsallokation u.Ä.
Software	Keine japanische Firma unter Top 20 der Welt	Wenige leistungsfähige Anbieter, außer bei Spielen; Staat verzögerte und reglementierte Markteintritt von IBM
Waschmittel	2 Firmen mit Inlandsanteil von 70%, aber ohne internationale Präsenz	Komplexes Distributionssystem als Markteintrittsbremse, Restriktion von Direktinvestitionen bis 1970 u.a.
Bekleidung	Weniger als 1% der Weltexporte; hohes Importdefizit	Wichtige Wettbewerber rivalisierten um Importlizenzen, was Eigenentwicklungen behinderte; keine Staatsinterventionen
Schokolade	Weniger als 0,1% der Weltexporte	Wenig Produktinnovation bei 5 führenden Rivalen; Importquoten bis 1974, noch 1988 Zoll von 10%

Quelle: Porter u. Sakakibara (2004: 36-39), gekürzt.

Als Ausgangsbasis für zukünftige Entwicklungen hat der gerade diskutierte Dualismus verschiedene Konsequenzen:

- In den zurückgebliebenen Branchen steckt erhebliches Aufholpotenzial. Während z.B. Produktivitätsniveau und -entwicklung in vielen wettbewerbsfähigen Industrien hervorragend sind, hinken insbesondere die heftig regulierten Dienstleistungen hinterher. Hier können Japans Wirtschaft und ausländische Neueinsteiger noch viel Boden gewinnen.
- Die Regulierungsreform in Japan erfordert also eine asymmetrische Beurteilung. Ihre Auswirkungen auf die Leistungsträger der Wirtschaft, etwa die erfolgreiche Autoindustrie, sind beschränkt. Andere Bereiche hingegen sind massiv betroffen, und hier stellen sich nach wie vor altbekannte „Japan-Probleme", wie Protektionismus, schwer durchschaubare Netzwerke zwischen Staat und Privatwirtschaft u.Ä.[7]
- Mittelfristig und langfristig bereitet die schwache Entwicklung der beschützten Sektoren natürlich Probleme, aufgrund gesamtwirtschaftlicher Zusammenhänge auch an zunächst vielleicht nicht erwarteten Stellen: So wird die Entwicklung des Wechselkurses in erster Linie von den gehandelten Gütern des leistungsfähigen Sektors geprägt. Mit der internationalen Konvergenz der Produktivitätsentwicklung durch Wettbewerb gleichen sich die Preise international an, während die Preise in Japans schwachen Sektoren mit geringen Produktivitätsfortschritten im Vergleich zu anderen Ländern sehr viel höher liegen (vgl. Weinstein 2001: 40). Das bekannte Phänomen der hohen japanischen Inlandspreise für Dienstleistungen und andere nicht international gehandelte Güter ist also zum Teil ein Resultat der hier erörterten Dualität.

4 Die Konzentration auf Montageindustrien: Vom Wert und Unwert japantypischer Interfirmennetzwerke

Japans erfolgreiche Branchen lassen sich nicht nur anhand ihrer wettbewerblichen Situation und der Rolle des Staates identifizieren. Eine weitere Beobachtung geht dahin, dass die bisherigen Erfolge der Industrie insbesondere in den Montage- und Verarbeitungsindustrien, wie dem Automobilbau und der Konsumelektronik, zu finden sind. Könnte es also sein, dass

[7] Gegenwärtig ist noch schwer abzusehen, ob sich etwas an diesen als „japantypisch" geltenden Strukturen grundlegend ändert. Flüchter (2002) und Feldhoff (2002) zeigen ein Fortbestehen der japantypischen „eisernen Dreiecke" in der Bauindustrie – jedenfalls auf regionaler Ebene – während Moerke (2005) eine Schwächung dieser Netzwerke für die exportstarken Industrien ausweist.

diese Leistungen in einem Zusammenhang mit charakteristischen Produktionsbedingungen in diesen Branchen stehen? Als besondere Merkmale der Montageindustrien stechen hervor:

- Eine große Zahl einzelner Arbeitsschritte – z.B. aufgrund der mehr als zehntausend Einzelteile eines PKW – ermöglicht eine Differenzierung unterschiedlicher Organisationsmuster, von der hierarchischen Organisation in einem Unternehmen über Firmennetzwerke bis zum fallweisen Bezug von Vorprodukten am Markt.
- Aufgrund der intensiven Verknüpfungen zwischen den einzelnen (Vor-) Produktstufen kommt es selten zu radikalen Neuerungen. Im Mittelpunkt stehen dagegen inkrementale Verbesserungen im Produktionsprozess.

Tatsächlich weisen Japans Montageindustrien sowohl in der Interfirmen- wie in der Intrafirmenorganisation Besonderheiten auf, die eine entscheidende Rolle bei der Erklärung industrieller Erfolge spielen:

- Zur Entscheidung zwischen „make or buy" in den komplexen Montageindustrien wird insbesondere auf hybride[8] Firmennetzwerke rekurriert, also auf eine relativ enge und langfristige Zusammenarbeit mit anderen Firmen. In der Automobilbranche ist dies beispielsweise die inzwischen berühmte „Pyramidenstruktur" des Zulieferwesens, wie sie in der klassischen Ausprägung bei Toyota zu finden ist: Ein Großunternehmen verantwortet strategische Funktionen (Modellpolitik, Investitionsstrategie etc.) sowie die Endmontage, während kleinere Zulieferer ersten, zweiten oder sogar dritten Grades mehr oder weniger eng eingebunden sind (vgl. etwa Womack et al. 1990; Demes 1989).
- Die Innovationsstrategie solcher Firmengruppen ist durch inkrementale Prozessinnovation geprägt. Der Verkauf, die Produktion und die Entwicklung arbeiten eng zusammen, nehmen Kundenwünsche auf und passen Produkt und Prozesse an. Eine Teamorganisation in der Montage ermöglicht die Realisierung selbst kleiner Ideen zur Verbesserung (vgl. etwa Boyer 2003).

Andere Länder können die Vorteile solcher Netzwerkstrukturen nicht ohne weiteres kopieren. Verschiedene Faktoren in Japan haben dazu beigetragen, die in den Netzwerken zum Einsatz kommenden, langfristig angelegten, mit Vertrauenskapital operierenden Austauschbeziehungen vergleichsweise kostengünstig bereitzustellen (vgl. Pascha 1996).

[8] „Hybrid" soll zum Ausdruck bringen, dass diese Organisationsform zwischen den klassischen Extremtypen, der Integration in *einer* Firma und der Nutzung des Marktes, steht.

In diesen Stärken ist aber gleichzeitig der Keim möglicher Probleme enthalten. Mit den Schwierigkeiten der 1990er Jahre rückten verschiedene Argumente dieser Art in den Vordergrund:

- Die Vorteile inkrementaler Prozessverbesserungen spielen insbesondere bei Technologien mittleren Grades eine Rolle. Hier ist die Wettbewerbssituation Japans durch nachrückende Länder wie die Republik Korea besonders gefährdet. Für die lukrativen Hochtechnologien spielen inkrementale Verbesserungen dagegen eine weitaus geringere Rolle; vielmehr geht es um radikale Neuerungen, oft im Bereich der Produktinnovationen, die einen gänzlich anderen Ansatz erfordern.
- In einer immer komplexeren Weltwirtschaft, in der ein ebenso komplexes Güterkontinuum bei heterogenen Konsumwünschen hergestellt und vertrieben wird, müsste es immer wichtiger werden, den Wettbewerb als Entdeckungsverfahren für überlegene Lösungen zu nutzen. Die Einbindung in Netzwerke, auch interpretierbar als flexible Spezialisierung, müsste in einer solch turbulenten Umwelt also zunehmend Nachteile aufweisen, die offene Anschlussfähigkeit im Weltmarkt durch Standardisierung dagegen Vorteile (vgl. Waldenberger 1999).
- Die eindrucksvollen Fortschritte in den IT-Industrien senken die Transaktionskosten von Marktkontakten auch mit sehr fernen, kaum bekannten Marktteilnehmern. Dies könnte den Wert der relativen Vorteile, die Japan mit seinen hybriden Netzwerken in bestimmten Branchen besitzt, weiter reduzieren.
- Auch die Internationalisierung erschwert das Agieren in etablierten Netzwerken. Ausländische Eigner oder Partner z.B. bringen nicht notwendig die dafür hilfreichen Eigenschaften mit.
- Ein anderes Beispiel für den Einfluss von Internationalisierung bzw. Globalisierung ist die Verlagerung von Wertschöpfungsstufen ins Ausland. Gerade bei Vorproduktstufen wird dies unter dem Stichwort „*offshoring*" intensiv verfolgt. Japans bisher erfolgreiche Montageindustrien, wie Automobilbau und Konsumelektronik, sind von der Verlagerung in billigere bzw. absatzmarktnähere Standorte besonders betroffen. Der Anteil der Auslandsproduktion liegt mittlerweile zwischen 20 und 30%. Seit den 1990er Jahren ist der Anteil Chinas als Produktionsstandort bereits auf ein Viertel der gesamten Produktionskapazität im Ausland gestiegen, wobei diese Konzentration mancherorts schon Besorgnis hervorruft und zu Vorschlägen einer „*China-plus-one*"-Strategie Anlass gibt (JBIC 2004, insbes. S 5).

Diese Argumente wiegen umso schwerer, als ein schneller Übergang zu anderen funktionstüchtigen Strukturen sehr erschwert ist. Die Vorteile von

Netzwerkstrukturen stellen sich nämlich in einem ganzen System von Regeln („Institutionen") und Organisationen dar, die sich über wechselseitige Komplementaritäten gegenseitig stützen.[9] Konkreter: Die vertikal ausgerichtete Netzwerkstruktur von Interfirmenbeziehungen wird z.B. durch eine Form der Unternehmenslenkung („*corporate governance*") gestützt, die mit ihrem hohen Grad von Managerkontrolle den Aufbau langfristiger Firmenbeziehungen erleichtert. Unberechenbare Aktionäre oder feindliche Übernahmeversuche fallen traditionell kaum ins Gewicht. Auch der japanische Finanzmarkt mit seiner Dominanz der Banken und der von ihnen praktizierten Kreditvergabe (gegenüber direkteren Instrumenten der Finanzierung über die Kapitalmärkte) stützt dieses System.

In diesem von Komplementaritäten geprägten Gefüge zeichnen sich gerade seit den 1990er Jahren zahlreiche – allerdings langsam verlaufende (vgl. etwa Bartnik u. Kohn 2003) – Veränderungen ab.[10] Radikale Wechsel sind eher selten, weil sich nicht alle betroffenen Bereiche parallel verändern. Selbst wo es deutliche Veränderungen gibt, werden sich „optimale" Passungen lange nicht einstellen. Vielmehr sind mit zahlreichen Friktionen verbundene wechselseitige Anpassungen zu erwarten.

Das oben genannte Szenario dürfte freilich zu pessimistisch gezeichnet sein. Ein grundsätzlicher Einwand gegen die negative Sicht geht dahin, dass wir es in der Wirtschaft prinzipiell mit offenen Entwicklungen zu tun haben. „Endgültig" vorzugswürdige Organisationsstrukturen oder Spezialisierungsmuster sind nicht verlässlich vorherzusagen. Viele der obigen Argumente sind typischerweise zu einer Zeit formuliert worden, als die amerikanische Wirtschaft, von einem IT-Boom getrieben, überaus erfolgreich war, während die japanische Wirtschaft ohne Aussicht auf Besserung danieder zu liegen schien.

Besonders deutlich erweist sich das an dem oben vorgestellten Argument, der Fortschritt in den Informations- und Kommunikationstechnologien erlaube eine kostengünstigere, effektivere Zusammenarbeit mit fernen Marktpartnern und mindere die relativen Vorteile eingeführter Netzwerke. Dieser *Move-to-the-Market*-These steht nämlich eine *Move-to-the-Middle*-

[9] Auch für die Intrafirmenbeziehungen gibt es solche institutionellen Komplementaritäten (Personalentlohnung, Einsatz von Generalisten, firmenspezifische Ausbildung, Konzentration auf inkrementale Verbesserungen) mit ihren Stärken für japanische Unternehmenserfolge und Schwächen im Hinblick auf zukünftige Potenziale. Aus Platzgründen kann hier nicht weiter darauf eingegangen werden. Vgl. als Einstieg in diese stark von Aoki (z.B. 1994) geprägte Debatte Pascha (2003: 122-125).

[10] Einen recht zeitnahen Überblick, auch mit Vergleichen zu Deutschland, geben Conrad und Kroker (2003).

These gegenüber, wonach die Verbreitung der IT-Industrien in vielen Fällen gerade kooperative Koordinationsformen, eine traditionelle Stärke Japans, unterstütze. So können durch die Kostensenkungen der Informationsübertragung sehr viel besser produktions- und ertragsrelevante Daten zugänglich gemacht werden; damit sinkt das Risiko, in Kooperationen übervorteilt zu werden, und sie gewinnen an Attraktivität (vgl. Picot et al. 2001; Jonas 2002).

Noch grundsätzlicher ist der Einwand, dass den prinzipiellen Vorzügen flexibler Marktkontakte, nämlich in einer interdependenten, komplexen Welt als überlegenes Entdeckungsverfahren für bessere Lösungen zu dienen, auch beträchtliche Risiken gegenüberstehen. Interdependenz bedeutet nämlich auch eine gestiegene Ungewissheit hinsichtlich der Risikoeinschätzung, wie die weltwirtschaftlichen Verwicklungen der letzten Jahre eindringlich vor Augen geführt haben. In dieser Hinsicht kommt funktionstüchtigen Netzwerken eine wichtige Rolle bei der Reduzierung derartiger Unsicherheiten zu, die gerade auch in der Hochtechnologie eine große Rolle spielen (Rifkin 2004: 196). Hier kommen also die Vorteile jener Länder besonders zum Tragen, die mit kooperativen Netzwerkstrukturen, mit der Schaffung von Vertrauen und Verlässlichkeit, besondere Erfahrungen haben, Stärken mitbringen sowie diese in geeignete Industrien einbringen. Dafür ist Japan gewiss einer der ersten Kandidaten.

Ein weiteres Argument knüpft schließlich an die Frage an, ob die institutionellen Komplementaritäten im japanischen Wirtschaftssystem tatsächlich eine so stark bremsende Wirkung auf sinnvolle Verschiebungen der industriellen Spezialisierungsmuster haben. Der Haupteinwand geht dahin, dass heute – und erst recht in Zukunft – nicht mehr von einem monolithischen nationalen Institutionensystem ausgegangen werden kann. Die Internationalisierung und die Ausdifferenzierungstendenzen in Wirtschaft und Gesellschaft haben vielfältige Optionen eröffnet. Statt dem Zwang, im nationalen Rahmen zur Bewältigung einer scheinbar objektiv vorgegebenen Aufgabenstellung auf genau eine bestimmte institutionelle Ordnung zurückzugreifen, hat man nun immer häufiger die Wahl im Rahmen eines „Institutionenpools".

Beispiel Bildung: Für die ersten Nachkriegsjahrzehnte mag es zutreffen, dass ein Unternehmen für seinen Forschernachwuchs praktisch nur auf die Absolventen der Crème de la Crème staatlicher Hochschulen zurückgreifen konnte. Die Studenten brachten damit zwar Fleiß und die Fähigkeit zum Lernen und zur Anpassung mit, selten aber Originalität und Durchsetzungskraft. Dies musste den Innovationsprozess des Unternehmens (mit-) prägen, der kaum auf radikale Neuerungen setzen konnte. Wo solche Neuerungen für den Erfolg auf den Weltmärkten wichtig waren, konnte Japan nicht reüssieren. Das galt etwa für die Pharmaindustrie, wo der Weltmarkt nur wirklich neue Medikamente mit hohen Prämien belohnt hätte; Japans Pharmaindustrie war deshalb nur in der Heimat erfolgreich, wo sie vom Staat beschützt wurde (vgl. Philipsenburg 2005). Heute aber sind die Firmen in der Lage, andere Lösungen für ihr Personalproblem im FuE-Bereich zu finden: Sie können an ausländischen Universitäten ausgebildete Japaner einstellen, Ausländer als Gäste einladen bzw. fest anstellen, Forschungszentren im Ausland einrichten, mit einem ausländischen Partner kooperieren, ein ausländisches, forschungsintensives Unternehmen aufkaufen u.v.m.

Gewiss ist der verfügbare „Institutionenpool" noch sehr beschränkt, und es wird noch lange mit den unterschwelligen sozialen Netzwerken in Japans Eliten zu rechnen sein. Abstrakter formuliert: Die informellen Institutionen verändern sich in der Regel sehr viel langsamer als formelle institutionelle Regeln.[11] Oder konkreter, am Beispiel der *Corporate governance* (vgl. z.B. Moerke 2004): Seit 2003 haben größere japanische Aktiengesellschaften die explizite Wahl zwischen zwei Mechanismen der Unternehmenslenkung, dem herkömmlichen japanischen System mit Vorstand (*torishimariyaku*) und Auditors (*kansayaku*) einerseits und dem an das amerikanische Vorbild angelehnten *Committee*-System innerhalb des Vorstands (*Board of Directors*) andererseits. Tatsächlich sind die Auswirkungen zunächst jedoch geringer als erwartet. Auch wenn die Mehrzahl der Direktoren nach dem „neuen" System in den zentralen Vorstandskomitees für Rechnungslegung, Nominierungen und Kompensation externe Direktoren sein müssen, können weiterhin der Firma nahe stehende Persönlichkeiten berufen werden, sogar Mitarbeiter einer Mutter- oder einer Schwestergesellschaft (vgl. Gilson u. Milhaupt 2004: 2f). Manchmal scheint der Wechsel zur neuen *Board*-Struktur nur ein optischer gewesen zu sein, um die Finanzmärkte zu beeindrucken. Immerhin wird deutlich, dass inzwischen erweiterte Wahlmöglichkeiten bestehen.

Die Ausweitung des Institutionenpools hat verschiedene Gründe, wobei Internationalisierung und Deregulierung die wichtigsten sind. Zusätzliche Varianz könnte zukünftig dadurch entstehen, dass sich innerhalb Japans regional differenzierte Institutionencluster ausbilden. Die Einrichtung von Deregulierungszonen, die besonders gute Bedingungen für bestimmte Wirtschaftszweige ermöglichen sollen, weist in diese Richtung. Innerhalb der Regierung ist sogar darüber nachgedacht worden, die gesamte Nordinsel Hokkaidō zu einer Sonderzone mit weitgehendem Autonomiestatus zu erklären. Dies wäre ein Einstiegsexperiment in eine immer wieder dis-

[11] Für solche Fragen lässt sich die Institutionenökonomik fruchtbar auf den Fall Japan bzw. eine Interpretation des dortigen Wandels anwenden; vgl. Pascha u. Storz (2005).

kutierte stärkere Föderalisierung Japans, durch die man sich einen institutionellen Veränderungsschub durch den einsetzenden regionalen Wettbewerb um die besten Institutionen und organisatorischen Vorkehrungen verspricht.[12]

Die Entwicklungen belegen die Tendenz zur institutionellen Vielfalt. Für die wirtschaftliche Leistungsfähigkeit Japans bedeutet dies, dass sie sich in Zukunft weniger eng auf ganz wenige Branchen – insbesondere die Montage- und Verarbeitungsindustrien – stützen muss, welche den nationalen Eigenheiten besonders entsprechen. Ansätze dazu sind bereits zu beobachten. So scheint es etwa für die Pharmaindustrie zunehmend besser möglich, ein geeignetes institutionelles Umfeld zu finden bzw. zu fördern, z.B. in Form eines sektoralen, nicht mehr in erster Linie national geprägten Innovationssystems. Die deutlichen Unterschiede zum Erfolg etwa der Halbleiterindustrie könnten deshalb zukünftig weniger deutlich ins Gewicht fallen, auch wenn hier erst über ansatzweise sichtbar werdende Tendenzen gesprochen werden kann (vgl. Philipsenburg 2005).

Über die sektorale Ausdifferenzierung hinaus ist zu erwarten, dass sich auch die herkömmlichen Muster der Firmenentwicklung zukünftig auffächern werden. Die einzelne Firma hat mehr Handlungsoptionen zur Verfügung, und dies müsste sich auf die Varianz in den Firmenstrategien und gegebenenfalls in den unternehmerischen Erfolgen niederschlagen. Evidenz in diese Richtung scheint vorhanden, und als Beleg sei die Automobilindustrie herangezogen. Hier läuft die Entwicklung der Firmen offenkundig auseinander. Nissan und Mitsubishi mussten ausländische Investoren einwerben, haben damit aber ganz unterschiedliche Erfahrungen gemacht. Toyota[13] setzte dagegen auf die Fortsetzung einer Besinnung auf die eigenen Stärken und war damit extrem erfolgreich.

Bezüglich der Firmenspezifität von Erfolg wird man gegenwärtig nur vorsichtig argumentieren dürfen. Nationale und sektorale Charakteristika werden für Japan noch lange nicht vernachlässigt werden können. Immerhin wurde deutlich, dass es zu einfach wäre, aus Japans Nachkriegsstärke in den Montage- und Verarbeitungsindustrien und den inzwischen veränderten weltwirtschaftlichen Bedingungen auf unüberwindliche Probleme für die Zukunft zu schließen. Vieles ist im Fluss, ausgetretene Bahnen werden verlassen, alte Stärken werden mit neuen Optionen verknüpft, manchmal erfolglos, aber nicht selten erfolgreich. Beobachter, Anleger und Investoren sollten diese neue Vielfalt beachten.

---

[12] Vgl. etwa die Vorstellungen von Ohmae (1996) und die Erörterung der Debatte in Pascha (1999).

[13] Auch Honda verfolgt eigene Strategien und ist damit erfolgreich.

5 Überwindung des *Lock-in* durch „Coolness"?

Gibt es bereits empirisch belegbare Anzeichen dafür, dass Japan die Konzentration auf die relativ problematischen Montageindustrien überwinden kann? Der interessanteste Gedanke in dieser Richtung weist auf das Entstehen eines „*Cool Japan*" hin.[14] Hinter dieser zunächst etwas oberflächlichen, vom Zeitgeist geprägten Formulierung verbirgt sich eine ernst zu nehmende Entwicklung: In neuerer Zeit werden japanische „Kulturprodukte" wie Videospiele, Zeichentrickfilme (*anime*), Spielfilme, aber auch japanische Popmusik („J-Pop"), Mode und Architektur international immer erfolgreicher. Das Gesamtvolumen der in diesem Bereich erzielten Einnahmen aus Verkäufen und Lizenzen wird für 2002 bereits auf 12,5 Mrd. USD geschätzt, was einer Zunahme von 300% über einen Zehnjahreszeitraum hinweg entspricht. Gemessen an der Größe der japanischen Wirtschaft insgesamt wirkt diese Summe noch bescheiden, die Zuwachsraten lassen jedoch eine besondere Dynamik erkennen.

Die Bedeutung des Phänomens ergibt sich allerdings nicht nur aus der schieren Größe des Sektors.[15] Ein erster ergänzender Punkt ist, dass hinter der Produktion die eigentlich interessante Größe die erzielbare Wertschöpfung ist. Allgemein wird der Wertschöpfungsgehalt bei Kulturprodukten relativ hoch sein. In die angebotenen Produkte gehen „Stil" und „Design" als Produktionsfaktoren ein, die oft nicht voll in der Entlohnung der Vorprodukte entgolten sind, also fast „reinen" Mehrwert darstellen. Zudem sind Netzwerkeffekte und exorbitante Kostendegressionen relevant: Die Vermarktung von inzwischen weltweit bekannten Figuren bzw. Konzepten wie „Astroboy" oder „Super Mario" ist praktisch grenzkostenfrei möglich. Je mehr Kinder Pokemon-Spielkarten nutzen, desto größer sind die Gewinnmöglichkeiten für die verbreitende Firma, die – etwas überspitzt – nur noch Karton mit bunten Bildern bereitstellen muss, zumal ab einem be-

[14] Ausgelöst wurde diese Debatte durch den Amerikaner Douglas McGray (2002). Sie fand und findet weltweit viel Aufmerksamkeit, so etwa in der Titelgeschichte des Magazins *Time* vom 11. August 2003: „Japan Rules OK!". Auch in Japan selbst wird intensiv diskutiert, so etwa in Studien des Marubeni Research Institute (2004).

[15] Auf weitergehende politische Implikationen mit möglichen wirtschaftlichen Rückwirkungen – kann hier nicht weiter eingegangen werden. So könnte die Attraktivität der japanischen Kulturindustrie im Ausland sogenannte „*soft power*" erzeugen. Nye (2004: 3) versteht darunter „the ability to get what you want through attraction rather than coercion or payments". Außenpolitisch kann das die Position Japans unterstützen, gerade zu einer Zeit, da die USA einseitig auf harte Machtausübung setzen und das erwachende China mit seinen nationalistischen Unterströmungen beunruhigt.

stimmten Schwellenwert wohl ein signifikanter Teil der Werbeleistung per Mund-zu-Mund-Propaganda und *Peer-pressure* von den Konsumenten selbst übernommen wird.

Das soll nicht bedeuten, dass die Erzielung dieser so attraktiven Mehrwerte leicht oder auf Dauer verlässlich wäre. Japans Comics (*manga*) z.B. sind zunächst einmal sicher als herausragendes Beispiel für den Erfolg der neuen japanischen Kulturindustrie anzusehen, denn die Artefakte werden in jeder deutschen Bahnhofsbuchhandlung auf inzwischen mehreren Metern Regalfläche feilgeboten. Umgekehrt jedoch ist die Comicindustrie durch eine Vielzahl kleiner Produktionsstudios geprägt, die angesichts der großen Konkurrenz – inzwischen auch durch ost- und südostasiatische Zeichner – um ihr wirtschaftliches Überleben ringen.

Auch kann der Wettbewerb um solche Kulturgüter aus unerwarteter Richtung erfolgen: So ist durch den Erfolg von Handys mit ihren vielfältigen Diensten der Inlandsverkauf der auf schlechtem Papier gedruckten Billigcomics inzwischen spürbar zurückgegangen, wie eine Fahrt mit der Tokioter U-Bahn zu jeder Tageszeit deutlich vor Augen führt. Hinzu kommt, dass die Attraktivität von Kulturprodukten über inhaltliche oder technische Innovationen immer wieder neu verteidigt bzw. erobert werden muss. Dass dies nicht immer leicht ist, zeigt das Beispiel von Sony, lange Zeit sicher ein Vorreiter japanischer *Coolness* mit Produkten wie dem Walkman. Für manche Produktlinie erscheint Koreas Samsung Electronics heute „cooler“ als der einstige *Highflyer* Sony.

Eine weitere Facette von *Coolness* liegt darin, dass erfolgreiche Unternehmen offenbar ganz andere Wege beschreiten als diejenigen, die in den bisherigen Erfolgsgrundlagen der japanischen Montageindustrien angelegt sind. Die Schwerpunkte der neuen Leistungsträger liegen zumeist auf der Schnittlinie zwischen innovativen technischen Lösungen und herausragenden, designgesteuerten Inhalten. Es ist symptomatisch, dass der sich neu manifestierende Sektor manchmal als „digitale Kulturindustrie“ angesprochen wird, was beide Aspekte vereinigt. Im Mittelpunkt steht also nicht mehr die Stärke der traditionellen Montageindustrien, inkrementale Fortschritte bei den Produktionsprozessen industrieller Güter zu erzielen. Mit dem Fokus auf Design zählen andere Fähigkeiten: originelle Ideen beispielsweise und eine produktive Arbeitsatmosphäre.

Viele der in der digitalen Kulturindustrie erfolgreichen Unternehmen operieren deshalb mit anderen Strukturelementen als die erfolgreichen Firmen der früheren Nachkriegszeit (vgl. zu diesem Abschnitt Storz 2004). Sie setzen bei ihren Neueinstellungen z.B. nicht so sehr auf die traditionellen Spitzenhochschulen des Landes, sondern suchen leistungsstarke Querdenker, die oft unkonventionelle Bildungsgänge durchlaufen haben. Hier lässt sich an die oben nachgezeichneten Tendenzen institutioneller Ausdifferenzierung anschließen: Der designgetriebene, nicht so sehr marktgetriebene Fortschritt erfordert auch andere Organisationsmuster. Zum Beispiel gewinnt die *in-house*-gesteuerte Entwicklung an Stellenwert, die enge Abstimmung in Zuliefernetzwerken verliert an Bedeutung. Oft sind es deshalb andere Namen als die der etablierten Anbieter, die in der digitalen Kulturindustrie eine Rolle spielen. Großunternehmen reagieren mit Ausgliederungen, um den Anschluss an diese Entwicklung zu halten, etwa der Telekomriese NTT mit dem Mobilfunkanbieter NTT DoCoMo, der mit dem innovativen mobilen Dienst *i-mode* weltweit bekannt wurde. Das Erstarken neuer Firmentypen in der digitalen Kulturindustrie zeigt jedenfalls, dass Japans Wirtschaft keineswegs in Pfadabhängigkeiten gefangen bleiben muss. Vielmehr ermöglichen Suchprozesse und Lernen offenbar gerade in Krisenzeiten neuartige Optionen. Unser bisheriges Verständnis von den Beschränkungen durch einmal gewählte institutionelle Lösungen ist offenbar zu eng, und die Kontingenzen am Rande der Pfade werden unterschätzt.

6 Die Rolle der Nachfrage – eine unterschätzte Größe

Ein in der akademischen Japan-Literatur relativ wenig beachteter Faktor der Wachstumsgrundlagen ist die gesamtwirtschaftliche Nachfrage. Üblicherweise wird ihr nur eine kurzfristige Bedeutung zugesprochen, vor allem im Rahmen des Konjunkturphänomens. Gleichzeitig ist aber festzuhalten, dass sie zumindest für einzelne Branchen und Produkte auch längerfristig bedeutsam ist.

Gemeinhin geht man von einem S-förmigen Verlauf der Nachfrage nach einem Produkt im Zeitablauf aus. Neue Produkte setzen sich zunächst nur langsam durch, diffundieren dann aber mit hohen Zuwachsraten, um letztlich in eine Phase der Sättigung einzutreten. Zumindest in der Geschäftswelt wird vielfach dem „Bauchgefühl" Ausdruck verliehen, dass solche immer wieder anzutreffenden S-Verläufe auch für ganze Länder relevant werden könnten. Für Japan heißt das: Befindet sich das Land mittlerweile in der Phase einer Konsumsättigung, in der wesentliche nachfrageseitige Impulse für einzelne Produkte immer seltener zu erwarten sind?[16] Ist Japan somit den Nachzüglerökonomien Ostasiens – mit steilen Wachstumskurven im mittleren Bereich des S – strukturell unterlegen?

[16] Auch in der Wissenschaft findet der Nachfrageaspekt in letzter Zeit wieder mehr Beachtung. In Japan sind vor allem Hiroshi Yoshikawa sowie der später zitierte Masanao Aoki hervorgetreten (z.B. Yoshikawa 2003).

Empirisch lässt sich feststellen, dass das Hochwachstum der 50er und 60er Jahre von einem zügigen Strukturwandel in den Industrien begleitet wurde (vgl. Yoshikawa 2003). Dieser Wandel war nicht nur von Technologieeffekten getragen, also etwa vom Technologietransfer in neue, wertschöpfungsintensivere Produktionstechniken. Vielmehr hängt er auch mit rasch variierenden Konsumbedürfnissen zusammen, etwa als Folge der Migration von großen Teilen der Landbevölkerung in die Städte und dem begleitenden Entstehen neuer Haushaltstypen. Auch der Zugriff auf die sich öffnenden internationalen Märkte war in diesem Zusammenhang ein wichtiger Teilaspekt der beachtlichen Nachfragedynamik, was die Phase des Hochwachstums mit zu erklären vermag. Japan befand sich zu dieser Zeit also im „mittleren Teil des S".

Befindet sich Japan inzwischen am „oberen Ende des S", ist also eine starke Dämpfung möglicher Wachstumseffekte durch Abschwächung der Nachfragedynamik zu erwarten? Eine solchermaßen pessimistische Sicht wäre überzogen. Ein Modell von Yoshikawa (2003) geht davon aus, dass die Wachstumseffekte der Nachfrage vor allem von den folgenden Faktoren abhängen:

1. Geschwindigkeit der Hervorbringung neuer Produkte bzw. Industrien,
2. Niveau der Nachfragesättigung für die einzelnen Produkte bzw. Industrien und
3. Grad der Diffusion neuer Produkte unter den (privaten) Haushalten.

(1) Der erste Punkt („Geschwindigkeit der Hervorbringung") ist abhängig von der Fähigkeit, aus den bestehenden Produkten und Prozesstechnologien heraus Neues zu entwickeln und marktfähig umzusetzen. Große Würfe wie die Einführung des Autos oder der elektronischen Rechner werden nicht in kurzen Abständen gelingen, möglicherweise im Rahmen sogenannter „langer Wellen". Manches ist schlicht zufallsbedingt. Aber die Rate hängt auch ab von den Anstrengungen, Suchprozesse durchzuführen, der Intensität des Wettbewerbs, den Möglichkeiten, verschiedene Firmen und Kompetenzen zusammenzuführen, neue Produktideen zu schützen u.a.m. Grundsätzlich hat Japan hier im Vergleich zum Rest der OECD oder den Nachbarländern keine schlechte Position.

(2) Der zweite oben genannte Punkt, das Niveau, bei dem eine Nachfragesättigung erreicht ist, spricht auch nicht unbedingt gegen Japan. Schließlich handelt es sich um den zweitgrößten Absatzmarkt der Welt. Die Gesamtnachfrage mag nach oben zwar gedeckelt sein, aber für einzelne Märkte lassen die Spielräume von Nachfrageumschichtungen auf rasche Skaleneffekte hoffen. Das große Marktvolumen erhöht zudem den Anreiz, Neuerungen hervorzubringen und auszutesten, wobei die Aussicht besteht, zumindest respektable Marktnischen besetzen zu können.

(3) Schließlich wurde oben auf die „Diffusion“ neuer Produktimpulse hingewiesen. Auch bezüglich dieses Punktes steht Japan nicht schlecht da. Ein erster Effekt entsteht durch die Homogenität der Bevölkerung und damit der Nachfrage. Durch die engen sozialen Bande in einer ethnisch kaum durchmischten, sich einer gemeinsamen Sprache bedienenden Bevölkerung mit breiter Mediennutzung und vielfältigen Kommunikationskanälen verbreiten sich Neuerungen rasch. Zunächst im kleinen Maßstab bei Pionierkonsumenten erfolgreiche Produkte können deshalb ein starkes Nachfragewachstum erzielen. Dieses Phänomen wird durch starke Imitationseffekte gefördert. Japaner sind zwar Neuem durchaus aufgeschlossen, wollen sich von ihrer sozialen Referenzgruppe aber nicht allzu weit entfernen. Es werden Rollenvorbilder gesucht und über Massenmedien, Spezialzeitschriften u.Ä. immer wieder auch gefunden. Die relativ ausgeglichene Einkommensverteilung trägt ebenfalls zu einer raschen Diffusion bei. Kaufkräftige Nachfrage ist vorhanden und kann mobilisiert werden.

Ein interessanter Beitrag zur Rolle der Nachfrage für die Ausbildung internationaler Wettbewerbsfähigkeit ist das Konzept der Führungsmärkte (*lead markets*) (z.B. Beise 2003). Danach kann es landesspezifische Nachfrage- und Marktbedingungen geben, welche die spätere Adoption einer Neuerung in anderen Ländern fördern, selbst wenn dort vorher andere Produkt- bzw. Designwege beschritten worden sind. Als wichtigste Bestimmungsfaktoren für *lead markets* nennt Beise neben Preis- und Kostenvorteilen sowie Transfer-, Export- und Marktstrukturvorteilen nicht zuletzt die hier diskutierten Nachfragevorteile. Welche Vorteile können Japan – neben den oben genannten Faktoren – zu einem *lead market* für bestimmte Produkte machen?

Ein erster Vorteil ergibt sich aus dem hohen Pro-Kopf-Einkommen, in Verbindung mit der bereits erwähnten Marktgröße. Im Sinne der Maslowschen Bedürfnispyramide werden neue Bedürfnisse bzw. neuartige Wege zur Befriedigung höherer Bedürfnisse zunächst in den wohlhabendsten Gesellschaften auftreten. Spezifische Eigenheiten Japans – etwa die rapide Alterung der Bevölkerung – können dazu führen, dass gerade dieses Land zum Pioniermarkt wird. Auf dem Markt für die schnelle Übertragung schriftlicher Informationen war zunächst das im Westen entwickelte Telex führend. Japans Unternehmen setzten aber vermehrt auf das Fax – und zwar deshalb, weil sich die verwendeten Schriftzeichen viel leichter handschriftlich festhalten lassen. Schließlich konnte das Fax das Telex weitgehend verdrängen, wobei japanische Firmen aufgrund ihrer Startvorteile eine führende Rolle übernahmen.

Besonderheiten der Nachfrage können auch aus einem komplexen Zusammenspiel kultureller und anderer Faktoren, z.B. geografischer Gegebenheiten oder zivilisatorischer Entwicklungen, erwachsen. Komplexe

Dienste auf Mobiltelefonen setzten sich zunächst vor allem in Japan durch. Die Großstadtjapaner nutzen auf ihren langen Stadtbahnfahrten zum und vom Arbeitsplatz ihre Handys gerne zur Information, zur Kommunikation und auch zum Spiel. Umgekehrt setzten westliche Anbieter auf solche Angebote eher beim Heim-PC, der zwar bequemer schien, aber nicht mobil war. Damit erwarben sich Anbieter wie NTT DoCoMo mit seinem *i-mode* Dienst – zumindest zeitweise – einen im Ausland schwer duplizierbaren Vorteil bei mobilen Diensten für das Handy.

Die hier betonten landes- oder kulturspezifischen Eigenheiten der Nachfrage können nun allerdings nicht nur als Stärke wirken, sondern auch zur Schwäche werden, dann nämlich, wenn diese Besonderheiten eine Übertragung von im eigenen Lande erfolgreichen Konzepten auf andere Märkte erschweren. Gerade das erwähnte Beispiel *i-mode* kann hier als Beleg dienen. In Deutschland erwies sich der von e-plus vermarktete Dienst als deutlich weniger erfolgreich als z.B. in Japan, u.a. weil die von *i-mode* angebotenen Lifestyle-Qualitäten für ein jugendliches Publikum mehr, für Berufstätige in Deutschland jedoch weniger interessant sind.

Beise (2003: 18) äußert die Erwartung, dass diejenigen nationalen Märkte als *lead markets* besonders geeignet seien, die in etwa die „Mitte" der Varianz in den verschiedenen nationalen Umfeldbedingungen der potenziellen Nachfolge-Märkte widerspiegeln. Dies dürfte für das „ostasiatisch" geprägte Japan nur in wenigen Fällen gelten, es müsste also benachteiligt sein. Bei genauerer Betrachtung wird das Bild jedoch differenzierter: Einerseits begünstigt eine geringe Abweichung von den international verbreiteten Nachfrage- und Strukturmustern die Übernahme, andererseits fördert gerade die Abweichung von der Norm die Hervorbringung „wirklicher" Alternativen. Im Einzelfall kann der eine oder der andere Faktor den Ausschlag geben.

Japans durch Idiosynkrasien der Nachfrage bedingte Stärke wird dabei allerdings durch zwei Aspekte in besonderer Weise unterstützt: Erstens ist Japan klarer Pioniermarkt für ein Cluster relativ ähnlicher Konsumpräferenzen im aufstrebenden Ostasien. Japans „J-Pop" mit seinen jungen Sängerinnen im eigenwilligen Miniröckchen, merkwürdig bübchenhaft wirkenden *Boy groups* oder einer auf den ersten Blick ziemlich unbeholfen wirkenden Choreografie allfälliger Tanzeinlagen trifft offenbar den Nerv der Region: Koreas K-Pop oder der Hongkong Pop sind auf den ersten Blick als enge Abwandlungen der japanischen Pioniermuster erkennbar. Der zweite Aspekt ist darin zu sehen, dass typisch japanisch scheinende Präferenzen neuerdings nicht nur in Asien, sondern auf der ganzen Welt auf erhebliche Resonanz stoßen. Dies wurde weiter oben bereits unter dem Stichwort „*Cool Japan*" diskutiert.

Bisher wurde bezüglich der japanischen Eigenheiten auf die Art bzw. Größenordnung einer spezifischen Produktnachfrage abgehoben. Der Absatz ergibt sich aber bekanntlich aus dem Produkt „Menge mal Preis“. Auch hinsichtlich der Zahlungsbereitschaft finden sich beachtliche Besonderheiten. Ein erster Aspekt ist die geringe Preissensibilität japanischer Konsumenten bei technischen Neuerungen, die von westlichen Beobachtern manchmal leichthin als „Spielereien“ abgetan werden. Es ist immer wieder frappierend zu verfolgen, wie ein neues elektronisches Gimmick bei Audiogeräten oder Mobiltelefonen Kaufkraft zu mobilisieren vermag. Die geringe Preissensibilität dieser Nachfrage erlaubt den Herstellern ein rasches Erreichen der Gewinnschwelle, macht die Hervorbringung solcher Neuerungen weniger riskant, ermöglicht über den hohen *cash flow* weitere Investitionen und lässt sich insgesamt in schwer aufholbare Vorteile gegenüber ausländischen Wettbewerbern transformieren.

Die japanischen Anbieter von Haushaltsrobotern, so eine vielleicht gewagte These, könnten von diesem Effekt nachhaltig profitieren. Den unvoreingenommenen Zeitzeugen wundert es manchmal schon, dass nicht wenige Japaner bereit sind, für den Roboterhund *Aibo* von Sony um die 2.000 EUR zu bezahlen, obwohl ein tangibler „Nutzen“ schwer vermittelbar ist. Selbst offensichtliche Mängel, wie die keineswegs umwerfenden Fähigkeiten der *Aibos* in ihrer angeblichen Paradedisziplin, nämlich Bälle in ein Tor zu schubsen, vermögen offenbar kaum zu enttäuschen. Der Kunde ist mit dem Kick des Neuen, dem Faszinosum des menschenähnlichen – oder in diesem Fall tierähnlichen – Roboters anscheinend zufrieden. Dies ermuntert die Anbieter dazu, verbesserte Angebote zu schaffen, die irgendwann dann auch die nörglerischen Deutschen überzeugen können. Interessanterweise gehen die führenden amerikanischen Anbieter oft in eine andere Richtung als die Japaner und zielen auf den nüchternen Konsumenten des Westens ab. Sie stellen z.B. autonom operierende Staubsauger oder Rasenmäher her. Bereits diese Pioniergeräte müssen – oder sollen – einen tangiblen Nutzen nachweisen, und dies ist angesichts nachvollziehbarer Anfangsschwierigkeiten (geringe Ladedauer der Akkus, schwere Erreichbarkeit von Ecken u.Ä.) keineswegs leicht. Japans Anbieter könnten von daher im Vorteil sein.

Eine besondere Zahlungsbereitschaft kommt nicht nur, wie gerade diskutiert, bei bestimmten Produkten zum Ausdruck, sondern auch bei spezifischen Eigenschaften von Gütern und Dienstleistungen. Es handelt sich dabei also um Querschnittscharakteristika. Ein erstes Charakteristikum dieser Art ist Qualität. Die hohen Qualitätsanforderungen japanischer Kunden sind fast schon sprichwörtlich. Oft wird freilich übersehen, dass dahinter durchaus auch eine erhöhte Zahlungsbereitschaft steht. Anbieter, die eine solche Qualität liefern, können erhöhte Preise durchsetzen. Dies gibt ihnen auf anderen Märkten entsprechende Vorteile. Ähnlich verhält es sich mit dem Charakteristikum *After-sales*-Service. Sind Anbieter in der Lage, eine entsprechende Kundenbetreuung zu gewährleisten, so werden sie mit einer verminderten Preiselastizität der Nachfrage und mit Kundentreue belohnt. Auch dies kann im internationalen Wettbewerb Vorteile generieren.

Zusammengefasst wird Japans Nachfrage in ihrer Größenordnung und Struktur durch spezifische Eigenheiten geprägt. Einerseits werden damit in einer fortgeschrittenen Wirtschaft Grenzen des Wachstums sichtbar. Gerade im internationalen Wettbewerb schaffen die Eigenheiten der japanischen Nachfrage, insbesondere der Konsumnachfrage, allerdings auch Entwicklungspotenziale als Führungsmarkt für verschiedenste Güter und Dienstleistungen.

7 Der Einfluss der staatlichen Tätigkeit: Wirtschaftsdynamik mit eingebauter „Bremse"?

In längerfristiger Perspektive ist der Staat insbesondere in dreierlei Hinsicht für die japanische Wirtschaft bedeutsam:

1. Wachstumsrisiken durch Staatsverschuldung,
2. Geschäftsmöglichkeiten durch Regulierungsreform und
3. Verlässlichkeit von Wirtschaftspolitik.

Zu 1.: Die äußerst hohe Staatsverschuldung von inzwischen 164% des BIP (Fiskaljahr 2004) wird immer wieder als große Gefahr nicht nur für den Staat, sondern auch für die Entfaltung der privaten Wirtschaft gesehen. Droht ein Staatsbankrott? Tatsächlich belegen verschiedene Modellrechnungen, dass es bei realistischen Wachstumszahlen nicht leicht sein wird, das Schuldenniveau zu stabilisieren bzw. eine ausgeglichene Primärbilanz zu erreichen.[17] Eine besondere Gefahr geht von der Zinsentwicklung aus. Derzeit liegen die Langfristzinsen nominal noch bei unter 2% p.a. Der Staat kann sich also relativ günstig finanzieren, und der Schuldendienst macht trotz der hohen aufgelaufenen Schuld immer noch „nur" etwa ein Fünftel des allgemeinen Haushalts aus. Sollten die Zinsen jedoch merklich anziehen – üblich in der OECD sind derzeit um die 4%, so ist mit rasant ansteigenden Zinszahlungen und einer markanten Zusatzbelastung des Staatshaushalts zu rechnen.

[17] Vgl. die Auswertung einer Untersuchung des Internationalen Währungsfonds in Pascha (2003: 132f).

Tatsächlich dürften die Gefahren jedoch nicht so dramatisch sein. Die Verschuldungsproblematik eines Staates ist nämlich von der eines Individuums auf fundamentale Weise verschieden. Ein erster Aspekt ist, dass das Individuum seine Schuld nicht über eine reale Entwertung der Nominalschuld mindern kann – der Staat allerdings schon: über Inflation. Gegenwärtig befindet sich Japan zwar noch in einer langsam ausklingenden Deflationsphase, mittelfristig muss das aber nicht so bleiben.[18] Eine weitere Option für den Staat besteht darin, seine per Zwang erhobenen Einnahmen zu erhöhen, also zum Mittel der Steuererhöhung zu greifen. Kurzfristig gibt es dagegen zwar starke Widerstände, mittelfristig gilt es allerdings wahrzunehmen, dass Japan unter den OECD-Ländern bisher eine sehr niedrige Steuerquote und darüber hinaus seit vielen Jahren rückläufige Steuereinnahmen aufweist. Auf mittlere Sicht, möglicherweise schon bald nach dem Ausscheiden des jetzigen Premiers Koizumi, dürfte es z.B. nicht mehr bei dem für europäische Verhältnisse ungewohnt niedrigen Mehrwertsteuersatz von 5% bleiben. Der Staat könnte als Souverän seine Schulden im schlimmsten Fall sogar für nichtig erklären. Dies wird dadurch erleichtert, dass die Staatsschuld im Wesentlichen gegenüber inländischen Gläubigern besteht.[19]

Ein m.E. besonders schlagendes Argument ist schließlich darin zu sehen, dass es sich bei einem beachtlichen Teil der staatlichen Schulden gar nicht um Nettoschulden handelt, die also gegenüber nichtstaatlichen Stellen bestehen, sondern um intrastaatliche Forderungen, die durch die Vielzahl von Sondervermögen in Japan entstehen. Nach einer neuen Rechnung von Broda und Weinstein (2004) sind von der Bruttoschuld von 161% des BIP für 2002 netto nur 64% in Rechnung zu stellen. Darin sind noch nicht einmal die von der Zentralbank seit einiger Zeit gezeichneten Staatsschuldtitel berücksichtigt. Der Wert sinkt dann sogar auf 46%. Umgekehrt sollte auch beachtet werden, dass ein Teil der Forderungen gegen den Staat möglicherweise aufgrund fehlerhafter Anlageentscheidungen des Staates, z.B. in nicht benötigte Infrastruktur, verloren ist („*bad loans*"). Selbst für diesen Fall kalkulieren Broda und Weinstein die effektive Verschuldung allerdings nur auf 62% des BIP. Nicht erfasst sind hierbei die hohen, in fer-

[18] Einschränkend sei jedoch bemerkt, dass die Inflation die unter den hier genannten Mechanismen unwahrscheinlichste Lösung darstellt. Zum einen wird es schwer sein, die Zentralbank zur Kooperation zu bewegen. Zum anderen würden die japanischen Marktzinsen bei steigenden Inflationserwartungen stark anziehen, was den erhofften Effekt konterkariert.

[19] Gewiss wäre dies eine Notmaßnahme, die aber nach Kriegen, z.B. auch im Falle Deutschlands nach dem 2. Weltkrieg, oder im Falle von Entwicklungsländern keineswegs unbekannt ist.

ner Zukunft zu erwartenden Belastungen der Budgets für Rentenzahlungen u.Ä. (tatsächlich reduzieren nicht zuletzt die derzeit noch hohen Rückstellungen für diese Phase die Nettoschulden). Man könnte den Autoren darin folgen, dass die zukünftigen Entwicklungen hinsichtlich realen Wachstums, Zinsen, Inflation, Steueraufkommen, Arbeitszeit, Beitragssätze zur Sozialversicherung u.Ä. so schwer überschaubar sind, dass die derzeit absehbaren Aufwendungen nicht einfach als noch nicht finanziertes „Soll" in die aktuelle Staatsverschuldung eingerechnet werden sollten.

Zu 2.: Eine weitere Ebene, durch die der Staat markanten Einfluss auf die Wirtschaft nimmt, ist das von ihm geschaffene regulative Umfeld. Anhand der Beiträge von Porter und seinen Koautoren konnte oben bereits gezeigt werden, dass dieses in vielerlei Hinsicht sektor- bzw. branchenspezifische Umfeld den Wettbewerb und damit letztlich die Wettbewerbsfähigkeit der Branchen und Sektoren maßgeblich prägt („neue Dualität"). An den Schwierigkeiten der Postreform ist zu erkennen, wie schwer Reformen in Japan immer noch umzusetzen sind, sobald sich organisationsstarke Interessengruppen tangiert fühlen. Über die Dualismus-These hinaus sollte eine ABC-Typisierung mitgedacht werden:

A Branchen sind (bereits) weitgehend reformiert und offen (Auto, Elektronik etc.). Hier herrschen intensiver Wettbewerb und gute Chancen, sich weltweit im Wettbewerb zu behaupten, sofern auch andere Rahmenbedingungen erfüllt sind.

B Branchen haben sich jüngst geöffnet oder befinden sich mitten in solch einem Prozess (z.B. das Finanzwesen oder der Einzelhandel). Hier herrschen oft noch intransparente Regulierungsvorgaben. Ein Beispiel ist das Finanzwesen mit seinem im Fluss befindlichen Verhältnis von Kabinett, Zentralbank, Finanzministerium und Finanzaufsichtsbehörde. Dies bietet besondere Chancen und Risiken, für heimische wie für ausländische Marktteilnehmer.

C Branchen sind noch weitgehend von schwerfälliger Regulierung betroffen (z.B. der Agrarbereich, die Gesundheitsdienste o.Ä.). Fortschritte zu erwarten oder zu verneinen wäre spekulativ. Auf jeden Fall ist unter den heutigen Bedingungen nicht mehr anzunehmen, dass sich unter solch einem „Mantel" leistungsfähige Strukturen im Weltmaßstab etablieren oder auch nur halten können.

Von den vielen Schätzungen der möglichen Wachstumseffekte sei auf eine Arbeit des Japan Center of Economic Research für die Jahre bis 2010 zurückgegriffen (JCER 2003b). Im Gegensatz zu vielen einfachen Hochrechnungen gehen hier Daten aus einzelnen Branchenmodellen in ein gesamtwirtschaftliches Modell ein. Die unterstellten Reformen geben den Stand der Überlegungen des Council for Regulatory Reform im Jahre 2003 wieder und umfassen z.B. eine Vereinheitlichung bei Pflegediensten aus Versicherungsleistungen und privat bezahlten Diensten oder die Aufhebung von Beschränkungen hinsichtlich bestimmter Größenverhältnisse im Wohnungsbau. Tabelle 6 weist die Resultate dieser Berechnungen aus. Im Vergleich 1995/2010 werden Japans „traditionelle Leistungsträger", die Verarbeitungs- und Montageindustrien, immer noch von 13,5% auf 14,8% zunehmen. Die volumenmäßig markanteste Dynamik entsteht jedoch im tertiären Sektor, der – allerdings auch durch andere Effekte als die Regulierungsreform – von 54,2% auf 60,1% wächst. Auch für den öffentlichen Bereich wird, entsprechend der erhöhten Anforderungen etwa durch die Alterung der Gesellschaft, eine Zunahme von 11,1% auf 12,7% vermutet. Innerhalb der verarbeitenden Industrien profitieren vor allem die IT-Segmente. In der Summe machen die angesprochenen Regulierungsfortschritte in dem Modell nur einen relativ bescheidenen Effekt auf die gesamtwirtschaftliche Wachstumsrate von weniger als einem halben Prozentpunkt p.a. aus. Weitere Reformbemühungen sind also angezeigt.

Zwei Anmerkungen sollen einer Diskussion der Perspektiven der Regulierungsreform hinzugefügt werden. Erstens ist das Ideal einer Regulierungsreform keineswegs eine möglichst vollständige Deregulierung. Staatliche Vorgaben haben aufgrund von Marktunvollkommenheiten oder nichtökonomischen Werten durchaus eine Berechtigung, z.B. im Gesundheitsschutz. Der vielleicht wichtigste Regulierungsbereich in diesem Sinne sind Maßnahmen im Interesse einer sozialen Stabilisierung. Wenn es, wie wir oben argumentiert haben, gerade in einer von stärkeren internationalen Interdependenzen gekennzeichneten Welt durchaus Vorteile japantypischer Netzwerkstrukturen in der Produktion gibt, so machen staatliche Aktivitäten zur sozialen Stabilisierung und damit zur Fundierung solcher Netzwerke in besonderer Weise Sinn.[20] Die vielen kostenträchtigen, i.w.S. sozialpolitisch motivierten Maßnahmen in Japan können also auch als „soziale Investitionen" verstanden werden, um im wirtschaftlichen System kostengünstige und ertragreiche Aktivitäten entfalten zu können. Dass es im Einzelfall äußerst schwierig sein wird, Kosten und Nutzen abzuwägen, und dass häufig unvorteilhafte Lösungen entstehen können bzw. sich verfestigen, braucht kaum betont zu werden.

---

[20] Rodrik (1997) argumentiert, dass gerade die offenen, fortgeschrittenen Ökonomien auf soziale Sicherungsnetze angewiesen sind, weil nur dann die Wirtschaftssubjekte bereit sind, die mit hohen Risiken des Scheiterns verbundenen Chancen eines offenen Wirtschaftssystems wahrzunehmen. Im deutsch-japanischen Kontext hat Kamppeter jüngst einen lesenswerten Beitrag vorgelegt, der provokant fragt: „Soziale Demokratie in Japan: Vorbild für Deutschland?" (Kamppeter 2004).

Die zweite Warnung: Bisher wurde ein in sich homogener Regulierungsrahmen in Japan unterstellt. Dies machte angesichts der stark zentralistischen Staatsstruktur – zumindest der letzten Jahrzehnte[21] – durchaus Sinn. Inzwischen beginnt sich jedoch eine deutlich differenziertere Struktur auszubilden. Das hervorstechendste Beispiel sind die seit 2003 eingerichteten, regional definierten Sonderzonen für Strukturreform. In diesen Zonen versucht man, einem möglichst vorteilhaften Regulierungsregime näher zu kommen. In der Stadt Ōta (Präfektur Gunma), in der es besonders viele aus Brasilien stammende Gastarbeiter gibt, werden z.B. Schulregularien modifiziert, um einen fruchtbaren Unterricht für Kinder dieser Gruppe zu ermöglichen (Foreign Press Center 2003).

Probleme und Widerstände sind dabei vorprogrammiert. Trotzdem ist ein Trend zur regionalen Auffächerung staatlicher Vorgaben in Präfekturen, Gemeinden oder anderen Konstellationen zu konstatieren, der sich wohl nicht so leicht umkehren wird. Er bietet nämlich mindestens drei Vorteile[22]: Wo nationale Reformen nicht durchsetzbar erscheinen, bieten „kleine Lösungen" die Chance, die Überlegenheit andersartiger Verfahren zu demonstrieren. Zweitens: Es kann Besseres durch Experiment, Konkurrenz und Adaption entstehen. Drittens ist auch aus theoretischer Perspektive der „optimale Regulierungsraum" nicht notwendig der Gesamtstaat – jedenfalls nicht, wenn dieser so groß ist wie Japan (Ohmae 1996). Eine Anpassung der Regulierung an die regionalen Cluster mit ihren auf Branchenebene spezifischen Wettbewerbsvorteilen ist die nahe liegende, zukunftsfähige Konsequenz.

Tabelle 4: Wertschöpfung nach Wirtschaftszweigen im Gefolge einer Regulierungsreform, 1995 und 2010 (Preise von 1995, Mrd. JPY, %)

Wirtschaftszweig	1995	1995 (%)	2010	2010 (%)
Land- und Forstwirtschaft, Fischerei	15.816	1,7%	12.629	1,1%
Bergbau	1.659	0,2%	1.388	0,1%
Lebensmittel	1.659	0,2%	37.290	3,4%
Textilien	11.149	1,2%	5.857	0,5%
Zellstoff und Papier	9.389	1,0%	9.576	0,9%
Chemische Erzeugnisse	25.701	2,8%	29.104	2,6%
Öl und Kohle	10.489	1,1%	10.561	0,9%
Keramik, Lehm und Steine	9.695	1,0%	7.911	0,7%
Eisen und Stahl	20.059	2,2%	21.046	1,9%
NE-Metalle	6.340	0,7%	7.266	0,7%

[21] Vgl. zu diesem modifizierenden Einwurf: Pascha (1999).

[22] Auf politisch-ökonomische Umsetzungsprobleme kann hier nicht näher eingegangen werden.

Tabelle 4. (Fortsetzung)

Metallprodukte	15.687	1,7%	14.854	1,3%
Allgemeine Maschinen	28.380	3,1%	31.069	2,8%
Elektrische Maschinen für industrielle Nutzung	5.673	0,6%	3.918	0,4%
Elektrische Geräte für Konsumnutzung	8.820	1,0%	12.066	1,1%
Elektronische und Kommunikationsanlagen	36.157	3,9%	64.794	5,8%
Fahrzeugbau	36.287	3,9%	42.568	3,8%
Sonstige Fahrzeuge	5.433	0,6%	6.021	0,5%
Präzisionsinstrumente	3.792	0,4%	4.190	0,4%
Sonstige Herstellende Industrie	40.448	4,4%	39.510	3,6%
Bau	88.870	9,6%	75.947	6,8%
Elektrische Energie-, Gas und Wärmeversorgung	18.810	2,0%	25.742	2,3%
Wasserversorgung und Abfallentsorgung	4.772	0,5%	5.528	0,5%
Groß- und Einzelhandel	102.310	11,1%	109.874	9,9%
Versicherungs- und Finanzdienstleistungen	39.760	4,3%	61.983	5,6%
Grundstücks- und Wohnungswesen	65.365	7,1%	76.783	6,9%
Transportdienstleistungen	40.650	4,4%	37.427	3,4%
Nachrichtenübermittlung	12.083	1,3%	37.968	3,4%
Öffentliche Dienstleistungen	102.392	11,1%	141.473	12,7%
Unternehmensbezogene Dienstleistungen	57.852	6,3%	103.040	9,3%
Personenbezogene Dienstleistungen	56.853	6,2%	69.125	6,2%
Sonstiges (nicht anderweitig erfasst)	5.510	0,6%	6.332	0,6%
Waren und Dienstleistungen gesamt	923.867	100,0%	1.112.842	100,0%
Primärer Sektor	15.816	1,7%	12.629	1,1%
Sekundärer Sektor	401.693	43,5%	424.936	38,2%
Fertigungsindustrien	311.164	33,7%	347.601	31,2%
Grundstoff-Zulieferer	97.359	10,5%	100.318	9,0%
Verarbeitende und Zusammensetzende Industrie	124.543	13,5%	164.626	14,8%
Produkte und Dienstleistungen für den Alltagsgebrauch	89.262	9,7%	82.657	7,4%
Tertiärer Sektor	500.848	54,2%	668.945	60,1%

Quelle. JCER (2003b), Appendix Tabelle 2, gekürzt.

Zu 3.: Die dritte Ebene, auf welcher der Staat wichtige Rahmenbedingungen für die Wirtschaft setzt, ist sehr abstrakt, aber längerfristig zentral: Es geht um die Verlässlichkeit der Wirtschaftspolitik. In den 90er Jahren ist offenkundig sehr viel von dem Vertrauen in die wirtschaftspolitischen Entscheidungsträger Japans verloren gegangen. Die verhaltene Neigung zum Konsum, die inländische Investitionsschwäche und der hohe Kapitalabfluss ins Ausland können mit diesem Faktor in Verbindung gebracht werden, auch wenn sicherlich andere makroökonomische Zusammenhänge mit entscheidend gewesen sind (vgl. Pascha 2002). Ein im Westen gebräuchlicher Modus zur Überwindung solcher Vertrauensprobleme ist eine stärkere Regelbindung („*rule-of-law*") des Staates und seiner Wirtschaftspolitik. Auch in Japan gibt es seit den 1990er Jahren zunehmend Ansätze in dieser Richtung, z.B. die Entlassung der Zentralbank in eine weitgehende, vom Gesetz geschützte Unabhängigkeit im Jahre 1998.

Ein blindes Vertrauen in solche Mechanismen ist gerade im Falle Japans nicht angebracht. Unterschwellige persönliche Netzwerke können eine formale Regelbindung leicht unterlaufen. Möglicherweise wird eine Regelbindung sogar nur vorgetäuscht, um unter der Hand wie bisher fortzufahren. Es sprechen aber mindestens zwei Faktoren dafür, dass sich auch in Japan Mechanismen einer *rule-of-law* vermehrt durchzusetzen beginnen (vgl. Pascha 2005) und damit verlorenes Vertrauen in die Wirtschaftspolitik zurückgewonnen werden kann: Zum einen entstehen immer mehr Interessengruppen und -verflechtungen, sodass zum Interventionismus und zur Förderung einzelner Interessen neigende Netzwerke zukünftig schwerer zu stabilisieren sein werden. Zum anderen erscheinen die Wiederwahlchancen der seit Jahrzehnten (mit-)regierenden Liberaldemokratischen Partei zunehmend ungewiss.[23] Unter solchen Umständen kann es für die Regierung sinnvoll sein, bisher in ihrem Sinne Erreichtes durch hohe gesetzliche Hürden – also eine effektive Regelbindung – vor dem Veränderungswillen ihrer Nachfolger zu schützen.

8 Ein Fazit: Japans Wirtschaft ist besser als ihr Ruf

In vorliegendem Beitrag wurde Evidenz für die Frage zusammengetragen, wie sich die wirtschaftlichen Entwicklungschancen Japans insbesondere in der Branchendynamik darstellen. Natürlich konnte dabei kein einhellig positives oder negatives Bild entstehen, zumal ein undifferenziertes Urteil ja den Gedanken der *komparativen* Vorteile einer Volkswirtschaft, denen denknotwendig komparative Nachteile in anderen Segmenten entsprechen müssen, nachgerade auf den Kopf stellen würde.

Schwierig ist die Lage in den Montage- und Verarbeitungsindustrien, den bisherigen Paradedisziplinen Japans. Einfach zu realisierende Produktivitätspotenziale sind weitgehend ausgeschöpft, und andere Weltmarktwettbewerber drängen von unten nach. Umgekehrt darf die Wettbe-

[23] Vgl. Kevenhörster (2003: 284-287).

werbsdynamik nicht unterschätzt werden. Interfirmennetzwerke sind nicht nur eine Belastung in einem schwierigeren globalen Umfeld, sondern sie bieten auch Chancen des Risiko-Poolings. Japans Industrien zeigen darüber hinaus Ansätze, bisherige Pfade zu verlassen und neue Potenziale zu erschließen. „*Cool Japan*" und die Fusion einer Kulturindustrie mit IT-Elementen zeigen, wenn auch quantitativ noch nicht so bedeutsam wie die bisherigen Leistungsträger der verarbeitenden Industrie, dass japanische Erfolge auch mit originellen Inhalten jenseits ausgetretener Pfade möglich sind. Dabei hilft eine begeisterungsfähige, kaufkraftstarke Bevölkerung, die das Land zu einem Führungsmarkt für viele neuartige Güter und Dienstleistungen macht.

Behindert wird die wirtschaftliche Dynamik durch die Alterung der Bevölkerung und eine vielfach noch dysfunktionale Wirtschaftspolitik. Für einseitige Niedergangsszenarien besteht aber kein Anlass. Hinter Plaketten wie der „Alterung" verbergen sich nämlich durchaus vielfältige Chancen-Risiken-Profile. So macht die Alterung das einkommens- und industriestarke Japan zu einem beachtenswerten Führungsmarkt für entsprechende Güter und Dienstleistungen, zumal der Effekt eines verminderten Sparens die politisch-ökonomischen Probleme eines persistenten Leistungsbilanzüberschusses reduzieren wird. Staatliches Handeln wird zukünftig wahrscheinlich wieder berechenbarer als in den notorischen 1990er Jahren, und Aufholeffekte in den allmählich marktwirtschaftlicher strukturierten Dienstleistungsbereichen schaffen dort beträchtliche Chancen. Viel Licht und Schatten also, keineswegs das vermeintliche Einheitsgrau einer trübe dahinsiechenden reichen Volkswirtschaft am nordöstlichen Rande der dynamischsten Wirtschaftsregion der Welt.

Literatur

Aoki M (1994) The Japanese Firm as a System of Attributes: A Survey and Research Agenda. In: Aoki M, Dore R (Hrsg) The Japanese Firm. Sources of Competitive Strength. Clarendon, Oxford, S 11-40

Bartnik R, Kohn S (2003) Innovation management in Japan and Germany: Comparison of international Best-Practices in the early phase of product innovation. Dublin, http://www.japan-germany research de/uebersicht/11th_IPDMC_Bartnik_Kohn.pdf (11th International Product Development Management Conference 2003; Zugriff am 8.12.2004)

Beise M (2003) Lead Markets: Drivers of the Global Diffusion of Innovations. Kobe University, Research Institute for Economics and Business Administration, Discussion Paper Series 141

Boyer R (2003) The embedded innovation systems of Germany and Japan: distinctive features and futures. In: Streeck W, Yamamura K (Hrsg) The end of diversity? Prospects for German and Japanese capitalism. Cornell University Press, Ithaka, S 147-182

Broda C, Weinstein DE (2004) Happy News from the Dismal Science: Reassessing Japanese Fiscal Policy and Sustainability. Manuskript

Conrad H, Kroker K (2003) (Hrsg) Deutschland und Japan. Mit Reformen zu neuer Dynamik. Deutscher Instituts-Verlag, Köln

Demes H (1989) Die pyramidenförmige Struktur der japanischen Automobilindustrie und die Zusammenarbeit zwischen Endherstellern und Zulieferern. In: Altmann N, Sauer D (Hrsg) Systemische Rationalisierung und Zulieferindustrie. Sozialwissenschaftliche Aspekte zwischenbetrieblicher Arbeitsteilung. Campus Verlag, Frankfurt/New York, S 251-297

Feldhoff T (2002) Japan's Construction Lobby Activities: Systemic Stability and Sustainable Regional Development. ASIEN 84: 34-42

Flüchter W (2002) Eine neue Hauptstadt für Japan? Bauwirtschaft und Geografie der Macht. Geographische Rundschau 54(6): 36-43

Foreign Press Center Japan (2004). Http://www.fpcj.jp/e/shiryo/jb/0322.html (Zugriff am 8.12.2004)

Fukuyama F (1992) Das Ende der Geschichte. Kindler, Berlin

Gilson RJ, Milhaupt CJ (2004) Choice as Regulatory Reform: The Case of Japanese Corporate Governance. Columbia Law and Economics Working Paper 251, Stanford Law and Economics Olin Working Paper 282, ECGI – Law Working Paper 22/2004, http://ssrn.com/abstract=537843 (Zugriff am 6.12.2004)

JBIC Japan Bank for International Cooperation (2004) Survey Report on Overseas Business Operations by Japanese Manufacturing Companies – Results of JBIC FY2003 Survey. Tokio, JBIC Review 9

JCER Japan Center for Economic Research (2003a) The Profitability of Japanese Industries: Non-financial Sectors, Banks and Life-Insurance Companies. Japan Financial Report 9, http://www.jcer.or.jp/eng/pdf/kinyuE9-1.pdf (Zugriff am 8.12.2004)

JCER (2003b) Regulatory Reform and Demand Creation. The 30th Medium-term Forecast of the Japanese Economy Fiscal Years 2003-2010. Dezember 2003, http://www.jcer.or.jp/eng/pdf/m30contents.pdf (Zugriff am 6.12.2004)

Jonas M (2002) Strukturwandel durch die New Economy in Ostasien. Veränderung der Organisation der Industrie am Beispiel der Elektronikindustrie (Duisburger ostasienwissenschaftliche Diplomarbeit)

Kamppeter W (2004) Soziale Demokratie in Japan: Vorbild für Deutschland? Globalisierung und Gerechtigkeit 9: 1-20

Kevenhörster P (2003) Teil 3: Politik. In: Kevenhörster P, Pascha W, Shire K (Hrsg) Japan. Wirtschaft Gesellschaft Politik. Leske und Budrich, Opladen, S 259-391

Marubeni Research Institute (2003) Seminar Series: Cultural Power and Corporate Strategy. Http:://www.marubeni.co.jp/research/eindex/0404/ (17 Artikel aus der Nikkei-Tageszeitung vom Herbst 2003; Zugriff am 11.11.2005)

McGray D (2002) Japan's Gross National Cool. Foreign Policy, Mai/Juni: 44-54

Moerke A (2004) Corporate Governance in Japan: Paradigmenwechsel oder gradueller Wandel? Japan aktuell, Wirtschaft Politik Gesellschaft, Oktober: 421-429

Moerke A (2005) The Changing Trend in Links between Bureaucracy and the Private Sector in Japan. Advances in International Management 17: 61-89

Nye JS (2004) The Soft Power of Japan. Gaiko Forum. Japanese Perspectives on Foreign Affairs, Sommer 3-7

OECD (2003) STAN Structural Analysis Database. Paris

OECD (2004) Multi-Factor Productivity Based on Harmonised Price Indices for ICT Capital Goods – Data: Indices and Percentage Changes. In: OECD. Productivity Database. 24.09.2004, http://www.oecd.org/dataoecd/30/62/29863792.xls (Zugriff am 8.12.2004)

Ohmae K (1996) The End of the Nation State. The Rise of Regional Economies. Harper Collins, London

Pascha W (1996) On the Analysis of Change and Continuity in Japan's Socio-Economy. In: Metzger-Court S, Pascha W (Hrsg) Japan's Socio-Economic Evolution. Continuity and Change. Japan Library, Folkestone, S 27-49

Pascha, W (1999) Federalism in Japan – Only a Fancy? In: Hunter J (Hrsg) Japan: State and People in the Twentieth Century. London School of Economics and Political Science, The Suntory Centre, Japanese Studies JS/99/368, S 105-145

Pascha W (2002) Wirtschaftspolitische Reformen in Japan – Kultur als Hemmschuh? In: Eger T (Hrsg) Kulturelle Prägungen wirtschaftlicher Institutionen und wirtschaftspolitischer Reformen. Schriften des Vereins für Sozialpolitik NF 291, Duncker & Humblot, Berlin, S 189-214

Pascha W (2003) Teil 1: Wirtschaft. In: Kevenhörster P, Pascha W, Shire K (Hrsg) Japan. Wirtschaft Gesellschaft Politik. Leske und Budrich, Opladen, S 13-178

Pascha W (2005) Die Rolle der ‚rule of law' in den Wirtschaftsverfassungen Japans und Südkoreas. In: Pascha W, Storz C (Hrsg) Wirkung und Wandel von Institutionen. Das Beispiel Ostasien. Lucius und Lucius, Stuttgart

Pascha W, Storz C (2005) (Hrsg) Wirkung und Wandel von Institutionen. Das Beispiel Ostasien. Lucius und Lucius, Stuttgart

Philipsenburg G (2005) Institutioneller Wandel in Innovationssystemen: Eine vergleichende Untersuchung der japanischen Pharma- und Halbleiterforschung. Nomos, Baden-Baden

Picot A et al. (2001) Die grenzenlose Unternehmung. Information, Organisation und Mangament. Göttingen (4. Aufl.)

Porter M, Sakakibara M (2004) Competition in Japan. Journal of Economic Perspectives 18(1): 27-50

Porter M, Takeuchi H, Sakakibara M (2000) Can Japan Compete? Macmillan, Basingstoke/London

Rifkin J (2004) The European Dream: How Europe's Vision of the Future Is Quietly Eclipsing the American Dream. Jeremy P. Tarcher, Los Angeles

Rodrik D (1997) Has Globalization Gone Too Far? Institute for International Economics, Washington

Shakai keizai seisansei honbu (2003) Rejā Hakusho 2003 [Freizeit-Weißbuch]. Shakai keizai seisansei honbu, Tokio
Storz C (2004) Pfadabhängigkeit und Lernen. Japans digitale Kulturindustrie. unveröffentlichtes Manuskript
Waldenberger F (1999) Organisation und Evolution arbeitsteiliger Systeme. Erkenntnisse aus der japanischen Wirtschaftsentwicklung. Iudicium, München
Walke A (2003) Arbeitsmarkt und Beschäftigung im Zeichen des demografischen Wandels: Wie sich Japan auf Alterung und Entvölkerung vorbereitet (Teil 2). Herausforderungen an die Unternehmen. Institut für Asienkunde Hamburg, Japan aktuell 11(6): 541-550
Weinstein D (2001) Historical, Structural, and Macroeconomic Perspectives on the Japanese Economic Crisis. In: Blomström M et al. (Hrsg) Japan's New Economy. Continuity and Change in the Twenty-First Century. Oxford University Press, Oxford, S 29-47
Wolff E (2001) Has Japan Specialized in the Wrong Industries? In: Blomström M et al. (Hrsg) Japan's New Economy. Continuity and Change in the Twenty-First Century. Oxford University Press, Oxford, S 175-197
Womack JP, Jones DT, Roos D (1990) The Machine that Changed the World. Rawson Associates, New York
Yoshikawa H (2003) The Role of Demand in Macroeconomics. The Japanese Economic Review 54(1): 1-27

Identifikation von Zukunftstechnologien in Japan

Kerstin Cuhls

1 Einleitung

Innovation und technologischer Fortschritt sind für dauerhaftes Wachstum unabdingbar. Doch wie lassen sich Zukunftstechnologien systematisch identifizieren? In Japan führt man seit Ende der 1960er Jahre groß angelegte Foresight-(oder Vorausschau-)Studien durch, um diejenigen neuen Technologien und Gebiete strategischer Forschung zu identifizieren, die wahrscheinlich die größten wirtschaftlichen und sozialen Vorteile bringen (so die „klassische" Foresight-Definition von Martin 1995a,b). Besonders in den letzten zehn Jahren mit internationalen Kooperationen im Feld und neuen methodischen Entwicklungen, die Impulse lieferten, wuchs das Interesse an Foresight sowohl in Japan als auch in vielen anderen Ländern (siehe http://www.futur.de; http://les.man.ac.uk/eurofore; European Commission 2002; auch Cuhls et al. 2002).

Im vorliegenden Beitrag wird zunächst nach den japanischen Motiven für die Identifikation von Zukunftstechnologien gefragt. Im Anschluss werden dafür geeignete Verfahren beschrieben, die besonders in Japan Anwendung finden. Es werden die derzeit in Japan diskutierten Technikfelder und einige als wichtig identifizierte Themen genannt. Abschließend werden Bemerkungen zur Nutzung und Förderung von Zukunftstechnologien gemacht, und es wird ein Fazit gezogen.

2 Identifikation von Zukunftstechnologie als Bestandteil der japanischen Aufholstrategie

Japan wurde jahrelang als technische Nachfolgernation betrachtet, die zwar kopieren, aber nichts selbst erfinden kann. Seit 1945 verfolgt das Land jedoch eine konsequente Aufholstrategie im technischen Bereich, deren Effektivität für die ökonomische Nutzung vielfach unterschätzt wurde. Erst seit den 1970er Jahren, als sich ein wirtschaftlicher Erfolg nach dem anderen einzustellen begann, wird dem wirtschaftlich bisher erfolgreichsten asiatischen Industrieland mehr zugetraut. Aufgrund der Erfolge wird die *strategische Planung* des Landes jedoch vielfach überschätzt.

Bis heute werden die japanischen Erfolge hauptsächlich mit Faktoren aus dem wirtschaftlichen oder dem kulturellen Bereich erklärt. Dass hinter den wirtschaftlichen Ergebnissen auch eigene technologische und technologiepolitische Entwicklungen stehen, wurde lange Zeit ignoriert. Technologie kann sich sprunghaft (Durchbrüche, Erfindungen), aber auch inkrementell, das heißt in kleinen Schritten, entwickeln. In Japan wurde stets der Ansatz verfolgt, dass ein Land nicht die gesamte Technikgeschichte anderer Staaten selbst durchlaufen und dass nicht in jedem Land „das Rad neu erfunden werden müsse". Man war vielmehr der Ansicht, dass eine Nation auch von einem relativ gering entwickelten Status aus beginnen könne, sich Schritt für Schritt weiterzuentwickeln, sobald ein ausreichender Bildungsstand der Bevölkerung erreicht sei. Das „Lernen von Anderen" stand daher stets im Vordergrund. In Japan leidet auch heute noch niemand unter dem „Not-invented-here-Syndrom"[1], sondern Technologie wurde und wird von dort übernommen, wo sie verfügbar ist, konsequent zum eigenen Nutzen weiterentwickelt und mit anderen, neuen oder bereits vorhandenen Techniken kombiniert. Nationales Ziel war und ist dabei, den Stand der USA, der technischen Führungsnation der Welt, zu erreichen. Deshalb ist auch in Zukunftsstudien oft der Forschungsstand anderer Länder ein Benchmark. So wird in allen bisherigen Delphi-Studien nach dem führenden Land auf dem jeweiligen Gebiet gefragt (Kagaku Gijutsuchō Keikakukyoku 1972, 1977 und 1982; Kagaku Gijutsuchō Kagaku Gijutsu Seisakukyoku 1986 bzw. IFTECH 1988; NISTEP/IFTECH 1992; NISTEP 1997, 2001 und 2004).

Mittlerweile ist Japan selbst in vielen Technologiebereichen und Forschungsgebieten führend. Die bisherige „Aufholstrategie" kann daher in diesen Bereichen nicht mehr zur Anwendung kommen. Stattdessen sind neue, eigene Ideen gefragt, die im Land erarbeitet und bewertet werden müssen. In Japan werden daher andere, langfristige Denk- und Vorgehensweisen entwickelt. Bei der japanischen „strategischen Planung" handelt es sich somit um eine flexible Art der Planung, die sich an konsensuell erarbeiteten Zielen orientiert, und nicht um eine bürokratisch fixe Planung bis ins Detail, bei der auf Veränderungen der Rahmenbedingungen nicht mehr eingegangen werden kann. Veränderungen werden nicht in nationaler

[1] Dies beschreibt die Haltung: was nicht selbst erfunden wurde, wird nicht als gut erachtet.

Planung erreicht, sondern planerische Elemente, Interessen der Industrie und Selbstorganisation der Akteure greifen ineinander. In diesem Rahmen ist Foresight zu verstehen.

3 Verfahren zur Identifikation von Zukunftstechnologien

Bevor auf Verfahren zur Identifikation von Zukunftstechnologien eingegangen wird, soll zunächst die Frage geklärt werden, warum Zukunftstechnologien (siehe auch die Definition von Popper und Bimber 1994) überhaupt als solche definiert werden. Mit der Bewertung einer Technologie oder Einzeltechnik als „Zukunftstechnologie" wird festgelegt, dass es sich um ein Thema handelt, das in der Zukunft von großer nationaler Wichtigkeit (für die Wirtschaft, den Fortschritt, die Gesellschaft o.ä.) ist. Es werden anhand von Bewertungen Prioritäten bei Technologien bzw. Einzeltechniken gesetzt, die diese Kriterien erfüllen. Besonders deutlich wird dies bei Studien zu Key Technologies, wie sie in den USA, Japan, den Niederlanden, Südkorea, Großbritannien, Frankreich, Italien, der Tschechischen Republik und in Deutschland durchgeführt wurden (Überblick bei Grupp 1992; neuere Studien auch Wagner u. Popper 2002; Roveda 2000; CM International 2000; Technology Centre AS 2002).

Wie lassen sich nun derartige Zukunftstechnologien identifizieren? Eine Möglichkeit sind Foresight-Prozesse, wobei Foresight nicht nur mit dem Blick in die Zukunft und der Identifikation potenzieller Zukunftsthemen zu tun hat, sondern auch mit ihrer Bewertung. Deshalb werden sowohl quantitative als auch qualitative Methoden und Vorgehensweisen zum Erfassen von Spielräumen eingesetzt. Empirisch abgesicherte und widerspruchsfreie Daten oder Fakten über die zukünftige Entwicklung sind jedoch nicht zu erwarten. Es lassen sich nur Signale, die bereits vorhanden sind, aufgreifen und für die Vorausschau nutzen. "The technological forecasts cannot predict what will be learned by the research; they can identify research needs by identifying ranges of phenomena that will be encountered but for which knowledge is lacking. These knowledge "gaps" then provide the basis for research programs to make the improved products possible", so Martino (1983: 180), einer der erfahrenen Kenner der frühen Technikvorausschau. Inoue beschrieb 1965 die Aufgaben der Technikvorausschau in sehr einfacher Weise: Technikvorausschau soll 1. systematisch organisieren, was man nicht weiß, 2. feststellen, was man wissen muss, 3. den Sinn dessen, was man nicht weiß, diskutieren, 4. herausfinden, warum man etwas nicht weiß, und diese Arbeit organisieren, 5. erforschen, welches neue Wissen notwendig ist, und 6. durch neue Ideen „aufräumen".

Als Ziele der Vorausschau gelten allgemein (siehe Cuhls 1998, 2002 oder 2003):

- die Auswahl an Möglichkeiten zu erweitern, Prioritätensetzung zu ermöglichen und deren Folgen und Chancen abzuschätzen (Überlappung zur Technikfolgenforschung),
- die Auswirkungen derzeitiger Technologiepolitik zu erkunden,
- Frühwarnungen zu erhalten,
- neuen Bedarf und neue technische Möglichkeiten zu erfassen,
- die Konsistenz einer bestimmten Politik zu verstehen
- einen Planungskontext herzustellen und zu begründen sowie strategische Planung zu beeinflussen,
- neue Ideen einzubeziehen,
- unterbrochene Entwicklungen wieder aufzunehmen,
- selektiv in ökonomischen, technologischen, sozialen und ökologischen Bereichen zu fokussieren sowie Beobachtung und weitergehende Forschung in diesen Bereichen anzustoßen,
- erwünschte und unerwünschte Zukünfte zu definieren, Unvermeidliches zu identifizieren und entsprechend zu handeln,
- Maßnahmenvorschläge zur Realisierung der gewünschten Richtungen zu unterbreiten und
- einen kontinuierlichen Diskussionsprozess anzustoßen und zu stimulieren.

Zukunft ist zu einem bestimmten Teil gestaltbar. Je nach den derzeitigen Eingriffen, die u.a. aufgrund der Vorausschau vorgenommen werden, wird sich die Zukunft anders gestalten als ohne jegliches Handeln. Aufgrund dieser Erkenntnis wurde versucht, heuristische Modelle über die Zukunft zu erstellen. Viele „futurologischen" Ansätze erwiesen sich jedoch als zu komplex, um noch beherrschbar zu sein, und basierten oftmals auf einer Kombination linearer Fortschreibungen in die Zukunft.[2] In der Realität unterliegen viele Bereiche der Zukunft reziproken Einflüssen, die nur bedingt abzusehen oder einzuschätzen sind. Diese können nicht oder nur teilweise erfasst und beeinflusst werden. Zieht man die Erkenntnisse der Systemtheorie in Betracht, so ist von wechselseitigen Einflüssen der Systeme und Regelkreise auszugehen, in die jegliches Handeln der Menschen eingebunden ist.

---

[2] Vgl. Jantsch (1967), der u.a. noch daran glaubte, „...that heuristic (...) machines will gradually take over some of the evaluations and decisions that have been man's exclusive domain so far" (ebd.: 248).

Dass eine rein quantitative und zudem noch rein statistische Hochrechnung der langfristigen Zukunft auf der Grundlage heutiger oder vergangener Annahmen obsolet geworden und nicht auf Technologie anwendbar ist, versteht sich von selbst. Viele Studien arbeiten aber noch heute mit diesen Mitteln, die allerdings für kurzfristige Betrachtungen durchaus ihre Berechtigung haben (für einen Methodenüberblick siehe u.a. Thiele 1993). Je weiter man jedoch in die Zukunft schaut, desto größer wirken sich anfangs noch minimale Fehler oder Trendverschiebungen aus. Zusätzlich zu den rein *quantitativen* müssen daher auch die *qualitativen* Methoden in Foresight-Prozesse einbezogen werden, wie es viele der oben genannten Studien bereits taten. Neben dem klassischen Repertoire der Methoden wird häufig ein Methodenmix sehr erfolgreich eingesetzt.

Eine Einordnung der Methoden der Technikvorausschau kann nach unterschiedlichen Kriterien erfolgen. Sehr beliebt sind in der traditionellen Zukunftsforschung die Klassifikationen in *normative* und *explorative* Studien (Steinmüller 1995) oder in Planung, Prognose, Utopie (Picht 1967). Viele der Verfahren sind jedoch nicht eindeutig zuzuordnen (Cuhls 1998). Als einzige Möglichkeiten der *langfristigen* Vorausschau, die zudem auch effizient sind, gelten in der Regel Szenarien und die Delphi-Methodik (siehe Cuhls u. Kuwahara 1994 oder Cuhls 1998). Die Szenario-Methoden bilden qualitativ beschreibend alternativ mögliche Zukünfte ab (oft zwischen optimistischer und pessimistischer Sichtweise). Szenarien werden im Allgemeinen als Beschreibung einer möglichen Zukunftssituation definiert, wobei mögliche Entwicklungen der jeweils relevanten Umweltfaktoren unter Berücksichtigung bestehender Interdependenzen zwischen diesen Faktoren dargestellt werden. Es existieren unterschiedliche Ansätze (u.a. Fink et al. 2001; Godet 2001; Breiner 1997; Brauers u. Weber 1986; Schwartz 1991), die auch in Japan Anwendung finden, mit denen jedoch eine *Identifikation* von Zukunftstechnologien nur bedingt möglich ist.

Die Delphi-Methode gehört zu den subjektiv-intuitiven Methoden, bei denen Expertenmeinungen die Grundlage der Definition von Zukunftsthemen sowie ihrer Bewertung bilden. Sie basiert auf strukturierten Gruppenbefragungen und nutzt intuitiv vorliegende Informationen der Teilnehmer. Dadurch liefert die Delphi-Methode sowohl quantitative als auch qualitative Ergebnisse und hat neben explorativ-prädiktiven auch normative Elemente (Irvine u. Martin 1984; Seeger 1979; Kerksieck 1972). Es gibt allerdings nicht die eine Delphi-Methode, sondern diverse Anwendungsvarianten. Übereinstimmung besteht jedoch darin, dass die Delphi-Methode eine Expertenbefragung in zwei oder mehr Runden ist, bei der in der zweiten oder späteren Runde der Befragung die Ergebnisse der vorangegangenen Runde vorgestellt werden. Somit urteilen die Experten ab der zweiten Befragungswelle jeweils unter dem Einfluss der Meinungen ihrer

Fachkollegen. Damit ist die Delphi-Methode „ein vergleichsweise stark strukturierter Gruppenkommunikationsprozess, in dessen Verlauf Sachverhalte, über die naturgemäß unsicheres und unvollständiges Wissen existiert, von Experten beurteilt werden", so die Arbeitsdefinition von Häder und Häder (1995: 12).

Die Delphi-Methode wurde in den fünfziger Jahren im Rahmen des „Operations Research" (Vorgänger der Systemforschung) von der RAND-Corporation in Santa Monica, Kalifornien, entwickelt.[3] Erst in heutiger Zeit können Delphi-Befragungen online oder per E-Mail effizient durchgeführt werden, auch wenn es schon früh Versuche hierzu gab (Brockhoff 1979). Die Anonymität der schriftlichen bzw. Computer-Befragung ist ein wichtiges psychologisches Moment (Bardecki 1984). In Expertenpanels und anderen Formen der Gruppenarbeit ist eines der grundlegenden Probleme, dass sich Meinungsführer herausbilden. Die Anonymität des Delphi-Vorgehens verhindert, dass einer der Befragten einen normativen Einfluss auf einen anderen ausüben kann.

Nachdem die Delphi-Methode bis Mitte der siebziger Jahre in mehreren Ländern Einsatz in der Technikvorausschau fand, wurde sie aufgrund der Enttäuschung über den nicht vorhergesehenen ersten Ölschock 1973 und den großen Aufwand nur noch wenig genutzt. Eine Änderung der allgemeinen Politik in vielen Industrieländern weg von der Planung und hin zum Verlass auf Marktmechanismen bewirkte einen geringeren Einsatz in staatlichen Institutionen.[4] Allein in Japan nutzte man die Delphi-Methode in einem nie da gewesenen Umfang. Dabei stützte man sich auf die Erfahrungen aus dem Westen. Wie schon bei der Übernahme anderer Konzepte (Cuhls 1993) lud man führende Wissenschaftler des Gebietes nach Japan ein (z.B. Gordon oder Jantsch, vgl. Makino u. Shirane 1970) oder übersetzte zumindest ihre Studien ins Japanische bzw. nahm sie in Japan zur Kenntnis (z.B. Jantsch, Helmer, Gordon, Dalkey oder Kahn) (vgl. Makino 1970: 18ff). Delphi-Befragungen wurden im Auftrag der Science and Technology Agency durchgeführt und ihre Ergebnisse anderen Stellen und den Unternehmen des Landes zur Verfügung gestellt. Viele der gewonnenen Informationen gingen in die Fünfjahrespläne des Ministry of International Trade and Industry (MITI bzw. *Tsūshō Sangyōshō*, inzwischen Mi-

3 Zur Geschichte siehe Cuhls et al. 2002.

4 Vielleicht hat auch die harsche Kritik Sackmans (1975) zur Diskreditierung der Methode beigetragen. Allerdings sind viele der damaligen Kritikpunkte inzwischen substanzlos geworden.

nistry of Economy, Trade and Industry, METI, *Keizai Sangyōshō*) ein, die von der Economic Planning Agency (EPA) erstellt wurden[5].

4 Japanische Foresight-Prozesse

Seit den siebziger Jahren wird in Japan konsequent (Technik-) Vorausschau betrieben. Bekannt und vielfach mystifiziert wurden die „Visions" des MITI (1990), die generelle Entwicklungslinien insbesondere im Hinblick auf Marktpotenziale vorgaben. Daneben gibt es Studien der – inzwischen ins METI integrierten – Economic Planning Agency (Keizai Kikakuchō 1991) zur Zukunft der Technik, aber auch Einzeluntersuchungen in anderen staatlichen Stellen oder in Unternehmen. In Japan werden diverse Methoden genutzt, die von Trendextrapolationen über Patentrecherchen mit Hochrechnungen bis zu einfachen Expertenschätzungen reichen.

Die wohl fundierteste und ausgereifteste Methode ist die seit 1971 kontinuierlich im Fünfjahresabstand betriebene zweistufige Delphi-Befragung auf nationaler Ebene. In Japan liegen nunmehr acht dieser Delphi-Studien in ausgewerteter Form vor (Kagaku Gijutsuchō Keikakukyoku 1972, 1977 und 1982; Kagaku Gijutsuchō Kagaku Gijutsu Seisakukyoku 1986 bzw. IFTECH 1988; NISTEP/IFTECH 1992, 1997, 2001 und 2005). Anhand der japanischen Studienberichte kann in Einzelfällen nachvollzogen werden, welche Techniken wie beurteilt wurden,[6] ob diese in späteren Untersuchungen erneut abgefragt oder tatsächlich verwirklicht wurden bzw. auf welche Weise diejenige Technologie oder Einzeltechnik, die als besonders wichtig eingeschätzt wurde, staatliche Förderung erhielt. Eine systematische Auswertung der Daten von 1971, die am National Institute of Science and Technology Policy (NISTEP) durchgeführt wurde (BMFT 1993, Cuhls 1998), ergab, dass inzwischen ca. ein Drittel der damals angenommenen und beurteilten Entwicklungen vollständig realisiert wurde und ein weiteres Drittel zum Teil verwirklicht werden konnte. Andere Themen ließ man hingegen fallen oder ersetzte sie durch Alternativen.

Die japanische Vorausschau (*yosoku*) beruht dabei auf vier Prinzipien (Martin 1995a: 141):

[5] Dies wurde von japanischen Kollegen bestätigt, nachdem die auffallenden Ähnlichkeiten angesprochen wurden.

[6] Nicht nur Zeiträume der Realisierung sind interessant, sondern mehr noch Relevanz, Forschungsstand, Hemmnisse etc.

1. Ökonomischer und sozialer Bedarf müssen ebenso einbezogen werden wie Entwicklungen in Wissenschaft und Technik,
2. die Studie soll möglichst alle Bereiche von Wissenschaft und Technik abdecken, wenn sie neue Felder identifizieren will, die aus der Fusion zweier oder mehrerer Technikfelder bzw. Einzeltechniken entstehen können (z.B. Chematronik, Biotronik),
3. die Studie soll die relative Wichtigkeit der unterschiedlichen FuE-Ziele bewerten und Prioritäten setzen, sodass die Ergebnisse für politische Zwecke genutzt werden können, und
4. die Vorausschau soll zwei komplementäre Aspekte haben. Sie soll a) prospektiv sein im Sinne einer Vorhersage, was geschehen wird, und b) normativ sein, d.h. Ziele und zugehörige Zeithorizonte für die Zukunft setzen.

Somit sind die japanischen und internationalen Foresight-Methoden Ex-ante-Evaluationsmethoden, mit denen wissenschaftlich-technische Richtungen und Einzelprojekte hinsichtlich bestimmter Kriterien bewertet werden können. Es sollen sowohl die "technology push"- bzw. "science push"- als auch "demand-pull"-Perspektiven in Betracht gezogen werden, d.h., es soll die Frage beantwortet werden, was man mit der derzeit in der Entwicklung befindlichen Technologie bzw. Technik anfangen kann und welche Technologie in der Zukunft benötigt wird. Dabei wird ein Kreislauf ständiger Problemlösung (von der Problemfindung bis zur Lösung und erneuten Problemfindung) angenommen (Makino 1970). Die japanischen Delphi-Befragungen und andere Vorausschau-Aktivitäten haben daher erklärtermaßen zwei Ziele. Sie sollen die Hintergrunddaten für die Planung von Forschung und Entwicklung bereitstellen und dabei insbesondere einen Überblick über die langfristigen Vorhaben bieten sowie helfen, die wichtigen neu aufkommenden Techniken und Technologie-Strömungen zu identifizieren. Außerdem sollen sie den derzeitigen Stand der Forschung und Technologie beobachten, z.B. den derzeitigen Stand der japanischen Forschungs- und Entwicklungsaktivitäten, die Gebiete, in denen ein großer Bedarf an internationaler Zusammenarbeit besteht, sowie diejenigen Faktoren, die die Entwicklung möglicherweise behindern werden.

Entsprechend lauten die in den Delphi-Studien angewandten Kriterien, die von Experten zu bewerten sind und die Grundlage der Analyse bilden. Die Formulierungen variieren von Studie zu Studie ein wenig, die Experten werden jedoch in allen Fällen gebeten, die folgenden Einschätzungen vorzunehmen:

- Bewertung der eigenen Expertise,

- Wichtigkeit des Themas (teilweise Eingrenzungen auf Wichtigkeit des Themas für die Wirtschaft, die Wissenschaft, die Gesellschaft, die Lösung ökologischer Probleme etc.),
- Zeitraum der Realisierung (in 5-Jahres-Schritten, 30 Jahre in die Zukunft),
- führendes Land beim derzeitigen Stand der Forschung und Entwicklung (Japan, USA, Europa, andere) sowie
- Maßnahmen, die zu ergreifen sind (z.B. bessere Ausbildung, mehr finanzielle Förderung, bessere Forschungsinfrastruktur etc.).

In der Regel werden die Wichtigkeit des Themas und der Zeitraum der Realisierung für die Prioritätensetzung besonders stark ausgewertet. Auf diesen Auswertungen basieren dann in der Folge weitere Entscheidungen. Aber auch die für die Realisierung zu ergreifenden Maßnahmen können der Forschungs- und Technologiepolitik wichtige Hinweise auf Änderungsmöglichkeiten bei den Rahmenbedingungen geben (siehe Cuhls 2002; Cuhls u. Kuwahara 1994).

5 Wichtige Gebiete für Japans Zukunft

Einige Beispiele aus japanischen Delphi-Studien illustrieren, auf welche Felder bzw. welche Zukunftstechnologien konkret gesetzt wird. Im siebenten japanischen Delphi-Projekt wurden neben drei bedarfsorientierten Themenfeldern die folgenden Technologiefelder und Themengebiete als besonders zukunftsträchtig identifiziert (NISTEP 2001: 1; Kuwahara 2004):

Themenfeld Life Sciences	Themenfeld Informationstechnologie
• Genomwissenschaften • Regenerative Medizin • Hirnforschung • Bioinformatik	• Netzwerke • Computer • Mensch-Maschine-Schnittstelle • Zubehör
Themenfeld Umwelttechnologie	**Themenfeld Nanotechnologie**
• Nachhaltige Gesellschaft • Risikominimierung • Maßnahmen gegen die globale Erwärmung	• Nano-Processing/Nano-Messungen • Nanomaterialien • Nächste Generation Information und Kommunikation • Nano-Bio/Medizinische Behandlung

Themenfeld Materialwissenschaften:	Andere wichtige Themen:
• Innovative Materialien • Prozesstechnik • Material für umweltfreundliche Energie • Materialsimulation	• Energieversorgung • Advanced Manufacturing • Infrastruktur • Frontiers (Grenzen)

Im achten japanischen Foresight-Prozess wird ein neuer Ansatz verfolgt. Dieser kombiniert vier unterschiedliche Vorgehensweisen, und zwar:

1. Identifikation sozialen und wirtschaftlichen Bedarfs (mit Partizipation) (NISTEP 2005a),
2. Entwicklung von Szenarien (NISTEP 2005c),
3. Nutzung sich schnell entwickelnder Felder (Datenbank, Bibliometrie) (NISTEP 2005b),
4. Delphi-Studie (NISTEP 2005d).

Der Schwerpunkt liegt wiederum auf der Delphi-Befragung. Die in der 2005 abgeschlossenen achten Delphi-Studie behandelten Themenfelder sind, neben den genannten Szenarien, Bedarfsanalysen und bibliometrisch ermittelten Feldern in rascher Entwicklung, die folgenden (NISTEP 2005d: 87-1110):

- Information und Kommunikation,
- Elektronik,
- Life Sciences,
- Gesundheit, Medizin, Wohlfahrt,
- Land- und Forstwirtschaft, Fischerei sowie Nahrungsmittel,
- Frontiers (Raumfahrt, Meeres- und Geowissenschaften),
- Energie und Ressourcen,
- Umwelt,
- Nanotechnologie und Materialien,
- Organisation,
- Produktionsgrundlagen (Logistik, Management, Verwaltung usw.),
- gesellschaftliche Grundlagen (Städtebau, Architektur, Raumordnung, Verkehr usw.) sowie
- Gesellschaft und Technik (Erziehung, schulische Ausbildung, öffentliche Dienstleistungen usw.).

Ebenso finden sich im Bericht 48 Szenarien, die von ausgewählten Personen geschrieben wurden (NISTEP 2005c). Es werden weiterhin 51 sich rasch entwickelnde Felder bibliometrisch ermittelt (NISTEP 2005b). 153 ursprünglich als besonders relevant ausgewählte Themen sowie eine sogenannte „Map“ bildeten hierfür den Ausgangspunkt (NISTEP 2004 bzw. bei Nagano 2005 oder NISTEP 2005b: 10, 61-65).

Daneben erstellt NISTEP einen Newsletter, um alle Interessierten, insbesondere auch die Regierung, zu informieren. In diesem beschreiben Experten konkret unterschiedliche Themen (Zukunftstechniken) und ihren derzeitigen Forschungsstand. Der Newsletter erscheint einmal im Quartal auch auf Englisch.

Ob die achte umfassende Studie ein „Erfolg“ im Sinne einfacher Umsetzbarkeit und strategischer Nutzung wird, ist derzeit noch nicht abzuschätzen. Schwierig wird es sein, die unterschiedlichen methodischen Ansätze zu kombinieren. Trotzdem ist dieser anspruchsvolle Ansatz als sehr interessant für die Erarbeitung und gleichzeitig auch die spätere Implementation und damit Förderung der Zukunftstechnologien anzusehen. Erstmals werden quantitative und qualitative Verfahren in einer derartigen Bandbreite gekoppelt, um nicht nur von Technologie getriebene, sondern auch am Bedarf orientierte Themen zu identifizieren. Der deutsche Futur-Prozess des Bundesministeriums für Bildung und Forschung (http://www.futur.de) hat hierzu viele Anregungen geliefert, nutzt selbst aber nur Workshop-Verfahren, keine quantitativen Analysen. Da das für die Foresight-Prozesse zuständige NISTEP direkt dem Council for Science and Technology berichtet und da vorgesehen ist, dass die Themen dieses Mal direkt in den Rahmenplan für Wissenschaft und Technologie eingehen, ist eine umfassende Nutzung bzw. Verbreitung der Informationen anzunehmen. Und das ist die Hauptaufgabe der Foresight-Prozesse.

6 Umsetzung der identifizierten Zukunftsthemen in Japan

Die Identifikation von Zukunftsthemen bedeutet nicht, dass die entsprechenden Zukunftstechnologien automatisch auch finanzielle Förderung erhalten. Die Theorie der „Japan AG“ (Wolf 1983; van Wolferen 1989) ging immer von einer streng strategischen und konzertierten Aktion aller Ministerien gemeinsam mit der Industrie aus. Dies trifft nicht zu.

Laut Auskunft mehrerer Beteiligter ist es aber weiterhin Ziel der achten kombinierten Foresight-Studie, eine solche Strategie zu entwickeln und die Kräfte besser zu bündeln, indem eine bessere Arbeitsteilung zwischen Industrie und Ministerien angeregt und Prioritäten gesetzt werden.

Eine Schwierigkeit internationaler Foresight-Verfahren ist die Implementierung der identifizierten Themen. Bisher diente Foresight in Japan vor allem der Information. Einige Themen aus Forschung und Technologie wurden gezielt umgesetzt (nicht nur staatlich), andere dagegen ignoriert. Für eine rasche Implementierung ist eine direkte Kopplung oder Zusammenarbeit mit den Umsetzenden nötig. Hier ist man in Japan inzwischen sehr weit. Daher ist anzunehmen, dass die mit dem achten Foresight-Verfahren identifizierten Zukunftstechnologien direkt in Förderung übergehen können, da sowohl die Beteiligung von Experten als auch der Förderer gewährleistet war und weiterhin ist. Außerdem werden die Ergebnisse der Delphi-Studie dieses Mal direkt für die Erarbeitung des neuen Forschungs- und Technologie-Rahmenplans, der fünf Jahre gültig ist, genutzt. Zu diesem Zweck ist vom 5-Jahres-Rhythmus der Durchführung abgewichen und die Delphi-Studie um ein bis zwei Jahre vorgezogen worden. Wenn die Themen erst einmal in den Rahmenplan Eingang gefunden haben, werden sie staatlich gefördert. Die Förderung von neuer Technologie verzeichnet in Japan in den letzten Jahren eine große Budgetsteigerung. Ebenso werden den Unternehmen klare und stabile Rahmenbedingungen geboten. Hierdurch sind diese besser in der Lage, ihre Investitionsrisiken abzuschätzen.

7 Fazit

Ob die in Japan identifizierten Zukunftstechnologien bzw. -techniken tatsächlich Realität werden oder nicht, hängt von sehr unterschiedlichen Faktoren ab und kann zum jetzigen Zeitpunkt noch nicht beantwortet werden. Wahrscheinlich werden die Annahmen von heute in zwanzig Jahren ebenso überholt sein wie die verwendeten Ansätze, Konzepte und Technologien. Nichtsdestotrotz erfüllt die Identifikation von Zukunftstechnologien mit unterschiedlichen Vorausschau-Verfahren mehrere wichtige Funktionen:

1. Die Themen werden benannt, veranschaulicht, diskutiert (auch im Lichte der möglichen positiven oder negativen Folgen) und bewertet.
2. Bereits das Aufschreiben und Benennen holt einige der Themen aus den Labors bzw. den Köpfen der Menschen und bringt sie in die Öffentlichkeit.
3. Durch die Kommunikation über die Themen verbreitet sich Wissen hinsichtlich der Technologien bis hin zu den Unternehmen, die diese später in ihren Produkten einsetzen werden. Diese können frühzeitig einsteigen oder sich gezielt zurückhalten.
4. Zukunftstechnologien können gezielt gefördert werden, sei es durch die Schaffung bestimmter Rahmenbedingungen oder durch finanzielle Förderung.

5. Es kann festgestellt werden, was andere Länder tun und fördern. Man kann sich damit im Sinne einer globalen Arbeitsteilung abgrenzen oder kooperieren – und auf diese Weise „von Anderen lernen". Derzeit ist allerdings zu beobachten, dass international einheitlich sehr ähnliche Dinge angegangen werden (z.B. Nanotechnologie, Biotechnologie).
6. Die strategische Umsetzung unter Einbeziehung unterschiedlicher Stakeholder wird vereinfacht, weil die Akteure von Anfang an in die Entscheidungen einbezogen sind, und sei es nur zur Bewertung einzelner Zukunftstechniken.[7]
7. Die Vorausschau auf Zukunftstechnologie ist noch keine Planung. Die Umsetzung erfolgt erst nach der Identifikation und Priorisierung sowie der Entscheidung für oder gegen eine Technologie. Daher ist bei der Identifikation noch kreativer Spielraum gegeben. Erst wenn es an die konkrete Planung und Ausgestaltung geht, finden exakte Festlegungen statt.

Es darf allerdings auch von Foresight-Verfahren nicht zu viel erwartet werden – diesem Fehler unterliegt man zu leicht. Deutlich mehr, als aus wissenschaftlicher Perspektive zu erwarten, wird mit sich selbst zerstörenden oder sich selbst erfüllenden Prophezeiungen gearbeitet. Das bedeutet: Dinge, die erst einmal als wichtig eingestuft sind, werden deshalb vielleicht Realität, weil andere – meistens sogar im Konsens – darauf setzen und sie dadurch erst möglich machen. Eine gewisse Gestaltung der Zukunft ist möglich – besonders bei Zukunftstechnologien, denn diese und ein großer Teil ihrer Rahmenbedingungen sind per definitionem von Menschen gemacht.

Literatur

Bardecki MJ (1984) Participant's Response to the Delphi Method: An Attitudinal Perspective. Technological Forecasting and Social Change 25: 281-292

BMFT Bundesministerium für Forschung und Technologie (1993) Deutscher Delphi-Bericht zur Entwicklung von Wissenschaft und Technik. Bonn

Brauers J, Weber M (1986) Szenarioanalyse als Hilfsmittel der strategischen Planung: Methodenvergleich und Darstellung einer neuen Methode. Zeitschrift für Betriebswirtschaft 56(7): 631-651

[7] Unter Umständen sind Kritiker damit nicht zu überzeugen, aber eine frühe Einbindung erhöht die Chancen für ihre Zustimmung.

Breiner S (1997) Anwendung einer CATeam-unterstützten Szenario-Analyse als Methode der Vorausschau in der Forschung am Beispiel von Sitzungen in der Zukunft. Heidelberg (Dissertation Stuttgart 1996)

Brockhoff K (1979) Prognose – Utopie – Planung, Experimentelle Erprobung und Auswertung kurzfristiger Prognosen. Tübingen

CM International (2000) Technologies Clés 2005. Paris, http://www.industrie.gouv.fr/, http://www.industrie.gouv.fr/agora/pdf/000352.pdf (Zugriff am 09.11.2005)

Cuhls K (1993) Qualitätszirkel in japanischen und deutschen Unternehmen. Physica, Heidelberg

Cuhls K (1998) Technikvorausschau in Japan. Ein Rückblick auf 30 Jahre Delphi-Expertenbefragungen. Physica, Heidelberg (Originaltitel: Retrospektive auf 30 Jahre Delphi-Expertenbefragungen)

Cuhls K (2002) Participative foresight – How to involve stakeholders in the modelling process. In: Europäische Kommission – Generaldirektion Unternehmen (Hrsg) Future directions of innovation policy in Europe. Proceedings of the Innovation Policy 31 (Workshop vom 11. Juli 2002 in Brüssel)

Cuhls K (2003) From Forecasting to Foresight processes – New participative Foresight Activities in Germany. Journal of Forecasting 22(2-3): 93-111 (Kerstin Cuhls und Ahti Salo als Gastherausgeber; Originaltext vorgestellt bei EASST, Wien 2000)

Cuhls K, Blind K, Grupp H (2002) Innovations for our Future. Delphi '98: New Foresight on Science and Technology. Physica, Heidelberg (Reihe des Fraunhofer Instituts für System- und Innovationsforschung ISI: Technology, Innovation and Policy 13)

Cuhls K, Kuwahara T (1994) Outlook for Japanese and German Future Technology, Comparing Technology Forecast Surveys. Physica, Heidelberg

Grupp H (1995) (Hrsg) Technologie am Beginn des 21. Jahrhunderts. Physica, Heidelberg (Schriftenreihe des Fraunhofer-Instituts für Systemtechnik und Innovationsforschung 3, 2. Aufl.)

European Commission (2002) Strengthening the dimension of foresight in the European Research Area. Http://www.cordis.lu/rtd2002/foresight/home.html)

Fink A, Schlake O, Siebe A (2001) Erfolg durch Szenario-Management. Prinzip und Werkzeuge der strategischen Vorausschau. Campus, Frankfurt/New York

Godet M (2001) Creating Futures. Scenario Planning as a Strategic Management Tool. Economica, London

Häder M, Häder S (1995) Delphi und Kognitionspsychologie: Ein Zugang zur theoretischen Fundierung der Delphi-Methode. ZUMA-Nachrichten 37

Helmer O (1966): Social Technology. Basic Books, New York/London

Helmer O (1967) Analysis of the Future: The Delphi method. Rand Corporation, Santa Monica

Inoue T (1965) Gijutsu Yosoku. Tokio

Irvine J, Martin BR (1984) Foresight in Science: Picking the Winners. Pinter, London/Dover.

Jantsch E (1967) Technological Forecasting in Perspective, OECD, Paris.

Kagaku Gijutsuchō Keikakukyoku [Planungsbüro der STA] (1972) Gijutsu Yosoku Hōkokusho. Tokio (1. japanischer Delphi-Bericht)

Kagaku Gijutsuchō Keikakukyoku (1977) Gijutsu Yosoku Hokokusho. Tokio (2. japanischer Delphi-Bericht)

Kagaku Gijutsuchō Keikakukyoku (1982) Gijutsu Yosoku Hokokusho. Tokio (3. japanischer Delphi-Bericht)

Kagaku Gijutsuchō Kagaku Gijutsu Seisakukyoku (1986) (Hrsg) Waga Kuni ni okeru Gijutsuhatten no Hōkō ni kansuru Chōsa – Gijutsu Yosoku Hōkokusho [Untersuchung zu den Richtungen der Technikentwicklung in unserem Land – Bericht zur Technikvorausschau]. Tokio (4. japanischer Delphi-Bericht; verantwortlich für die Durchführung: Mirai Kōgaku Kenkyūjo, IFTECH; englische Kurzfassung: Institute for Future Technology IFTECH (1988) Future Technology in Japan, Forecast to the Year 2015. Tokio)

Keizai Kikakuchō (1991) 2010nen Gijutsu Yosoku. Tokio

Kerksieck HJ (1972) Methoden der technologischen Vorausschau im Dienste der Forschungsplanung industrieller Unternehmungen unter besonderer Berücksichtigung der Delphi-Methode. Mannheim (Dissertation)

Kuwahara T (2004) Social Needs in Japan: Identification and Formulation. In: Cuhls K, Jaspers M (Hrsg) Participatory Priority-setting for Research and Innovation Policy – Concepts, Tools and Implementation in Foresight Processes. Fraunhofer IRB-Verlag, Stuttgart

Makino N (1970) Gijutsu yosoku nyūmon. Tokio

Makino N, Shirane R (1970) (Hrsg) Janshi – Gijutsu no Yosoku to Keikaku [Jantsch – Technikvorausschau und Planung]. Tokio

Martin BR (1995a) Foresight in Science and Technology. Technology Analysis & Strategic Management 7(2): 139-168

Martin BR (1995b) Technology Foresight 6: A Review of Recent Overseas Programmes. HMSO, London

Martino, JP (1983) Technological Forecasting for Decision Making, 2. Aufl., North Holland/New York/Amsterdam/Oxford

Nagano H (2005) Toward 3rd Science and Technology Basic Plan. (Vortrag am Fraunhofer Institut für Systemtechnik und Innovationsforschung, 12.4.2005, Karlsruhe; unveröffentlichtes Manuskript)

NISTEP National Institute of Science and Technology Policy (1997) (Hrsg) The 6th Technology Foresight – Future Technology in Japan toward the Year 2025. Tokio

NISTEP (2001) (Hrsg) The 7th Technology Foresight – Future Technology in Japan toward the Year 2030. NISTEP Report 71, Tokio

NISTEP (2004) (Hrsg) Kagakugijutsu no chuuchooki hatten ni kakawaru fukanteki yosoku choosa. Interim Report, Survey Material 105, Tokio (The 8th Science and Technology Foresight Survey – Future Science and Technology in Japan)

NISTEP (2005a) (Hrsg) Kagakugijutsu no chūchōki hatten ni kakawaru fukanteki yosoku chōsa. NISTEP Report 94, Tokio (The 8th Science and Technology Foresight Survey – Needs Survey)

NISTEP (2005b) (Hrsg) Kyūsoku ni hattenshitsutsu aru kenkyū ryūiki chōsa. NISTEP Report 95, Tokio (The 8th Science and Technology Foresight Survey – Study on Rapidly-developing Research Area)
NISTEP (2005c) (Hrsg) Kagakugijutsu no chūchōki hatten ni kakawaru fukanteki yosoku chōsa. NISTEP Report 96, Tokio (The 8th Science and Technology Foresight Survey – Scenarios)
NISTEP (2005d) (Hrsg) Kagakugijutsu no chūchōki hatten ni kakawaru fukanteki yosoku chōsa. NISTEP Report 97, Tokio (The 8th Science and Technology Foresight Survey – Future Science and Technology in Japan, Delphi Report)
NISTEP, IFTECH (1992) (Hrsg) 2020nen no Kagaku Gijutsu. Dai 5kai Kagaku Gijutsuchō Gijutsu Yosoku Chōsa. [Wissenschaft und Technologie im Jahre 2020, 5. Technikvorausschau-Untersuchung der Science and Technology Agency]. Tokio (5. japanischer Delphi-Bericht; englische Kurzfassung: NISTEP (1992) The Fifth Technology Forecast Survey – Future Technology in Japan. NISTEP Report 25, Tokio)
Picht G (1967) Prognose – Utopie – Planung, Die Situation des Menschen in der Zukunft der technischen Welt. Klett, Stuttgart
Popper SW, Bimber B (1994) What is a Critical Technology? Arbeitsbericht RAND DRU-605-CTI
Roveda C (2000) National priorities for industrial R&D in Italy. Milano, http://www.fondazionerosselli.it
Sackman H (1975) Delphi Critique. Expert Opinion, Forecasting, and Group Process. Rand Corporation, Toronto/London
Schwartz P (1991) The Art of the Long View. Doubleday, New York
Seeger T (1979) Die Delphi-Methode – Expertenbefragungen zwischen Prognose und Gruppenmeinungsbildungsprozessen. Hochschul-Sammlung Philosophie, Sozialwissenschaft 8, Freiburg
Steinmüller K (1995) Beiträge zu Grundfragen der Zukunftsforschung. Werkstattbericht des Sekretariats für Zukunftsforschung 2/95, Gelsenkirchen
Technology Centre AS (2002): Technology Foresight in the Czech Republic 2002. Prag (Technology Centre AS in Kooperation mit der Engineering Academy of the CR)
Thiele J (1993) Kombination von Prognosen. Physica, Heidelberg (Dissertation)
Tsūshō Sangyōshō (1990) (Hrsg) 90nendai no Sangyō Kagakugijutsu Bijon. Tokio
Wagner CS, Popper SW (2003) Identifying Critical Technologies in the United States: A Review of the Federal Effort. Journal of Forecasting 22(2-3): 113-128
Wolf MJ (1983) The Japanese Conspiracy. Their Plot to Dominate Industry World-Wide – and How to Deal with It. Empire Books, New York
Wolferen K van (1989) Vom Mythos der Unbesiegbaren. Anmerkungen zur Weltmacht Japan. Knaur, München

Finanzierung von Zukunftstechnologien in Japan

Andreas Nabor

1 Einleitung

Der positive Zusammenhang zwischen der Entwicklung eines stabilen, funktionsfähigen Finanzsystems und der Wirtschaftsentwicklung eines Landes ist bereits ausführlich dokumentiert und unumstritten. Eine Volkswirtschaft kann langfristig nur wachsen, wenn überschüssiges Kapital von den Haushalten zu den investierenden Unternehmen geleitet wird, der Finanzmarkt also seine Allokationsfunktion effizient ausführt.

Darüber hinaus hat auch die institutionelle Ausgestaltung des Finanzsystems Einfluss auf die wirtschaftliche Entwicklung und sogar auf die wirtschaftlichen Aktivitäten eines Landes und damit auch auf sogenannte Zukunftstechnologien.

Dieser Beitrag stellt im folgenden Abschnitt den Zusammenhang zwischen dem Design des Finanzsystems und den Arten von Innovationen dar, die es zulässt. Darauf aufbauend zeigt Abschnitt 3, dass das traditionelle, bankbasierte Finanzsystem durchaus in der Lage ist, die traditionelle Forschung und Entwicklung in Japans großen Unternehmen zu finanzieren, die durch kleine, innovative Unternehmen geprägten Zukunftsindustrien jedoch ein marktbasiertes Finanzsystem benötigen. Abschnitt 4 fasst zusammen, dass die dafür notwendigen Institutionen und Organisationen bereits stärker entwickelt sind als vielfach anerkannt, aber noch der Weiterentwicklung bedürfen. Als ein Hindernis erweist sich ausgerechnet noch die Regierung selbst, da sie das bankbasierte System durch eigene Organisationen unterstützt.

2 Das Finanzsystem und Innovationen

Zahlreiche Studien haben institutionelle Unterschiede verschiedener Finanzsysteme und deren Auswirkungen auf die Wirtschaftstätigkeit manifestiert, indem sie zumeist die Finanzsysteme und Wirtschaftsstrukturen der USA und Großbritanniens auf der einen Seite und Deutschlands und Japans auf der anderen Seite verglichen. Nach Kriterien der Unternehmensfinanzierung, der Verflechtungen zwischen Unternehmen und Banken sowie der Kontrolle von Unternehmen werden die Systeme der USA und Großbritanniens im Allgemeinen als marktorientierte „Outsider-Systeme" dargestellt, und jene Deutschlands und Japans als bankbasierte „Insider-Systeme"[1].

Allen und Gale (2000) fassen außerdem drei weitere institutionelle Theorien zusammen (Tabelle 1), die Carlin und Mayer (2003) empirisch prüfen. Nach der *Informationstheorie* profitieren neue Technologien eher von funktionierenden Wertpapiermärkten, weil sie dort auf Investoren mit ausreichend unterschiedlichen Erwartungen treffen, und damit immer auch auf solche, die die Chancen neuer Technologien höher bewerten als ihre Risiken. Banken dagegen können Skaleneffekte in ihrer Kreditkontrolle ausnutzen und damit effektiver asymmetrische Informationen solcherart ausgleichen, wie sie bekannte, traditionelle Technologien aufweisen (Allen u. Gale 2000). Carlin und Mayer (2003) stärken dieses Argument, indem sie aufzeigen, dass gerade Länder mit hohen Bilanzierungsstandards und damit hoher Transparenz auf dem Wertpapiermarkt besonders hohe Investitionen in Forschung und Entwicklung (FuE) aufweisen. Die *Bindungstheorie* untersucht die Eigentümerverhältnisse der Unternehmen. Demnach bevorzugen Unternehmen, die im Besitz weniger Eigentümer sind, Aktivitäten, die Investitionen ihrer Eigentümer und anderer wichtiger „Stakeholder" einbeziehen, weil sich Mehrheitseigner öfter und intensiver in Managemententscheidungen einmischen als Minderheitseigner (Allen u. Gale 2000). Investitionen in neue Technologien sind deshalb bei konzentrierten Eigentümerverhältnissen schwieriger als bei weiter gestreuten Eigentümerverhältnissen. Die *Kontrolltheorie* unterscheidet weiterhin zwischen konzentrierten und gestreuten Gläubigerverhältnissen: In fragmentierten Märkten mit zahlreichen, kleinen Banken haben die Kreditgeber weniger Geduld mit unprofitablen Projekten und sind kurzfristiger orientiert als Kreditgeber in konzentrierten Bankensystemen (Dewatripont u. Maskin 1995). Fragmentierte Märkte gehen darüber hinaus mit Investitionen in

[1] Diese generelle und scharfe Trennung ist zwar nicht unumstritten, die Dominanz der Banken im japanischen Finanzsystem aber sehr wohl. Vgl. u.a. Allen u. Gale (2000); Carlin u. Mayer (2000).

FuE einher, die mit höherem Risiko behaftetet sind, während konzentrierte Bankensysteme eher mit risikoarmen, imitativen Investitionen etablierter Branchen einhergehen (Huang u. Xu 1999).

Sowohl die *Informationstheorie* als auch die *Kontrolltheorie* bringen diese Unterschiede außerdem mit der Entwicklungsstufe eines Landes in Zusammenhang: Weil mit der wirtschaftlichen Entwicklung eines Landes die Kapitalkosten in Relation zu den Kontrollkosten sinken, verfügen hoch entwickelte Volkswirtschaften auch über hoch entwickelte Wertpapiermärkte. In sich entwickelnden Ländern dagegen ist Kapital knapp und teuer, die Kontrolle durch Banken deshalb im Verhältnis günstiger. In letzterem Fall können große Banken zudem Skaleneffekte erzielen, je größer sie sind.

Tabelle 1. Das Finanzsystem und Innovationen

Institutionelle Charakteristika von Finanzsystemen geeignet zur Förderung von	
Zukunftstechnologien	traditionellen Technologien
• Wertpapiermärkte mit Investoren mit unterschiedlichen Erwartungen	• Banken mit Erfahrung zum Ausgleich spezifischer asymmetrischer Informationen
• Gestreute Eigentümerschaft mit geringer Einmischung in Managemententscheidungen	• Konzentrierte Eigentümerschaft mit eigenen strategischen Interessen und hoher Einmischung
• Gestreute Gläubigerschaft	• Konzentrierte Gläubigerschaft
• Typisch in hoch entwickelten Volkswirtschaften	• Typisch in geringer entwickelten Volkswirtschaften

Tabelle 1 fasst die in den drei Theorien beschriebenen Phänomene zusammen. Die weithin verbreiteten stilisierten Fakten über Japan legen eine eindeutige Zuordnung Japans in die rechte Spalte nahe: Das bankbasierte Finanzsystem scheint eher geeignet traditionelle Technologien zu fördern als sogenannte Zukunftsindustrien.

2.1 Innovationen in Japan

Die obige Zuordnung steht nicht im Widerspruch dazu, dass Japan die höchsten Ausgaben für Forschung und Entwicklung (FuE) in der OECD aufweist: Über 93% aller unternehmerischen FuE-Aktivitäten finden in großen Unternehmen (über 500 Arbeitnehmer) statt, deutlich mehr als in allen anderen OECD-Ländern (OECD 2004). Solche Unternehmen finanzieren FuE entweder intern durch einbehaltene Gewinne und Abschreibungen oder extern durch Bankkredite[2].

Das japanische Finanzsystem in seiner bisherigen Struktur entspricht also den traditionellen Bedürfnissen der japanischen Industrie. Das trifft umso mehr zu, als die Industrien mit traditionell hohem FuE-Anteil bereits in der Aufbauphase ab den 1950er Jahren oder kurz darauf gegründet wurden und bankbasierte Finanzsysteme insbesondere in sich entwickelnden Volkswirtschaften Vorteile aufweisen (Carlin u. Mayer 2003).

FuE-Aktivitäten großer Unternehmen gelten häufig als imitativ und basieren auf bereits bekannten Produkten. Hochentwickelte Industrienationen jedoch brauchen Innovationen in Zukunftsindustrien für weiteres Wachstum und Beschäftigung. Auf solche Innovationen sind junge, kleine Unternehmen häufig besser vorbereitet als große Firmen (vgl. Acs 1996); das gilt auch für Japan (Sakakibara et. al. 2004). Als Nachteil für Japan erweist sich in dieser Hinsicht allerdings, dass es mit deutlichem Abstand die geringste Unternehmertätigkeit unter den G7-Ländern aufweist (Acs et al. 2005).

Als Reaktion auf dieses Defizit an Unternehmertätigkeit und als Ausweg aus der Rezession der 1990er Jahre hat die japanische Regierung Hochtechnologie als ein wichtiges Entwicklungsfeld erkannt und begonnen, Unternehmensgründer und neue, forschungsorientierte Unternehmen zu fördern. Besondere Bedeutung haben darunter die Erlaubnis von Nebenerwerb für Universitätslehrer (TLO-Gesetz von 1998 und 2000) sowie marktorientierte Änderungen des Handelsgesetzes zur Förderung von Unternehmensgründungen (verschiedene Gesetze und Novellen seit 1995).

Aufgrund dieser und anderer Deregulierungen, aber auch weil die Großunternehmen in der Rezession bei den Arbeitnehmern einiges von ihrem früheren Renommee eingebüßt haben, relativiert sich die Dominanz großer Unternehmen in der FuE seit Beginn des 21. Jahrhunderts langsam.

Das japanische Wirtschaftsministerium METI erkennt nun auch bei kleinen und mittelständischen Unternehmen hohe Innovationsleistungen (METI 2005a). Insbesondere die Zahl von Unternehmen, die der Universitätsforschung entstammen, erhöhte sich seit Inkrafttreten des TLO Gesetzes zwischen 2000 und 2004 von 429 auf 1.112 Unternehmen und nimmt weiter zu (METI 2005b). Der Anteil kleiner Unternehmen (unter 100 Mio. JPY Eigenkapital) an den FuE- Ausgaben stieg von 2000 bis 2003 leicht von 4,6% auf 5,6% an (MEXT 2005).

---

[2] Zu Entwicklung und Wandel der Unternehmensfinanzierung in Japan vgl. Hoshi u. Kashyap (2001).

2.2 Charakteristika junger Technologieunternehmen in Japan

Die jungen Technologieunternehmen unterscheiden sich erheblich von anderen kleinen und mittleren Unternehmen (KMU). Typische Branchen von universitären Start-ups sind Biotechnologie, Medizin und Gesundheit (33%), IT und Telekommunikation (14%), Elektronik und Maschinenanlagen (13%) und Nanotechnologie (10%) (Tsukuba University 2005)[3].

Der Nutzen für die Volkswirtschaft dieser Unternehmen geht über das überproportionale Wachstum dieser Firmen und die nach METI-Berechnungen (2005b) von den 1.112 universitären Start-ups direkt und indirekt erzielten 300 Mrd. JPY Umsatz sowie 21.307 geschaffenen Arbeitsplätze noch weit hinaus: Als Schumpetersche *schöpferische Unternehmer* gründen sie nicht nur neue Unternehmen, sondern erschaffen ganz neue Industrien. Sie induzieren damit einen volkswirtschaftlichen Strukturwandel, der dem Land den Sprung auf eine neue Entwicklungsstufe und weiteres Wachstum ermöglicht.

Sakakibara et al. (2004) klären empirisch, worin sich erfolgreiche junge Hochtechnologiefirmen von den üblichen KMU unterscheiden: Die Geschäftsführer sind relativ jung, haben hohe Universitätsabschlüsse und sind forschungsorientiert. Firmen, die von ihrer Gründung an in Forschung investieren, wachsen besonders schnell. Zudem wachsen solche Firmen schneller, die jung und klein sind und die von Beginn an das Ziel haben, später an einer Börse zu notieren.

Typischerweise sind Unternehmensgründer in Japan dagegen über 53 Jahre alt, haben Unternehmenserfahrung, aber selten höhere Universitätsabschlüsse als Bachelor, gehören traditionellen Branchen an, arbeiten eng mit ihrem vorigen Arbeitgeber zusammen[4], finanzieren sich über Kredite von Unternehmen und Finanzinstituten, streben keine Börsennotierung an und erzielen geringeres Wachstum (Sakakibara et al. 1999; METI 2005a).

---

[3] Die Tsukuba University (2005) befragte 837 Unternehmen, die aus universitärer Forschung heraus entstanden sind (Rücklauf: 576), das METI (2005b) 1117 (464) Unternehmen derselben Gruppe. Sakakibara et al. (2004) basiert auf Umfragen von 1998 unter 1.384 FuE-orientierten Unternehmen, die jünger als zehn Jahre sind; die Samplegröße ist 200. Sakakibara et al. (1999), METI (2002) und NLFC (2000, 2004) dagegen beziehen sich auf Unternehmensgründungen in allen Wirtschaftsbereichen.

[4] Rund 84% aller Unternehmensgründungen in Japan entspringen aus bestehenden Firmen. Davon wiederum sind 53% echte *spin-offs* (Ausgliederungen), 19% bleiben Tochterfirmen, und 28% bewahren ideelle, geschäftliche und teilweise finanzielle Verbindungen (METI 2002). Eine enge Verbindung zu einem etablierten Unternehmen kann bei der Finanzierung von großem Vorteil sein.

2.3 Entwicklung und Finanzierung junger Technologieunternehmen

Die Entwicklung junger Technologieunternehmen wird häufig in vier Phasen aufgeteilt: In der *Seed-Phase* entwickeln Unternehmer aufgrund einer Geschäftsidee ihr Unternehmenskonzept, das dann in der Gründungs- bzw. *Start-up-Phase* mit der Produktentwicklung umgesetzt wird. Nach rund einem Jahr setzen in der Frühphase (*Early Stage*) Produktion und Marketing ein, die Firmen weisen aber zumeist noch Verluste aus. Nach fünf Jahren hoffen die Unternehmer, wirtschaftlich arbeiten zu können und damit die Expansionsphase erreicht zu haben. In dieser Phase erweitert das erfolgreiche Unternehmen seine Produktionskapazitäten und Produktreihen.

Junge Technologieunternehmen haben aufgrund ihres spezifischen Wissens hohe Wachstumschancen, bringen aber auch sehr spezifische, hohe Risiken mit sich und können potenziellen Kreditgebern selten Sicherheiten anbieten. Banken mit ihrer traditionellen Kreditprüfung können ihnen deshalb in der *Seed-Phase* selten Kredite gewähren; junge Technologieunternehmen benötigen eine andere Finanzierung als etablierte Firmen oder KMU traditioneller Branchen. In marktorientierten Finanzsystemen stehen dafür vor dem Börsengang zwei wichtige Akteure bereit: *Business Angels* und *Venture Capital (VC) Fonds*.

In allen Ländern finanzieren sich Unternehmensgründer zunächst hauptsächlich durch eigenes Kapital oder von Familie und Freunden (Bygrave 2005). Amazon, Apple und Microsoft sind prominente Beispiele dafür. In der Seed- und Gründungsphase stoßen wohlhabende Privatinvestoren, sogenannte *Business Angels* hinzu. Sie verzichten weitgehend auf schriftliches Material, sondern bewerten die Idee des Unternehmers und mischen sich intensiv als Mentoren in das Unternehmensmanagement ein. Finanzielle Ziele stehen weniger im Zentrum ihrer Investitionsentscheidung als ideelle Motive.

VC Fonds, auch in den USA, scheuen Unternehmen dieser Phase häufig noch, weil das Investitionsvolumen zu gering ist und sie zu wenig Material zur Prüfung der Zukunftsfähigkeit des Unternehmenskonzepts haben. Erst in der Frühphase kommen VC-Firmen hinzu und geben die Investition in der Expansionsphase an andere Unternehmen oder den Wertpapiermarkt ab.

Die Struktur der Unternehmenskontrolle ändert sich über diese Phasen hinweg rasch, und entsprechend der zuvor genannten Bindungs- und Kontrolltheorien nimmt die Konzentration der Kontrolle rapide ab (Abb. 1) (Mayer 2002).

Abb. 1. Entwicklung und Finanzierung junger Unternehmen

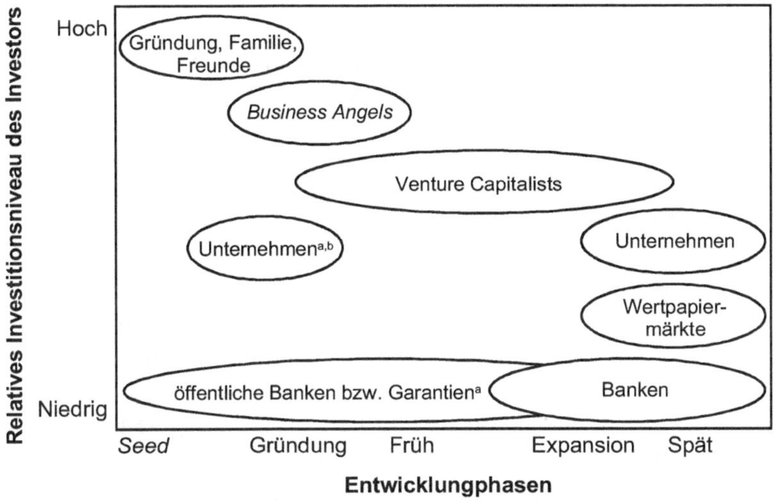

a Trifft insbesondere auf Japan zu.
b Z.B. ehemaliger Arbeitgeber, Mutterunternehmen. Vgl. Fußnote 3.

Vorbild: Van Osnabrugge und Robinson 2000, zitiert in Mayer 2002.

VC Fonds entstanden direkt nach dem 2. Weltkrieg in den USA und breiteten sich schnell international aus. Typischerweise vergeben VC Fonds keine Kredite, sondern beteiligen sich direkt an den Unternehmen. Sie kontrollieren die Unternehmen durch einen eigenen Sitz im Vorstand und beraten die Firmen auch in Bezug auf Management, Marketing und Technologie. VC Fonds investieren nicht langfristig, sondern versuchen, ihre Anteile nach spätestens fünf Jahren wieder gewinnbringend zu verkaufen. Der gewinnbringendste und deshalb beliebteste Weg für diesen „Exit“ ist die Börsennotierung (IPO, Initial Public Offering); häufiger ist aber der Verkauf der Anteile an andere Unternehmen oder an den Unternehmensgründer selbst. Am unbeliebtesten, aber dennoch am häufigsten, ist allerdings der „Exit“ durch Abschreibung wegen Konkurses. Wichtigste Investoren der VC Fonds sind Pensionsfonds, Finanzinstitute, Unternehmen und Privatinvestoren. Die dominierende Rechtsform bei VC-Firmen ist die *Limited Partnership* bzw. die Gesellschaft mit beschränkter Haftung. Allerdings gibt es international erhebliche Unterschiede zwischen VC-Firmen nach Herkunft, Kapitalquelle und Investitionsverhalten, wie unter anderem Mayer, Schoors und Yafeh (2002) anhand der vier Länder Großbritannien, Israel, Deutschland und Japan empirisch dargestellt haben.

3 Finanzierung von Zukunftstechnologien in Japan

Neben dem Mangel an ausgebildeten Fachkräften ist die Finanzierung das Hauptproblem junger Technologieunternehmen (Tsukuba University 2005, METI 2005a, METI 2005b). Darin unterscheidet sich Japan aber nicht von anderen Industrienationen (Hall 2002).

3.1 Informelle Finanzierung

Wie international weitgehend üblich (Bygrave 2005), spielt in Japan die informelle Finanzierung vor und bei der Unternehmensgründung die größte Rolle: rund 80% aller Unternehmer beginnen mit eigenem Vermögen, hinzu kommt Geld von der Familie (20%), Freunden (26%) und anderen Unterstützern (26%). Daneben treten öffentliche und private Banken sowie ehemalige Arbeitgeber bzw. das Mutterunternehmen als Sponsoren auf (METI 2002). Bei universitären Start-ups kommen noch Universitäten und bereits VC-Firmen als Sponsoren hinzu (Tsukuba University 2005). Das METI (2005b) erinnert außerdem an die erhebliche Forschungsförderung, die ihnen zufließt (siehe Tabelle 2, unten)[5].

Business Angels spielen in Japan in der Unternehmensfinanzierung eine wachsende Rolle, allerdings noch auf äußerst geringem Niveau. Seitdem die Kapitalertragsteuer für *Angel*-Investitionen 1997 und 2003 gesenkt wurde, wurde sie bis März 2003 in insgesamt 278, dann aber bis März 2005 bereits in 1.519 Fällen genutzt (METI 2003, 2005c). Neben der Forderung nach weiteren Steuererleichterungen gibt es für die weiterhin geringe Aktivität von *Angels* gegenwärtig mindestens drei Gründe, die jeweils ökonomischer, institutioneller und soziologischer Natur sind: Erstens gelten Privatinvestoren in Japan nach wie vor als risikoavers, sodass die Mehrheit Zinspapiere und stabile Aktienwerte bevorzugt. Zweitens wird das starke Alumni-Netzwerk japanischer Universitäten im Gegensatz zu den USA und Großbritannien nahezu ausschließlich für die Arbeitsplatzsuche, jedoch weniger für die Kapitalsuche genutzt. Andere *Angel*-Netzwerke sowohl von Universitäten als auch von anderen Organisationen befinden sich erst im Aufbau. Drittens ist eine so deutliche Einmischung in das Management, wie sie *Angels* typischerweise ausüben, in der Mehrzahl der japanischen Unternehmen unerwünscht.

[5] Alle hier berücksichtigten Umfragen bestätigen die Bedeutung von Subventionen für junge Technologieunternehmen, diese werden in diesem Beitrag jedoch nicht behandelt.

Allerdings sehen Kutsuna und Harada (2004) künftig auch mittelständische Unternehmer selbst als potenzielle *Angels* und berichten, über die Hälfte aller Unternehmensgründer erhalte Unterstützung von anderen KMU. Der Großteil dieser Unterstützung ist jedoch nicht monetärer Art, sondern ideeller und beratender Natur (NLFC 2000, 2004).

3.2 Venture Capital Fonds

Japan hat nach den USA und Großbritannien den ältesten VC-Markt der Welt, der 1963 mit öffentlichen Fonds begann und dem ab 1972 auch private Fonds beitraten (Kenney et al. 2002). 2004 operierten rund 200 VC-Firmen in Japan (Venture Enterprise Center 2004) (hiernach VEC 2004). Mit einem Investitionsportfolio von 11,26 Bill. JPY (2004) und jährlichen Investitionen von durchschnittlich 2,39 Bill. JPY bzw. 0,05% des BIP (2000-2004) nimmt sich der japanische VC-Markt nicht nur im Vergleich zu den USA klein aus. In Relation zur unternehmerischen Aktivität des Landes liegt der japanische VC-Markt allerdings auf ähnlichem Niveau wie andere eher bankorientierte Länder. Außerdem weist Japan seit 1999 international überdurchschnittlich hohe Wachstumsraten auf (vgl. Abb. 2)[6].

Abb. 2. Größe und Wachstum internationaler VC-Märkte

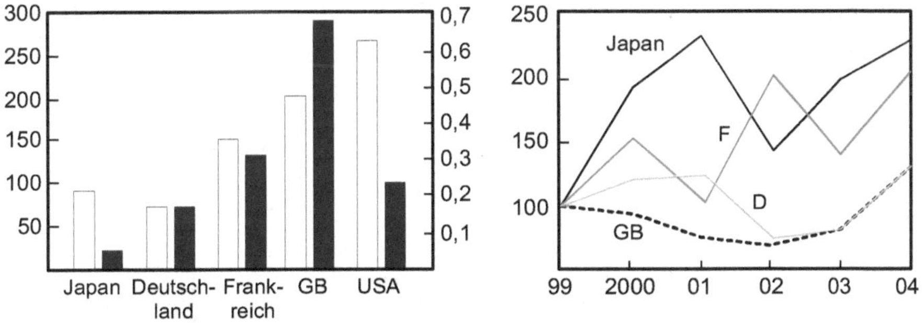

Linkes Diagramm: Größe in % des BIP (schwarze Balken, rechte Ordinate) und in Relation zur Unternehmertätigkeit (weiße Balken, linke Ordinate). Durchschnittswerte 2000-2004 (für USA: 2001-2004).
Rechtes Diagramm: Index jährlicher Investitionstätigkeit, 1999 = 100.

Quelle: VC-Märkte: wie Tabelle 3; BIP: IWF; Unternehmertätigkeit: Acs et al. (2005).

[6] Die Daten zu den VC-Märkten beruhen auf Erhebungen der nationalen VC-Vereinigungen. Die Methoden, Sample- und Begriffsdefinitionen sind so verscheiden, dass internationale Vergleiche nur eingeschränkt möglich sind. Die dargestellten Vergleiche können deshalb nur als ungefähre Indikatoren dienen.

Japanische VC Fonds galten lange Zeit als konservativ, was seit Beginn des 21. Jahrhunderts allerdings deutlich relativiert werden muss. Wichtige Gesetzesnovellen haben den VC-Markt in den vergangenen zehn Jahren gestärkt:

- Seit der Änderung im Kartellgesetz 1994 dürfen VC-Firmen mehr Anteile an einzelnen Unternehmen besitzen, was ihnen Skaleneffekte ermöglicht.
- Seit 1997 dürfen auch Pensionsfonds in VC Fonds investieren. In den USA und Großbritannien sind Pensionsfonds die wichtigsten Kapitalquellen für VC Fonds.
- Am wichtigsten ist die Zulassung der Rechtsform mit beschränkter Haftung (*yūgen sekinin tōshi jigyō kumiai*) für VC-Firmen von 1998, weil sie das Risiko der Investoren deutlich senkt.

Tabelle 2. Finanzierung universitärer Start-ups in Japan

				Durchschnitt pro Unternehmen	
	Erwogen	Erfolgs-quote	Erhalten	Eigenkapital	Kredit
	[%]	[%]	[%]	[Mrd. JPY]	[Mrd. JPY]
Eigenes Vermögen	40,8	100,0	40,8	2,1	1,7
Familie, Freunde	24,3	95,9	23,3	5,5	0,4
Privatinvestoren	18,7	81,3	15,2	6,8	1,0
Regionalbanken	31,8	86,4	27,5	3,6	4,1
Stadtbanken	15,4	65,0	10,0	0,4	18,5
Unternehmen	26,2	83,1	21,8	28,3	8,1
Venture Capital	36,7	83,2	30,5	39,7	6,1
Kapitalmarkt	5,2	30,8	1,6	679,5	0,1
Subventionen[a]	70,8	84,3	59,7	9,6	

a Eine Definition von Subventionen und der Rolle öffentlicher Banken (siehe Abschnitt 3.4) liegt nicht vor. Das Sample vorliegender Umfrage kann zugunsten von Subventionen verzerrt sein, weil das METI für die Rechtfertigung der Subventionen zuständig ist.

Quelle: METI (2005b).

Die bevorzugten Branchen der VC Fonds in Japan entsprechen den Wachstumsbranchen des Landes: Informationstechnologie (49,1%) dominiert deutlich, Dienstleistungen (17,6%), Biotechnologie und Medizin (14,3%) folgen (VEC 2004)[7]. Für universitäre Unternehmen in der Früh-

[7] Im Gegensatz zu anderen Ländern investieren japanische VC Fonds besonders wenig in der Elektroindustrie, weil in dieser Branche große Unternehmen forschen, denen andere Kapitalquellen zur Verfügung stehen (Mayer et al. 2002).

und Wachstumsphase sind VC-Firmen bereits ein wichtiger privater Ansprechpartner und übertreffen Banken in der Finanzierung (Tabelle 2) (METI 2005b).

43% aller VC-Firmen gehören zu Banken und anderen Finanzinstituten, 14% zu Unternehmen. Die Zahl unabhängiger VC-Firmen ist allerdings bis April 2004 bereits auf 31% gestiegen (VEC 2004). Eine ähnliche Dominanz der Banken und Unternehmen zeigt sich bei den Kapitalquellen, wo Japan eine ähnliche Struktur aufweist wie Deutschland und Frankreich (Tabelle 3). Im Gegensatz zu den USA und Großbritannien spielen Pensionsfonds keine Rolle in der VC-Finanzierung.

Tabelle 3. Kapitalquellen von VC Fonds

	Japan	Deutschland	Frankreich	Großbritannien	USA
	2004	2004	2004	2004	2003
Kreditinstitute	34.3	19.5	32.5	12.5	25.0
Versicherungen	3.5	30.5	11.2	6.3	
Industrie	15.5	2.3	3.5	6.3	2.0
Privatanleger	2.9	4.0	22.4	21.9	10.0
Staat	9.7	16.4	0.8	9.4	
VC Fonds	32.2	5.5	13.7	9.4	
Kapitalmarkt, Pensionsfonds	1.0	3.6	10.5	34.4	43.0
Gesamt	99.1	81.8	94.6	100.2	80.0

Quelle: Venture Enterprise Center (VEC) (2004); Bundesverband Deutscher Kapitalbeteiligungsgesellschaften (BVK) (2005); Association Française des Investisseurs en Capital (AFIC) (2005); British Venture Capital Association (BVCA) (2005); National Venture Capital Association (NVCA) (2005).

Die Dominanz von Banken, Versicherungen und etablierten Firmen im VC-Markt hat erhebliche Auswirkungen auf die Aktivitäten von VC Fonds. Typischerweise wird von VC-Firmen im Besitz von Banken und etablierten Firmen in weniger innovative, traditionellere Aktivitäten investiert, was den komparativen Vorteilen ihrer Kontrollsysteme entspricht (Mayer et al. 2002). Zudem streben diese Fonds nicht nur kurzfristigen Profit an, sondern verfolgen auch langfristigere strategische Ziele, insbesondere die Kundenbindung für spätere Kreditgeschäfte (Bottazzi et al. 2005). In bankorientierten Systemen wie Japan und Deutschland sind Banken aber auch in innovativere Investitionen eingebunden und beteiligen sich in früheren Phasen an Unternehmen als entsprechende VC-Firmen in anderen Ländern (Mayer et al. 2002).

Inzwischen investieren japanische VC Fonds zudem auch in jüngere Unternehmen. Nach jährlichen Umfragen der VEC (2004) ist das Durchschnittsalter der Zielfirmen bereits von rund 10,7 Jahren (1999) auf rund 7,5 Jahre (2004) gesunken. Firmen im Alter von ein bis fünf Jahren sind seit 2000 mit über 50% an der VC-Finanzierung eindeutig die wichtigste Klientel (Tabelle 4), bis 1999 waren noch Firmen älter als 15 Jahre die wichtigste Zielgruppe japanischer VC-Firmen (VEC 2004). Damit unterscheidet sich Japan nicht mehr von den anderen Industrienationen. Auch die deutliche Dominanz von *Buy-Outs* unter den VC-Investitionen entspricht dem internationalen Durchschnitt.

Tabelle 4. Investitionsphasen von VC Fonds

	Japan	Deutschland	Frankreich	GB	USA
	2004	2004	2004	2004	2004
Seed-Phase	0.6	0.6	1.0	12.5	25.0
Start-up, Frühphase	11.8	8.8	7.0	5.3	19.0
Expansionsphase	16.6	16.2	13.0	14.8	46.0
Spätphase[a]	11.8	3.0	3.0	3.1	35.0
MBO/MBI/LBO[b]	59.2	71.3	71.0	76.8	
Gesamt	100.0	99.9	95.0	100.0	100.0

a Überbrückungs- und Folgefinanzierung, Finanzierung nach Neustrukturierung.

b Keine Angaben über LBO in Großbritannien. Keine Angaben über MBO/MBI/LBO in den USA, daher sind auch die anderen Angaben zu relativieren.

Quelle: wie Tabelle 3.

Im Gegensatz zum international üblichen Geschäft von VC Fonds stand lange Zeit auch der hohe Anteil an Krediten, die japanische VC Fonds neben Investitionen ausgaben. Kredite versprechen ein regelmäßiges und relativ sicheres Einkommen ab dem Moment der Vertragsunterzeichnung. Der Einfluss der Banken war hier unverkennbar. Nach Umfragen des VEC sind Kredite aber seit 2001 nahezu aus dem ausstehenden Fondsvolumen verschwunden (VEC 2004).

Ebenfalls mit der Dominanz der Banken unter den Eigentümern und Investoren japanischer VC-Firmen hängt der geringe Umfang an Beratung zusammen, die VC-Firmen ihren Klienten über die Finanzierung hinaus anbieten. Diese Eigenart der japanischen VC-Industrie existiert weiterhin, weil die VC-Firmen erstens ihr Portfolio zur Risikostreuung über viele unterschiedliche Branchen diversifizieren, und weil zweitens das Personal regelmäßig zwischen Bank und VC-Firma rotiert, wodurch sie keine branchenspezifischen Kenntnisse aufbauen und vermitteln können (Mayer et al. 2002). Mit ihrer Zurückhaltung entsprechen sie allerdings auch den Erwartungen der Unternehmer, die sich mehrheitlich aufgrund der Kapitalkraft und der Aussicht auf einen Börsengang für bestimmte VC-Firmen entschieden haben, aber keine weitere Einmischung wünschen (Sakakibara et al. 1999).

3.3 Börsen für Wachstumswerte

VC Fonds finanzieren Unternehmen typischerweise nur über wenige Jahre. Die häufigste Form der Trennung (nach dem Konkurs) ist der Verkauf des Portfolio-Unternehmens an ein anderes, zumeist größeres Unternehmen. Dies kann eine effiziente „Exit"-Methode sein, weil kleine Unternehmen zwar häufig innovativer sind, große Unternehmen aber in einer fortgeschrittenen Stufe Vorteile in der Produktion und im Marketing aufweisen können.

Darüber hinaus ist aber auch der Verkauf des Unternehmens an der Börse von herausragender Bedeutung. Black und Gilson (1999) sehen in einem aktiven Wertpapiermarkt und damit der Möglichkeit eines Börsengangs gar eine notwendige Voraussetzung für einen erfolgreichen VC-Markt, weil er dem Unternehmer neben einem möglichen Geldsegen die Option gebe, die direkte Managementkontrolle über verschiedene Anleger zu diversifizieren. Mit dieser Option habe der Unternehmer größeren Anreiz für erfolgreiches, wachstumsorientiertes Management als mit der Aussicht, dass die Kontrolle nur vom Venture Capitalist auf ein anderes Unternehmen übergeht. In der Tat bestätigen Sakakibara et al. (2004) auch für Japan, dass solche Firmen schneller wachsen, die von Beginn an das Ziel haben, später an einer Börse zu notieren (vgl. auch Abschnitt 2.2).

Beide „Exit"-Kanäle, Verkauf und Börsengang, werden in Japan häufig genutzt und entsprechen grob dem Verhältnis in anderen Märkten (Tabelle 5).

Tabelle 5. „Exit"-Kanäle von VC Fonds

			Verkauf an[a]				
		IPO	Unter-nehmen	Fonds	Gründer	Konkurs	Gesamt
Japan	2004	23.5		43.9		28.9	96.3
Frankreich	2004	26.0	27.0	20.0	13.0	0.0	86.0
Deutschland	2004	5.9	25.1	23.1	11.4	27.2	92.7
Großbritannien	2004	10.0	28.0	20.0		13.0	71.0

a Keine detaillierteren Angaben über Käufer in Japan.
Die NVCA veröffentlicht keine vergleichbaren Daten für die USA.
Siehe auch Fußnote 5.

Quelle: wie Tabelle 3.

Überraschend ist der relativ hohe Anteil an Börsennotierungen in Japan, denn Börsenplätze für junge Unternehmen waren immer ein Schwachpunkt in Japans bankbasiertem Finanzsystem. Die führende Börse für Start-up-Unternehmen Japans ist Jasdaq, gefolgt vom Segment *Mothers* an der Tokyo Stock Exchange (TSE) und *Hercules*[8] an der Osaka Stock Exchange (Abb. 3). Sie haben eine gemeinsame Marktkapitalisierung von 20 Bio. JPY, rund 5% des Hauptsegments *(1st Section)* der TSE. Weitere drei Segmente für Start-up-Unternehmen existieren an den Regionalbörsen[9], spielen aber keine nationale Rolle. Als OTC-Markt unterhält die Jasdaq-Mutter Japan Securities Dealers Association (JSDA) noch den *Green Sheet Market*[10].

Abb. 3. Anzahl notierter Unternehmen in Japan und an der LSE/AIM 2005: Prognose vom 01.11.2005.

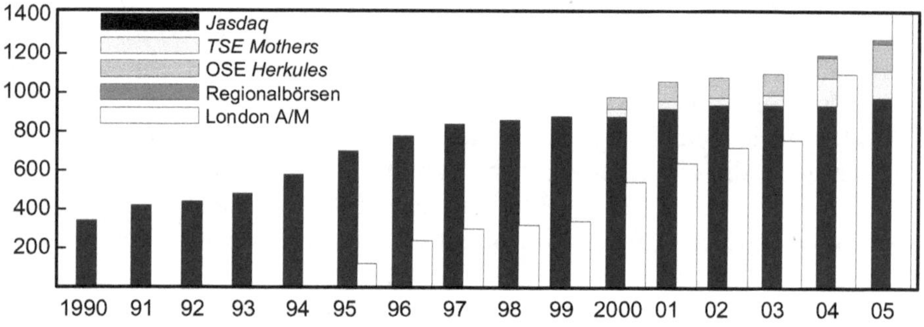

Quelle: Jahresberichte und Homepages der Börsen.

Auf einen Wandel in Japans Finanzsystem deutet ferner Nagases (2003) indirekte Beobachtung hin, dass japanische Unternehmensgründer einen großen Teil ihrer Unternehmensanteile nach dem Börsengang verkaufen,

[8] Die japanische Namensversion folgt der griechischen Form *Herakles*. Ursprünglich 2000 unter dem Namen *Nasdaq Japan* als Joint-Venture mit dem US-Markt Nasdaq gegründet, der sich dann aber 2002 aus dem Geschäft herauszog. *Mothers* wurde angesichts der drohenden US-Konkurrenz 1999 gegründet.

[9] Ganz in der japanischen Tradition des imitativen Wettbewerbs gründeten die Regionalbörsen in Nagoya, Fukuoka und Sapporo 1999 und 2000 die Segmente *Centrex*, *Q-Board* und *Ambitious* als Antwort auf *Mothers* und *Nasdaq Japan*. Der gemeinsame Marktanteil beträgt weniger als 0,1%. Die Börsen könnten in der Zukunft mit anderen Börsen wie der Jasdaq fusionieren, wenn sich dem kein Regionalproporz entgegenstellt.

[10] Dieser wurde 1997 gegründet. Jasdaq selbst wurde ebenfalls als OTC-Markt gegründet, transformierte im Dezember 2004 jedoch zu einer Börse (vgl. Nabor 2006).

denn das entspricht der in marktbasierten Systemen üblichen abnehmenden Konzentration der Unternehmenskontrolle.

Nach der Kapitalaufnahme durch den Börsengang bietet der Wertpapiermarkt nicht nur die Disziplinierung als Markt für Unternehmenskontrolle, sondern auch Expansionsmöglichkeiten durch Fusionen und Unternehmensübernahmen (M&A) für Technologieunternehmen selbst (Mayer 2002). Japanische Unternehmen sind auf diesem Markt zwar noch zurückhaltend; 2005 wurden jedoch drei nationale und internationale Übernahmeangebote japanischer Start-up-Unternehmen als „Pioniere" gefeiert (Nihon Keizai Shimbun, 02.08.2005).

Bei der Fragmentierung in sieben Märkte stellt sich aber auch die Frage, ob die Börsen eine ausreichende Marktbreite und -tiefe und damit Effizienz aufweisen können. Die Entwicklung der Anzahl notierter Unternehmen (Abb. 3) lässt zumindest Zweifel zu, ob die Anzahl der Börsenplätze wirklich zu einem Nettowachstum der Märkte für junge Unternehmen beiträgt oder ob die neuen Wettbewerber nur der Jasdaq Marktanteile abringen. Im Vergleich zum Segment *AIM* an der London Stock Exchange (LSE) wachsen die japanischen Märkte nur langsam (Abb. 3).

Jedoch kann der Wettbewerb neben der Fragmentierung auch Innovationseffekte in der Technologie, bei Handelssystemen und Geschäftsabläufen bewirken. Die Jasdaq baut dabei auf ihr *Market-Maker-System*, das unmittelbare Liquidität gewährleistet. *Mothers* verkauft sich hauptsächlich über das Renommee und die Technologie der TSE, und *Hercules* über die rasche Börsenzulassung. Zudem ermöglichen *Mothers* und *Hercules* auch jüngeren Unternehmen die Börsenzulassung: ihr Schwerpunkt liegt bei Firmen im Alter von weniger als fünf Jahren, das Durchschnittsalter von neu notierten Unternehmen (2000-2004) ist 8,4 respektive 12,5 Jahre, bei Jasdaq dagegen 23,3 Jahre.

Allerdings führte der Wettbewerb insbesondere bei den neu gegründeten Segmenten auch zur Senkung der Zulassungsbedingungen und Publikationspflichten und untergrub damit das Vertrauen in diese Märkte, vor allem von Privatinvestoren (vgl. u.a. Nihon Keizai Shimbun 2005, 19.05.2005)[11]. Die Aufsichtsbehörde FSA hinkt den daraus resultierenden Problemen noch hinterher (Nabor 2006).

---

[11] Trotz der niedrigen Zulassungsbedingungen an den Börsen gaben in einer METI-Umfrage unter KMU nach den Gründen für das Nichtnutzen der direkten Finanzierung immer noch 60% der befragten Unternehmen an, die Publikationspflichten nicht erfüllen zu können. 50% erklärten, die Zulassungsbedingungen seien zu hoch, und für 34% waren die Systeme des Venture Capitals oder der Börsennotierung zu kompliziert oder unklar (METI 2005a). Das unterstreicht zum einen den noch hohen Bildungsbedarf in Bezug auf die direkte Fi-

3.4 Öffentliche und private Finanzinstitute

Zwar stellten bereits Sakakibara et al. 1999 fest, dass unter jungen Firmen die IPO-Orientierung und die Bedeutung von VC deutlich zunehmen; öffentliche Hilfen und Bankkredite bleiben aber auch in dieser Gruppe deutlich wichtiger (s. Tabelle 6 sowie Tabelle 2 und dazugehörigen Text).

Tabelle 6. Externe Gründe für den Erfolg eines Unternehmens

Alter des Unternehmens	Unter 10 Jahre	Über 10 Jahre
Öffentliche Unterstützung	31,4%	13,5%
Venture Capital	18,2%	5,4%
Bankkredite	36,4%	63,6%
Managementberatung	14,0%	17,5%

Quelle: Sakakibara et al. 1999.

Die Bedeutung der öffentlichen Institutionen steigt, wenn man bedenkt, dass die Mehrzahl der Kredite privater Banken erst durch öffentliche Garantieleistungen für KMU oder aufgrund der Teilfinanzierung durch öffentliche Finanzinstitute möglich werden. Gegenwärtig nutzt rund die Hälfte aller KMU in Japan das öffentliche Garantiesystem für Bankkredite (Jasme 2005).

Die drei wichtigsten öffentlichen Finanzinstitute für KMU sind die National Life Finance Corporation (NLFC), die Japan Finance Corporation for Small and Medium Enterprise (JASME) und die Shōkō Chūkin Bank (SCB). Im März 2005 hatten diese drei ein ausstehendes Kreditportfolio von 8.420 Mrd. JPY respektive 7.500 Mrd. JPY und 9.590 Mrd. JPY.

Die NLFC vergibt günstige, garantiefreie Kredite an Mikrounternehmen zumeist unter zehn Mitarbeitern, hauptsächlich aus dem produzierenden Gewerbe, Groß- und Einzelhandel und Bau. JASME vergibt langfristige (bis zu 20 Jahre), günstig festverzinsliche Kredite und Kreditgarantien für Kredite von privaten Banken an KMU aller Größen aus denselben Branchen. Die SCB ist das öffentliche Zentralinstitut der Kreditgenossenschaften für Handel und Industrie und bietet ihren Mitgliedern alle üblichen Bankgeschäfte an. Daneben ist die SCB auch im VC-Geschäft tätig. Noch klein, aber ebenfalls als Venture Capitalist tätig ist die Tokyo Small and Medium Business Investment & Consultation Co. Ltd. (SBIC).

Die Unternehmer machen von dem Angebot regen Gebrauch (Tabelle 6). Das ist verständlich, wenn sie trotz ihres hohen Risikos bei den staatli-

---

nanzierung, zum anderen jedoch auch die unterschiedliche Bedeutung der direkten Finanzierung für junge Technologieunternehmen und die Masse der KMU.

chen Instituten teilweise niedrigere Zinsen zahlen als etablierte Unternehmen mit geringem Risiko bei privaten Banken (Schaede 2004).

Die japanische Regierung erklärt die starke Präsenz öffentlicher Banken mit Marktversagen, weil KMU immer wieder Probleme hätten, von privaten Banken Kredite zu erhalten. Dem ist allerdings entgegenzuhalten, dass die Regierung selbst den Markt bis zum Ende der 1990er Jahre weitgehend durch ihre Regulierung unterdrückt hat, sodass von einem Markt, der hätte versagen können, frühestens seit Beginn des 21. Jahrhunderts die Rede sein kann. Es war also vielmehr die strikte Wettbewerbs- und Zinsregulierung, die diese Finanzinstitute nötig machte: Bei gesetzlich niedrig gehaltenen Zinsen und dadurch künstlich erzeugter Kapitalknappheit waren private Finanzinstitute nicht bereit, an KMU Kredite zu vergeben. Es bedurfte also neuer Spezialinstitute innerhalb des Trennbankkartells (vgl. Schaede 2004). Mit der Freigabe der Zinsen Anfang der 1990er Jahre und der Aufweichung des Trennbanksystems infolge der Finanzmarktreform „Big Bang" 1997-2005 wurde der japanische Finanzmarkt jedoch schrittweise dereguliert, was die künftige Präsenz der öffentlichen Finanzinstitute umso mehr in Frage stellt.

Erstens kann man öffentlichen Banken vorwerfen, politische Ziele zu verfolgen und damit das Kapital der Steuerzahler nicht optimal anzulegen (Missallokation) (vgl. La Porta et al. 2000; s.a. Schaede 2004). Immerhin sind 99,7% aller Unternehmen in Japan KMU und beschäftigen 70% aller Angestellten, das sind 30 Mio. Wähler, (METI 2005a). Zudem sozialisieren die öffentlichen Banken die Ausfall- und Zinsrisiken, die mit Krediten an KMU zusammenhängen.

Zweitens wird die Effizienz öffentlicher Banken in Japan wie anderswo bezweifelt (Higo 2001), auch wenn sie sich aufgrund der besonderen Aufgabe der Institute schwer messen lässt (vgl. La Porta et al. 2000). Higo (2001) wirft öffentlichen Banken in Japan vor, ihre Kreditnehmer zu wenig zu kontrollieren und zu lange zu fördern.

Drittens können öffentliche Institute private Wettbewerber aus dem Markt verdrängen, weil sie günstiger Kapital aufnehmen und damit ihren Kunden günstigere Konditionen anbieten können. Aufgrund ihres relativ geringen Marktanteils stellen die drei Finanzinstitute für KMU zwar keine Wettbewerbsverzerrung dar, Schaede (2004) erkennt eine erhebliche Preisverzerrung durch die niedrigen Zinsen, die privaten Finanzinstituten eine risikogerechte Verzinsung verwehrten und sie damit aus dem Marktsegment für KMU erst verdrängten.

Zumindest jedoch stärken die öffentlichen Institute das bankbasierte Finanzsystem, indem sie entweder selbst hauptsächlich Kredite vergeben oder für Kredite privater Finanzinstitute öffentliche Garantien bereitstellen.

Im Rahmen der Reform des Fiscal Investment and Loan Programs (FILP), das die staatlichen Banken finanziert, sollen ab 2007 auch die Banken reformiert und ihre Programme gekürzt werden.

Die Kritik an staatlichen Banken richtet sich gegen die Form, nicht aber gegen staatliche Förderung für Forschung und Unternehmensgründungen generell. Alle Industrienationen bieten in unterschiedlicher Form öffentliche Subventionen, Kredite und Garantien an, und die Wissenschaft ist sich über die Effekte dieser Förderung noch nicht einig (vgl. Hall 2002; Lööf u. Heshmati 2005).

4 Politische Implikationen

Es gibt kein Finanzsystem, das für alle Länder und für alle Entwicklungsstufen gleichermaßen geeignet wäre. Forschung und Entwicklung von Japans Zukunftsindustrien des vergangenen Jahrhunderts begann in der Aufbauphase nach dem 2. Weltkrieg innerhalb großer Unternehmenskonglomerate. Dafür war das bankbasierte Finanzsystem gut gerüstet. Für die Entwicklung der Industrien des 21. Jahrhunderts sind jedoch junge, kleine Unternehmen mindestens ebenso wichtig wie große Firmen. Diesen Unternehmen steht die indirekte Finanzierung über Bankkredite häufig nicht offen, weil sie dafür zu hohe und zu spezifische Risiken mit sich bringen. Davon sind gerade innovative, zukunftsweisende Firmen deutlich stärker betroffen als andere, weil Risiken von KMU aus etablierten Branchen abschätzbarer sind.

Die verstärkte Förderung junger Forschungsunternehmen ging einher mit der Finanzmarktreform „Big Bang". Beides sollte Japan aus der Rezession der 1990er Jahre führen und anschließend ein stabiles Wachstum ermöglichen. Der „Big Bang" sollte ein stärker marktbasiertes Finanzsystem schaffen, das unter anderem für Zukunftsindustrien förderlich ist. Die wachsende Bedeutung der Venture-Capital-Industrie und der Wertpapiermärkte sowohl in absoluten Zahlen als auch in der Wahrnehmung der Unternehmer unterstreicht bereits erste bedeutende Erfolge. Insbesondere mit der Stärkung der Wertpapiermärkte erfüllt Japan eine wichtige Voraussetzung für die Stärkung der VC-Industrie und damit der Finanzierung von Zukunftstechnologien (vgl. Mayer 2002; Da Rin et al. 2005; Black u. Gilson 1999).

Dennoch gibt es bei der Stärkung der Wertpapiermärkte noch erheblichen Entwicklungsbedarf: Mangelnder Anlegerschutz verunsichert insbesondere Privatinvestoren[12]. Mizuno (2004) erkennt zwar bereits Annäherungen an internationale Bilanzierungsrichtlinien, im *World Competitiveness Yearbook 2005* schneidet Japan aber in den Kategorien Bilanzierung und Bilanzprüfung, Effizienz von Vorständen, *Shareholder value* und Transparenz zwischen Rang 49 und 57 von insgesamt 60 Ländern noch denkbar schlecht ab (IMD 2005).

Auch ist die Stärkung der Wertpapiermärkte noch nicht bei den Haushalten angekommen: Seit über zwanzig Jahren unverändert halten sie rund 55% ihrer Vermögen im Gesamtwert von rund 1.416 Bio. JPY in bar und in Bankeinlagen (Bank of Japan 2005). Aktien spielen mit rund 6% keine größere Rolle als vor zehn und zwanzig Jahren. Die Bedeutung von Pensionsfonds stieg entsprechend der alternden Gesellschaftsstruktur zwar kontinuierlich von 3% im Jahr 1980 auf 10% im Jahr 2004 an, für eine Stärkung dieser institutionellen Investoren in der Finanzierung junger Technologieunternehmen reicht das aber nicht, zumal die Entwicklung kapitalmarktbasierter Renten nur äußerst zögerlich verläuft. Zudem erweisen sich Pensionsfonds als zunehmend risikoscheu, seitdem sie seit 2001 ihre Verbindlichkeiten offen legen müssen (Suto u. Toshino 2004). Aktieninvestitionen machen nur 14% ihres Portfolios aus (Bank of Japan 2005), und davon fließt nahezu alles in *Blue Chips*, die im Hauptsegment der TSE notiert sind. Das zuständige Wohlfahrtsministerium prüft allerdings für die öffentlichen Pensionsfonds die Ausweitung der Aktieninvestitionen. Die *Nihon Keizai Shimbun* (12.04.2005) rechnet für diesen Fall mit einem Zufluss von über 800 Mrd. JPY in die Start-up-Märkte Japans bis März 2009.

Auf der anderen Seite untergräbt gerade die Regierung noch die Stärkung des Finanzmarktes, indem sie staatliche Kredite und staatliche Garantien für Bankkredite ausgibt. Da Rin et al. (2005) können in Europa, einem mit Japan in der Struktur durchaus vergleichbaren Markt, im Gegensatz zur allgemeinen Wahrnehmung in der Politik weder eine Knappheit an VC Fonds feststellen noch positive Effekte öffentlicher FuE-Ausgaben auf unternehmerische Möglichkeiten erkennen. Zur Schaffung eines aktiven VC-Marktes schlagen sie deshalb keine öffentlichen Zuwendungen oder öffentliche Einmischung in den VC-Markt vor, sondern Möglichkeiten für Unternehmer und Investoren, die Früchte ihrer Anstrengungen zu ernten: starke Wertpapiermärkte und geringere Kapitalertragsteuern. Japan hat

[12] Mayer (2002) warnt jedoch auch davor, den freien Wettbewerb zu sehr dem Einleger- und Anlegerschutz zu opfern. Strikte Regulierungen im Sinne des Einleger- und Anlegerschutzes drohten die Finanzwelt zu homogenisieren. Finanzierung von Zukunftstechnologien brauche jedoch ein hohes Maß an Diversifikation zwischen Institutionen, Investitionen und Kontrollformen. Strikte Offenlegungspflichten würden diese Diversifikation nicht beeinträchtigen.

diesen Pfad bereits beschritten, indem die Kapitalertragssteuern für *Angel*-Investitionen gesenkt wurden und das Programm der öffentlichen Banken eingeschränkt wird[13].

Institutionelle Pfadabhängigkeiten verlangsamen die Stärkung des marktbasierten Finanzsystems weiter: Sekundäre Institutionen, die sich in bankbasierten Systemen gebildet haben, einschließlich der konservativen Haltung von Banken, fördern unternehmerische Aktivitäten weniger als die sekundären Institutionen von marktbasierten Systemen. Solche Institutionen wandeln sich jedoch nur langsam, sodass ein starker Venture-Capital-Markt erst innerhalb eines neuen institutionellen Gleichgewichts entstehen kann (Black u. Gilson 1999; vgl. Mayer 2002). Auch Kitamura, Suto und Teranishi (2002) erwarten deshalb mittelfristig zunächst eine Mischform zwischen markt- und bankbasierten Finanzsystemen in Japan („security-market based intermediation").

Das japanische Finanzsystem zeigt damit eine anfangs zwar zaghafte, aber durchaus stetige Bewegung vom rein bankbasierten System weg in Richtung eines Systems, das der Finanzierung von Zukunftstechnologien dienen kann. Allein das Finanzsystem kann es aber nicht richten: Gleichzeitig müssen sich Institutionen in anderen Ebenen weiter entwickeln, um junge Technologieunternehmen zu fördern. Dazu gehört zum einen die Förderung hochklassiger Lehre und Forschung an Universitäten und zum anderen die Erleichterung von Unternehmensgründungen. Zwar wird Japan und ganz Asien häufig ein wenig ausgeprägtes Unternehmertum nachgesagt, dies ist aber empirisch nicht schlüssig nachzuweisen. Vielmehr sind bürokratische Hindernisse bei der Unternehmensgründung und im täglichen Geschäft zu nennen, die das Unternehmertum und damit die Wettbewerbsfähigkeit Japans beeinträchtigen (IMD 2005).

Literatur

Acs ZJ (1996) Small Firms and Economic Growth. Edward Elgar, Cheltenham

Acs ZJ, Arenius P, Hay M, Minniti M (2005) Global Entrepreneurship Monitor 2004 Executive Report. Http://www.gemconsortium.org (Zugriff im August 2005)

Allen F, Gale D (1999) Diversity of Opinion and the Financing of New Technologies. Journal of Financial Intermediation 8(1–2): 68-89

[13] Einen positiven Zusammenhang zwischen einer Senkung der Kapitalertragsteuern und einem aktiven VC-Markt stellen auch Keuschnigg und Nielsen (2003) fest.

Allen F, Gale D (2000) Comparing Financial Systems. MIT Press, Cambridge (MA)

Association Française des Investisseurs en Capital (2005) Rapport sur l'activite du Capital Investissement en France, Année 2004. AFIC, Paris

Bank of Japan (2005) Nihonginkō tōkei (kikan) [Bank of Japan Statistics (Quarterly)]. BOJ, Tokio, http://www.boj.or.jp/stat/stat_f.htm (Zugriff im August 2005)

Black B, Gilson R (1999) Does Venture Capital Require an Active Stock Market? Journal of Applied Corporate Finance 11(4): 36-48

Bottazzi L, Da Rin M, Hellmann T (2005) What Role of Legal Systems in Financial Intermediation? Theory and Evidence. LSE Working Paper 22

British Venture Capital Association (2005) BVCA Report on Investment Activity 2004. BVCA, London

Bundesverband Deutscher Kapitalbeteiligungsgesellschaften (2005) BVK Statistik 2004. BVK, http://www.bvk-ev.de (Zugriff im August 2005)

Bygrave W (2005) Global Entrepreneurship Monitor 2004 Financing Report. Http://www.gemconsortium.org (Zugriff im August 2005)

Carlin W, Mayer C (2000) How Do Financial Systems Affect Economic Performance. In: Vives X (Hrsg) Corporate Governance: Theoretical and Empirical Perspectives. Cambridge University Press, Cambridge, S 137-168

Carlin W, Mayer C (2003) Finance, Investment and Growth. Journal of Financial Economics 69(1): 191–226

Da Rin M, Nicodano G, Sembenelli A (2005) Public Policy and the Creation of Active Venture Capital Markets. ECB Working Paper Series 430

Dewatripont M, Maskin E (1995) Credit Efficiency in Centralized and Decentralized Economies. Review of Economic Studies 62 (4): 541-555

FSE Fukuoka Stock Exchange (2005). Http://www.fse.or.jp/ (Zugriff am 02.11. 2005)

Hall B (2002) The Financing of Research and Development. NBER Working Papers 8773

Higo M (2001) Zaiseitōyūshi no genjō to kadai [Status and Issues of FILP]. IMES Working Paper Series 01-1

Hoshi T, Kashyap A (2001) Corporate Financing and Governance in Japan. MIT Press, Cambridge (MA)

Huang H, Xu C (1999) Institutions, Innovations, and Growth. American Economic Review 89(2): 438-443

IMD (2005) The IMD World Competitiveness Yearbook 2005. IMD International, Lausanne, http://www.imd.ch/wcc

Jasme (2005) Chūshō kigyō kin'yū kōko disukurōjāshi 2005 [Jasme Disclosure Prospectus 2005]. Jasme, Tokio

JASDAQ (2005). Http://www.jasdaq.co.jp (Zugriff am 02.11.2005)

Kenney M, Han K, Tanaka S (2002) Scattering Geese: The Venture Capital Industries of East Asia, A Report to the World Bank. BRIE Working Paper 146

Keuschnigg C, Nielsen SB (2003) Taxes and Venture Capital Support. CESifo Working Paper 1094

Kitamura Y, Suto M, Teranishi J (2004) Reflections on the New Financial System in Japan: Participation Costs, Wealth Distribution, and Security Market-Based Intermediation. In: Fan JPH, Hanazaki M, Teranishi J (Hrsg) Designing Financial Systems in East Asia and Japan. Routledge Curzon, London, S 334-384

Kutsuna K, Harada N (2004) Small Business Owner-Managers as Latent Informal Investors in Japan. Venture Capital 6(1): 283-311

La Porta R, Lopez-De-Silanes F, Shleifer A (2000) Government Ownership of Banks. The Journal of Finance 57(1): 265-301

London Stock Exchange (2005). Http://www.londonstockexchange.com (Zugriff am 02.11.2005).

Lööf H, Heshmati A (2005) The Impact of Public Funding on Private R&D Investment: New Evidence from a Firm Level Innovation Study. CESIS Working Paper Series in Economics and Institutions of Innovation 6

Mayer C (2002) Financing the New Economy: Financial Institutions and Corporate Governance. Information Economics and Policy 14(2): 311-326

Mayer C, Schoors K, Yafeh Y (2002) Sources of Funds and Investment Activities of Venture Capital Funds: Evidence from Germany, Israel, Japan and the UK. NBER Working Papers 9645

METI (2002) 2002nenban chūshōkigyō hakusho [White Paper on Small and Medium Enterprises 2002]. METI, Tokio

METI (2005a) 2005nenban chūshōkigyō hakusho [White Paper on Small and Medium Enterprises 2005]. METI, Tokio

METI (2005b) Daigakuhatsu benchā ni kansuru kisochōsa [Basic Survey of University based Venture Enterprises]. METI, Tokio

METI (2003, 2005c) Seisaku hyōka [Policy Appraisal]. METI, Tokio, http://www.meti.go.jp/policy/policy_management/ (Zugriff im August 2005)

MEXT (2005) Kagakugijutsu hakusho heisei 17nendo [Science and Technology White Paper 2005]. MEXT, Tokio

Mizuno M (2004) The Impact of New Accounting Standards on Japanese Companies. Pacific Economic Review 9(4): 357-369

Nabor A (2006) Finanzmarktpolitik in Japan. In: Gottwald JC, Heilmann S, Kremer C (Hrsg) Finanzmarktpolitik. VS Verlag für Sozialwissenschaften, Wiesbaden

Nagase T (2003) Shinkijōjokigyō no gabanansu kōzō ni tsuite [On the Governance Structure of Newly Listed Companies]. CEI Working Paper Series 2003-17

National Venture Capital Association (2005) 2004 NVCA Annual Yearbook. NVCA, Arlington (VA)

Nihon Keizai Shimbun (2005) Daikōkaijidai no teiryū [Undercurrents of the IPO Rush]. Vierteilige Serie, 31.08.2005: 14, 01.09.2005: 16, 02.09.2005: 16, 03.09.2005: 14

Nihon Keizai Shimbun (12.04.2005) Kōtekinenkin, kabutōshi habahiroku, shinkōshijō mo taishō ni [Public Pension Funds to Diversify Investments, also into Emerging Markets]. S 1

Nihon Keizai Shimbun (19.05.2005) Shinkōsanshijō, keizai ni katsuryoku, kanshikinō no kyōka kadai ni [Three Emerging Markets Add to Vitality of the Economy, Supervision Function Becomes an Issue]. S 1
Nihon Keizai Shimbun (02.08.2005) M&A no shin no paionia [The Real M&A Pioneers]. S 19
NLFC (2000, 2004) 2000 (2004)nendo shinkikaigyō jittaichōsa [2000 (2004) Survey on New Business Start-ups]. NLFC, Tokio, http://www.kokukin.go.jp/sougou/tyousa/sinkikaigyo_kekka_m.html (Zugriff im August 2005)
NSE Nagoya Stock Exchange (2005). Http://www.nse.or.jp/ (Zugriff am 02.11.2005)
OECD (2004), Science, Technology and Industry Outlook 2004. OECD, Paris.
OSE Osaka Securities Exchange – Hercules Stocks (2005). Http://hercules.ose.or.jp (Zugriff am 02.11.2005)
Sakakibara K et al. (1999) Nihon no benchākigyō to kigyōsha ni kansuru chōsakenkyū [Survey on start-up firms and their entrepreneurs in Japan]. Nistep Report 61
Sakakibara K, Honjo Y, Koga T (2004) Gijutsukei seizōgyō ni okeru sutātoappukigyō no seichōyōin [Determinants of Growth in Japanese High Technology Start-up Firms]. Nistep Discussion Paper 37
Schaede U (2004) Small Firm Financing in Japan: The "Middle Risk Gap" and Financial System Reform. Mimeo
SSE Sapporo Securities Exchange (2005). Http://www.sse.or.jp/ (Zugriff am 02.11.2005)
Suto M, Toshino M (2004) Behavioural Biases of Japanese Institutional Investors: Fund Management and Corporate Governance. Corporate Governance: An International Review 13(4): 466-477
TSE Tokyo Stock Exchange (2005). Http://www.tse.or.jp/mothers/index.html (Zugriff am 02.11.2005)
Tsukuba University (2005) Daigakutōhatsu benchā no kadai to suishinhōsaku ni kansuru chōsakenkyū [Survey on Issues and Promotion Plans of University based Venture Enterprises]. Tsukuba University, Tsukuba
VEC Venture Enterprise Center (2004) Heisei 16nendo benchākyapitarutō tōshidōkō chōsahōkoku [2004 Survey on Venture Capital Investment Trends]. VEC, Tokio

Mensch
und
Gesundheit

Life Sciences und Biotechnologie in Japan

Anja Walke

1 Einleitung

Mit der Entdeckung der DNA als Träger der Erbinformation ist die Biologie zur einflussreichsten Wissenschaft des ausgehenden 20. und beginnenden 21. Jahrhunderts geworden. Seit der vollständigen Entschlüsselung des Humangenoms ist es nunmehr das Ziel der Biowissenschaften, die Mechanismen des Lebens zu untersuchen und sogar zu beeinflussen. Das macht die Biowissenschaften so brisant und gleichzeitig zu einem Hoffnungsträger für Wissenschaft und Wirtschaft. Die größten Hoffnungen für Medizin, Industrie, Landwirtschaft, Umwelttechnologie und viele Sektoren mehr werden derzeit in die Biotechnologie gesetzt, die als eine der bedeutendsten Wachstumsbranchen des 21. Jahrhunderts gilt. Biotechnologische Innovationen im pharmazeutischen und lebensmitteltechnischen Bereich deuten bisher nur ansatzweise an, welches enorme Potenzial die Biotechnologie im Hinblick auf die Entwicklung neuer Produkte besitzt. Die Erwartungen reichen von krankheitsresistenten Pflanzen mit verbessertem Gehalt an wichtigen Nährstoffen und Vitaminen über Technologien zur Sanierung der Umwelt, biologisch abbaubare Kunststoffe, neuartige Therapien und Diagnoseverfahren, personalisierte Medikamente bis zu Chemikalien und Enzymen, die die Kosten industrieller Prozesse reduzieren und deren Effektivität erhöhen. Gleichzeitig bietet die Biotechnologie ein enormes Potenzial für die Schaffung und den Erhalt von neuen und anspruchsvollen Arbeitsplätzen und wirkt sich stimulierend auf eine ganze Reihe weiterer Sektoren aus.

Auch die japanische Regierung hat betont, dass sie die Biotechnologie (bzw. die Life Sciences[1]) neben den Informations- und Kommunikations-

---

[1] Der Begriff „Life Sciences“ (deutsch: *Lebens-* oder *Biowissenschaften*) umfasst eine Gruppe naturwissenschaftlicher Forschungsrichtungen, die sich vor allem mit der Anwendung wissenschaftlicher Erkenntnisse der modernen Biologie,

technologien, der Nanotechnologie und der Umwelttechnik als von entscheidender strategischer Bedeutung für Japan sieht. Aufgrund ihres hohen innovativen Potenzials soll die Biotechnologie aktive Förderung erhalten. Der vorliegende Beitrag zielt darauf ab, die wichtigsten Bestimmungsgrößen des japanischen Biotechnologiemarktes und seine Rahmenbedingungen vorzustellen, um die derzeitige Position sowie die Perspektiven der japanischen Biotechnologieindustrie[2] einzuschätzen. Zunächst soll jedoch der Begriff „Biotechnologie" kurz erklärt werden.

2 Was bedeutet „Biotechnologie"?

Eine allgemein anerkannte Definition von Biotechnologie wurde 1989 von der OECD eingeführt. Danach versteht man unter Biotechnologie die Anwendung von Wissenschaft und Technik auf lebendige Organismen sowie deren Teile, Produkte und Modelle, um belebte oder unbelebte Materialien für die Herstellung von Wissen, Gütern und Dienstleistungen zu verändern (OECD 2005b). Der vorliegende Beitrag befasst sich in erster Linie mit der „modernen" Biotechnologie. Unter dieser Bezeichnung werden alle innovativen Methoden, Verfahren und Produkte zusammengefasst, die lebende Organismen oder deren zelluläre und subzelluläre Bestandteile nutzen. Zum Einsatz kommen dabei Erkenntnisse der Forschung auf den Gebieten Biochemie, Molekularbiologie, Immunologie, Virologie, Mikrobiologie, Zellbiologie oder Umwelt- und Verfahrenstechnik. Die Gentechnik ist wiederum ein Teilgebiet der Biotechnologie (DIB 2005: 11).

Im Unterschied zur „modernen" schließt die „klassische" Biotechnologie auch traditionelle Methoden der biologischen Stoffumwandlung (z.B. Fermentation) mit ein. Der Übergang zwischen den Technologien ist allerdings häufig fließend. So werden beispielsweise in Fermentationsprozes-

Chemie und anderer Gebiete beschäftigen. Neben der Biotechnologie werden diesem Bereich auch Pharmazie und Medizintechnik zugeordnet. In Japan beschreibt der Begriff *Lebenswissenschaften* Forschungsfelder wie Gesundheit, Lebensmittel, Biotechnologie und Umwelt. Während das Bildungs- und Forschungsministerium (MEXT) und das Gesundheitsministerium (MHLW) in Japan i.d.R. den Begriff *life science* oder *bio science* verwenden, bevorzugen das Wirtschaftsministerium (METI) und das Landwirtschaftsministerium (MAFF) die Bezeichnung *biotechnology* (Yako u. Schröder 2006: 2).

[2] Da die Biotechnologie aufgrund der Vielfalt ihrer Einsatzmöglichkeiten alle Sektoren einer Volkswirtschaft beeinflussen kann, handelt es sich eigentlich nicht um eine Industrie im engeren Sinne, sondern vielmehr um ein Bündel von Technologien (Gassel 1998: 25; Müller 2001: 2). Dennoch hat sich auch in Japan die Bezeichnung Bio-Industrie eingeprägt.

sen herkömmliche, aber auch genetisch veränderte Mikroben zur Massenproduktion eingesetzt. Die Abgrenzungsschwierigkeiten bereiten Probleme bei der Datenerfassung, sodass sich je nach Quelle auch die ausgewiesenen Werte zum Teil erheblich unterscheiden (Gassel 1998: 24).

Die Biotechnologie ist eine typische Querschnittstechnologie mit „Servicecharakter" für zahlreiche anwendungsnahe Disziplinen: Medizin, Chemie, Physik, Informationstechnologie, Materialwissenschaften und andere (vgl. Abbildung 1). Zu typischen Marktsegmenten der Biotechnologie zählen Arzneimittel, Impfstoffe, Medizinprodukte, Diagnostika, Pflanzenzüchtung, nachwachsende Rohstoffe, Nahrungsmittelherstellung, Enzyme, Feinchemikalien, Umweltbiotechnologie und analytische Dienstleistungen (DIB 2005: 11).

Abb. 1. Anwendungsgebiete der Biotechnologieindustrie

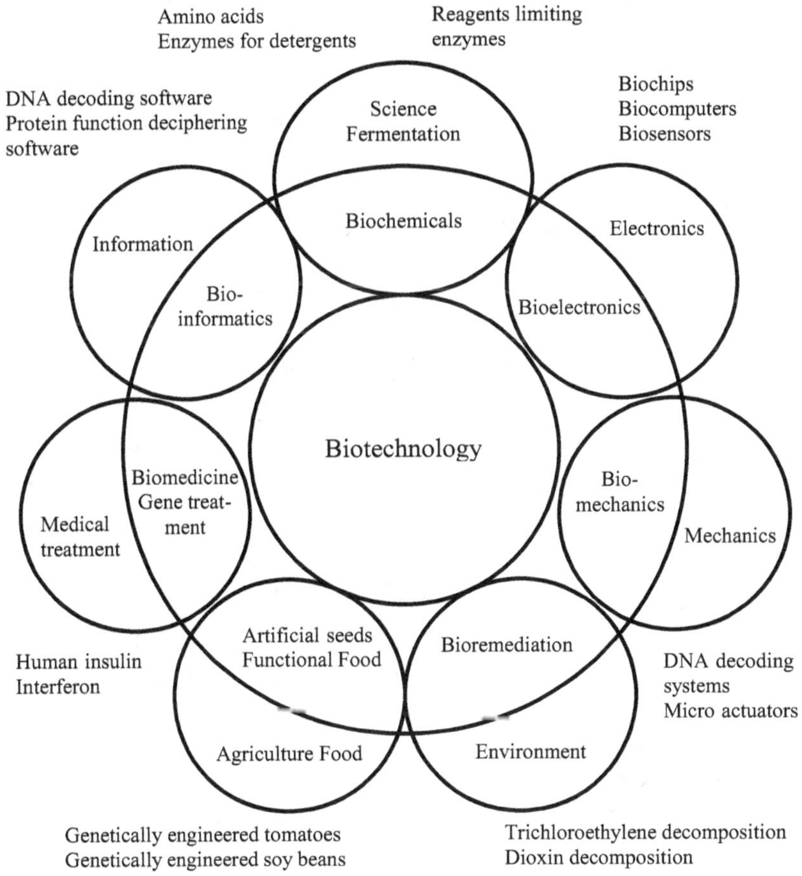

Quelle: JETRO (2000: 2), eigene Darstellung.

3 Japans Biotechnologiemarkt im internationalen Vergleich

Die weltweite Biotechnologieindustrie ist im Jahr 2004 stark gewachsen. Angaben der Unternehmensberatung Ernst & Young zufolge stiegen die weltweiten Umsätze der Branche um 17% gegenüber dem Vorjahr auf 54,6 Mrd. USD. Das Umsatzwachstum übertraf damit deutlich das der Pharmaindustrie, deren Umsätze um 9% zulegten. Experten rechnen damit, dass der Weltmarkt für Biotechnologieprodukte auch in den nächsten Jahren im zweistelligen Prozentbereich wachsen wird. Rund 78% der weltweiten biotechnologischen Umsätze entfielen 2004 auf die USA, die damit unverändert die Führungsrolle innehaben, während Europa, Kanada und der asiatisch-pazifische Raum mit 14%, 4% und 4% folgten (Ernst & Young 2005: 11; vgl. Tabelle 1).

Tabelle 1. Überblick über die weltweite Biotechnologieindustrie im Jahr 2004

	Weltweit	USA	Europa	Kanada	Asien-Pazifik (Japan)
Börsennotierte Unternehmen					
Einnahmen (Mio. USD)	54.613	42.740	7.729	2.091	2.052 (82)
FuE-Ausgaben (Mio. USD)	20.888	15.701	4.151	782	253
Anzahl der Beschäftigten	183.820	137.400	25.640	7.370	13.410
Anzahl der Unternehmen					
Börsennotierte Unternehmen	641	330	98	82	131 (22)
Nicht börsennotierte Unternehmen	3.775	1.114	1.717	390	554 (442)
Gesamt	4.416	1.444	1.815	472	685 (464)

Quelle: Ernst & Young 2005: 11; Burril 2005: 9; JBA 2005.

Die Führungsrolle der USA dokumentiert sich aber nicht nur in der Höhe der Umsätze. US-amerikanische Unternehmen tätigten 2004 auch 75% der weltweiten biotechnologischen FuE-Ausgaben, sie beschäftigten drei Viertel aller Arbeitnehmer im Biotechnologiebereich und absorbierten ca. 80% des 2004 aufgenommenen Risikokapitals. Biotechnologie macht damit in den USA nunmehr über 20% aller Venture Investments aus. Zudem stammen mehr als die Hälfte der börsennotierten Unternehmen aus den USA (Ernst & Young 2005: 18f).

Während der japanische Biotechnologiemarkt westlichen Statistiken zufolge zumeist nur auf Platz fünf rangiert, ist Japan gemäß Angaben der japanischen Außenhandelsorganisation JETRO der zweitgrößte Biotechnologiemarkt nach den USA.[3] JETRO zufolge erreichte der japanische Markt für biotechnologische Erzeugnisse und sonstige Produkte mit Bezug zur Biotechnologie im Jahr 2001 ein Volumen von 1,33 Bio. JPY (ca. 10,94 Mrd. USD). Der amerikanische Markt kam auf 3 Bio. JPY, der Gesamtmarkt der Europäischen Union (EU) verzeichnete ein Volumen von etwas weniger als 2 Bio. JPY (JETRO 2005: 2). Verglichen mit dem europäischen Gesamtmarkt ist das Volumen des japanischen Marktes somit relativ beeindruckend, gegenüber dem US-Markt besteht jedoch auch nach JETRO-Angaben noch immer erheblicher Aufholbedarf. Im Jahr 2004 soll die japanische Biotechnologiebranche bereits eine Marktgröße von rund 1,96 Bio. JPY erzielt haben (Maurer 2006a: 6). Die Prognosen für die weitere Entwicklung reichen von 2,5 bis zu 25 Bio. JPY in den nächsten fünf bis zehn Jahren (JETRO 2005: 2; Maurer 2006a: 6). Selbst wenn die Prognose der japanischen Regierung, die von einem Volumen von 25 Bio. JPY im Jahr 2010 ausgeht, möglicherweise etwas überoptimistisch ausfällt, zeigt sie doch, wie viel Bedeutung und Potenzial die japanische Regierung der Entwicklung der heimischen Biotechnologieindustrie zumisst.

Um die internationale Stellung der japanischen Biotechnologieindustrie zu beurteilen, lassen sich neben dem Marktvolumen als weitere Indikatoren wissenschaftliche Veröffentlichungen und Patentanmeldungen heranziehen. Das METI hat in seinem Bericht „Trends in Japan's Industrial R&D Activities – Principal Indicators and Survey Data“ (METI 2005a) zehn Bereiche gegenübergestellt (vgl. Tabelle 2). Während bei der Zahl der Veröffentlichungen Europa in sechs und die USA in vier Fällen dominieren, liegen bei den Patentanmeldungen die USA in neun Fällen vorn und Japan in einem Fall: bei der Bio-Remediation. Stellt man die Aufsätze in Relation zu den Patentanmeldungen, besitzt Japan im Vergleich zu Europa einen fast viermal höheren Patent-Output (Schröder u. Yako 2006: 11).

Einer Untersuchung des japanischen Patentamts zufolge stammen die Patentanmeldungen in allen drei Wirtschaftsräumen in der Regel von Unternehmen. Während in den USA die Venture-Unternehmen eine große Rolle spielen, sind in Japan insbesondere große Konzerne aktiv. Im Jahr

[3] Diese Diskrepanz ergibt sich dadurch, dass westliche Statistiken im allgemeinen nur die Aktivitäten von reinen Biotech-Firmen wie Start-ups oder Spin-offs betrachten, herkömmliche Biotechnologieunternehmen jedoch vernachlässigen. Japan ist daher in solchen Statistiken unterbewertet (Schaffert 2002: 5; Ernst & Young 2005: 78).

2000 teilten sich die Patentanmeldungen von großen Unternehmen, öffentlichen Institutionen/Universitäten und Venture-Unternehmen folgendermaßen auf: Japan - 72%, 25%, 3%, USA - 21%, 34%, 45%, Europa - 60%, 29%, 11% (JETRO 2000: 10).

Tabelle 2. Wissenschaftliche Veröffentlichungen und Patentanmeldungen in Life-Science-Bereichen (EU, Japan, USA)

	EU		Japan		USA	
	Aufsatz	PA	Aufsatz	PA	Aufsatz	PA
Genomforschung	28.775	1.487	12.912	1.879	44.729	3.695
Proteomforschung	26.345	1.015	11.648	580	42.629	2.915
Glycotechnologie	5.551	43	1.351	106	4.632	108
Pharmakogenomik	13.880	562	4.400	322	14.602	1.800
Medizinische Geräte	4.280	3.250	790	5.375	3.379	6.520
Regenerative Medizin	24.208	299	7.422	337	23.960	928
Bio-Remediation	372	79	53	277	333	105
Nützliche Materialien	13.110	805	4.205	983	9.616	2.530
Nanobiotechnologie	340	270	112	183	292	470
Bioinformatik	224	68	70	153	271	516

Anm.: Daten zur EU und den USA stammen aus dem Jahr 2001, Daten zu Japan aus dem Jahr 2002.

Quelle: METI (2005a: 174); zitiert in: Schröder u. Yako (2006: 10f).

Hinsichtlich Zahl und Reife ihrer Produkte liegt die japanische Biotechnologieindustrie nach wie vor hinter der amerikanischen Industrie zurück, deren Stärke nicht zuletzt aus dem andauernden Erfolg bei der Kommerzialisierung von Produkten erwächst. Der Rückstand gegenüber den USA hat vor allem historische Gründe. Im Unterschied zu Japan gab es in den USA eine etablierte Gründerkultur, den Forschern standen also Risikokapital und unternehmerische Erfahrung zur Verfügung. Außerdem kannten die akademischen Einrichtungen keine Berührungsängste mit der Industrie (Wess 2003: 2; Ernst & Young 2005: 78). In den vergangenen Jahren leitete jedoch auch die japanische Regierung Schritte ein, um diese Hemmnisse zu beseitigen.

Wie der japanische Biotechnologiemarkt strukturiert ist, welche Entwicklung die Biotechnologie in den vergangenen Jahren genommen hat und wie sich die Rahmenbedingungen für ein Aufholen im Wettlauf mit den USA darstellen, soll in den folgenden Abschnitten untersucht werden.

4 Der Markt für Biotechnologie in Japan

4.1 Marktvolumen und -struktur

Es ist nicht leicht, den japanischen Biotechnologiemarkt in objektive Zahlen zu fassen. Für Begriffe wie Biotechnologie oder neue Biotechnologie gibt es keine allgemeingültige Definition, sodass selbst die amtlichen Statistiken zum Teil stark voneinander abweichende Zahlen ausweisen und daher mit Vorsicht zu betrachten sind. Bestimmte Tendenzen zeigen sie jedoch allemal auf.

Der japanische Biotechnologiemarkt weist seit seinem Entstehen Mitte der 1980er Jahre hohe Wachstumsraten auf. Zwischen 1989 und 2004 wuchs der Markt um das Zehnfache auf ein Volumen von 1,96 Bio. JPY (ca. 17,3 Mrd. USD) (vgl. Abbildung 2). Nimmt man traditionelle Biotechnologien wie etwa Fermentationstechniken hinzu, ist das Marktvolumen sogar noch deutlich größer.

Abb. 2. Entwicklung des Marktvolumens in Japans moderner Biotech-Industrie; in Mrd. JPY

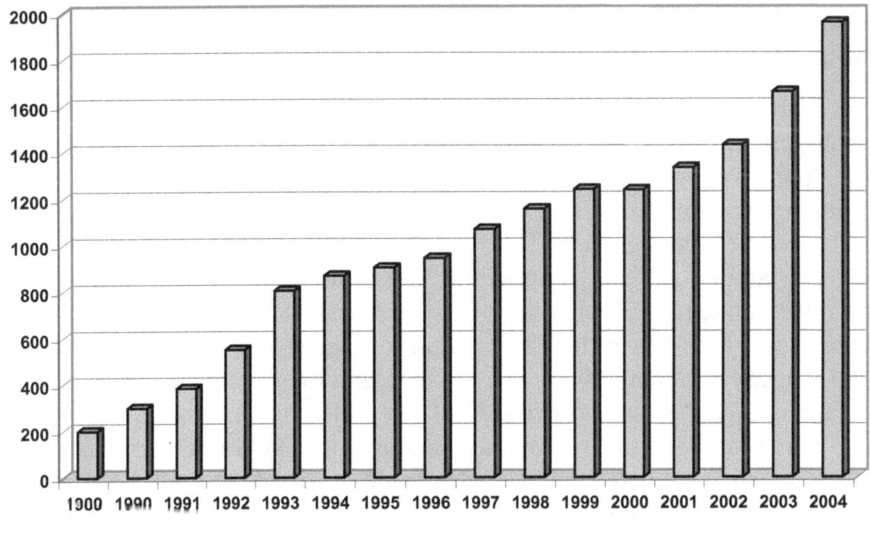

Quelle: Schaffert (2002: 5); JETRO (2005: 2, 2006a: 2); Maurer (2006a: 6).

Der Markt für Biotechnologie setzt sich aus Teilmärkten unterschiedlicher Branchen zusammen. Zurzeit hat der Bereich Pharmazeutika mit 34% den größten Anteil, gefolgt von Agrarprodukten und Nahrungsmitteln mit 29% und Chemikalien (inklusive Enzymen und diagnostischen Reagenzien) mit 22%. Weitere 16% des Gesamtmarktes umfassen Produkte und Dienstleistungen wie FuE-Werkzeuge, Bioinformatik, analytische Geräte und kundenspezifische Synthesedienstleistungen (Chisaki 2004). Für das Jahr 2010 rechnet die Regierung mit einem Marktvolumen von 25 Bio. JPY, das sich dann folgendermaßen aufteilen soll: Medizin 33,6%, Nahrungsmittel 25,2%, Biowerkzeuge und -information 21,2%, Umwelt und Energie 16,8% (JETRO 2005: 4). Tabelle 3 zeigt die Umsätze und das Umsatzwachstum verschiedener wichtiger bzw. als zukunftsträchtig erachteter Bereiche der Biotechnologie im Fiskaljahr 2003. Besonders starke Zuwächse gegenüber dem Vorjahr verzeichneten biologisch abbaubare Kunststoffe, funktionale Nahrungsmittel und gentechnisch veränderte Organismen.

Tabelle 3. Umsätze wichtiger biotechnologischer Produkte im FJ 2003

Wichtige Produkte	in Mrd. JPY	Jahreswachstum
Biotechnologische Arzneimittel	452,8	6%
Diagnostika	127,6	3%
Funktionale Nahrungsmittel	109,5	24%
Gentechnisch veränderte Organismen	297,6	23%
Biologisch abbaubare Kunststoffe	2,3	53%
Biowerkzeuge	141,7	8%
Bioinformatik	35	1%

Quelle: Sayama (2004: 8).

Die Marktstruktur ist in der japanischen Biotechnologie traditionell von etablierten Großunternehmen geprägt, die zahlreichen Branchen, wie etwa der Pharmaindustrie (Takeda, Sankyō), der Lebensmittel- und Chemieindustrie (Ajinomoto, Asahi, Kirin, Mitsubishi Chemical, Shiseidō), aber auch dem Maschinenbau und der Elektrotechnik (Toyota, Hitachi, Tōshiba), entstammen. Diese Unternehmen diversifizierten in die Biotechnologie oder nutzten die Technologie für den Ausbau bestehender Geschäftsfelder, zum Beispiel in der Pharmazeutik (Gassel 1998: 67; Müller 2001: 12-15; Ernst & Young 2005: 78). Hintergrund dieser Entwicklung war der in Japan lange Zeit sehr restriktive Markt für Wagniskapital (Venture Capital). In den 1980er Jahren nutzten die japanischen Großunternehmen bei ihrer Diversifizierung in die Biotechnologie primär das Mittel des Technologietransfers von spezialisierten Biotech-Unternehmen aus den USA (Gassel 1998: 43). Hierdurch versuchten sie, ihre oftmals fehlende Erfahrung im Biotechnologiesektor zu kompensieren. Seit Ende der 1990er Jahre sind vor allem japanische Pharmakonzerne verschiedene Arten von Kooperationen mit führenden amerikanischen Universitäten oder spezialisierten kleinen und mittleren Biotech-Unternehmen eingegangen, darunter Forschungsabkommen, Joint Ventures und Lizenzvereinbarungen (vgl. Tabelle 4) (Müller 2001: 13f; Louët u. Sipp 2004: 931f; Motohashi 2004: 37; Ernst & Young 2005: 79).

Tabelle 4. Ausgewählte Kooperationsaktivitäten japanischer Pharmakonzerne

Unternehmen	Westlicher Partner	Jahr	Art der Kooperation
Takeda Co.	Andrx Corp. (USA)	2004	FuE-Abkommen
	Evotec (Deutschland)	2003	FuE-Abkommen
	Celera Genomics (USA)	2000	Lizenzvereinbarung
	Affymetrix (USA)	1999	Lizenzvereinbarung
	Interneuron (USA)	1999	Lizenzvereinbarung
	Human Genome Sciences (USA)	1995	Lizenzvereinbarung
Eisai	TorreyPines Therapeutics (USA)	2005	Forschungsabkommen
	Incyte Genomics (USA)	2001	Lizenzvereinbarung
	Neurogenetics (USA)	2001	Forschungsabkommen
Fujisawa*	Micrologix Biotech (CAN)	2002	Lizenzvereinbarung
	University of Edingburgh (UK)	2001	FuE-Abkommen
	CV Therapeutics (USA)	2000	FuE-Abkommen
	Arena Pharmaceutical (USA)	2000	FuE-Abkommen
	Discovery Therapeutics (USA)	1999	Lizenzvereinbarung
	Gene Logic (USA)	1999	Lizenzvereinbarung
	Protein Design Labs (USA)	1999	FuE-Abkommen
Chūgai Pharmaceuticals	Immusol	2001	FuE-Abkommen
	Protein Design Labs (USA)	2000	Lizenzvereinbarung
Sankyō Pharmaceutical	Tularik Pharmaceutical (***)	2002	FuE-Abkommen
	Gene Logic (USA)	2001	Lizenzvereinbarung
	Genetic Institutes (USA)	1999	FuE-Abkommen
	Affymetrix (USA)	1999	Lizenzvereinbarung
	Metabasis Therapeutics (USA)	1997	FuE-Abkommen
	ArQule (USA)	1997	FuE-Abkommen
Yamanouchi*	Phytopharm (UK)	2003	Lizenzvereinbarung
Shionogi	MorphoSys (Deutschland)	2005	Lizenzvereinbarung

Anm.: *Fujisawa und Yamanouchi fusionierten am 01.04.2005 zu Astellas Pharma Inc.

Quelle: Louët u. Sipp (2004: 931); Müller (2001: 14); Unternehmensangaben.

Als eigentliche Antriebskräfte für die Entstehung und Entwicklung der Biotechnologie gelten jedoch junge Start-up-Unternehmen. Sie leisten einen wichtigen Beitrag zur Erneuerung der Industriestruktur, stärken die Innovationskraft verschiedener Industriebranchen und schaffen hochqualifizierte Arbeitsplätze (Müller 2001: 2; DIB 2005: 5). Mit dem Ziel, die Zahl universitärer Start-ups bis März 2005 auf 1.000 Unternehmen zu erhöhen, erleichterte die japanische Regierung in den vergangenen Jahren die Rahmenbedingungen für deren Gründung. Unter anderem schaffte die Regierung im Jahr 2000 eine Regelung ab, die Lehrkräften an staatlichen Universitäten eine Betätigung als Manager privater Unternehmen untersagte. Zudem ermöglichten Sonderregelungen, dass Start-ups mit geringem Kapitalaufwand beginnen konnten. Mit der Deregulierung verbesserte sich das Umfeld für die kommerzielle Nutzung der an staatlichen Universitäten entwickelten Weltklasse-Technologien erheblich (JETRO 2005: 5; vgl. auch den Beitrag von Nabor). Der im April 2005 veröffentlichte „Basic Survey of University-based Venture Enterprises" des METI zeigte, dass die Zielmarke von 1.000 neuen Unternehmen erreicht wurde (METI 2005b). Einer Untersuchung der Tsukuba University zufolge entstanden die meisten neuen Unternehmen im Bereich Biotechnologie und Life Sciences (Tsukuba University 2005).

Das kräftige Wachstum von Geschäftsneugründungen sowie auch die ersten Börsengänge von Start-up-Unternehmen sind weitere Indizien für den kontinuierlichen Auftrieb der biotechnologischen Industrie in Japan. Angaben der Japan Bioindustry Association (JBA 2005) zufolge lag die Zahl der Start-ups im Biotechnologiebereich Ende 2004 bei 464 Unternehmen. Die Zahl erhöhte sich damit gegenüber dem Vorjahr um 77 Unternehmen. Mit 133 Unternehmen war der Großteil im Raum Tokio angesiedelt, gefolgt von Hokkaidō (50), Kanagawa (38), Kioto (31) und Osaka (28). Mitte Juni 2005 waren zudem dreizehn Biotech-Start-ups an einer der japanischen Börsen für junge Unternehmen notiert (Nikkei Net Interactive, 03.06.2005). Trotzdem ist im Vergleich mit den USA und Europa die Zahl von Start-ups in Japan nach wie vor gering, und die Unternehmen sind mit einer durchschnittlichen Anzahl von zwanzig Beschäftigten und einem durchschnittlichen Umsatz von 400 Mio. JPY eher klein (Motohashi 2004: 14).

Der japanische Markt für biotechnologische Produkte kann in fünf große Segmente aufgeteilt werden: Medizin, Nahrungsmittel, Umwelt, Energie sowie Biowerkzeuge und Bioinformation (JETRO 2004: 13). Als besonders leistungsstark gilt die japanische Bioindustrie in den Bereichen Genanalyse, genetische Rekombination, Proteintechnik, Zuckerkettenkonstruktion, Bioinformatik und Genom-Medizin (JETRO 2005: 2; 2006a: 2; Chisaki 2004). Japan besitzt zudem Stärken in anderen Technologiezweigen wie Nanotechnologie, Robotik und Elektronik, die kombiniert mit der Biotechnologie eine neue Generation fortgeschrittener Technologien bilden könnten (Chisaki 2004; JETRO 2006b: 8). Als vergleichsweise schwach gilt demgegenüber der Bereich Genetische Information und seine Anwendungen (JETRO 2000: 26; Venning u. Yukawa 2005).

4.2 Bio-Cluster in Japan

Nach amerikanischem Vorbild setzt mittlerweile auch Japan in der Biotechnologie auf eine Cluster-Struktur. Durch die räumliche Konzentration von Unternehmen, Universitäten und anderen Forschungseinrichtungen soll der Wissenstransfer beschleunigt, die Entwicklung neuer Technologien gefördert und die Herausbildung bzw. das Wachstum innovativer Unternehmen angeregt werden (Rehn 2002: 16). Darüber hinaus ist der Aufbau solcher Bio-Cluster aber auch als regionales Revitalisierungsvorhaben gedacht. Seit 2002 gibt es entsprechende nationale Programme und fließen staatliche Gelder (Industrial Cluster Study Group 2005: 19-22; MEXT o.J.: 2f). Inzwischen sind eine Reihe von Bio-Clustern entstanden, wobei allerdings nur diejenigen in den Regionen Kansai, Kanto und Hokkaidō die ausreichende Größe besitzen, um Synergien zu erzeugen. Dazu im Folgenden einige Beispiele:

Die Kansai-Region spielt für die Entwicklung der Biotechnologie eine besonders wichtige Rolle. Die Region weist traditionell eine hohe Konzentration führender in- und ausländischer Nahrungsmittel- und Pharmaunternehmen auf. Von den zwanzig umsatzstärksten pharmazeutischen Unternehmen sind acht (Takeda, Shionogi, Fujisawa, Tanabe, Welfide, Dainippon, Ono, Santen) in der Region beheimatet. Auch internationale Schwergewichte, wie Astra Zeneca, Eli Lilly und Abbott, haben ihre Asien-Zentralen in Kansai errichtet. Zu den wichtigsten in Kansai vertretenen deutschen Unternehmen zählen Bayer Yakuhin, Nihon Schering, Nippon Boehringer Ingelheim und Henkel Japan (Bauer 2002; Nishizawa 2005).

Neben den Forschungskapazitäten der Privatunternehmen konzentrieren sich in der Kansai-Region zudem zahlreiche nationale, kommunale und universitätsverbundene Life-Science-Einrichtungen. In der Präfektur Osaka gibt es zum Beispiel das National Cardiovascular Center, die angesehene medizinische Fakultät der Osaka University, das Universitätskrankenhaus sowie das Osaka Bioscience Institute. Im April 2005 hat nahe der Osaka University der 743 Hektar große „Saito Life Science Park“ seinen vollen Betrieb aufgenommen. Er beherbergt unter anderem den „Saito Bio-Incubator“, ein staatlich finanziertes und privat betriebenes Förderzentrum für Biotechnologie (Bauer 2002; JBA 2002; JETRO 2006a: 12).

In der Stadt Kobe entsteht seit Herbst 1999 im Rahmen des von der Zentralregierung geförderten „Kobe Medical Industry Development Projects" die „Kobe Medical Industry City", ein Wissenschaftspark, in dem sich sowohl Forschungseinrichtungen als auch produzierende Unternehmen mit Bezug zur medizinischen Industrie bereits niedergelassen haben bzw. niederlassen können. Zu den Arbeitsschwerpunkten zählen die Zelltherapie und die regenerative Medizin sowie die Gewebe- und Zellforschung (JETRO 2005: 12; 2006a: 12; Rehn 2002: 16).

Im Dreieck der Präfekturen Osaka, Kioto und Nara liegt der Wissenschaftspark Kansai Science City (KSC; auch „Keihanna" genannt), dessen Schwerpunkt unter anderem auf der Biotechnologie liegt. Ferner haben sich in der Kansai-Region neun Präfekturen für das Konzept eines „Bio Information Highway" zusammengetan. Damit sollen Wissenschaftsparks, Universitäten, Forschungsinstitute, privatwirtschaftliche Pharmalabors und Biotech-Start-ups mittels eines Hochgeschwindigkeitsnetzwerks verlinkt werden, um so ein „virtuelles Labor" für die schnelle Analyse der in Genen und Proteinen verankerten Informationen zu schaffen (Bauer 2002; Rehn 2002: 17).

In der Kanto-Region, zu der auch die Stadt Tokio zählt, ist mit dem „Genome-Bay-Projekt" ein Wissenschaftspark entstanden, an dem etwa zwanzig Unternehmen und weitere Forschungseinrichtungen beteiligt sind, darunter das Bioinformatikzentrum des National Institute of Advanced Industrial Science and Technology (AIST) in Tokio, das Kazusa DNA Research Institute in Kisarazu (Präfektur Chiba), das Medizinforschungszentrum der Tokio University, das Genomics Science Center des RIKEN (Institute of Physical and Chemical Research) in Yokohama sowie die Tsukuba Universität und andere Forschungsinstitute in der Region Tsukuba. In Yokohama ist neben dem renommierten staatlichen Forschungsinstitut für Naturwissenschaften (RIKEN) auch ein Hochschulinstitut für supramolekulare Biologie mit Forschungsschwerpunkt zur Struktur und Interaktion von Proteinen angesiedelt (JBA 2002; JETRO 2006a: 13).

Der Bioindustrie-Cluster in Hokkaidō besteht primär aus Bio-Venture-Firmen, die sich mit Nahrungsmitteln und der Landwirtschaft beschäftigen. In den letzten Jahren siedelten sich jedoch auch immer mehr medizinische und umwelttechnische Bio-Venture-Unternehmen an.

5 Institutionelle Rahmenbedingungen für die Entwicklung der Biotechnologie in Japan

Im Folgenden werden institutionelle Bedingungen untersucht, die auf das unternehmerische Engagement in der Biotechnologie einwirken und damit Rückschlüsse auf die künftige Entwicklung der Industrie zulassen. Hierzu zählen die staatliche Biotechnologiepolitik, die Ausgestaltung des Patentsystems sowie ökonomische und soziale Rahmenbedingungen.

5.1 Politische Rahmenbedingungen

Die japanische Biotechnologiepolitik wurde seit der 5. Empfehlung des Council for Science and Technology (CST; *Kagaku Gijutsu Kaigi*) aus dem Jahr 1971 deutlich intensiviert – in quantitativer wie auch in qualitativer Hinsicht. In den 1980er Jahren galt der „Basisplan zur Förderung der Lebenswissenschaften" (*Raifu saiensu ni okeru sendōteki kibanteki gijutsu no kenkyū kaihatsu kihon keikaku ni tsuite*) als Leitlinie für die staatliche Biotechnologiepolitik. Der 1984 aufgestellte Plan zielte auf die breite Förderung der biotechnologischen Forschung und die Schaffung forschungsfreundlicher Rahmenbedingungen (Gassel 1998: 93f). Seit 1995 fördert die japanische Regierung systematisch den Aufbau einer eigenen konkurrenzfähigen Biotechnologiebranche. Im Jahr 2001 wurde der Council of Science and Technology Policy (CTSP) eingerichtet, der die Biotechnologie in seinem zweiten Rahmenprogramm für Forschung und Entwicklung (2001-2005) zu einem der Schwerpunktthemen erhob und dies auch im dritten FuE-Rahmenprogramm (2006-2010) beibehielt. Signifikanten Einfluss auf die Biotechnologie in Japan hatte zudem die Entscheidung der Regierung, auf oberster Regierungsebene einen Biotechnologie-Strategierat einzurichten, der dem Amt des Premierministers unterstellt ist. Dieser Rat erarbeitete Ende 2002 einen Aktionsplan, um Japans Wettbewerbsfähigkeit im internationalen Biotechnologiemarkt zu verbessern (Wieczorek 2003: 160; Motohashi 2004: 4f; Schröder u. Yako 2006: 2).

In den „Strategischen Richtlinien zur Biotechnologie" (*baiotekunorojī senryaku ōzuna*) vom 6. Dezember 2002 stellte die japanische Regierung klar heraus, dass die Biotechnologie in Japan aktiv gefördert werden soll. Die Richtlinien enthalten 200 Pläne zu praktischer Anwendung, die wiederum auf drei Grundstrategien basieren: 1. die Entwicklung von Forschungs- und Entwicklungskapazitäten, 2. die Verbesserung des kommerziellen Umfelds und 3. die Förderung landesweiten Verständnisses (vgl. Tabelle 5).

Tabelle 5. Strategierichtlinien für die Biotechnologie

Grundsatz 1: Entwicklung von Forschungs- und Entwicklungskapazitäten
o Steigerung der Regierungsausgaben für biotechnologisch relevante Forschungs- und Entwicklungsprogramme
o Strategisches Budgetieren und effiziente Implementierung (integrierte Budgetplanung und umfassende Anpassungen)
o Ausbildung von mehr Personal zur Unterstützung der Biotechnologie
Grundsatz 2: Verbesserung des kommerziellen Umfelds
o Bereitstellung von Anreizen zur Kommerzialisierung und Entwicklung der notwendigen Systeme und Regeln
o Aufbau von führenden Unternehmen, Revitalisierung von Biotech-Gründungen und Förderung der Kooperation zwischen Industrie, Akademien und der Regierung
o Entwicklung einer Infrastruktur für Forschung und Entwicklung und von Systemen zur Verbindung von Forschung mit Geschäft, Erarbeitung einer Eigentumsstrategie und Schaffung von Industriezentren.
Grundsatz 3: Förderung landesweiten Verständnisses
o Verbesserung der Veröffentlichungen und Informationsherausgabe (interaktive Kommunikation mit der Öffentlichkeit)
o Demonstration der Regierungshaltung zu Sicherheit und ethischen Konzepten auf sichtbare Weise
o Aufwertung der schulischen und außerschulischen Bildung in Bezug auf Biotechnologie

Quelle: JETRO (2004: 5).

Um die bioindustrielle Entwicklung zu unterstützen, steigerte die japanische Regierung seit Anfang der 1980er Jahre sukzessive ihre Ausgaben für biotechnologisch relevante FuE-Programme. 1993 überschritt das Gesamtbudget für Biotechnologie/Life Sciences erstmals die Schwelle von 100 Mrd. JPY. Im Haushaltsjahr 2005 wurden bereits Mittel in Höhe von 451 Mrd. JPY (rund 3,2 Mrd. EUR) zur Verfügung gestellt, das sind 12,6% des gesamten FuE-Etats. Während sich das gesamte FuE-Budget der japanischen Regierung zwischen 2001 und 2005 um 3,17% erhöhte, stiegen die Mittel für Lebenswissenschaften sogar um 11% (vgl. auch Tabelle 6). Diese Entwicklung dokumentiert deutlich die Dynamik dieser Technologieförderung. Neben dem Biotechnologie-Strategierat verfügen in Japan vier Ministerien über signifikante Budgets mit Bezug zur Biotechnologie: das Ministerium für Wirtschaft, Handel und Industrie (METI), das Ministerium für Bildung, Kultur, Sport, Wissenschaft und Technologie (MEXT), das Ministerium für Landwirtschaft, Forsten und Fischerei (MAFF) und das Ministerium für Gesundheit, Arbeit und Soziales (MHLW) (Motohashi 2004: 5).

Tabelle 6. FuE-Ausgaben der japanischen Regierung sowie gesamte FuE-Ausgaben in Japan (2001-2005); in Mrd. JPY

	2001	2002	2003	2004	2005
FuE-Budget der japanischen Regierung	3.469	3.544	3.597	3.608	3.579
FuE-Budget der japanischen Regierung für Life Sciences	406	415	435	446	451
entspricht Anteil von	11,7%	11,7%	12,1%	12,4%	12,6%
Gesamte FuE-Aufwendungen in Japan	16.528	16.675	16.804	16.938	--
Gesamte FuE-Aufwendungen für Life Sciences	1.974	2.070	2.771	2.133	--

Quelle: Statistikamt der japanischen Regierung, Dezember 2005.

Neben der Erhöhung der biotechnologieorientierten FuE-Budgets hat die Regierung weitere Maßnahmen ergriffen, um die Entwicklung der Biotechnologie zu fördern. So wurden z.B. hohe Steuervergünstigungen für Forschungs- und Entwicklungsausgaben japanischer Unternehmen eingeführt. Dieser Steuervorteil kann von allen Industrien genutzt werden, dürfte aber für Biotechnologieunternehmen mit ihren tendenziell hohen Ausgaben für Forschung und Entwicklung besonders vorteilhaft sein (Motohashi 2004: 7; JETRO 2005: 6; OECD 2005a). Auch die Vereinfachung des Zulassungsverfahrens für neue Medikamente und medizinische Geräte ist ein wichtiger Schritt zur Förderung der Biotechnologie (vgl. hierzu die Beiträge von Goydke und Mahlich) (JETRO 2005: 6).

Die Regierung hat ferner verschiedene Großprojekte ins Leben gerufen, darunter das „National Bioresource Project" für das systematische Sammeln, Erhalten und Bereitstellen von strategisch wichtigen Bioressourcen (darunter Versuchstiere und -pflanzen, menschliche Embryo-Stammzellen und Genmaterial verschiedenster Lebewesen). Auf diese Weise soll bis 2010 eine der weltweit besten und größten Sammlungen von biogenetischen Ressourcen geschaffen werden (JETRO 2005: 7). Im September 2004 initiierte das METI ein auf fünf Jahre angelegtes „Genom-Netzwerk-Projekt" mit einem Gesamtvolumen von 10 Mrd. JPY (ca. 72 Mio. EUR). Unter der Führung des RIKEN Genomic Science Center soll ein Netzwerk von fünfzehn japanischen Forschungsorganisationen die Struktur, Funktionen und das Zusammenwirken von Genen in der lebenden menschlichen Zelle analysieren (bfai 2004). Beim „Drug Design: Proteom Factory Project" des japanischen Gesundheitsministeriums, an dem auch 20 Pharmaunternehmen beteiligt sind, geht es um die Erforschung von Proteinen, die mit Diabetes, hohem Blutdruck, Alzheimer und Krebs zusammenhängen.

Das Projekt hat eine Laufzeit von 2003 bis 2007 und ein Gesamtvolumen von 3,5 Mrd. JPY (ca. 25 Mio. EUR) (Schröder u. Yako 2006: 4).

Auf Präfekturebene haben die Lokalregierungen der Biotechnologie in den vergangenen Jahren Antrieb gegeben. Der „Industrial Cluster Plan" aus dem Jahr 2001 sowie dessen zweite Auflage, die von 2006 bis 2011 läuft, zielen darauf ab, die Fähigkeiten der einzelnen Gebiete zur Entwicklung neuer Technologien zu fördern und die Entstehung bzw. das Wachstum von innovativen Unternehmen anzuregen (vgl. hierzu Abschnitt 4.2).

5.2 Patentwesen

Patente bilden die rechtliche und wirtschaftliche Basis für die Anwendung wissenschaftlicher Erkenntnisse. Sie stellen sicher, dass die Unternehmen ihre hohen FuE-Aufwendungen amortisieren können. Die Zahl der Patente gilt zudem im internationalen Wettbewerb als wichtiger Indikator innovatorischer Leistungsfähigkeit und damit Wirtschaftskraft einer Nation.

In Japan setzte der Staat in den vergangenen Jahren durch mehrfache Revisionen des Patentrechts neue Akzente und legte den Grundstein für einen umfassenderen Schutz der Innovatoren (Pascha u. Philipsenburg 2002: 563). Anreize wurden gesetzt und Strafen bei Patentrechtsverletzungen erhöht, ein eigenständiger Patentgerichtshof (Intellectual Property High Court) wurde gegründet und die elektronische Anmeldungen ermöglicht. Künftig werden zudem eine Verkürzung der Bearbeitungszeiten sowie eine internationale Harmonisierung angestrebt. Die gestiegene Bedeutung von Patenten als Wirtschaftsfaktor lässt sich an den Einnahmen japanischer Firmen aus Patentlizenzen ablesen, die 2005 um 42% auf 316,3 Mrd. JPY (ca. 2,3 Mrd. EUR) stiegen (Maurer 2006b). Angaben des japanischen Patentamts zufolge erfolgten in Japan in den vergangenen Jahren die meisten Anmeldungen und Registrierungen im Bereich Informations- und Kommunikationstechnik, gefolgt von neuen Technologien und Materialien und dem Bereich Life Sciences (Maurer 2006b).

Im Hinblick auf biotechnologische Patente folgt das japanische System weitgehend dem amerikanischen Vorgehen, wonach sowohl biologisch aktive Substanzen als auch lebende Organismen (Tiere, Pflanzen, Mikroorganismen) patentierbar sind. Für die Patentierbarkeit des menschlichen Genoms liegt in Japan bisher kein Präzedenzfall vor (Gassel 1998: 113f).

In Japan wird zudem seit einiger Zeit intensiv nach Wegen gesucht, wie der Wissens- und Technologietransfer von den Universitäten in die Wirtschaft gefördert und die Gründung neuer innovativer Unternehmen angeregt werden kann. Diesem Zweck diente unter anderem eine umfassende Universitätsreform, im Rahmen derer Japans staatliche Universitäten im

April 2004 in unabhängige administrative Körperschaften umgewandelt wurden. Seither sind die Universitäten, und nicht länger die Professoren, die Patentinhaber. Hierdurch sollen die Universitäten zu einer stärkeren Kommerzialisierung ihrer Forschung angehalten werden (Ernst & Young 2005: 78). Dabei ist jede japanische Universität einer für die jeweilige Region eingerichteten Technology Licensing Organisation (TLO) angeschlossen, die sich um die Betreuung und Verwertung der Patente kümmert.

5.3 Sozioökonomische Rahmenbedingungen

Finanzierungsmöglichkeiten durch Venture Capital oder private Investoren

Im Biotechnologiesektor sind Forschung und Entwicklung sehr kapital- und zeitintensiv und daher für einzelne Firmen kaum mehr zu bewerkstelligen. Aus diesem Grund suchen die Unternehmen nach Unterstützung durch Venture Capital, nach Kapitalaufnahme am Aktienmarkt, aber auch nach Partnerschaften, unter anderem mit ausländischen Universitäten und Unternehmen.

In der japanischen Biotechnologieindustrie spielte Venture Capital als Finanzierungsinstrument lange Zeit kaum eine Rolle. Zwischen 1990 und 1994 fanden keine Risikokapital-Investitionen in Biotechnologie statt, der größte Teil der FuE-Aufwendungen wurde in Japan durch den privaten Sektor getragen. Im Laufe der letzten Jahre wurden jedoch verschiedene staatliche Wagniskapitalprogramme aufgelegt, durch die innovative kleine und mittlere Unternehmen gezielt unterstützt werden. Außerdem erleichtert eine veränderte Gesetzgebung den Einsatz von Risikokapital und die Gründung neuer Unternehmen.[4] Zwischen 1995 und 1999 erreichten die Gesamtinvestitionen in biotechnologische Unternehmensbeteiligungen 152 Mio. JPY oder 2,1% aller Beteiligungsinvestitionen. Im Jahr 2000 lag der Anteil der biotechnologischen Beteiligungsinvestitionen bereits bei 4,7% (Devlin 2003: 52). Trotz der zunehmenden Bedeutung von Beteiligungskapital ist dessen Einsatz im internationalen Vergleich allerdings noch immer schwach ausgeprägt (vgl. hierzu auch den Beitrag von Nabor). Im Fiskaljahr 2004 erreichten die Gesamtinvestitionen in neue Unternehmensbeteiligungen 226,3 Mrd. JPY (ca. 1,68 Mrd. EUR). Dies waren 29% mehr als im Vorjahr. Von den Beteiligungsinvestitionen flossen 2004 ca. 28 Mrd. JPY, und damit doppelt so viel wie im Vorjahr, allein in Start-ups

[4] Zu den gesetzlichen Änderungen, die die Entstehung von Venture-Unternehmen unterstützen, siehe Higashino 2005: 2.

von Unternehmen aus den Bereichen Biotechnologie und Medizin (NW, 11.07.2005) – was auch erklärt, dass die Gründung neuer Unternehmen in Japan am häufigsten im Bereich Biotechnologie und Life Sciences stattfindet (Tsukuba University 2005). Ein Drittel dieser Unternehmen stammt aus dem universitären Bereich (bfai 2004).

Als weitere Alternative zur Kreditfinanzierung stehen innovativen kleinen und mittleren Unternehmen zudem seit 1999 das „Mothers" genannte Segment der Tokioter Börse und seit 2000 das „Nasdaq Japan" genannte Segment der Osaka Securities Exchange zur Verfügung (Ernst & Young 2005: 78f). Hinzu kamen Änderungen im Handelsrecht und Erleichterungen bei IPOs. Die 1999 von Professor Ryūichi Morishita der Universität Osaka gegründete AnGes MG wagte im September 2002 als erste japanische Biotech-Neugründung den Schritt an die Börse. AnGes MG konzentriert sich auf die Entwicklung und Vermarktung von Arzneimitteln auf Genbasis.

Wie in den USA expandiert auch in Japan die Biotech-Industrie mit Hilfe von Geschäftszusammenschlüssen zwischen Pharma-/Chemieunternehmen und IT-Unternehmen, zum Beispiel Mitsubishi Chemical und Fujitsu Ltd. sowie Ajinomoto und Hitachi. Stärke durch Größe ist ein Wettbewerbsvorteil, auf den es vor allem Pharmakonzerne abgesehen haben. Außerdem sehen sich zahlreiche Pharmaunternehmen aktuell mit dem Ende ihrer Patentlaufzeiten und verringerter FuE-Produktivität konfrontiert. Daneben besitzt Japan das Potenzial, innovative Techniken in Bereichen wie Elektronik, Robotik und Nanotechnologie in praktische Anwendungen umzusetzen, sodass Japan ein wichtiger Produzent biomedizinischer Produkte werden könnte. Die Zahl der Kooperationen dürfte vor diesem Hintergrund auch künftig weiter wachsen.

Absatzmärkte für biotechnologische Produkte und Dienstleistungen

Japan zeichnet sich durch starke Absatzmärkte für biotechnologische Produkte und Dienstleistungen aus. Hierzu zählen die pharmazeutische Industrie, die die zweitgrößte der Welt ist, ein großer Gesundheitssektor, der unter starkem Kostensenkungsdruck steht, eine starke Nahrungsmittelproduktionsindustrie, die stets nach neuen Produkten strebt, sowie die aufstrebenden Sektoren Biologische Sanierung und Umwelt.

Die größten Chancen für die Biotechnologie eröffnen sich im Pharmasektor, der allein in Japan ein Volumen von über 50 Mrd. USD hat (siehe hierzu auch den Beitrag von Mahlich). Dem Markt für Biopharmaka werden für die kommenden Jahre hohe Wachstumsraten vorausgesagt, zum einen aufgrund der fortschreitenden Alterung der Gesellschaft, zum anderen aber auch aufgrund der vollständigen Entschlüsselung des Humangenoms, die neue Medikamente und Behandlungsverfahren erwarten lässt. Gegenwärtig haben Biomedikamente erst einen Anteil von 5% bis 10% an den zugelassenen Arzneimittelprodukten. Schätzungen zufolge könnte dieser Anteil bis zum Jahr 2010 jedoch auf fast 30% steigen (JETRO 2006a: 10). Die japanischen Pharmaunternehmen erwarten vor allem bei Antikörper-Arzneimitteln, Gen-Chips, Biosensoren und Zellbehandlungen gute Ergebnisse. Wichtige Anwendungsfelder, auf die sich Forschung und Entwicklung richten, sind die Krebsdiagnose und -therapie sowie Zivilisationskrankheiten wie Diabetes (Maurer 2006a: 7). Weitere wichtige Abnehmer für biotechnologische Produkte sind entsprechend der Markt für medizinische Geräte mit einem Volumen von 27 Mrd. USD und der Markt für In-vitro-Diagnostika mit einem Volumen von etwa 4,5 Mrd. USD (Venning u. Yukawa 2005).

Die japanische Nahrungsmittelindustrie ist sehr wettbewerbsfähig und zu einem gewissen Maß von importierten Rohmaterialien abhängig. Insbesondere die Bereiche „Funktionale Nahrungsmittel“ und Nahrungsergänzungspräparate verzeichnen ein rapides Wachstum, da unter der japanischen Bevölkerung das Bewusstsein stark verbreitet ist, dass bestimmte Nahrungsmittelzusätze die tägliche Ernährung unterstützen und Krankheiten vorbeugen können. Prognosen zufolge wird der Markt für „Funktionale Nahrungsmittel“ bis 2010 einen Umfang von 3,4 Bio. JPY erreichen (JETRO 2006a: 11; Venning u. Yukawa 2005).

Im Agrarsektor hingegen ist die praktische Anwendung der neuen Biotechnologie nur sehr begrenzt möglich. Dass die Verbraucher zusehends empfindlich auf genetisch modifizierte Nahrungsmittel reagieren, behindert die Entwicklung dieses Marktes. Die japanische Regierung schätzt dieses Segment allerdings als bedeutend ein. Biotechnologie in der Landwirtschaft wird als Mittel gesehen, einer durch Umweltzerstörungen oder Expansion der Weltbevölkerung verursachten Nahrungsmittelknappheit zu begegnen.

Der Umweltmarkt hat in Japan ein Volumen von 0,23 Mrd. USD und wächst jährlich um rund 4%. Als besonders wachstumsträchtig gelten die Bereiche Biologische Sanierung und Biologisch abbaubare Kunststoffe (Venning u. Yukawa 2005).

Öffentliche Akzeptanz und Bioethik

Wie im vorherigen Abschnitt bereits angesprochen, ist die öffentliche Akzeptanz der Biotechnologie vor allem bedeutsam für die zukünftige Entwicklung der Teilmärkte Agro Business und Nahrungsmittel. Auch die Regierung misst der Förderung landesweiten Verständnisses in ihren strategischen Richtlinien einen hohen Stellenwert zu. Seit den 1980er Jahren wurden in Japan mit Bezug auf Fragen der Sicherheit und der Bioethik unterschiedliche Gesetze und Richtlinien erlassen (vgl. hierzu und zum Folgenden Schröder u. Yako 2006: 8-10). Trotz großer rechtlicher Unterschiede gibt es zwischen Japan und Deutschland in der praktischen Anwendung kaum Differenzen. Eine große Ausnahme ist die Gesetzgebung bezüglich der Gewinnung von embryonalen Stammzellen, die in Japan unter strengen Bedingungen zugelassen, in Deutschland jedoch verboten ist. Die Forschung an geklonten Embryonen ist in Japan per Richtlinie untersagt. Verschiedene Fachgremien des MEXT befassen sich jedoch gegenwärtig mit der Revision der Richtlinie über die Behandlung des spezifischen Klonens sowie der Gewinnung und Herstellung embryonaler Stammzellen. Die Fortpflanzungstechnologien sind in Japan nicht gesetzlich geregelt, sondern unterliegen der freiwilligen Kontrolle der „Japan Society of Obstetrics and Gynecology" (JSOG). Auch zur Verwendung von embryonalem Gewebe gibt es in Japan zurzeit keine gesetzliche Regelung. Gentechnisch verändertes Getreide darf in Japan nach dem sogenannten „Cartagena-Gesetz zur Erhaltung der Vielfalt der Lebewesen" (2004) angebaut werden, wobei die Auswirkungen auf die Umwelt genauestens geprüft werden.

6 Schlussfolgerungen und Ausblick

Die Ausführungen haben gezeigt, dass Japan in der Biotechnologie noch deutlich hinter den USA zurückliegt, sich mittlerweile aber – nach einer Phase relativer Rückständigkeit in den 1990er Jahren – aktiv am Wettlauf in der internationalen Biotechnologieszene beteiligt. Im Gegensatz zu den US-amerikanischen Firmen können japanische Biotechnologieunternehmen bei ihrer Aufholjagd von Ressourcen und Stärken anderer Konkurrenten profitieren. Ob es Japan gelingt, die Entwicklung der Biotechnologie deutlich voranzutreiben, wird jedoch in hohem Maße davon abhängen, inwieweit drei grundlegende Probleme gelöst werden: die Fragmentierung in der Forschung, der Zugang zu Finanzressourcen und der Schutz des geistigen Eigentums.

Positiv ist festzuhalten, dass die japanische Politik mit der Errichtung des Biotechnologie-Strategierats und der Ausformulierung biotechnologiestrategischer Richtlinien klare Anleitungen für diesen Technologiezweig gegeben hat. Zudem hat die Regierung eine Reihe von Projekten initiiert und Gesetze erlassen, um das Unternehmertum in Japan, den Technologietransfer und die Grundlagenforschung zu fördern. Ferner ist das FuE-

Budget für den Bereich Life Sciences in den vergangenen Jahren kontinuierlich erhöht worden.

Im Vergleich zu den USA ist die Bilanz dieser Fördermaßnahmen allerdings immer noch ernüchternd, auch wenn es gleichwohl ermutigende Anzeichen für wirtschaftliche Dynamik in diesem Bereich gibt: Die Zahl der Start-up-Unternehmen in der japanischen Biotechnologie wächst, die Unternehmen wagen den Schritt an die Börse, zahlreiche Forschungsabkommen mit nationalen und internationalen Großunternehmen wurden bereits abgeschlossen, und japanische Firmen erweisen sich in vielen Feldern als gleichwertige Partner im internationalen Wettbewerb. Als bedeutendstes Defizit gilt derweil die noch immer unzureichende Verfügbarkeit von Wagniskapital.

Für einen erfolgreichen Wettstreit ist es wichtig, dass die japanischen Unternehmen ihren Fokus künftig stärker auf die Produktentwicklung legen, da hier die größeren Erträge zu erwarten sind. Ein Gebiet, das eine große Nähe zur Kommerzialisierung von Medikamenten und diagnostischen Produkten besitzt und zudem als die interessanteste Sektion der Biotechnologieforschung in der post-genomen Ära angesehen wird, ist die Proteomik. Japan gilt auf diesem Gebiet als einer der Top-Player (JETRO 2004: 14). Vorteilhaft bei der Kommerzialisierung von Produkten könnte sich für Japan zudem auswirken, dass das Thema Biotechnologie staatliche Unterstützung von oberster Stelle genießt und in Japan im Allgemeinen ein eher aufgeschlossenes Klima gegenüber neuen Technologien herrscht. Auch die im Vergleich zu den USA und Deutschland überaus liberale Haltung gegenüber der Nutzung menschlicher embryonaler Stammzellen könnte die Entwicklungen im Bereich der Biotechnologie deutlich beschleunigen (Wieczorek 2003: 169). Allerdings muss noch mehr getan werden, um den Besorgnissen der Bürger hinsichtlich ethischer und sozialer Implikationen Rechnung zu tragen.

Künftig wird sich die japanische Biotechnologielandschaft verändern, und zwar durch die breite Penetration der Biotechnologie in andere existierende Industrien sowie durch die daraus resultierende Entstehung neuer Industrien. Welche Position Japan beim Biotechnologiewettlauf künftig einnehmen wird, lässt sich derzeit nur vermuten. Insgesamt steht aber zu erwarten, dass sich die japanische Biotechnologieindustrie weiter positiv entwickeln wird.

Literatur

bfai Bundesagentur für Außenwirtschaft (2004) Japan fördert Biotechnologie. Http:://www.bfai.de (Zugriff am 28.10.2005)

Bauer F (2002) Biotechnologie in Kansai auf dem Vormarsch. Kansai Business, 13.9.2002, http://de.geocities.com/business_kansai/h/Bio_0902.html (Zugriff am 24.01.2006)
Burrill GS (2005) State of the Biotechnology Industry...Trends, Concerns and an Outlook for 2005 – A Worldwide View. Vortrag bei der Japan Society am 11.08.2005, http://www.burrillandco.com/burrill/japan_video (Zugriff am 18.12.2005)
Chisaki O (2004) Japan: Discover Asia's Largest and the World's Second Largest Biotechnology Market. BioPharm International 01.03.2004, http://www.biopharm-mag.com/biopharm/article/articleDetail.jsp?id=88003 (Zugriff am 1.12.2005)
Devlin A (2003) An overview of biotechnology statistics in selected countries. STI Working Paper 2003/13, http://www.oecd.org/sti/working-papers (Zugriff am 28.10.2005)
DIB Deutsche Industrievereinigung Biotechnologie (2005) BioTech 2005 – Die wirtschaftliche Bedeutung von Biotechnologie und Gentechnik in Deutschland. DIB, Frankfurt a.M.
Ernst & Young (2005) Beyond Borders. Global Biotechnology Report 2005. Ernst & Young, o.O.
Gassel K (1998) Kooperationen japanischer Unternehmen in der neuen Biotechnologie: Staatliche Rahmenbedingungen und privatwirtschaftliche Initiative. Schriftenreihe zur Ostasienforschung Bd 9, Nomos, Baden-Baden
Higashino D (2005) Changing Environment for Japanese Venture Businesses. In: JETRO (Hrsg) Japan Economic Monthly. Mai 2005, http://www.jetro.go.jp/en/market/trend/special/pdf/jem0505-1e.pdf (Zugriff am 25.10.2005)
Industrial Cluster Study Group (2005) Industrial Cluster Study Report. Http://www.cluster.gr.jp/relation/data/pdf/Cluster_Kenkyu_houkoku_english.pdf (Zugriff am 15.02.2006)
JBA Japan Bioindustry Association (2002) Biocluster trends in Japan. Japan Bioindustry Letters 18(3-4), http://www.jba.or.jp/jbl/Vol-18/3-4.htm (Zugriff am 25.10.2005)
JBA (2005) Bioventure Statistics Results. Japan Bioindustry Letters 21(3-1), http://www.jba.or.jp/eng/letters/Vol-21/3-1.htm (Zugriff am 25.10.05)
JETRO Japan External Trade Organisation (2000) Japanese Market Report 47 – Regulations and Practices: Biotechnology-Related Products. JETRO, Tokio
JETRO (2004) Attraktive Sektoren – Biotechnologie. JETRO, Tokio
JETRO (2005) Attractive Sectors – Biotechnology. JETRO, Tokio
JETRO (2006a) Attraktive Branchen – Biotechnologie. JETRO, Tokio
JETRO (2006b) Japanese Biomedical Industry – Globalization Riding on the World's Second Largest Market. Invest Japan 12: 8-12
Louët S, Sipp D (2004) Japanese firms broaden investment focus to early biotech. Nature Biotechnology 22, 8: 931-932
Maurer J (2006a) Zukunftsbranche Biotechnologie. Japan Markt 05/2006: 6-7
Maurer J (2006b) Tokio sieht in Patenten wichtigen Wirtschaftsfaktor. Nachrichten für Außenhandel, 22.05.2006: 3

METI (2005a) Waga kuni no sangyō gijutsu ni kansuru kenkyū kaihatsu katsudō no dōkō – shuyō shihyō to chōsa dēta [Trends in Japan's Industrial R&D Activities – Principal Indicators and Survey Data]. Http://www.meti.go.jp /policy/tech_research/index.htm (Zugriff am 24.02.2006)
METI (2005b) Daigakuhatsu benchā ni kansuru kisochōsa [Basic Survey of University based Venture Enterprises]. MEXT, Tokio
MEXT (o.J.) Cluster. Knowledge Cluster Initiative 2004. Http://www.mext.go.jp /a_menu/kagaku/chiiki/cluster/h16_pamphlet_e.htm (Zugriff am 05.01.2006)
Motohashi K (2004) OECD/TIP Project on Biopharmaceutical National Innovation Systems. National Report: Japan. OECD, Paris
Müller C (2001) The Biotechnology Industry in Germany and Japan. Technische Universität Hamburg-Harburg, Arbeitspapier 11
Nikkei Net Interactive (03.06.2005) 9 of 13 Biotech Start-Ups See Pretax Results Improving This Year. Http://www.nni.nikkei.co.jp/
Nishizawa Y (2005) Bio Five-Star Company & Tissue Engineering Project. In: JETRO (Hrsg) Trends and Topics. Http://www.jetro.go.jp/en/market/trend /topic/2005_03_eg-project.html?print=1 (Zugriff am 15.06.2005)
NW The Nikkei Weekly (11.7.2005) Venture capital investment up 2nd straight year. S 8
OECD (2005a) Science, Technology and Industry Outlook 2004 – Country Response to Policy Questionnaire. Http://www.oecd.org/dataoecd/30/61 /34242931.pdf (Zugriff am 15.02.2006)
OECD (2005b) Statistical definition of biotechnology. Http://www.oecd.org /document/42/0,2340,en_2649_201185_1933994_1_1_1_1,00.html (Zugriff am 15.06.2005)
Pascha W, Philipsenburg G (2002) Japans nationales Innovationssystem im Wandel. Wirtschaftswissenschaftliches Studium (WiSt) 10/2002: 560-566
Rehn D (2002) Markt in Kürze. Japan. Biotechnische Produkte. bfai, Köln
Sayama N (2004) Role of Japanese Biotechnology Today. Science & Technology in Japan 23(91): 6-13
Schaffert M (2002) Biotechnologie in Japan. Politische und wirtschaftliche Rahmenbedingungen. Japan Markt 07/2002: 4-8
Schröder T, Yako Y (2006) Sachbericht Lebenswissenschaften und Biotechnologie in Japan. Deutsche Botschaft, Tokio, http://www.internationale-kooperation.de/doc/Japan_LebensWiss06internet_1253.pdf (Zugriff am 10.04.2006)
Tsukuba University (2005) Daigakutōhatsu benchā no kadai to suishinhōsaku ni kansuru chōsa kenkyū [Survey on Issues and Promotion Plans of University based Venture Enterprises]. Tsukuba University, Tsukuba
Venning M, Yukawa T (2005) Biotechnology in Japan. Asia Pacific Biotech News 9(18), http://www.asiabiotech.com (Zugriff am 25.11.2005)
Wess L (2003) Deutsche Medizintechnik zählt zur Weltspitze. Financial Times Deutschland, 17.11.2003: 2
Wieczorek I (2003) Potenziale des japanischen Innovationssystems zur Förderung der Biotechnologie. Japan aktuell 04/2003: 155-171

Die japanische Pharmaindustrie

Jörg Mahlich[1]

1 Einführung

Japanische Pharmafirmen fanden bis in die 1980er Jahre in Japan ein ideales Umfeld vor. Weitgehend geschützt vor ausländischer Konkurrenz konnten sie auf ihrem Heimatmarkt zu den weltweit höchsten Preisen international nicht konkurrenzfähige Produkte verkaufen. Dadurch war die Pharmaindustrie in dieser Zeit die mit Abstand profitabelste Branche in Japan (Odagiri u. Yamawaki 1986). Da die japanische Gesundheitspolitik den Fokus seitdem mehr und mehr auf eine kostengünstige und effiziente Gesundheitsversorgung legt und dabei zunehmend weniger Rücksicht auf die Befindlichkeiten der nationalen Pharmaindustrie nimmt, sind japanische Unternehmen in dieser Branche seit den 90er Jahren in die Defensive geraten. Schwindende Marktanteile in Japan, die bislang noch nicht durch entsprechende Erfolge im Ausland kompensiert werden konnten, sind die Folge. Langfristig werden wohl nur wenige japanische Firmen die kritische Größe und Innovationsfähigkeit erreichen, um auf den Weltmärkten zu bestehen.

Der vorliegende Beitrag beschreibt in Abschnitt zwei zunächst den japanischen Pharmamarkt anhand einiger Kennziffern. Die dort gemachten Beobachtungen werden im dritten Abschnitt anhand der Ausgestaltung des japanischen Gesundheitssystems erklärt, das einschließlich seiner Auswirkungen auf das Innovationsverhalten der Pharmaindustrie besprochen wird.

[1] Ich möchte Stephan Soyka von Solvay Seiyaku und Reiko Masuda von Bayer Yakuhin für hilfreiche Kommentare danken.

2 Der japanische Pharmamarkt im Überblick

Nicht zuletzt begünstigt durch die rasante Alterung der japanischen Bevölkerung[2] ist der japanische Pharmamarkt mittlerweile der zweitgrößte der Welt, zwar klar hinter den USA, aber deutlich vor dem drittplatzierten Deutschland. Das für das Jahr 2005 geschätzte Marktvolumen von 66 Mrd. USD ist immerhin so groß wie das von Deutschland, Frankreich, Großbritannien und Australien zusammengenommen (Tabelle 1).

Tabelle 1. TOP 10 Pharmamärkte

Land	Marktgröße 2000 [Mrd. USD]	Geschätzte Marktgröße 2005 [Mrd. USD]	Geschätztes jährliches Marktwachstum 2000-2005 [%]	Geschätzter Weltmarktanteil 2005 [%]
USA	150	263	11,8	60,5
Japan	58	66	2,3	15,1
Deutschland	17	24	7,5	5,6
Frankreich	16	22	6,0	5,0
GB	11	16	8,3	3,7
Italien	11	16	8,2	3,6
Spanien	6	10	9,9	2,3
Kanada	6	10	10,7	2,4
Australien	3	5	9,3	1,1
Belgien	2	3	5,6	0,7
TOP 10	281	434	+9,1	100
Welt	317			

Quelle: IMS Health (2001).

Der Markt wird von japanischen Firmen dominiert, die 2003 auf einen Marktanteil von ca. 64% kamen. Amerikanische Unternehmen halten 16% und europäische Unternehmen 19% Marktanteil, wobei davon 8% der Schweiz zuzurechnen sind (IMS 2004). Der Marktanteil japanischer Firmen ist in den 1990er Jahren allerdings deutlich gesunken. Noch im Jahr 1990 kontrollierten japanische Firmen rund 85% des heimischen Marktes. Damals gab es keinen ausländischen Hersteller unter den größten zehn Pharmaunternehmen in Japan und nur einen einzigen unter den TOP 20. Mittlerweile sind mit Pfizer, Roche, Novartis und Merck gleich vier ausländische Firmen unter den TOP 10 vertreten. Durch die Übernahme von Pharmacia-Upjohn durch Pfizer im August 2003 gibt es seitdem sogar ei-

[2] In Japan verbrauchen die über 65-Jährigen pro Kopf fünfmal mehr Arzneimittel als die unter 65-Jährigen (MOF 2005), weswegen sich die Überalterung direkt auf den Arzneimittelmarkt auswirkt.

nen ausländischen Champion, der sich mit einem Marktanteil von 6% vor den Lokalmatador Takeda (5,3%) schieben konnte. Der Erfolg ausländischer Firmen ist einerseits auf höhere Wachstumsraten und andererseits auf eine stattliche Anzahl von Akquisitionen seit Anfang dieses Jahrzehnts zurückzuführen. Zu nennen sind hier etwa folgende Deals: Banyu ging an Merck (2004)[3], Chugai an Roche (2002), Mitsui an Schering (2001), SS an Boehringer Ingelheim (2001).

Was ist der Grund für die massive Expansion ausländischer Unternehmen in Japan? Ein entscheidender Grund ist, dass es die japanische Regierung lange Zeit verstanden hat, den Markt gegenüber ausländischer Konkurrenz abzuschotten, und die Markteintrittsbarrieren erst im Verlauf mehrerer Liberalisierungswellen abgebaut worden sind. Der erste Schritt fand in den 70er Jahren statt, als der Gesetzgeber 1975 die Gründung von 100%igen Tochtergesellschaften ausländischer Pharmafirmen erlaubte.[4] Ein Jahr später wurde das Patentgesetz verändert. Erst seitdem sind pharmazeutische Produkte in Japan patentierbar, vorher waren es lediglich Prozesstechnologien. Bis 1976 konnten japanische Firmen also ungestraft jedes Medikament kopieren, wenn sie nur die Herstellungsweise abänderten. Da der Wettbewerb in der Pharmaindustrie jedoch ausschließlich über neue, innovative Produkte und nicht über deren effiziente Herstellung verläuft, wurden ausländische Firmen durch diese Regelung stark diskriminiert. Der nächste große Schritt in Richtung Liberalisierung fand in den späten 90er Jahren statt. Bis dahin verlangte das japanische Gesundheitsministerium[5] (*kōrōshō*) bei ausländischen Medikamenten vor einer Markteinführung in Japan eine Wiederholung der klinischen Testreihen mit japanischen Versuchspersonen, da – so das Argument – Japaner genetisch anders und deswegen keine Schlussfolgerungen aufgrund von ausländischen klinischen Daten erlaubt seien. Da klinische Studien für ein neues Medikament knapp 7 Jahre dauern (PhRMA 2004) und mittlerweile 467 Mio. USD der auf 802 Mio. USD geschätzten Forschungs- und Entwicklungskosten eines neuen Medikamentes betragen (DiMasi et al. 2002), hat diese Maßnahme viele ausländische Firmen von einem Markteintritt abgehalten. 1997 wurden allerdings auf internationaler Ebene sogenannte

[3] Seit 1984 war Banyu bereits zu 51% im Besitz von Merck, 2004 erfolgte die völlige Übernahme der ausstehenden Anteile.

[4] Bis 1967 waren japanische Tochterfirmen verboten und ausländische Firmen gezwungen, ihre Technologie über Lizenzen in Japan zu vertreiben. Nach dem Beitritt Japans in die OECD 1964 wurde 1967 die Gründung von Minderheitsbeteiligungen erlaubt.

[5] Seit der letzten Kabinettsreform Ministerium für Gesundheit, Arbeit und Wohlfahrt.

„Good Clinical Practice"-Richtlinien eingeführt, die auf der 1990 gegründeten „International Conference on Harmonization (ICH)" zwischen der EU, den USA und Japan ausgehandelt worden waren. Sie dienen dazu, weltweit einheitliche Standards zu schaffen und die Vergleichbarkeit und Akzeptanz von klinischen Daten zu gewährleisten. Das *kōrōshō* implementierte die Richtlinien 1998, und nunmehr müssen in Japan nur zwingend Phase I und Teile von Phase II durchgeführt werden, bei der in Toleranztests an 60 bis 80 gesunden Freiwilligen die Pharmakokinetik (das Verhalten einer Substanz im menschlichen Körper) evaluiert und auf das durchschnittlich kleinere Körpervolumen von Japanern Rücksicht genommen wird. Wenn es hier keine signifikanten Überraschungen gibt, werden im Prinzip vorhandene ausländische Daten der aufwändigen und teuren Phase-III-Studien, bei denen mehrere 1.000 Versuchspersonen involviert sind, akzeptiert („bridging"). Allerdings berichten Marktbeobachter, dass das Gesundheitsministerium dem „Bridging"-Verfahren eher skeptisch gegenübersteht und wenn möglich auf weitere klinische Versuche besteht.

Im Rahmen dieser ICH-Reformen kam es auch zu einer Beschleunigung des Zulassungsverfahrens. Noch Mitte der 90er Jahre dauerte die Bearbeitung eines Zulassungsantrages (*gaiyō*) in Japan durchschnittlich 36 Monate und damit mehr als doppelt so lange wie in den USA (JETRO 1992; PhRMA 2004). Durch eine Verdoppelung des Personals und verbesserte Ausbildung der Gutachter nach FDA-Vorbild[6] konnte die Verfahrensdauer ab 1997 auf mittlerweile international übliche 12 bis 15 Monate gesenkt werden. Auch dieser Schritt erleichterte den Markteintritt ausländischer Unternehmen, da japanische Firmen früher das Verfahren aufgrund guter Kontakte zu den Behörden eher beschleunigen konnten als westliche Firmen. Zu nennen ist hier vor allem das bei japanischen Firmen übliche *amakudari*, bei dem ehemalige Beamte nach der Pensionierung in Führungspositionen in der Industrie wechseln. Eine weitere Deregulierung des Zulassungsprozesses fand 2005 statt. Benötigte eine Pharmafirma bis dahin für jedes Medikament sowohl eine Herstellungserlaubnis (*shōnin*), die aufgrund der Ergebnisse der klinischen Tests vergeben wird, als auch eine Herstellungslizenz (*kyoka*), mit der der Herstellungsprozess zertifiziert wird, gibt es seit 2005 nur noch eine einzige Marketing-Lizenz, sodass Produktion und Vertrieb von Arzneimitteln getrennt werden können. Für Pharmafirmen mag es daher lohnend sein, die Produktion an Hersteller aus der Spezialchemie auszulagern („outsourcing"). Westliche Firmen, deren Schwerpunkt schon seit einiger Zeit eher im Bereich Forschung und Ent-

[6] Die FDA (Food and Drug Administration) ist die amerikanische Zulassungsbehörde für neue Medikamente.

wicklung denn auf der Herstellung von Medikamenten liegt, rechnen sich durch diese Maßnahme weitere Chancen aus.

Tabelle 2. Die weltweit 25 größten Pharmaunternehmen [2004]

Rank	Firma	Sitz	Pharmaumsatz [Mio. USD]	Weltmarktanteil [%]
1	Pfizer	USA	45.027	9,7
2	GlaxoSmithKline	GB	28.994	6,2
3	Merck	USA	24.077	5,2
4	Johnson & Johnson	USA	21.307	4,6
5	AstraZeneca	GB	20.512	4,4
6	Aventis*	F	20.032	4,3
7	Novartis	CH	18.044	3,9
8	Roche	CH	15.845	3,4
9	Eli Lilly	USA	13.531	2,9
10	Wyeth	USA	12.998	2,8
11	Bristol Myers Squibb	USA	12.476	2,7
12	Abbott	USA	11.176	2,4
13	Sanofi-Synthelabo*	F	10.070	2,2
14	Amgen	USA	9.835	2,1
15	Takeda	J	8.796	1,9
16	Boehringer Ingelheim	D	7.329	1,6
17	Schering Plough	USA	7.083	1,5
18	Bayer	D	4.933	1,1
19	Novo Nordisk	DK	4.541	1,0
20	Eisai	J	4.344	0,9
21	Schering	D	4.089	0,9
22	Yamanouchi**	J	4.002	0,9
23	Sankyo***	J	3.957	0,9
24	Merck KG	D	3.748	0,8
25	Fujisawa**	J	3.491	0,8

Anm.: * Mittlerweile wurde Aventis von Sanofi übernommen, und die neue Gesellschaft Sanofi-Aventis ist nach Pfizer die weltweit zweitgrößte Pharmafirma.

** Yamanouchi und Fujisawa fusionierten 2005 zu Astellas.

*** Daiichi und Sankyo fusionierten 2005 zu Daiichi Sankyo.

Quelle: Wood Mackenzie (2004).

Den japanischen Markt teilen sich 1.145 Unternehmen, wobei nur 457 Firmen Produkte herstellen, die von der Krankenversicherung (NHI) als erstattungsfähig anerkannt werden (JPMA 2003). Nach wie vor gibt es viele kleine, nur lokal operierende Firmen, die hauptsächlich die in Japan beliebte Kräutermedizin (*kanpō*) verkaufen. Die hohe Anzahl an Pharmafirmen ist ein Indiz dafür, dass der Markt relativ zersplittert ist. Von allen großen Märkten ist daher die Marktkonzentration hier am niedrigsten. Die größten 25 Hersteller decken lediglich 64% des Marktes ab, verglichen mit 85% in den USA oder 78% in Frankreich. Ähnlich fragmentiert ist lediglich der deutsche Markt, wo die entsprechende Marktkonzentration bei 65% liegt (Gambardella et al. 2000). Durch die hohe Marktfragmentierung sind japanische Pharmafirmen im internationalen Vergleich eher klein, und Lokalmatador Takeda ist mit einem für 2004 geschätzten Pharmaumsatz von knapp 8,7 Mrd. USD gerade einmal ein Fünftel so groß wie der Weltmarktführer Pfizer (Tabelle 2).

Nun ist Größe nicht per se ein Wettbewerbsvorteil und in forschungsintensiven Bereichen aufgrund schwerfälliger Hierarchien oftmals sogar ein Nachteil. Allerdings wurde bereits erwähnt, dass die Forschungs- und Entwicklungs(FuE)-Kosten für ein neues Medikament mittlerweile über 800 Mio. USD betragen, wobei die Ertragsverteilung extrem schief ist. Lediglich ein Drittel aller neuen Arzneimittel spielt die FuE-Kosten wieder ein. Letztendlich hängt das Schicksal einer Firma an einigen wenigen Blockbustern, die jährliche Umsätze von über 1 Mrd. USD generieren und die Verluste mit den weniger erfolgreichen Medikamenten kompensieren (Grabowski et al. 2003). Hohe Fixkosten in der Forschung verbunden mit hohen Risiken in den Erträgen sind Faktoren, die Skalenerträge („economies of scale“) begründen und damit tendenziell Großunternehmen begünstigen, da diese durch Diversifizierung ein Portfolio von Forschungsprojekten zusammenstellen können, das weniger riskant ist als ein einzelnes Projekt. Indem ein Unternehmen gleichzeitig mehrere Forschungsprojekte durchführt, kann es gegebenenfalls auch von sogenannten „economies of scope“ und von internem Wissensfluss zwischen den Projektteams profitieren. Henderson und Cockburn (1996) sowie Alexander, Flynn und Linkins (1995) bestätigen mit Daten aus den 80er Jahren empirisch, dass Forschungsprojekte in größeren Unternehmen aufgrund von „economies of scale“ und „economies of scope“ produktiver sind als in kleinen, d.h. ein Dollar an FuE-Ausgaben führt bei einem Großunternehmen zu mehr Patenten als in einer kleinen Firma. Vor diesem Hintergrund macht es dann schon einen Unterschied, ob man wie Pfizer 7,9 Mrd. USD pro Jahr für Forschung ausgeben kann oder „nur“ 1,2 Mrd. USD wie Takeda. Waren in Japan Fusionen und feindliche Übernahmen lange Zeit eher unüblich,[7] so scheint sich die Branche aus der Not heraus nun doch zu konsolidieren, um

[7] Ein wesentlicher Grund dafür sind Defizite im japanischen Corporate-Governance-System, das Aktionären lange Zeit zu wenig Einflussmöglichkeiten gegenüber Management und Banken einräumte. Das Management kann in einem solchen System aus Selbstinteresse feindliche Übernahmen verhindern, die im Interesse der Eigentümer wären (vgl. Mahlich 2004).

auf international übliche kritische Größe zu kommen. Während noch im Dezember 2001 die geplante Großfusion zwischen Tanabe und Taisho in letzter Minute abgesagt wurde, schlossen sich im April 2005 die Nummer drei und die Nummer fünf – Yamanouchi und Fujisawa – zu Astellas zusammen. Es war die erste japanische Großfusion in dieser Branche, nachdem sich bisher nur kleinere Unternehmen zusammengeschlossen hatten (z.B. Welfide und Mitsubishi Tokyo Pharma im Jahr 2001). Das Beispiel hat Schule gemacht, und bereits im September 2005 folgte mit dem Zusammenschluss von Daiichi und Sankyo die zweite Großfusion der Branche.

Während Japans Pharmafirmen nach wie vor – wenn auch mit abnehmender Tendenz – den heimischen Markt dominieren, haben sie auf internationaler Bühne noch nicht recht Fuß gefasst. Wie aus Tabelle 3 ersichtlich ist, kommen japanische Firmen auf einen Weltmarktanteil von 11%, der allerdings in erster Linie in Asien/Afrika/Ozeanien und hier wiederum knapp zur Hälfte in Japan selbst erwirtschaftet wird. Die Marktanteile japanischer Firmen in den USA (1,9%) und vor allem in Europa (1,3%) sind hingegen gering. Bemerkenswert ist außerdem, dass in den 90er Jahren der Weltmarktanteil japanischer Firmen von 15,7% im Jahr 1989 auf die erwähnten 11% im Jahr 1999 zurückging.

Tabelle 3. Marktanteil in % nach Firmensitz 1999

	Sitz des Unternehmens		
Markt	**EU 15**	**Japan**	**USA**
Nordamerika	24,0	1,9	60,2
Europa	45,7	1,3	26,1
Asien/Afrika/Ozeanien	15,4	45,8	14,4
Lateinamerika	26,7	0,2	29,6
Welt	27,8	11,1	39,0

Quelle: IMS zitiert in Gambardella et al. (2000).

Infolge des geringen Weltmarktanteils japanischer Unternehmen und des zunehmenden Erfolgs ausländischer Pharmakonzerne in Japan verzeichnet Japan im Pharmabereich ein Handelsbilanzdefizit. Im Jahr 2000 betrug es ca. 220 Mrd. JPY. Aufgeteilt auf die größten Handelspartner ergibt sich die in Tabelle 4 gemachte Aufstellung.

Die Pharmaindustrie ist damit neben der Luft- und Raumfahrtindustrie der einzige Sektor aus den von der OECD definierten Hochtechnologiebranchen, in dem Japan ein Handelsbilanzdefizit erzielt. Warum sind japanische Medikamente auf den Weltmärkten nicht der große Verkaufsschlager? Eine wesentliche Ursache liegt in der Ausgestaltung des japanischen Gesundheitssystems, das im nächsten Abschnitt besprochen wird.

Tabelle 4. Japans größte Handelspartner bei Arzneimitteln 2000 [Mio. JPY]

Land	Importe	Anteil [%]	Land	Exporte	Anteil [%]
USA	100.036	19,5	USA	136.255	46,3
Deutschland	91.450	17,8	Frankreich	18.218	6,2
UK	63.293	12,3	Benelux	17.587	6,0
Schweiz	33.290	6,5	Italien	14.528	4,9
Frankreich	24.035	4,7	Deutschland	11.543	3,9
TOTAL	513.636			294.398	

Quelle: JPMA (2003).

3 Institutioneller Rahmen des Pharmamarktes

In diesem Abschnitt soll ein kurzer Überblick über die für den Pharmamarkt wichtigen Aspekte des japanischen Gesundheitssystems gegeben werden. Zwei Besonderheiten sind in diesem Zusammenhang wichtig: Erstens das ärztliche Dispensierrecht und zweitens die eher planwirtschaftlich anmutende Methode der Preisgestaltung für Medikamente.

3.1 Das ärztliche Dispensierrecht

Während im heiligen römischen Reich deutscher Nation schon 1241 durch Kaiser Friedrich II. die Arbeitsteilung von Arzt und Apotheker verordnet wurde, werden die Aufgaben der Apotheker in Japan bis heute weitgehend von der Ärzteschaft übernommen, obwohl 1951 auf Druck der amerikanischen Besatzungsregierung offiziell die Trennung zwischen Verschreibung und Dispensierung von Arzneimitteln (*iyaku bungyō*) eingeführt wurde. Zwar haben die Apotheker seitdem de jure das alleinige Dispensierrecht, dennoch konnten Ärzteverbände weit reichende Ausnahmeregelungen durchsetzen. Schon 1956, kurz nach dem Ende der Besatzungszeit, gab es eine Gesetzesrevision, die den Ärzten faktisch ein uneingeschränktes Dispensierrecht einräumte. Laut dieser Revision darf ein Arzt Medikamente dann verkaufen, wenn es der Patient wünscht.

Da Ärzte und Krankenhäuser an dem Verkauf von Medikamenten verdienen, haben sie einen Anreiz, möglichst viele und teure Medikamente zu verschreiben. Ihre Gewinnmarge ist dabei die Differenz zwischen dem Erstattungspreis, den sie mit der Krankenkasse abrechnen können, und dem Preis, zu dem sie die Arzneimittel von den Herstellern oder Großhändlern bekommen. Diese Marge wird *yakka saeki* genannt und macht einen erheblichen Teil eines Arzteinkommens aus. Schätzungen zufolge stammen 12% des ärztlichen Einkommens aus dem Medikamentenverkauf (Ikegami et al.

1994). Die Pharmafirmen tun dabei ein Übriges, Ärzten den Verkauf von Medikamenten schmackhaft zu machen, und immerhin 45% aller Beschäftigten in japanischen Pharmaunternehmen arbeiten im Bereich Marketing und Vertrieb. Dementsprechend kommen auf einen japanischen Pharmareferenten lediglich 2,6 Ärzte; in den USA sind es 14 und in Deutschland 22. Bei diesem Betreuungsverhältnis werden die Ärzte mitunter täglich von „ihrem" Pharmareferenten aufgesucht. Bei Ärzten mit hohen Umsätzen stellen die Pharmafirmen sogar einen persönlichen Verkäufer ab, der sich nur um diesen einen Arzt kümmert und für diesen auch Botengänge und Besorgungen übernimmt (McLellan 1997). Als Ergebnis dieser Anreizstruktur hat Japan nach den USA den höchsten Pro-Kopf-Verbrauch an Medikamenten in der Welt (Abbildung 1).

Dieses Ergebnis ist umso bemerkenswerter, als für Japaner in der Regel geringere Dosierungen gelten. Der hohe Pro-Kopf-Verbrauch ist darauf zurückzuführen, dass der japanische Arzt nicht nur gerne teure, sondern vielfach mehrere Medikamente gleichzeitig verschreibt („polypharmacy") und seine Patienten öfter zu sich bestellt, als es in anderen Ländern üblich ist. Dementsprechend kommt ein Japaner auf jährlich 12,8 Arztbesuche und damit auf mehr als doppelt so viel wie ein Amerikaner mit 5,3 Besuchen (Ikegami et al. 1994).

Abb. 1. Pro Kopf Arzneimittelausgaben in USD [2001]

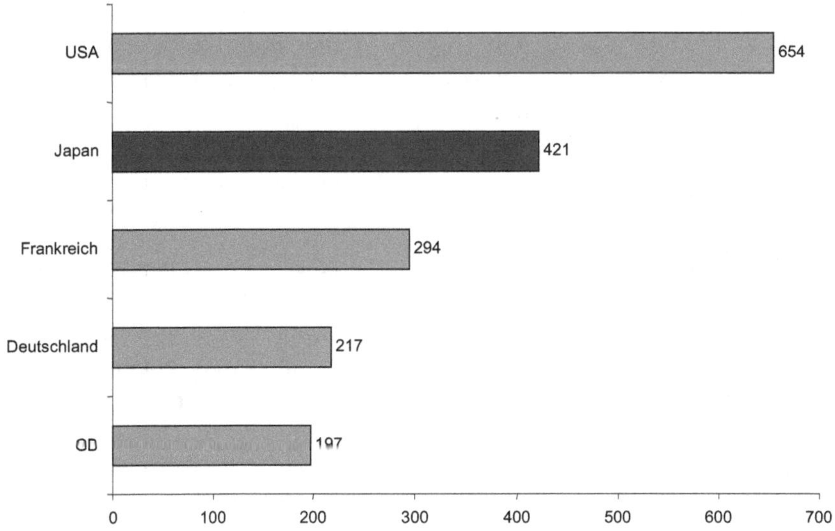

Quelle: VFA (2003).

Der Politik ist bewusst, dass eine Trennung von Verschreibung und Verkauf einer der Schlüssel ist, den hohen Medikamentenverbrauch zu reduzieren. Mehrere Maßnahmen werden angewandt, um dieses Ziel zu erreichen: Einerseits soll dem Arzt das Ausstellen von Rezepten finanziell schmackhaft gemacht werden. Zu diesem Zweck wurde 1974 ein Pauschalbetrag eingeführt, den der Arzt von der Krankenkasse für jedes ausgestellte Rezept erhält.[8] Durch diesen Schritt stieg die Zahl der ausgestellten Rezepte in der Tat sprunghaft an, nicht zuletzt allerdings deshalb, weil einige Ärzte eigene Apotheken in der Nähe ihrer Praxis gründeten, um in Personalunion sowohl von der „prescription fee" als auch von dem Verkauf der Medikamente zu profitieren. Weiterhin sollen die Patienten über hohe Selbstbehalte dazu angehalten werden, beim Arzt nach preisgünstigen Medikamenten zu fragen. Seit 2003 beträgt der Selbstbehalt in der staatlichen Krankenversicherung immerhin 30%, sodass von dieser Seite eine gewisse Preiselastizität der Nachfrage angenommen werden kann. Außerdem wurde in geriatrischen Krankenhäusern, die über 10% aller japanischen Krankenhausbetten verfügen, ein Pauschalbetrag („flat rate") eingeführt, der sämtliche Ausgaben für einen Patienten abdecken soll. In der Folge ist in diesen Krankenhäusern der Kostenanteil von Medikamenten innerhalb kürzester Zeit von 15,3% auf 6,3% zurückgegangen (Ohmichi 1994). Schlussendlich wird über eine Preisregulierung versucht, die Gewinnmarge der Ärzte zu kontrollieren; dieser Punkt wird in 3.2 aufgegriffen.

Durch dieses Maßnahmenbündel hat es die japanische Gesundheitspolitik tatsächlich geschafft, die Rolle der Apotheken im Gesundheitssystem zu stärken. Im Februar 2004 betrug die *Iyaku bungyō*-Rate 53,4%, was sich zehn Jahre vorher, als sie noch bei 18% lag, kein Marktbeobachter vorstellen konnte (JPA 2004).

3.2 Preisregulierung

Der hohe Medikamentenkonsum der Japaner schlägt sich unmittelbar in den Ausgaben der Krankenkassen nieder. Diese sind wie in Deutschland staatlich organisiert und befinden sich daher im Einflussgebiet von Gesundheitspolitikern, die der Marktwirtschaft skeptisch gegenüberstehen und in erster Linie versuchen, marode staatliche Systeme durch Kosteneinsparungen überlebensfähig zu machen. Ähnlich wie in Deutschland, wo die Ausgaben für Arzneimittel durch Festpreise und Zwangsrabatte für verschreibungspflichtige patentgeschützte Arzneimittel gesenkt werden

[8] Anfänglich betrug der Betrag 500 JPY, 1992 wurde er auf 750 JPY erhöht. Die Zahl der ausgestellten Rezepte hat sich zwischen 1970 und 1980 von 4,7 Mio. auf 56 Mio. erhöht. 2003 waren es bereits 600 Mio. (JPA 2004).

sollen, ist auch in Japan die Pharmaindustrie Adressat weit reichender Regulierungsmaßnahmen. Preise für Arzneimittel kommen nicht durch Angebot und Nachfrage zustande, sondern werden von einer Behörde, dem sogenannten *chūikyō*[9] festgelegt, dem u.a. Versicherer, Leistungserbringer und Konsumenten angehören. Zu dem festgelegten Preis werden verschreibungspflichtige Medikamente zwischen Arzt und Krankenkasse abgerechnet. Um dem Arzt jedoch einen ausreichend hohen finanziellen Anreiz zu bieten, das Medikament auch zu verschreiben, werden von den Pharmafirmen und Großhändlern beträchtliche Nachlässe auf diese Preise gewährt. Staatliche Preisregulierung setzt dabei an zwei Hebeln an: Die Preise für neu eingeführte Medikamente werden entweder durch die Vergleichspreis- oder die kostenbasierte Methode festgesetzt. Bereits auf dem Markt befindliche Produkte werden durch die „R-zone" Methode reguliert, die an den Preisnachlässen ansetzt, die den Ärzten und Krankenhäusern von Seiten der Hersteller und Großhändler gewährt werden.

Vergleichspreismethode („comparator pricing method"): Bei neuen Produkten orientiert man sich in der Preisgestaltung prinzipiell an ähnlichen, schon auf dem Markt befindlichen Substituten, wobei ein Markt über Kriterien wie Indikationsgebiet, chemische Struktur des Wirkstoffs oder pharmakologischen Wirkungsmechanismus abgegrenzt wird. Da es keine expliziten Regeln für die Marktdefinition gibt, verfügen die Beamten hier allerdings über einen hohen diskretionären Spielraum. Wenn die Beamten zu dem Schluss kommen, dass ein neues Produkt einem bereits auf dem Markt befindlichen Medikament ähnelt, so wird dessen Preis als Referenz für das neue Medikament genommen, wobei hier nicht der aktuelle Marktpreis, sondern entweder der Durchschnittspreis der letzten 10 Jahre oder der niedrigste Preis der letzten 6 Jahre herangezogen wird. Je nach Produkteigenschaft werden allerdings Preisaufschläge von mittlerweile bis zu 100% gewährt. Die Prämienkategorien mit den dazugehörigen Preisaufschlägen sind in Tabelle 5 aufgelistet. Aus der Tabelle ist auch die Verteilung neu zugelassener Medikamente über die verschiedenen Kategorien abzulesen. Der höchste Aufschlag ist mit der „innovativeness premium" verbunden. Sie hat 1992 die sogenannte „pioneer premium" abgelöst, die Preisaufschläge von bis zu 4,5% gewährte. Um die Anreize für die Entwicklung innovativer Produkte zu stärken, wurde 1992 die „pioneer premium" durch die „innovativeness premium" abgelöst, die anfänglich Preisaufschläge von bis zu 30% gewährte. 1996 ist diese Prämie auf bis zu 60% erhöht worden und beträgt nun mittlerweile bis zu 100%. Zwischen 1992 und 1995 ist allerdings nur einem und zwischen 1996 und 2002 drei

[9] In der Langform *Chūō shakai hoken iryō kyōgikai* oder Zentraler Rat für Sozialversicherung und Medizin.

Medikamenten die Innovationsprämie zuerkannt worden. Diese Prämie wird verliehen, wenn folgende Kriterien erfüllt sind (JPMA 2002): (1) Es liegt ein neuer Wirkungsmechanismus vor. (2) Es gibt Verbesserungen bezüglich Wirksamkeit und Nebenwirkungen. (3) Das Medikament trägt wesentlich zu der Bekämpfung einer speziellen Krankheit bei. Die „usefulness"-Prämie wird vergeben, wenn zwei der obigen Kriterien erfüllt werden. Die „marketability"-Prämie bezieht sich auf sogenannte „orphan drugs", d.h. Medikamente, deren Zielgruppe Patienten sind, die an einer seltenen Krankheit leiden.[10]

Kostenbasierte Methode („cost based method"): Für Medikamente, die keine Substitute haben, wird der Erstattungspreis auf der Basis der Entwicklungs- und Herstellungskosten berechnet. Diese Gruppe ist hier unter der Kategorie „cost based" subsumiert. Die Pharmafirmen streben in aller Regel danach, ihre neuen Medikamente nach der „cost based"-Methode zu preisen, da hier natürlich mehr Raum für Verhandlungen besteht und die daraus resultierenden Preise normalerweise höher sind als die Preise, die unter der Referenzpreismethode trotz der damit verbundenen Prämien zustande kommen.

Tabelle 5. Preisfeststellung für neue Medikamente

Preissetzungs-methode	Prämienart	Preisaufschlag	1987-1990 (n = 221)	1992-1995 (n = 193)	1996-2002 (n = 361)
Vergleichs-preismethode	Usefulness Premium	1,5%-4,5% (bis'96)	10%	8%	
	Higher level	15%-30% (seit '96)			2%
	Lower level	5%-10% (seit '96)			18%
	Marketability Premium*	1,5%-4,5% (bis '96)	15%	32%	
	Higher level	10% (seit '96)			3%
	Lower level	3% (seit '96)			9%
	Pioneer Premium	1,5%-4,5% (bis '92)	20%	-	
	Innovativeness Premium	10%-30% ('92-'96) 20%-60% ('96-'04) 40%-100% (seit '04)	-	0,5%	1%
	Keine Prämie	-	k.A.	48%	49%
kostenbasierte Methode	-	-	k.A.	12%	14%

Anm.: * „Marketability Premium" betrug vor 1990 3%.

Quelle: Pharma Japan Yearbook (1992); JPMA (2002); persönliche Gespräche.

[10] In Japan ist damit eine Krankheit gemeint, an der weniger als 50.000 Patienten erkrankt sind.

Liegt der vom *chūikyō* ermittelte Preis mehr als 50% über bzw. mehr als 25% unter einem internationalen Durchschnittpreis, so gibt es eine weitere Anpassung nach oben bzw. nach unten.[11] Außerdem gibt es eine eigene Formel für patentfreie Nachahmerpräparate, sogenannte Generika. Ihnen wird üblicherweise ein Preis zugewiesen, der bei 80% des Originals liegt. Gibt es bereits Generika auf dem Markt, so gilt der niedrigste Preis als Referenz. Bei über 20 Generika auf dem Markt beträgt der Preis 90% des billigsten Produktes.

„R-zone"-Methode: Insgesamt sind knapp 13.000 zugelassene Medikamente erstattungsberechtigt, deren zugewiesene Preise in regelmäßigem Abstand überprüft werden. Das Gesundheitsministerium führt zu diesem Zweck bei den Pharmagroßhändlern Untersuchungen durch, die die tatsächlichen Marktpreise eines Produktes ermitteln, zu denen die Ärzte die Medikamente beziehen. Werden dabei hohe Gewinnmargen festgestellt, so wird der Erstattungspreis des Medikamentes nach unten angepasst, in der Regel passiert dies alle zwei Jahre. Zwischen 1951 und 1992 wurde dazu die sogenannte „bulk-line"-Methode verwendet. Sie tolerierte aufgrund unterschiedlicher Packungsgrößen eine Abweichung von dem offiziellen Erstattungspreis von 10% nach unten. Wurden Marktpreise festgestellt, die außerhalb der Toleranzgrenze lagen, so wurde der Erstattungspreis in der nächsten Periode gesenkt. Der neue Preis wurde auf ein Niveau festgelegt, bei dem 90% des Umsatzes generiert werden. Seit 1992 gibt es die „reasonable-zone"-Methode, die den durchschnittlichen Marktpreis als Referenzpunkt nimmt und in etwa folgendermaßen funktioniert: Um den Preis für die nächste Periode zu bestimmen, wird ein Aufschlag von x% auf den gewichteten Durchschnitt vorgenommen. Beträgt beispielsweise der Erstattungspreis für ein Medikament 100 JPY und der tatsächliche Marktpreis, zu dem der Arzt das Produkt bei dem Händler einkauft, durchschnittlich 60 JPY, so wird der Preis in der nächsten Periode auf 60x (1+x) gesenkt. Als diese Methode eingeführt wurde, lag der Aufschlag x bei 15%. Er ist allerdings mittlerweile auf 2% gesenkt worden. Für x=2% würde im obigen Beispiel der Erstattungspreis demnach von 100 JPY auf 61,2 JPY reduziert werden. Weiterhin behält sich die Behörde Preissenkungen vor, wenn die Verkaufszahlen über den von der Behörde ursprünglich erwarteten liegen. Bei jeder Preissenkungsrunde sind ca. 60% bis 90% aller Medikamente betroffen. Die Preissenkungen waren in den 80er Jahren besonders hoch und erfolgten in erster Linie auf Drängen des Finanzministeriums, welches kurzfristige Budgetüberlegungen im Auge hat, da

[11] Es wird der Durchschnittspreis aus den USA, Großbritannien, Deutschland und Frankreich als Referenz genommen. Momentan wird allerdings diskutiert, den hohen USA-Preis niedriger zu gewichten.

die Krankenversicherung immerhin zu gut einem Drittel aus allgemeinen Steuermitteln finanziert wird (Tabelle 6).

Tabelle 6. Preissenkungen seit 1969

Jahr	Aggregierte Preissenkung [%]	Jahr	Aggregierte Preissenkung [%]
1969	5,6	1986	5,1
1970	3,0	1988	10,2
1972	3,9	1989	2,4
1974	3,4	1990	9,2
1976	1,6	1992	8,1
1978	5,8	1994	7,3
1981	18,6	1996	8,5
1983	4,9	1997	3,0
1984	16,6	1998	9,7
1985	6,0	2000	7,0

Quelle: Morgan Stanley Dean Witter (1998); JPMA (2002).

Durch die regelmäßigen Preissenkungen ist der Anteil von Medikamenten an den gesamten Gesundheitsausgaben von 46% im Jahr 1973 auf mittlerweile unter 19% gesunken (OECD 2004). Neue Produkte sind zwar ähnlich teuer oder sogar teurer als in anderen Ländern, im Verlauf des Lebenszyklus jedoch sinkt der Preis rapide und ist für viele Standardprodukte deutlich niedriger als beispielsweise in den USA (Ikegami et al. 1994). Dies war nicht immer so, und bis 1980 hatte Japan die höchsten Arzneimittelpreise der Welt. Das Preisniveau war zeitweise doppelt so hoch wie in den USA und ging erst nach den drastischen Preissenkungen in den 80er Jahren deutlich zurück (Thomas 1994). In einem Preisvergleich zwischen den USA, Japan und Kanada fanden Akaho et al. (1995) heraus, dass der Preisindex in Japan 10 Jahre nach der Markteinführung bei nur 60% des Einführungspreises lag. In den USA und Kanada war hingegen eine nach oben gehende Preisentwicklung festzustellen: In den USA stieg der Preisindex im gleichen Zeitraum auf knapp 180% und in Kanada auf 160% an. Der rasche Preisverfall hat auch kürzere Lebenszyklen zur Folge. Eine von Ikegami, Mitchell und Penner-Hahn (1994) zitierte Studie ermittelte für die 20 meistverkauften Produkte, wie lange sie schon auf dem Markt sind: 1989 betrug der Wert für Japan 5,7 Jahre und für die USA 12,6 Jahre. Huttin (1995) zitiert eine Untersuchung, die den Lebenszyklus von Medikamenten in verschiedenen Ländern vergleicht. In Japan ist nach weniger als 8 Jahren ein Produkt schon am Ende des Lebenszyklus angekommen, während die entsprechenden Werte für Großbritannien bei 13, für Frankreich, Deutschland und die USA jeweils bei 12 Jahren liegen. Eine Folge ist, dass immer mehr international erfolgreiche und moderne Medikamente in Japan gar nicht mehr eingeführt werden. Nur ein Drittel aller wichtigen neuen

Medikamente, die zwischen 1990 und 1998 in mindestens sechs Ländern zugelassen und vertrieben wurden, sind in Japan überhaupt erhältlich. Zwischen 1995 und 1998 waren es sogar nur 13% (Thomas 2001). Der kurze Lebenszyklus der Produkte erschwert auch die Marktposition von Generika, die nur über den Preiswettbewerb verkauft werden können. Die regelmäßigen Preissenkungen fallen in diesem Segment daher deutlich höher aus als bei verschreibungspflichtigen Medikamenten und bewegen sich in der Größenordnung von 30%-50%. Generika-Hersteller stehen daher auf verlorenem Posten und kommen deswegen nur auf einen wertmäßigen Marktanteil von 7%-8%, während ihr Anteil in Europa oder den USA zwischen 30% und 40% beträgt (Yamamoto 1997).

3.3 Konsequenzen für Innovationsfähigkeit

Die im vorangegangenen Abschnitt beschriebene Art der Preisregulierung hat signifikante Auswirkungen auf das Innovationsverhalten der Pharmafirmen. Durch die kurzen Lebenszyklen eines Produktes haben sich bislang keine Investitionen in teure „breakthrough“ Innovationen gelohnt, die notwendigerweise auf eine lange Phase der Amortisierung angewiesen sind. Entsprechend haben sich japanische Firmen bislang nicht durch ihr innovatives Produktportfolio hervorgetan, obwohl Japan mittlerweile über eine starke wissenschaftliche und technologische Basis verfügt (Mahlich 2003).

Während beispielsweise die Anzahl neuer Wirkstoffe („new chemical entities“) in Japan relativ hoch ist und sich die Position gerade gegenüber europäischen Unternehmen stark verbessert hat (Abbildung 2), wird nur ein geringer Anteil von 4% der Produktneuheiten auch international vermarktet. Bei amerikanischen Unternehmen sind es demgegenüber 23% und bei europäischen Firmen 11% (PhRMA 1999). Hinzu kommt, dass japanische Firmen einen signifikanten Teil ihrer Produktneuheiten nicht selbst entwickelt haben, sondern von ausländischen Unternehmen lizensieren. Kneller (2003) kommt in einer Umfrage zu dem Ergebnis, dass die zehn größten japanischen Pharmaunternehmen im Schnitt 36% ihrer Produkte einlizensieren, davon 72% von ausländischen Firmen. Insgesamt wären demnach 26% (72%*36%) aller neuen japanischen Medikamente ausländischen Ursprungs. Eine von Okada und Kawara (2004) zitierte Untersuchung stellt sogar fest, dass japanische Unternehmen 50% der neuen Wirkstoffe von ausländischen Firmen einlizensieren. International liegt der Anteil der einlizensierten Produkte hingegen lediglich bei 15% (Halliday 1996).

Der schwache Innovationsgehalt japanischer Medikamente wird auch durch die Bewertung der amerikanischen Zulassungsbehörde FDA unterstrichen. Zwischen 1976 und 1992 klassifizierte sie jeden in den USA neu zugelassenen Wirkstoff nach dem therapeutischem Nutzen in drei Kategorien: 1A für einen wichtigen therapeutischen Nutzen, 1B für einen moderaten therapeutischen Nutzen und 1C für einen geringen oder keinen therapeutischen Nutzen. Nur 13% der in den USA zugelassenen Medikamente japanischen Ursprungs wird ein wichtiger therapeutischer Nutzen bescheinigt. Für knapp die Hälfte sieht die FDA hingegen keinen oder lediglich einen geringen therapeutischen Nutzen. Wenn man bedenkt, dass die in die USA vertriebenen Medikamente bereits eine positive Auslese darstellen und zu den 4% der international erhältlichen japanischen Spitzenprodukte gehören, ist dies ein recht nüchternes Zeugnis (Hawkis u. Reich 1992). Auch in neuerer Zeit hat sich die Situation nicht wesentlich verbessert. Seit 1992 gibt es nur noch zwei Kategorien, „priority" (1P) und „standard" (1S). Zwischen 1998 und dem ersten Halbjahr 2004 hat die FDA 168 neue Wirkstoffe zugelassen, davon lediglich 6 von japanischen Firmen. Nur zwei davon, also 33%, bekamen eine 1P-Einstufung. Von allen 168 neuen Wirkstoffen wurden hingegen 74 (44%) mit 1P klassifiziert (FDA 2004).

Abb. 2. Anzahl von „New Chemical Entities" nach Firmensitz

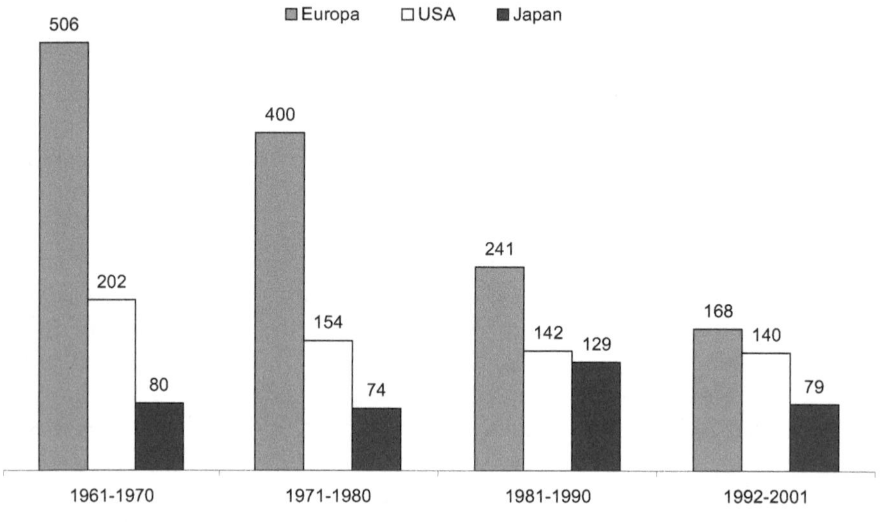

Quelle: EFPIA (2002); Sharp et al. (1996).

Selbst das japanische Gesundheitsministerium macht sich mittlerweile Sorgen um die Innovationskraft und damit um die globale Wettbewerbsfähigkeit der Industrie. In einem aktuellen Positionspapier heißt es:

> [The] drug discovery environment of Japan's market is regrettably no longer internationally attractive. (...) The disappearance of Japanese companies from the

domestic and global marketplace would be inevitable in 10 years unless R&D efforts were redoubled (MHLW 2002 zitiert in PhRMA 2004: 18).

Um die Anreize für die Entwicklung neuer, innovativer Produkte zu erhöhen, wurde seit 1992 die „innovativeness"-Prämie sukzessive auf mittlerweile 100% erhöht und 2003 die steuerlichen Abschreibungsmöglichkeiten für FuE-Ausgaben verbessert. Das allein dürfte aber nicht ausreichen, um der heimischen Industrie einen großen Schub zu verleihen. Letztendlich wird das große Geld in den USA verdient, wo es keine Preisregulierung gibt und die Arzneimittelpreise entsprechend hoch sind. Nur wer dort erfolgreich seine Produkte verkaufen kann, wird auch in Japan überleben, weshalb eine konsequente Internationalisierungsstrategie die einzige Lösung für japanische Unternehmen ist. Gegangen sind diesen Weg seit den 80er Jahren die führenden Firmen, wie Takeda, Eisai, Yamanouchi und Fujisawa, die allesamt Forschungszentren im Ausland unterhalten, wobei Eisai bereits ein Drittel der gesamten Forschung außerhalb Japans durchführt. Allein zwischen 2003 und 2004 hat Takeda sein globales Entwicklungszentrum in den USA eingeweiht, Eisai die Aufstockung seines Grundlagenforschungszentrums in Boston um 170 Biologen bekannt gegeben und Daiichi das Management für die klinische Entwicklung von Japan in die USA verlegt (Morioka 2004). Wie aus Tabelle 7 ersichtlich ist, war das vorherrschende Muster dabei folgendes: Zwischen Ende der 80er und Anfang der 90er Jahre wurden erste Kapazitäten in der Grundlagenforschung aufgebaut, denen dann 10 Jahre später klinische Entwicklungszentren folgten.

Tabelle 7. Internationalisierung der Forschung

Firma	Ort	Gründung	Tätigkeit
Eisai	New Jersey/USA	2002	Klinische Entwicklung
	North Carolina/USA	1997	Entwicklung
	London/GB	1990	Grundlagenforschung
	Massachusetts/USA	1987	Grundlagenforschung
Fujisawa	Illinois/USA	1996	Klinische Entwicklung
	Edinburgh/GB	1989	Grundlagenforschung
Takeda	Illinois/USA	2004	Klinische Entwicklung
	New Jersey/USA	1994-2004	Klinische Entwicklung
	London/GB	1998	Klinische Entwicklung
	Frankfurt/D	1992-1998	Klinische Entwicklung
Yamanouchi	Kalifornien/USA	1997	Klinische Entwicklung
	Oxford/GB	1990	Grundlagenforschung

Quelle: Unternehmensangaben.

Als wichtigstes Motiv für die Errichtung ausländischer Forschungszentren wird dabei der Zugang zu der lokalen Wissenschaftsbasis genannt (Grandstrand 1999), wobei die Leistungsfähigkeit von Forschungszentren im Ausland von japanischen FuE-Managern vor allem in der Grundlagenforschung im Vergleich zu Japan als besser beurteilt wird (Kiba u. Collinson 1998). Dies dürfte nicht zuletzt daran liegen, dass die Zusammenarbeit mit Universitäten und staatlichen Forschungszentren im Ausland unkomplizierter ist als in Japan (Mahlich 2002). Mittlerweile führen japanische Firmen bereits die Mehrzahl (59%) ihrer klinischen Tests im Ausland durch (Morioka 2004); allerdings ist es bis zu einer Internationalisierung nach dem Vorbild von marktführenden Firmen wie Novartis oder Pfizer noch ein weiter Weg, da die ausländischen Forschungszentren vergleichsweise klein sind und in der überwiegenden Mehrzahl weniger als 40 Beschäftigte haben (Kiba 1996). Noch Mitte der 1990er Jahre wurden daher mehr als 90% der pharmazeutischen FuE-Investitionen japanischer Firmen in Japan getätigt und jeweils weniger als 5% in Europa und den USA. Europäische und US-amerikanische Unternehmen hingegen investierten nur 72% im Heimatland, 21% im westlichen Ausland und 6% in Japan (Halliday 1996). Dementsprechend werden nur 4,5% aller pharmazeutischen Patente in ausländischen Forschungslabors erfunden, während der entsprechende Anteil für US-Firmen bei knapp 17% liegt (Gambardella et al. 2000). Auch wenn dieser Anteil mittlerweile gestiegen sein dürfte und in Zukunft weiter steigen wird, so wird es noch einige Zeit dauern, bis die japanischen Pharmafirmen sich zu gleichwertigen Wettbewerbern auf dem Weltmarkt entwickelt haben. Ein Großteil der japanischen Pharmaunternehmen wird die Transformation zu forschungsintensiven „global players" wohl auch nicht schaffen und sich stattdessen zu lokalen Nischenanbietern entwickeln oder ganz aus dem Markt gedrängt werden.

4 Fazit

Japanische Pharmafirmen haben es lange Zeit aufgrund guter Geschäfte auf ihrem großen Heimatmarkt vernachlässigt, ihr Geschäftsmodell auf Forschung und Innovation auszurichten. Nachdem in den 1990er Jahren einige wichtige Markteintrittsbarrieren fielen, gerieten sie gegenüber den ausländischen Multis in die Defensive. Mittlerweile ist die strategische Marschrichtung den neuen Umständen angepasst worden, und es wird versucht, durch höhere Forschungsinvestitionen und über eine Internationalisierung der Forschung Boden gegenüber der Konkurrenz gutzumachen. Viel Zeit bleibt ihnen dazu allerdings nicht mehr, da sich viele westliche Konkurrenten bereits seit den 80er Jahren zu schlagkräftigen, weltweit tätigen Großkonzernen zusammengeschlossen haben. Aufgrund ihrer geringen Größe sind die japanischen Unternehmen hingegen zu permanenten Übernahmekandidaten geworden. Wahrscheinlich werden sich daher langfristig nicht mehr als ein oder zwei fusionierte japanische Unternehmen auf dem Weltmarkt durchsetzen.

Literatur

Alexander DL, Flynn JE, Linkins LA (1995) Innovation, R&D Productivity, and Global Market Share in the Pharmaceutical Industry. Review of Industrial Organization 10: 197-207

Akaho E, Fuji M, Inoue K, Hosono K, Bernan P, Gudorf P, Huang XJ (1995) A Comparative Study of Pricing and Marketing of Drugs Acting on the Central Nervous System in the U.S., Japan, and Quebec, with a Search for Factors to Stimulate Research and Development Activities. Journal of Research in Pharmaceutical Economics 6(4): 29-55

Chabala JC (1998) Historical Overview of the Developing Field of Molecular Diversity. In: Gordon EM, Kerwin JF Jr. (Hrsg) Combinatorial Chemistry and Molecular Diversity in Drug Discovery. New York, S 3-16

DiMasi JA, Hansen RW, Grabowski HG (2002) The Price of Innovation: New Estimates of Drug Development Costs. Journal of Health Economics 22: 151-185

EFPIA European Federation of Pharmaceutical Industries and Associations (2002) The European Pharmaceutical Industry-Key Data. Brüssel

FDA Federal Food and Drug Administration (2004) NCE approved 1998-2004. Http://www.fda.org (Zugriff am 01.10.2004)

Gambardella A, Orsenigo L, Pamolli F (2000) Global Competetiveness in Pharmaceuticals. Europäische Kommission, Brüssel

Grabowski H, Vernon J, DiMasi J (2003) Returns on Research and Development for 1990's New Drug Introductions. PharmacoEconomics 20(3): 11–29

Granstrand O (1999) Internationalization of Corporate R&D: A Study of Japanese and Swedish Corporations. Research Policy 28: 275-302

Halliday RG (1996) Success in Pharmaceutical R&D: The Different Strategies of Western and Japanese Companies. Drug Information Journal 30: 821-838

Hawkins ES, Reich MR (1992) Japanese-Originated Pharmaceutical Products in the United States from 1960 to 1989: An Assessment of Innovation. Clinical Pharmacology & Therapeutics 51(1): 1-11

Henderson R, Cockburn I (1996) Scale, Scope and Spillovers: The Determinants of Research and Productivity in the Drug Industry. RAND Journal of Economics 27: 32-59

Hisashige A (1997) Healthcare Technology Assessment and the Challenge to Pharmaeconomics in Japan. PharmacoEconomics 11(4): 319-333

Huttin C (1995) The Japanese Drug Price Policy: A New Dynamic of Price Competition. Journal of Research in Pharmaceutical Economics 6(2): 21-34

Ikeda S, Ikegami N, Gudorf P, Olivier AJ, Ikeda M (1996) A Case for the Adoption of Pharmacoeconomic Guidelines in Japan. PharmacoEconomics 10(6): 546-551
Ikegami N, Mitchell W, Penner-Hahn J (1994) Pharmaceutical Prices, Quantities and Innovation. PharmacoEconomics 6(5): 424-433
IMS Health (2001) Pharma-Prognosis International, 2001–2005. Fairfield
JPA Japan Pharmaceutical Association (2004) Annual Report. Tōkyō
JETRO (1992) Your Market in Japan – Pharmaceuticals. Tokio (3. Aufl.)
JPMA Japan Pharmaceutical Manufacturers Association (2002) Pharmaceutical Administration and Regulations in Japan. Tokio
JPMA (2003) Data Book 2002. Tokio
Kiba T (1996) A Study of the Performance of the Japanese Companies' Overseas-based R&D. NISTEP Report 43
Kiba T, Collison S (1998) R&D Performance in Japanese Companies: A Relative Evaluation of Overseas-Based and Domestic R&D. Science and Public Policy 25(4): 227-238
Kneller R (2003) Autarkic Drug Discovery in Japanese Pharmaceutical Companies: Insights into National Differences in Industrial Innovation. Research Policy 32: 1805-1827
Lahana R (1997) Virtuelle kombinatorsiche Chemie. Spektrum der Wissenschaft 6: 35-37
Mahlich J (2002) Probleme und Perspektiven der japanischen Pharmaindustrie. In: Pohl M, Wieczorek I (Hrsg) Japan 2001/2002 – Politik und Wirtschaft. Deutsches Institut für Asienkunde, Hamburg, S 184-208
Mahlich J (2003) Das japanische Innovationssystem im Überblick. In: Pohl M, Wieczorek I (Hrsg) Japan 2003 – Politik und Wirtschaft. Deutsches Institut für Asienkunde, Hamburg, S 193-221
Mahlich J (2004) Neue Entwicklungen in den Banken-Firmen Beziehungen in Japan. In: Pohl M, Wieczorek I (Hrsg) Japan 2004 – Politik und Wirtschaft. Deutsches Institut für Asienkunde, Hamburg, S 243-264
McLellan M (1997) A turning point in Japanese sales promotion. Scrip Magazine 10: 25-27
MHLW Ministry of Health, Labor and Welfare (2002) To Reinforce the Global Competitiveness of the Pharmaceutical Industry, Mainstay of the "Century of Life"–Vision of the Industry. Tokio
MOF Ministry of Finance (2005) Budget Program by Function. Tokio
Morgan Stanley Dean Witter (1998) Japan Investment Research: Japan Pharmaceuticals. Tokio
Morioka J (2004) An Overview of the US Drug Development Strategies of Japanese Pharmaceutical Companies. Business Briefing: PharmaTech 6: 1-6
Odagiri H, Yamawaki H (1986) A Study of Company Profit Rates Time Series – Japan and the United States. International Journal of Industrial Organization 4: 1-23
Ohmichi H (1994) Current Pharmacoeconomic Issues in Japanese Healthcare. PharmacoEconomics 6(3): 193-195
OECD (2004) Health Data. Paris

Okada Y, Kawara A (2004) Research Productivity in the Japanese Pharmaceutical Industry-Economies of Scale, Economies of Scope and Spillovers. Hitosubashi University, Working Paper

PhRMA Pharmaceutical Research and Manufacturers of America (1999) 1998 Industry Profile. Washington DC

PhRMA (2004) 2003 Industry Profile. Washington DC

Sharp M, Patel P, Pavitt K (1996) Europe's Pharmaceutical Industry: An Innovation Profile. EIMS 32

Seo T (1994) Prescribing and Dispensing of Pharmaceuticals in Japan. PharmacoEconomics 6(2): 95-102

Sigurdson J (1996) Future Advantage Japan? London

Thomas LG (1994) Pricing, Regulation, and Competitiveness: Lessons for the US from the Japanese Pharmaceutical Industry. PharmacoEconomics 6(Suppl. 1): 67-70

Thomas LG (2001) The Japanese pharmaceutical industry: The new drug lag and the failure of industrial policy. Cheltenham

VFA Verband forschender Arzneimittelhersteller (2003) Die Arzneimittelindustrie in Deutschland. Berlin

Wood Mackenzie (2004) PharmaQuant® Plus Overview. Edinburgh

Yamamoto Y (1997) Ministry continues drug price cuts; foreign firms make inroads. Japan Economic Almanac: 98-99

Der Medizintechnikmarkt in Japan

Tim Goydke[1]

Die Medizintechnik gehört heutzutage zu den am schnellsten wachsenden Sektoren innerhalb der verarbeitenden Industrie. Japan mit seiner rapide alternden Gesellschaft bildet dabei keine Ausnahme. Mit der schnellen Alterung geht eine explosionsartige Ausweitung der Gesundheitsausgaben einher, und entsprechend positiv sind die Wachstumsprognosen für den Medizintechnikmarkt in Japan. Ziel dieses Beitrags ist es, die wichtigsten Bestimmungsgrößen dieses Marktes und seine Rahmenbedingungen vorzustellen.

1 Bezug des betrachteten Gebiets zum Weltmarkt

Aufgrund ihrer Breite und Heterogenität ist die Medizintechnikbranche vergleichsweise unübersichtlich und schwer abgrenzbar. Fabian definiert als Medizintechnikprodukt „jegliches im medizinischen Kontext verwendete Produkt [...], das weder eine pharmakologische Wirkung hat noch in den Stoffwechsel eingreift" (Fabian 2002: 5). Die Medizintechnik umfasst demnach im Wesentlichen elektrotechnische sowie feinmechanisch-optische Produkte. Die Japan External Trade Organization (JETRO) unterteilt Medizintechnik in diagnostische und therapeutische Geräte.[2] Zu den diagnostischen Geräten werden bildgebende Systeme (Computertomografen), Röntgengeräte, physiologische Mess- und Überwachungssysteme sowie in-vitro klinische Testgeräte gerechnet. Unter therapeutischen Geräten werden Geräte zur Unterstützung oder als Ersatz organischer Funktionen (z.B. Gelenkprothesen, Herzschrittmacher, Hörgeräte) sowie therapeuti-

---

[1] Der Autor dankt Frau Jiahn-Tsyr Yu für die tatkräftige Unterstützung bei der Recherche zu diesem Beitrag.

[2] Die JETRO bezieht sich dabei auf einen „Annual Report on the Survey of Pharmaceutical Industry Production" des japanischen Ministeriums für Gesundheit, Arbeit und Wohlfahrt (MHLW), der jedoch trotz intensiver Recherche nicht lokalisiert werden konnte.

sche Ausrüstung und OP-Ausrüstung (z.B. Narkose- und Beatmungsgeräte, Operationstische) verstanden (Fabian 2002: 5; JETRO 2004: 4). Nach Angaben der JETRO erfasst diese Klassifikation aber schätzungsweise nur 80% des Gesamtmarktes (JETRO 2004: 3). Da jedoch die hierauf beruhenden jährlichen Erhebungen die detailliertesten sind, wird im Folgenden hauptsächlich auf diese Daten Bezug genommen.

Der japanische Markt für medizintechnische Produkte ist nach den USA der zweitgrößte der Welt, wobei der Weltmarkt für Medizintechnologien auf ein Volumen von rund 170 Mrd. EUR geschätzt wird (TSBmedici 2002: 6). Elektromedizinische Produkte, die fälschlich häufig mit Medizintechnik gleichgesetzt werden, machen hierbei nur etwa 10% aus, wovon wiederum mehr als die Hälfte den sogenannten bildgebenden Systemen zuzurechnen ist (Fabian 2002: 7).

Der weltweite Export medizintechnischer Produkte ist zwischen 1995 und 2003 um durchschnittlich 7% gestiegen und lag damit deutlich über dem Zuwachs bei Industriewaren allgemein, der 3,7% betrug. Generell stiegen die Medizintechnikexporte in Deutschland, Japan und den USA stärker als die gesamten Exporte von Industriewaren (Raab u. Weiß 2004).

Abb. 1. Der Markt für Medizintechnik in den wichtigsten Ländern (2000) (in Mrd. USD)

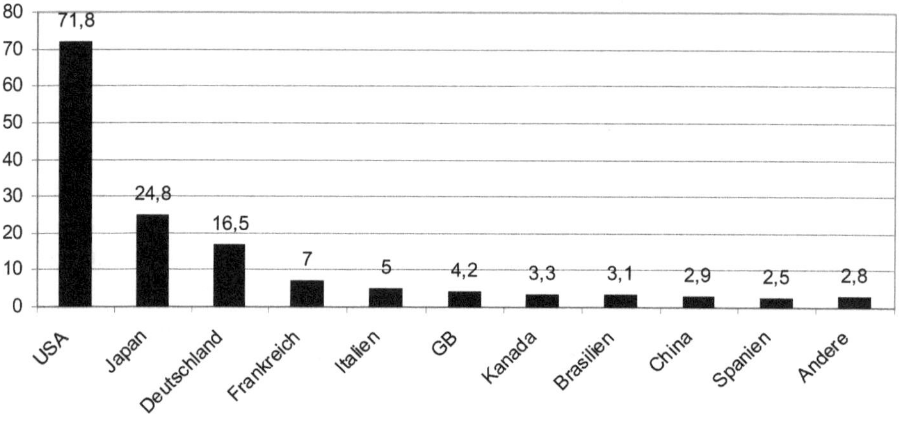

Quelle: JETRO (2004: 3).

Zur Größe des japanischen Marktes sind aufgrund der beschriebenen Heterogenität je nach Quelle sehr unterschiedliche Angaben zu finden. Während die JETRO (2004: 3) ein Volumen von 24,8 Mrd. USD (für 2000) angibt, beziffert der US Commercial Service (2003: o.S.) den Markt mit 18 Mrd. USD. Die Deutsche Industrie- und Handelskammer in Japan nennt hingegen für 2003 ein Volumen von nur 14,5 Mrd. EUR (16,4 Mrd. USD) (fairs&more 2004: 21). Abbildung 1 zeigt die Größenrelationen der wichtigsten Märkte.

Demnach ist der japanische Markt nur knapp ein Drittel so groß wie der US-Markt, allerdings deutlich größer als der deutsche Markt. Selbst die beiden größten Einzelmärkte in der EU, Deutschland und Frankreich, erreichen zusammen nicht die Größe des japanischen Marktes.

2 Der japanische Markt für Medizintechnik

2.1 Marktvolumen und -struktur

Die Schwerpunkte der Produktion in Japan sind in den letzten Jahren im Wesentlichen unverändert geblieben. Mit einem Gesamtvolumen von 264,2 Mrd. JPY dominieren die bilddiagnostischen Systeme, auch wenn die Produktion in diesem Bereich im Jahr 2002 im Vergleich zum Vorjahr um 14,7% gesunken ist. An zweiter und dritter Stelle folgen therapeutische Geräte und Instrumente mit einem Volumen von 235,7 Mrd. JPY sowie Geräte zur Unterstützung oder als Ersatz organischer Funktionen mit 182,6 Mrd. JPY. Betrachtet man den Gesamtmarkt einschließlich der Importe, dominieren Operationszubehör und Geräte zur Unterstützung oder als Ersatz organischer Funktionen mit jeweils 28% Marktanteil (s. Abbildung 2).

Abb. 2. Der japanische Medizintechnikmarkt nach Produktgruppen (2001)

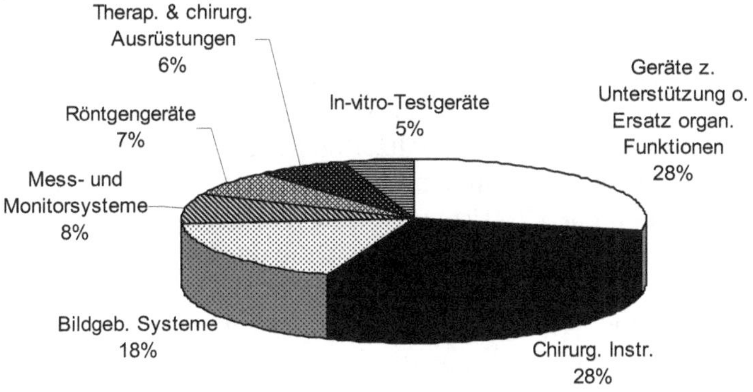

Quelle: JETRO (2004: 4).

Japan ist bei den bildgebenden Verfahren das weltweit am besten ausgestattete Land. Mit 10.400 installierten Computertomografen verfügt das Land absolut über die größte Zahl derartiger Systeme. In den USA und Kanada gibt es zusammen nur 7.950, Deutschland ist mit 1.840 Computertomografen weit zurück. Mit über 30 Kernspintomografen pro eine Million

Einwohner ist Japan deutlich besser ausgestattet als die Bundesrepublik mit 14 Kernspintomografen pro eine Million Einwohner (Fabian 2002:15).

Zwischen 1999 und 2001 ist der Markt annähernd gleich groß geblieben – mit leicht rückläufiger Tendenz. Während sich das Volumen des Teilmarkts für therapeutische Geräte und Instrumente bei ca. 900 Mrd. JPY bewegt, ist der Teilmarkt für diagnostische Geräte mit unter 600 Mrd. JPY deutlich kleiner. Während der Markt für diagnostische Geräte zwischen 1999 und 2001 deutlich schrumpfte, wuchs der Markt für therapeutische Geräte leicht (JETRO 2004: 5).

Abb. 3. Japans medizintechnische Importe und Exporte (in 100 Mrd. JPY)

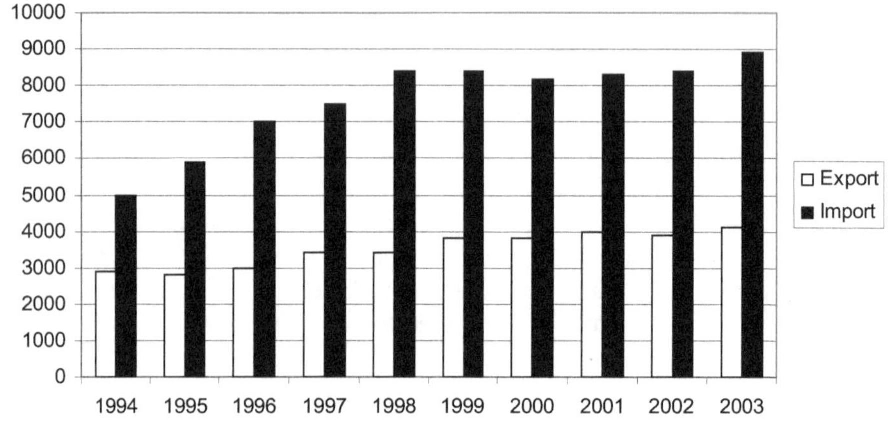

Quelle: JFMDA (2004: 14).

Der Gesamtmarkt für Medizintechnik in Japan zeigt eine leicht rückläufige Tendenz, was insbesondere auf einen spürbaren Rückgang der Produktion im Inland zurückzuführen ist. Gleichzeitig steigen die Einfuhren, was den Produktionsrückgang fast kompensiert. Auch die Exporte wachsen seit 2001 wieder und konnten 2003 um 6% zulegen (s. Abbildung 3). Die japanischen Exporte sind allerdings, anders als die der USA und Deutschlands, auf wenige Produktgruppen fokussiert. Nur bei Ultraschalldiagnosegeräten und Hohlnadeln aus Metall zu medizinischen Zwecken ist Japan größter Exporteur, Deutschland ist demgegenüber bei mehr als einem Viertel seiner Exportgüter führend. Und während Deutschland trotz der ungünstigen Wechselkursentwicklung der letzten Jahre Exportanteile hinzugewinnen konnte, hat Japan im internationalen Wettbewerb deutlich verloren (Raab u. Weiss 2004).

Ist der durchschnittliche Importanteil Japans mit 44% bereits beachtlich, so fällt in einigen Produktgruppen die Abhängigkeit von Importen noch weitaus deutlicher aus. So werden 90% aller Herzschrittmacher sowie sonstiger Implantate eingeführt. Bei Röhren und Kathetern liegt der Anteil mit 84,4% ähnlich hoch. 51,8% aller augenärztlichen Geräte sowie 49,7% der therapeutischen und chirurgischen Ausrüstung werden aus dem Ausland bezogen (JETRO 2003: 4ff). Abbildung 4 zeigt die Volumina in den wichtigsten Produktgruppen, inklusive Exporte und Importe. Deutlich sind die z.T. beachtlichen Anteile von Einfuhren in einigen Gruppen zu erkennen:

Abb. 4. Marktvolumen in den wichtigsten Produktgruppen (2003) (in 100 Mrd. JPY)

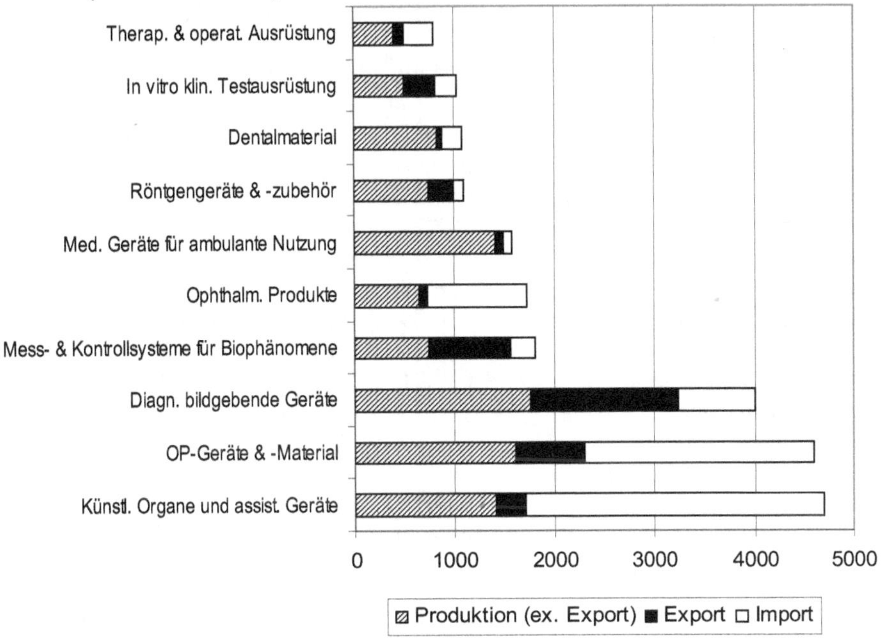

Quelle: JFMDA (2004: 13), modifizierte Darstellung.

Die USA sind mit einem Importanteil von 45,2% Japans größter Lieferant. Irland folgt an zweiter Stelle mit einem Anteil von 11,4%. Deutschland besitzt als drittgrößter Lieferant einen Anteil an den Einfuhren von 8,4%. Es folgen China (6,4%) und die Schweiz (4,3%). Während der Anteil der USA rückläufig ist, konnten die anderen Lieferländer ihren Anteil in den letzten Jahren steigern. Die USA führen bei den Importen von Kathetern und Kanülen sowie chirurgischen Instrumenten und künstlichen Organen. 62% aller Kernspintomografen stammen aus den USA. Irland führt bei Kontaktlinsen, während Deutschland insgesamt die Führung bei chirurgischen und zahnärztlichen Behandlungsgeräten innehat. Aus der Schweiz stammen 40% aller Herzschrittmacher. Aus China bezieht Japan neben Massagegeräten vor allem Produkte mit einem geringen Wertschöpfungsanteil, wie Schläuche, Nadeln und Katheter (JETRO 2003: 2). Einen Überblick über die Importe 2002 und 2003 sowie den deutschen Anteil daran gibt Tabelle 1.

Tabelle 1. Import von Medizintechnik nach großen Gruppen (in Mio. EUR)

Produkte	2002	2003	Davon aus Dtschl.	Davon aus Dtschl. in %
Watte, Mull, Binden u. Ä.	137,86	117,31	1,54	1,3
Sterilisierapparate	11,44	14,44	1,37	9,5
Optische Mikroskope	88,52	82,26	28,76	35
Nichtoptische Mikroskope	71,82	88,16	11,25	12,8
Medizinische, chirurgische und dentaltechnische Instrumente und Geräte	2.694,69	2.614,97	276,34	10,6
Magnetresonanzausrüstungen	219,06	210,77	71,51	33,9
Nadeln, Katheter, Kanülen u. Ä.	962,29	894,09	11,72	1,3
Andere zahnärztliche Apparate, Instrumente und Geräte	97,29	103,46	41,44	40,1
Elektromedizinische Geräte	158,08	173,29	47,38	27,3
Mechano-therapeutische Geräte	310,89	317,79	14,60	4,6
Atmungsgeräte	29,84	14,38	1,16	8,1
Orthopädische Geräte	1.050,91	1.163,71	82,49	7,1
Herzschrittmacher	226,70	219,29	15,81	7,2
Röntgenmedizinische Ausrüstungen und Geräte	539,10	742,14	102,05	13,8
CT-Apparate	600,02	83,61	33,68	40,3

Quelle: fairs&more (2004: 23), umgerechnet in EUR zum Kurs 1.000 JPY = 7,65 EUR (Durchschnittskurs 2003).

Diese Entwicklungen zeigen deutlich, dass es ausländischen Anbietern mit hochspezialisierten Produkten und/oder einer wettbewerbsfähigen Preisstruktur zunehmend gelingt, in Japan Fuß zu fassen. Mehrere Gründe erklären den hohen Importanteil in diesem Bereich:

Zum einen stimulieren die explodierenden Gesundheitskosten die Nachfrage nach ausländischen Produkten, da japanische Medizintechnik auf Grund des lange verschlossenen Marktes generell dreimal so teuer ist wie etwa Medizintechnik aus den USA. Gleichzeitig wachsen die Anforderungen an medizintechnische Produkte im Gefolge einer sich intensivierenden medizinischen Versorgung. Angesichts hoher Entwicklungskosten werden viele hochspezialisierte Geräte weltweit nur von wenigen Herstellern angeboten. Aus diesem Grund ist der Importanteil in den meisten Ländern relativ hoch. Da Krankenhäuser auch in Japan zunehmendem Wettbewerb ausgesetzt sind, entsteht ein Wettlauf um die neueste und beste Ausstattung, um damit zahlungskräftige Kunden anzulocken. Letztlich darf aber auch vermutet werden, dass – ähnlich wie in anderen Branchen – auch japanische Medizintechnikunternehmen ihre Produktion aus Kostengründen ins Ausland verlagern und daher ein Teil der Importe tatsächlich Reimporte japanischer Unternehmen sind.

Den japanischen Markt für diagnostische Geräte beherrschen Toshiba Medical, Shimadzu und Hitachi Medical, die zusammen einen Marktanteil von 70% haben. Bei Dialysegeräten sind Asahi Medical und Nipuro führend, Endoskope kommen von Olympus Optical und Fuji Photo Optical, Hämodialysegeräte fertigen Terumo und JMS (US Commercial Service 2003). Die JETRO gibt die Zahl der Unternehmen, die pro Jahr eine Lizenz erwerben und damit formal in den Markt eintreten, mit etwa 2.700 an. Davon wird allerdings nur die Hälfte tatsächlich aktiv. 80% der Neueintritte sind mittelständische Unternehmen. 60% davon sind Produzenten und 20% Importeure. Die verbleibenden 20% sind sowohl Produzenten als auch Importeure (JETRO 2004: 5f).

2.2 Vertriebsstruktur

Die Distributionswege für Medizintechnik in Japan hängen sowohl von der Art des Produkts als auch vom Endabnehmer ab. Grundsätzlich ist das japanische Distributionssystem durch ein komplexes Netz von Zwischenhändlern charakterisiert – dies gilt auch für die Medizintechnikbranche. Bei Krankenhäusern sind z.B. zwischen den Hersteller und den Endkunden einschließlich Importeur mindestens drei Händlerstufen geschaltet. Die Zahl der Händlerstufen hängt dabei vom Preis und der Komplexität des Produkts ab. Computer- und Kernspintomografen werden in der Regel direkt vom Hersteller oder Importeur an den Endabnehmer verkauft, da für den Aufbau und den After-Sales-Service erhebliches Expertenwissen erforderlich ist (JETRO 2004: 26). Abbildung 5 gibt einen Überblick über die verschieden Distributionswege.

In Japan wie auch in anderen Ländern wird ein großer Teil medizintechnischer Produkte von öffentlichen Einrichtungen nachgefragt. An den Ausschreibungen können sich auch ausländische Unternehmen beteiligen. Verlässliche Angaben über die Erfolgschancen bei derartigen Ausschreibungen liegen nicht vor. Nach Angaben des US Commercial Service (2003) gewinnen US-Firmen 30 bis 40% der ausgeschriebenen Großaufträge (300-400 Mio. USD). Kleine und mittelständische ausländische Unternehmen arbeiten beim Vertrieb medizinischer Ausrüstungen und Geräte normalerweise mit einem Importeur zusammen. Der Importeur bietet in der Regel auch allgemeine Marktbeobachtung, After-Sales-Service,

Aus- und Weiterbildung von Technikern des Endkunden, Bearbeitung von Handbüchern und ihre Übersetzung ins Japanische an.

Abb. 5. Distributionswege medizintechnischer Produkte in Japan

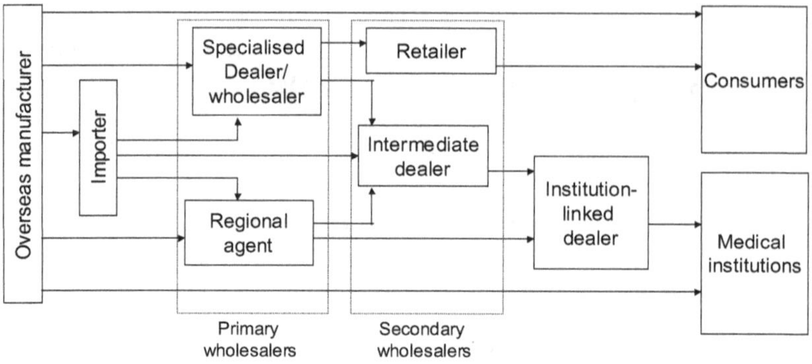

Quelle: Eigene Darstellung in Anlehnung an JETRO (2004: 26).

2.3 Kundenstruktur

Traditionell entscheiden Ärzte und medizinisches Fachpersonal in Japan über die Anschaffung medizintechnischer Geräte. Im Zuge der Bemühungen um eine Kostenreduzierung steigt jedoch der Einfluss der Verwaltungsebene in medizinischen Einrichtungen auf die Mittelvergabe. Als Entscheidungsträger spielen auch Pflegekräfte eine zunehmende Rolle. Das gilt angesichts der rapiden Alterung insbesondere für den Bereich der ambulanten Pflege. In Japan praktizieren 249.574 Ärzte und 90.499 Zahnärzte. Seit 1994 ist die Zahl der ambulanten Pflegekräfte sprunghaft von 59.005 auf 178.500 (1999) angestiegen (Ministry of Foreign Affairs 2004b).

Japan verfügte 2003 über 9.122 Krankenhäuser, 96.050 Kliniken sowie 65.828 Dentalkliniken.[3] Allgemein ist, wie oben bereits beschrieben, ein Rückgang bei der Zahl der Krankenhäuser zu beobachten, während die der Kliniken steigt. Etwa die Hälfte aller Krankenhäuser werden von privaten gemeinnützigen „Medical Corporations“ (*iryō hōjin*) betrieben. 59% der Kliniken werden von einzelnen Ärzten betrieben, bei den Dentalkliniken sogar 88% (US Commercial Service 2003).

[3] „Kliniken“ sind medizinische Einrichtungen mit weniger als 20 Betten oder ohne Betten und am ehesten mit deutschen „Tageskliniken“ vergleichbar (Jetro 2004: 11).

3 Rahmenbedingungen für die Entwicklung der Industrie in Japan

3.1 Sozio-demografischer Hintergrund

Japaner haben heute die höchste Lebenserwartung auf der Welt (2003 waren es im Schnitt 85,33 Jahre für Frauen und 78,36 für Männer). Gleichzeitig ist die Geburtenrate eine der niedrigsten weltweit, sodass das Bevölkerungswachstum 2004 bei nur noch 0,05% lag und 2005 oder 2006 in den negativen Bereich fallen dürfte. Angesichts dieser Entwicklungen gilt Japan als der Prototyp einer „Ageing Society". Lag der Anteil der über 65-Jährigen an der Gesamtbevölkerung 1990 noch bei 12,05% und damit deutlich unter dem der meisten anderen Industrieländer (Deutschland: 14,96%, Großbritannien: 15,72%), so wird Japan bis 2050 mit 35,65% zusammen mit Italien (35,87%) den höchsten Anteil über 65-Jähriger aufweisen (Ministry of Foreign Affairs 2004a).

Abb. 6. Veränderung der Altersstruktur in Japan seit 1950

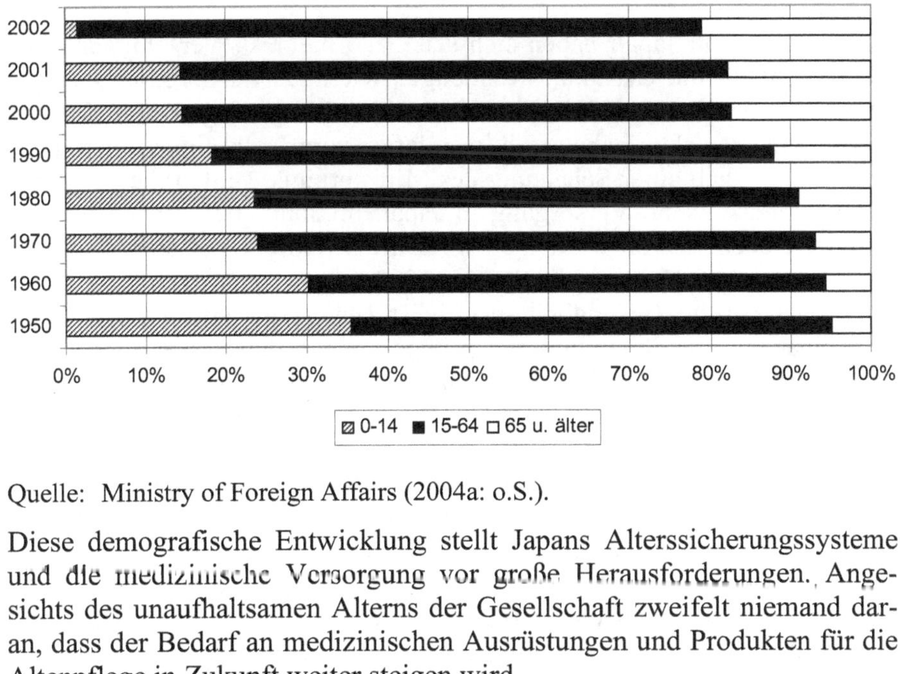

Quelle: Ministry of Foreign Affairs (2004a: o.S.).

Diese demografische Entwicklung stellt Japans Alterssicherungssysteme und die medizinische Versorgung vor große Herausforderungen. Angesichts des unaufhaltsamen Alterns der Gesellschaft zweifelt niemand daran, dass der Bedarf an medizinischen Ausrüstungen und Produkten für die Altenpflege in Zukunft weiter steigen wird.

Zwar liegt Japan im OECD-Vergleich bei den Gesundheitsausgaben mit einem Anteil von 7,8% am Bruttoinlandsprodukt noch deutlich hinter den USA (13%), der Schweiz (10,7%), Deutschland (10,6%) und Frankreich

(9,5%) (Destatis 2003: 15). Nicht zuletzt aufgrund der rapide alternden Bevölkerung sind die Gesundheitsausgaben aber in den letzten zehn Jahren stark angestiegen. Mit einem Zuwachs von 3,8% liegt Japan deutlich über dem OECD-Durchschnitt von 3,3% und vor Großbritannien und den USA (vgl. Abbildung 7).

Abb. 7. Entwicklung der Gesundheitsausgaben pro Kopf 1990-2000 (Zuwachs in %)

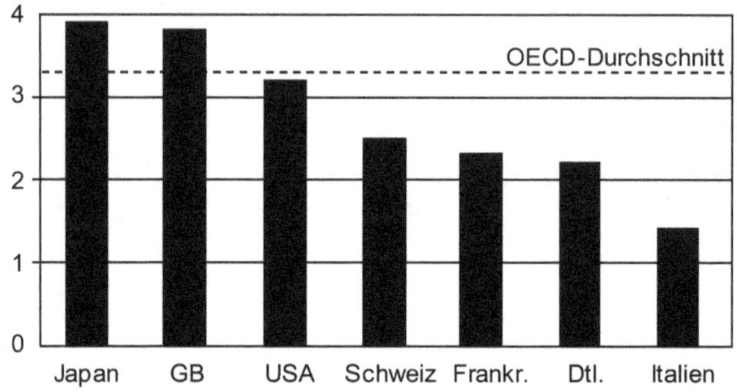

Quelle: Fabian (2002).

Die Ausgaben in Japan haben sich seit 1970 mehr als verzehnfacht. Das gilt sowohl für die Gesamtaufwendungen wie auch für die Ausgaben pro Kopf, die von 24.100 JPY 1970 auf 246.100 JPY gestiegen sind (MHLW 2002). Die Ausgaben haben sich in Relation zum Volkseinkommen damit verdoppelt. Nach einer Schätzung des Ministeriums werden die Ausgaben für die medizinische Versorgung in Japan im Jahr 2025 etwa 670 Mrd. USD erreichen. Davon werden 54% für die Versorgung älterer Menschen veranschlagt (US Commercial Service 2003: o.S.).

Das japanische Gesundheitssystem ist stark reguliert und stellt eine Kombination aus überwiegend privaten Dienstleistungen und einer Pflichtversicherung dar. Die Vergütungen erfolgen aufgrund eines festgelegten Vergütungskatalogs, der alle zwei Jahre von der Regierung überprüft wird (OECD 2002: 5).

Um die Kostenexplosion im Gesundheitssektor einzudämmen, versuchte man, die Versicherten stärker in die Pflicht zu nehmen. Mehrere Reformschritte seit den 80er Jahren hatten zum Ziel, die Eigenverantwortung einerseits und die Wirtschaftlichkeit des Systems andererseits zu stärken. 1984 wurden daher zunächst Zuzahlungen von 10% eingeführt, seit dem 1. April 2003 beträgt der Selbstbehalt für Krankenversicherte einheitlich 30%[4] (Oberländer 1998: 66; JETRO 2002: 34).

[4] Aufgrund einer Begrenzung der Ausgaben beträgt die effektive Zuzahlung jedoch nur 14% (OECD 2002: 5).

Neben der Finanzierungsseite versuchte man auch, die Ausgabenseite kosteneffizienter zu gestalten. Aufgrund eines Mangels an funktioneller Differenzierung werden Krankenhäuser in Japan traditionell zur Langzeitunterbringung älterer Menschen missbraucht. Aufgrund dieser als „Social Hospitalization" bekannten Praxis ist die Verweildauer in japanischen Kliniken viermal so hoch wie im OECD-Durchschnitt (OECD 2002: 7). Mit der Einführung der Pflegeversicherung 2000 ist die Zahl der stationären wie auch ambulanten Pflegeeinrichtungen zwar sprunghaft angestiegen, dies führte aber nur zu steigenden Leerständen in allgemeinen Krankenhäusern, da kein finanzieller Anreiz besteht, die Zahl der Betten abzubauen. Entsprechend versuchte man, die Zahl der Betten per Verordnung zu reduzieren. So können Einrichtungen seit November 2000 die Lizenzen entzogen werden, falls sie ungenutzte Bettenkapazitäten haben. Tatsächlich ist die Zahl der Krankenhäuser über die letzten Jahre kontinuierlich zurückgegangen. Da das momentane System kaum Anreize zur Kostenreduzierung bietet, verwundert es kaum, dass 65,4% aller Krankenhäuser nicht kostendeckend arbeiten (JETRO 2002: 59).

Die Einführung der Pflegeversicherung (jap. *kaigo hoken*) 2000 wirkte sich positiv auf die Nachfrage nach Medizintechnik aus. Bis zur Einführung der Pflegeversicherung wurden 80% der pflegebedürftigen Senioren von Angehörigen zu Hause gepflegt. Der Boom bei den professionellen Pflegediensten führte zu einer steigenden Nachfrage nach professioneller Ausrüstung (Goydke 2002: 25).

Seit 1998 werden in einer Pilotstudie Fallkostenpauschalen (DRGs, Diagnostically Related Groups) in ausgewählten Krankenhäusern getestet. In einem DRG-System können Krankenhäuser nur noch vorgegebene Sätze für die Behandlung bestimmter Krankheiten abrechnen und hohe Kosten nicht mehr durch längere Liegezeiten kompensieren, wie es bislang in Japan üblich war. Eigentlich sollten DRGs bereits 2003 flächendeckend eingeführt werden, man hat jedoch zunächst die Versuchsphase verlängert. Wann und ob DRGs in Japan eingeführt werden, ist momentan wieder offen (Shimetani 2004: 128; Goydke 2002: 25). Der mit einer Einführung verbundene Kostensenkungsdruck dürfte sich auch auf die Ausgaben für medizinische Geräte auswirken. Zwar ist denkbar, dass Anbieter von der Nachfrage nach kosteneffizienteren Geräten profitieren, insgesamt dürfte die Nachfrage aber zurückgehen.

3.2 Regulatorische Rahmenbedingungen

Produktion und Einfuhr medzinischer Geräte und Ausrüstung regelt das „Pharmaceutical Affairs Law" (PAL), das bereits 1943 erlassen wurde und seit 1948 auch medizintechnische Produkte abdeckt. Nach der „Pharmaceutical Affairs Law Enforcement Ordinance“ (in Kraft seit Juli 2002) fallen die Herstellung und der Verkauf von insgesamt 115 medizinischen Geräten bzw. Vorrichtungen in Japan unter dieses Gesetz. Das PAL wurde mehrfach ergänzt und geändert (1948, 1960, 1979), die jüngste Fassung stammt aus dem Jahr 2002. Grundsätzlich beinhaltet das PAL zwei Bereiche:

1. Regulierungen hinsichtlich Qualität, Effizienz und Sicherheit von medizinischen Produkten, die einer Einzelzulassung bedürfen und
2. Regulierungen hinsichtlich der Qualifikation und der Anforderungen an die Bediener/Nutzer medizinischer Geräte.

Die Anforderungen unterscheiden sich je nach dem potenziellen Sicherheits- bzw. Versagensrisiko eines Produkts für den Bediener bzw. Kunden. In der bis März 2005 gültigen Fassung wurden vier Sicherheitsstufen unterschieden, die vom Hersteller bzw. Importeur unterschiedliche Zulassungen verlangten. Nur für Produkte der niedrigsten Sicherheitsstufe (Stufe 1) war keine individuelle Produktzulassung erforderlich, für alle anderen Stufen musste ein Zertifikat (jap. *shōnin*), das die Produktsicherheit und -effizienz bestätigt, durch das MHLW oder nachgeordnete Zulassungsstellen eingeholt werden.[5] Zusätzlich benötigte der Hersteller bzw. der Importeur für Produkte aller Sicherheitsstufen eine Betriebs- bzw. Handhabungslizenz (jap. *kyoka*) der jeweiligen Präfektur, in der das Produkt vertrieben werden sollte.[6] Bei Produkten der Stufen 3 und 4 sowie für einen Teil der Produkte der Stufe 2 musste zudem noch der Distributeur eine Lizenz (Notification) erwerben (JETRO 2004: 14ff; Gross u. Tran 2003; Yahiro u. Nakai 2004). Die vormals vier Sicherheitsklassen sind seit dem 1. April 2005 zu drei Klassen zusammengefasst. Nach der neuen Klassifikationsstruktur werden medizintechnische Produkte in folgende drei Kategorien eingeordnet:

I. „Kōdo-kanri Iryō Kiki“ (medical equipment requiring advanced controls): Diese Klasse korrespondiert im Wesentlichen mit den früheren Klassen 3 und 4.
II. „Kanri Iryō Kiki“ (medical equipment requiring controls): Diese Klasse ist identisch mit Klasse 2 der alten Klassifizierung.
III. „Ippan Iryō Kiki“ (general medical equipment): Diese Klasse entspricht der früheren Klasse 1.

---

[5] Die Kosten beliefen sich auf 180.800 JPY bzw. auf 58.900, falls ein ähnliches Produkt bereits auf dem Markt war.

[6] Falls der Importeur bereits lizenziert ist, ist mit Kosten von 703.100 JPY zu rechnen bzw. mit 34.600, falls ein ähnliches Produkt bereits auf dem Markt ist.

Zusätzlich wird für die Klasse II eine sogenannte „Third-Party-Certification" eingeführt, wie sie in der EU bereits Standard ist. Produkte mit einem niedrigen Sicherheitsrisiko benötigen damit nicht mehr die Zulassung durch das Ministerium, sondern können von einer unabhängigen Institution zugelassen werden. Die Zulassung soll auf der Basis der Japan Industrial Standards (JIS) erfolgen. Dazu hat das MHLW zum 1. April 2004 eine neue Verwaltungsbehörde, die Pharmaceutical and Medical Device Agency (PMDA)[7], gegründet, die diese Institutionen zulassen und überwachen soll. In Tabelle 2 sind die wichtigsten Änderungen zusammengefasst.

Tabelle 2. Das neue Zulassungssystem seit 1. April 2005

Category		Risk	Items	Approval per item	Operator licening/notification		
					Manufacturer	Manufacturing retailer	Retailer
I	General medical eq.	Extremely low	External diagnostic equipment, copper tools, X-ray film	Approval not required	Licensing for each of 4 catg.*: 1. General 2. Sterile med. eq. 3. Cellular tissue med. eq. 4. Packaging, labeling, storage *) 1,2,4 by pref. governor, 3 by MHLW	Licence required from MHLW for each item	Notification not required
II	Monitored medical eq.	Low	MRI, electronic blood pressure gauges, electronic endoscopes, gastral catheters, ultrasound diagnostic eq.	Third party certification system			Notfication required submitted to the prefectural governor
III	Highly monitored med. eq.	Medium	Dialysis machines, artificial bones, balloon catheters	Approval required by MHLW			
IV		High	Pacemakers, artificial cardiac valves, stents				

Quelle: JETRO (2004: 15).

In der neuen Fassung benötigt der Hersteller nicht mehr für jedes einzelne Produkt eine gesonderte Lizenz, sondern kann eine Lizenz für eine von vier Produktkategorien erwerben (JETRO 2004: 20f).

[7] Die PMDA ist aus dem früheren Pharmaceutical and Medical Device Evaluation Center (PMDEC), der Organization for Pharmaceutical Safety and Research (OPSR) und der Japanese Association of Advanced Medical Equipment (JAAME) hervorgegangen (US Commercial Service 2004: o.S.).

Für neue Produkte, für die es noch kein vergleichbares und zugelassenes Produkt in Japan gibt, sind klinische Tests vorgeschrieben. Dies gilt auch für Produkte, die bereits zugelassen sind, jedoch verbessert oder modifiziert wurden. Die Vorgaben für die klinischen Tests sind komplex, im Schnitt werden mindestens zwei Tests an unterschiedlichen Orten mit mindestens 30 Probanden verlangt. Nach Angaben der JETRO ist in beiden Fällen mit einer Zulassungsdauer von einem Jahr zu rechnen (JETRO 2004: 16). Bis 1986 wurden ausländische Testergebnisse grundsätzlich nicht anerkannt. Mit der Unterzeichnung des MOSS-Agreement („Market-Oriented, Sector-Selective") zwischen Japan und den USA verpflichtete sich Japan grundsätzlich dazu, auch ausländische Ergebnisse anzuerkennen. Zwar ist die Zahl der anerkannten Tests seitdem angestiegen, vier Fünftel aller Tests werden aber weiterhin abgelehnt, mit dem Hinweis auf japanische Besonderheiten oder die physiologische Andersartigkeit japanischer Probanden (Gross u. Lepage 2002: 4).

Die Lizenz (jap. *shōnin*) kann nur von Institutionen mit Sitz in Japan beantragt werden. Das bedeutet, dass ausländische Unternehmen, die über keine Repräsentanz oder kein Tochterunternehmen in Japan verfügen, den Antrag über ihren japanischen Importeur oder einen externen Repräsentanten einreichen müssen. Bis März 2005 konnten ausländische Unternehmen ohne eigene Präsenz vor Ort über einen sogenannten „In-Country Caretaker" (ICC) Produkte unter ihrem Namen registrieren lassen. Der Vorteil gegenüber der Übertragung an einen Distributeur besteht vor allem darin, dass das Unternehmen mehr Einfluss auf die Marketing-Strategie behält und den Distributeur leichter wechseln kann. Beim Wechsel des Distributeurs ginge ansonsten auch die Importlizenz verloren.

In der Neufassung des PAL hat sich auch die Rolle des ICC geändert. Schon seit 1. April 2002 müssen ausländische Unternehmen nun einen Repräsentanten benennen, der eine Verkaufslizenz für medizinische Produkte benötigt. Der ausländische Hersteller und der Repräsentant tragen gemeinsam die Verantwortung für die Einhaltung der Vorschriften. Der Repräsentant ist zudem verantwortlich für klinische Tests, Lagerhaltung und Distribution und haftet gemeinsam mit dem Hersteller für Mängel oder Schäden. Damit wurde de facto die Unterscheidung zwischen dem klassischen Importeur und dem ICC aufgehoben. Seit 1. April 2005 ersetzt der sogenannte „Marketing Authorization Holder" (MAH) den ICC. Der MAH muss drei unabhängige Kontrolleure stellen, und zwar je einen General Controller, einen Quality Assurance Controller und einen Safety Management Controller. Der MAH ist verantwortlich dafür, dass das importierte Produkt japanischen Anforderungen entspricht. Das bedeutet auch, dass der MAH über Einrichtungen verfügen muss, um die Qualitäts- und Sicherheitsanforderungen selbst überprüfen zu können. Sofern sie die Vorgaben erfüllen, können ICC den neuen Status als MAH beantragen. Vielfach sind die traditionellen ICC allerdings zu klein, um diesen neuen Anforderungen gerecht zu werden. Bis Ende 2005 durften die ICC allerdings noch in der herkömmlichen Form tätig sein (Gross u. Tran 2003: 11; US Commercial Service 2005: o.S.). Tabelle 3 gibt einen Überblick über die wichtigsten Änderungen vom ICC zum MAH.

Tabelle 3. Vergleich des ICC mit dem neuen MAH

	ICC	MAH
Licence	Not required	Appropriate licence for the manufacturing/marketing of medical devices (seizō hanbai gyō kyoka)
Requirements	Qualified technician (an individual who can meet the In-Country Caretaker qualifications as specified in the PAL)	The qualified controllers (1) General Controller (2) Safety Management Controller (3) Quality assurance Controller Facilities/laboratories to meet qualifications Compliance with GQPs and GVPs[1]
Scope of service	• Submission of application on behalf of foreign applicant • Management of shōnin • Adverse event reporting • Interface with importer/distributer	• Submission of application on behalf of foreign applicant • Management of shōnin • Adverse event reporting • Import procedures • QA testing[2] • GQPs, GVPs and PMS[3]

Anm.: 1 GQPs: Good Quality Practices, GVPs: Good Vigilance Practices
2 QA: Quality Assurance
3 PMS: Property Management System

Quelle: US Commercial Service (2005: o.S.); leicht modifiziert.

Auf der einen Seite bedeuten diese Veränderungen eine deutliche Anpassung an international übliche Vorschriften. Auf der anderen Seite stellen sie in vielen Punkten eine Verschärfung der existierenden Anforderungen dar.

4 Schlussfolgerungen

Aufgrund der beschriebenen demografischen Entwicklungen und des daraus resultierenden steigenden Bedarfs an medizinischen Leistungen sind die Aussichten für die Medizintechnikbranche in Japan durchaus positiv.

Der Gesundheitssektor wird auch ausländischen Unternehmen zukünftig gute Geschäftsmöglichkeiten bieten. Gleichzeitig wird der Kostendruck jedoch auf absehbare Zeit anhalten und die Aussichten dämpfen. Die Chancen für hochtechnisierte Produkte und Spezialprodukte sowie für kosteneffiziente Produkte werden voraussichtlich aber unverändert gut sein. Der Importtrend dürfte nach allgemeiner Einschätzung anhalten, da immer mehr japanische Unternehmen ihre Produktion auslagern und außerdem aufgrund des steigenden Kostenbewusstseins nicht mehr um jeden Preis einheimische Produkte gekauft werden. Entscheidend werden die Aussichten von den Fortschritten bei der Gesundheitsreform bestimmt werden. Die Anpassung auch des gesetzlichen Rahmens an internationale Standards mag ausländischen Unternehmen den Marktzugang erleichtern. Andererseits bringt die Umstellung natürlich auch Unsicherheiten mit sich. Unklarheiten in der Umsetzung dürften die Zulassungen zunächst verzögern. Unklar ist momentan auch die zukünftige Struktur des Gesundheitssystems. International gelten Fallkostenpauschalen als probates Mittel, den Kostenanstieg zumindest zu dämpfen. Ob und in welcher Form Fallkostenpauschalen in Japan eingeführt werden, ist aber wieder offen und damit auch die Frage, wie der zukünftige Markt für Medizintechnik aussieht.

Literatur

Destatis – Statistisches Bundesamt (2003) Gesundheitsausgaben und Gesundheitspersonal 2001. Berlin

Deutsches Institut für Japanstudien (1998) (Hrsg) Die Wirtschaft Japans. Springer, Berlin

Fabian F (2002) Märkte im Fokus: Medizintechnik - ein Markt mit Wachstumsperspektiven. IKB-Report, Düsseldorf

fairs&more (2004) Medizintechnik in Asien. fairs&more Business Magazin 2/2004

Goydke T (2002) Chancen im Markt für Medizin- und Gerontotechnik. In: FAZ-Institut (Hrsg) Länderanalyse Japan. Dezember 2002, S 24-25

Gross A, Tran C (2003) Recent Revisions in Japan's Pharmaceutical Affairs Law for Medical Devices. Http://www.pacificbridgemedical.com/publications/html/JapanSeptember03.htm (Zugriff am 30.11. 2004)

JETRO (2002): The Survey on Actual Conditions Regarding Access to Japan: Health Care Services. Tokio

JETRO (2003) JETRO Marketing Guidebook for Major Imported Products, Chapter VI: Medical Equipment. Tokio

JETRO (2004) Japanese Market Report 69: Medical Equipment. Tokio

JFMDA Japan Federation of Medical Devices Associations (2004) Trend of Medical Devices. Http://www.jfmda.gr.jp/JFMDA2.htm (Zugriff am 10.10. 2004)

MHLW Ministry of Health, Labour and Welfare (2002) Health Care Services, Industry Sector Analysis (ISA). Tokio

Ministry of Foreign Affairs (2004a) Census of Japan: International Comparison: Ratio of 65 Years Old and Over among Total Population (1990-2050). Http://web-japan.org/stat/stats/01CEN2C.html (Zugriff am 30.11.2004)

Ministry of Foreign Affairs (2004b) Medical Care Statistics. Http://web-japan.org /stat/category_12.html (Zugriff am 30.11. 2004)

Oberländer C (1998) Sozialpolitik und Sozialsysteme. In: Deutsches Institut für Japanstudien (Hrsg) Die Wirtschaft Japans. Springer, Berlin, S 55-77

OECD (2002) Health Care Reform in Japan. Economic Department Working Papers 321

Raab S, Weiß JP (2004) Wachstumsmarkt Medizintechnik: Deutschland im internationalen Wettbewerb. Http://www.diw.de/deutsch/produkte/publikationen /wochenberichte/docs/04-48-1.html#HDR7 (Zugriff am 23.11.2004)

Shimetani N (2004) Medical Reimbursement for Diagnostic Tests. Expert Review of Pharmacoeconomics and Outcomes Research 4(2): 127-130

TSBmedici (2002) Innovation for Your Health. Newsletter des Zentrums für Medizintechnik Berlin (TSBmedici) 20.12.2002: 5

US Commercial Service (2003): Industry Sector Analysis: Health Equipment. Http://buyusainfo.net/info.cfm?id=75723&keyx=5872FF0675B9F9E0DD58A 8B34727E2B6&dbf=isa1&loadnav=&archived=no&addid= (Zugriff am 25.10.2004)

US Commercial Service (2004) International Market Insight: Pharmaceutical and Medical Device Agency (PMDA). Http://buyusainfo.net/info.cfm?id=124461&keyx=CA73802CA58A577976B D8722D63DD8EA&dbf=mrsearch1&loadnav=&archived=no&addid= (Zugriff am 23.11.2004)

US Commercial Service (2005) Revised Pharmaceutical Affairs Law and the Demise of the In-country Care Taker. Http://buyusainfo.net/body.cfm?dbf=ccg1%2Cbmr1%2Cmrsearch1&search_t ype2=glo&avar=19919&sector=1018&country=Japan&logic=and&loadnav= (Zugriff am 27.08.2005)

Yahiro M, Nakai K (2004) Japan's New Regulatory System. Http://www.devicelink.com/mddi/archive/04/10/015.html (Zugriff am 14.12. 2004)

Miniaturisierung
und
Automatisierung

Der Nanotechnologiemarkt in Japan

Iris Wieczorek

Eine Technologie, die in letzter Zeit neben der Informations-, der Biotechnologie und der Mikrosystemtechnik immer wieder als Schlüsseltechnologie des 21. Jahrhunderts genannt wird, ist die Nanotechnologie. Sie ist eine interdisziplinäre Wissenschaft und Technik, die unter anderem Informationstechnologien, Umweltwissenschaften, Life Sciences und Materialwissenschaften umfasst. Ihr Ziel ist es, Objekte in der Größenordnung von Atomen und Molekülen – also im Nanometerbereich (1nm = ein Millionstel mm) – zu analysieren, herzustellen und zu nutzen (vgl. zur Definition ausführlicher z.B. Wieczorek 2002: 554-555). Durch den gezielten Aufbau von Materialien auf atomarer Ebene sowie die Nutzung besonderer Phänomene, die in diesem kleinen Maßstab auftreten, wird eine enorme Fülle neuer Möglichkeiten eröffnet.

Die wirklich großen Durchbrüche stehen noch bevor. Marktrelevante Bereiche werden insbesondere für Anwendungen in der Informations- und Halbleitertechnik, Elektronik, Optik, Feinmechanik, Analytik, Chemie, Materialwissenschaft, Luft- und Raumfahrttechnik, dem Automobil- und Maschinenbau sowie der Medizintechnik, Pharmazie und Biologie gesehen (siehe hierzu auch Abbildung 2). Die Erwartungen reichen von langzeitstabilen, zuckerwürfelgroßen Minidatenspeichern mit der Kapazität von Nationalbibliotheken, PCs mit der Leistungsfähigkeit eines heutigen Rechenzentrums, rostfreien Leichtbaumaterialien mit hoher mechanischer Festigkeit und unübertroffener Temperaturresistenz sowie wärmeisolierenden und schmutzabweisenden Fensterflächen bis hin zu einer schadstofffreien Welt sich selbst reproduzierender Güter oder winzig kleinen Robotern, die im menschlichen Körper komplexe Funktionen zur Krankheitsbekämpfung ausführen. Noch lässt sich nicht absehen, wie viel von den optimistischen Erwartungen tatsächlich realisierbar ist. Viele Bereiche befinden sich noch im Stadium der Grundlagenforschung, deren Ergebnisse sich erst in vielen Jahren in Massenprodukten niederschlagen können.

In den letzten Jahren zeichnen sich die großen technologischen Möglichkeiten der Nanotechnologie immer klarer ab. Sie wird längst nicht mehr nur als bloße Science Fiction wahrgenommen, und in unserem Alltag umgibt uns ein breites Produktspektrum, das von nanotechnologischen Erkenntnissen bereits profitiert: sei es die Festplatte im Computer, die Sonnencreme mit hohem UV-Schutzfaktor oder die schmutzabweisende Oberfläche von Duschkabinen (vgl. z.B. Lauterwasser 2005: 12-14). Im Gegensatz zu anderen Hochtechnologien werden nicht einfach nur bereits bekannte Objekte miniaturisiert, sondern auch völlig neuartige Produkte möglich, sodass die Nanotechnologie das Potenzial hat, die globale Wirtschaft in den kommenden Jahrzehnten in wichtigen Branchen zu revolutionieren und tiefgreifende gesellschaftliche Veränderungen herbeizuführen.

Der vorliegende Beitrag gibt einen Überblick über Japans Aktivitäten und Wettbewerbsposition auf dem Gebiet der Nanotechnologie. Aufgrund der unzureichenden Datenlage kann keine umfassende Analyse durchgeführt werden. Aktuelle Entwicklungen werden jedoch skizziert und Einschätzungen zur Wettbewerbsfähigkeit Japans gegeben.

1 Japans Position beim Nanotechnologiewettlauf

Die Nanotechnologie ist aufgrund ihres Potenzials für die internationale Wettbewerbsfähigkeit der Länder von großer Bedeutung. Allerdings ist noch weitgehend offen, wer beim Technologiewettlauf vorn liegen wird. Eingeleitet wurde dieser Wettlauf maßgeblich durch die US-amerikanische Regierung, die Anfang 2000 die „National Nanotechnology Initiative" (NNI) ins Leben rief und zu diesem Zweck ein enormes staatliches Budget zur Verfügung stellt.[1] Inzwischen haben zahlreiche Länder finanzstarke Programme zur Förderung der Nanotechnologieforschung aufgelegt. Weltweit haben sich die Investitionen zur Forschung und Entwicklung (FuE) der Nanotechnologie zwischen 1997 (432 Mio. USD) und 2002 um den Faktor 5 auf 2.200 Mio. USD erhöht. Der größte Anstieg der FuE-Ausgaben fand mit 90% im Jahr 2001 statt – nach der Bekanntmachung der NNI der USA. Mindestens dreißig Staaten – unter ihnen Japan, China, Korea, Taiwan und Australien sowie viele europäische Länder – haben seitdem nationale Programme zur Förderung der FuE-Aktivitäten im Be-

[1] In den USA wurde Nanotechnologie in den 90er Jahren von der Grundlagen- bis zur industriellen Forschung und Entwicklung gefördert, jedoch nicht in einem eigenständigen Förderprogramm (Bachmann 1998: 99ff). Das begann im Jahr 2000 mit der National Nanotechnology Initiative (www.nano.gov). Das langfristige bundesstaatliche Engagement der USA wurde im Dezember 2004 durch den 21st Century Nanotechnology Development Act für den Zeitraum 2005-2008 auf eine gesetzliche Basis gestellt, und es werden 3,7 Mrd. USD dafür bereitgestellt (Europäische Kommission 2004: 6).

reich der Nanotechnologie ins Leben gerufen bzw. intensiviert (Roco 2001; vgl. zu Deutschland ausführlicher BMBF 2002).[2]

1.1 Staatliche FuE-Förderung

Im Jahr 2003 lagen die öffentlichen Investitionen in die Erforschung und Entwicklung der Nanotechnologie weltweit bei über 3 Mrd. EUR (Europäische Kommission 2004: 6), 2005 erreichten sie rund 4 Mrd. USD (Roco 2006). Der Beitrag der Privatwirtschaft zur Finanzierung der FuE im Bereich der Nanotechnologie lässt sich nicht präzise ermitteln, wurde jedoch für 2003 auf annähernd 2 Mrd. EUR geschätzt, 2005 lag er auf etwa der gleichen Höhe wie die öffentlichen FuE-Investitionen (Europäische Kommission 2004: 6; Roco 2006). Damit beliefen sich die Gesamtinvestitionen im Jahr 2003 auf rund 5 Mrd. EUR, im Jahr 2005 auf 8 Mrd. USD. Schätzungen gehen davon aus, dass der Markt für nanotechnologische Produkte in den Jahren 2010-2015 bereits 1 Bio. USD übertrifft, was zwei Millionen neue Arbeitsplätze bedeutet (Roco 2006).

Auch Japan hat maßgebliche Schritte für eine effektivere FuE der Nanotechnologie eingeleitet, um beim Innovationswettlauf mithalten zu können: In dem im April 2001 vom Kabinett verabschiedeten FuE-Fünfjahresplan wurde Nanotechnologie – neben den Informationstechnologien, Umweltschutz und Lebenswissenschaften – offiziell als Schlüsseltechnologie deklariert, die prioritär gefördert werden soll (vgl. CSTP 2001). Seit Mitte der 1990er Jahre lässt sich in Japan ein verstärktes staatliches Engagement im Bereich der Nanotechnologie feststellen, 1996 überschritt das staatliche Gesamtbudget für Nanotechnologie erstmals die Schwelle von 100 Mio. USD, und nach Bekanntgabe der NNI der USA Anfang 2000 erfuhr das Budget eine weitere beträchtliche Steigerung (vgl. Tabelle 1). Seither liegen die staatlichen Aufwendungen für Nanotechnologie in Japan auf einem mit den USA vergleichbaren Niveau.

---

[2] So hat beispielsweise die britische Regierung seit 2004 Ausgaben in Höhe von ca. 130 Mio. EUR für die nächsten 6 Jahre eingeplant. Die Europäische Kommission sieht im Rahmen des 6. EU-Forschungsrahmenprogramms bis 2006 jährlich FuE-Mittel in Höhe von 700-750 Mio. EUR vor. Deutschland hat mit ca. 250-260 Mio. EUR aus öffentlichen Mitteln pro Jahr den größten Anteil an der nationalen Förderung der Nanotechnologie in Europa. Auch viele asiatische Staaten engagieren sich zunehmend in der Nanotechnologie. Mit ca. 2 Mrd. USD aus öffentlichen Mitteln stieg Südkorea in ein ehrgeiziges Zehnjahresprogramm ein, während Taiwan rund 600 Mio. USD aus öffentlichen Mitteln für einen Zeitraum von sechs Jahren bereitstellte. Auch China investiert mehr und mehr in die Nanotechnologie (vgl. Europäische Kommission 2004: 23; Lauterwasser 2005: 27). Indien wird insgesamt 20 Mio. USD von 2005-2009 investieren (Lauterwasser 2005: 24).

Tabelle 1. Entwicklung der staatlichen Nanotechnologieförderung im internationalen Vergleich[3] (Mio. EUR)

	1997	1998	1999	2000	2001	2002	2003	2004	2005
USA	116	190	255	270	420	570	770	850	982
Japan	120	135	157	245	600	750	800	940	950
Europa	126*	151*	179*	200*	360	480	700	740	750
Deutschland	k.A.	k.A.	k.A.	k.A.	210	240	250	260	k.A.

Anm.: Umrechnung der Einfachheit halber: 1USD = 1 EUR = 100 JPY.
* West-Europa

Quelle: National Science and Technology Council (2004, 2006); Roco (2002, 2006)

Forschung im Bereich der Nanotechnologie wird in Japan insbesondere von drei bzw. seit Januar 2001 von nunmehr zwei Ministerien institutionell und projektbezogen gefördert: vom MITI (seit Januar 2001 METI, Ministry of Economy, Trade and Industry) sowie von der Science and Technology Agency (STA) und dem Ministry of Education (Monbushō), die im Januar 2001 zum Ministry of Education, Culture, Sports, Science and Technology (MEXT) zusammengeschlossen wurden. Andere Ministerien, wie das Ministry of Agriculture, Forestry and Fishery (MAFF) oder das Ministry of Health, Labour and Welfare (MHLW), sind primär eher im Bereich der Biotechnologie engagiert.

Im Fiskaljahr 2005 standen laut japanischer Regierungsstatistiken für das staatliche Nanotechnologiebudget insgesamt etwa 95 Mrd. JPY (ca. 680 Mio. EUR) zur Verfügung. Hiervon entfielen etwa 42 Mrd. JPY auf das METI (eine 13%-ige Steigerung gegenüber 2004), das vorwiegend anwendungsorientierte Projekte fördert.[4] Auf den Haushalt des MEXT entfielen im Fiskaljahr 2005 etwa 35 Mrd. JPY, wovon der größte Teil für die Grundlagenforschung bestimmt war.

Die aktivsten und am weitesten vorangeschrittenen Forschungsprogramme auf dem Gebiet der Nanotechnologie werden derzeit an der Tokyo University, der Osaka University, der Kyoto University, der Tohoku University in Sendai, in Yokohama am Tokyo Institute of Technology sowie in Tsukuba am Nanotechnology Research Institute des National Institute of

---

[3] Beim Vergleich von Angaben der Förderaufwendungen in unterschiedlichen Ländern muss beachtet werden, dass je nach der Definition des Technologiefeldes teilweise Projekte hinzugezählt werden können, die den Kriterien anderer Länder nicht standhalten würden.

[4] Etwa 30 Mrd. JPY des Etats entfielen auf anwendungsorientierte Forschung, etwa 12 Mrd. JPY auf Grundlagenforschung; 200 Mio. JPY wurden für die Förderung der Zusammenarbeit mit anderen Ministerien verwendet, 50 Mio. JPY zur Förderung der Forschungskooperation mit ausländischen Partnern.

Advanced Industrial Science and Technology (AIST) umgesetzt. In letzter Zeit versuchen einige staatliche Universitäten – unter ihnen wiederum die Tokyo University, Osaka University und die Kyoto University –, Forschungsteams zusammenzustellen, die sich mit interdisziplinären Fragestellungen an den Schnittstellen von Nanotechnologie, Biotechnologie und Ingenieurwissenschaften beschäftigen, um mögliche Anwendungen für die Medizin nutzbar zu machen. (Nikkei, 11.07.2002).

Seit Beginn der 1990er Jahre werden in der japanischen Provinz moderne Großforschungseinrichtungen zur nanotechnologischen Grundlagenforschung aufgebaut. Als wichtigste Forschungsinstitute sind insbesondere die folgenden drei zu nennen: 1. das Institute of Physical and Chemical Research (RIKEN) in Wako, das für seine länderübergreifende und interdisziplinäre Forschung bekannt ist (2000 hat das RIKEN ein Nanotechnologie-Großforschungszentrum errichtet, vgl. NW, 18.09., 25.12.2000); 2. das National Research Institute for Metals (NRIM) in Tsukuba, das Forschung und Entwicklung hitzebeständiger Legierungen für den Einsatz bei intermetallischen Verbindungen und bei Supraleitungen betreibt; und 3. das National Institute for Research in Inorganic Materials (NIRIM), dessen Schwerpunkt auf der Entwicklung von CVD-Prozessen für Anwendungen in der Halbleiterprozesstechnik liegt.

Das METI fördert nationale Forschungsprojekte seiner Forschungsinstitutionen und vergibt über die New Energy and Industrial Technology Development Corporation (NEDO) Fördergelder an Unternehmen. Seit den 1990er Jahren hat das METI eine Vielzahl von Projekten zur Förderung der Nanotechnologie gestartet, die Laufzeiten zwischen 3 und 12 Jahren hatten und mit Mitteln von 2 Mio. USD bis 10 Mio. USD vom METI unterstützt wurden. Diese Projekte waren zum einen auf grundlagen- und anwendungsorientierte Forschung ausgerichtet, zum anderen sollten sie der Kooperation zwischen Industrie und Wissenschaft dienen, um so Produkte zur kommerziellen Anwendung zu bringen. Einige dieser Projekte konnten Erfolge vorweisen, der überwiegende Teil (siehe zu einem Überblick z.B. Sienko 1998; Roco 2000) war lange Zeit jedoch nicht besonders erfolgreich in der Förderung von Forschungskooperationen und Wissenstransfer zwischen Industrie und Hochschulen (Sienko 1998: 216-217). Hier zeigt sich deutlich die institutionelle Schwäche des japanischen Technologiesystems: die übermäßige Bürokratisierung. In Japan sind Wissen und Information meist institutionell eingebunden und werden systematisch nur innerhalb der Hierarchien weitergegeben. Bedingt durch niedrige Fluktuationsraten und das bis vor Kurzem allgemein übliche Senioritätssystem tendieren zudem viele staatliche Forschungseinrichtungen zum wissenschaftlichen Inseldasein. Ein Wandel dieses Systems zeichnet sich zwar in jüngster Zeit ab, doch es dürfte aufgrund der gewachsenen Strukturen noch einige Zeit in Anspruch nehmen, bis ein effektiver Wissenstransfer umgesetzt wird.

Hinsichtlich schädlicher Auswirkungen der Nanotechnologie werden in Großbritannien und den USA bereits seit einiger Zeit Untersuchungen durchgeführt. Ende 2004 hatte nun auch der Council for Science and Technology unter Vorsitz von Premierminister Koizumi begonnen, vergleichbare eigene Untersuchungen zu fordern, wobei eine Kooperation mit westlichen Ländern erfolgen soll. Die japanische Regierung beschloss daraufhin Anfang 2005 eine umfassende Bedenklichkeitsprüfung für Materialien, die mit Hilfe von Nanotechnologie hergestellt worden sind. Die Untersuchung umfasst dabei zum Beispiel die von japanischen Forschern entwickelten Kohlenstoff-Nanoröhren und Fullerene. Um Sicherheitsstandards und entsprechende neue Gesetze zu schaffen, sollen die Auswirkungen der Nanotechnologiematerialien auf die Umwelt untersucht werden, und zwar in sämtlichen Stadien – von der Produktion über die Anwendung bis hin zur Entsorgung. Die Ergebnisse sollen im Anschluss der Öffentlichkeit zugänglich gemacht werden. Damit wird in Japan erstmals vor dem praktischen Einsatz einer neuen Technologie eine eingehende Sicherheitsprüfung vorgenommen. Die Regierung reagiert damit auch auf Streitfragen aus der jüngeren Vergangenheit, wie die Verärgerung der Verbraucher über verspätete Sicherheitsprüfungen in der Gentechnik.

Für die Umsetzung hat sich der Council an Universitäten im In- und Ausland sowie an Einrichtungen des METI, des MEXT, des Ministry of the Environment (MoE) und des Ministry of Health, Labour and Welfare (MHLW) mit der Bitte um Vorschläge und Unterstützung gewandt. Das METI bildete daraufhin einen Unterausschuss seines „Policy Study Council on Nanotechnology" unter Leitung des Vorsitzendes des National Institute for Material Science (NIMS) (Daily Yomiuri, 31.01.2005).

1.2 FuE-Schwerpunkte

Betrachtet man Europa, Japan und die USA im Vergleich, so gibt es keine eindeutigen Gewinner oder Verlierer in der Nanotechnologie, doch lassen sich Tendenzen erkennen. Japan betreibt seit längerer Zeit sowohl grundlagenorientierte als auch industriell ausgerichtete finanzkräftige Förderung im Bereich der Nanotechnologie. Ende der 1980er Jahre begann Japan, Analyse- und Strukturierungsverfahren für die Nanotechnologie zu nutzen, seit den 1990er Jahren werden vermehrt vom Staat geförderte Projekte initiiert, und auch die Privatwirtschaft engagiert sich zunehmend. Jedoch existiert erst seit 2001 eine nationale Förderstrategie für die Nanotechnologie, die vom neu eingerichteten Council for Science and Technology

Policy koordiniert wird. Zuvor waren die FuE-Aktivitäten auf eine Vielzahl von Projekten, staatliche Universitäten und Unternehmen verteilt (und sind es teilweise noch heute). Dennoch erfolgten sowohl in der staatlichen Technologiepolitik als auch in der Industrie frühzeitig Schwerpunktbildungen, und Japan konnte sich auf spezifischen Gebieten eine internationale Führungsposition sichern, wie international vergleichende und nationale Studien zeigen (z.B. Siegel et al. 1999; Ikezawa 2001: 3).

Japan konzentriert sich vor allem auf die Forschung und Entwicklung nichthalbleiterbasierter Miniaturisierungstechniken mit vorrangig präzisionstechnischem Hintergrund und ist auf diesem Feld führend. Die Umsetzung der Nanotechnologie in marktfähige Produkte ist am intensivsten in den traditionell starken Branchen, also in der Elektroindustrie und im Maschinenbau, vorangeschritten. Die USA nehmen eine Führungsposition insbesondere im Bereich von Basistechnologien für halbleiterbasierte Mikrostrukturierungstechniken ein. Auch bei der Anwendung der Nanotechnologie in Biomedizin- und Gentechnik liegen sie vor den meisten Konkurrenten. In Deutschland werden insbesondere in den Bereichen Systemtechnik und Kraftfahrzeugsensorik Anwendungen der Nanotechnologie vorangetrieben. Auch im Bereich der Informations- und Kommunikationstechnologien sowie der Medizintechnik sind Erfolge zu verzeichnen.

Im Vergleich zu den USA und Deutschland fällt auf, dass in Japan der Bereich der nanotechnologischen FuE-Aktivitäten vergleichsweise eng gefasst ist. Man scheint eine eher vertikale FuE-Strategie zu verfolgen, während in Deutschland und den USA eine eher horizontal ausgerichteten Strategie dominiert. Seit 2001 wird der weitere Ausbau bisheriger Nanotechnologie-Schwerpunktbereiche als vorrangiges Ziel definiert, um möglichst schnell Produkte auf den Markt zu bringen. Eine Ausweitung der Forschung auf andere Bereiche wird jedoch angestrebt. Im Mittelpunkt der staatlichen Förderung standen im Jahr 2004 hauptsächlich die Bereiche Informationstechnologien (etwa 36% der staatlichen FuE-Mittel), Nanomaterialien (etwa 32%) und elektronische Teile (etwa 18%), Umwelt und Energie (etwa 8%) sowie Medizin und Biotechnologie (etwa 6%).

Als ein Indikator für die Wettbewerbsfähigkeit Japans auf dem Gebiet der Nanotechnologie lassen sich Patentanmeldungen heranziehen. Insgesamt ist deren Zahl seit Ende der 1990er Jahre weltweit sprunghaft angestiegen und hat sich von 1997 bis 1999 und von 1999 bis 2001 jeweils mehr als verdoppelt (VDI 2004: 89). Die meisten Patente entfallen auf die USA, gefolgt von Japan und mit Abstand von Deutschland (vgl. Abbildung 1). Danach folgen bereits China und Korea noch vor Frankreich und

Großbritannien.[5] Allerdings ist anzumerken, dass die Zahl der ausländischen Patentanmeldungen im Bereich Nanotechnologie in Japan seit 2001 stärker zunimmt als die der inländischen (vgl. NW, 24.09.2001). Europa hält sich bei entsprechenden Patentanmeldungen zurück, da diese sehr zeit- und kostenaufwendig sind. Bei der Nanotechnologie besteht grundsätzlich das Problem, wie die Kleinstteilchen nachgewiesen und später geschützt werden können.

Abb. 1. Zahl der Patentanträge im Bereich der Nanotechnologie 2004

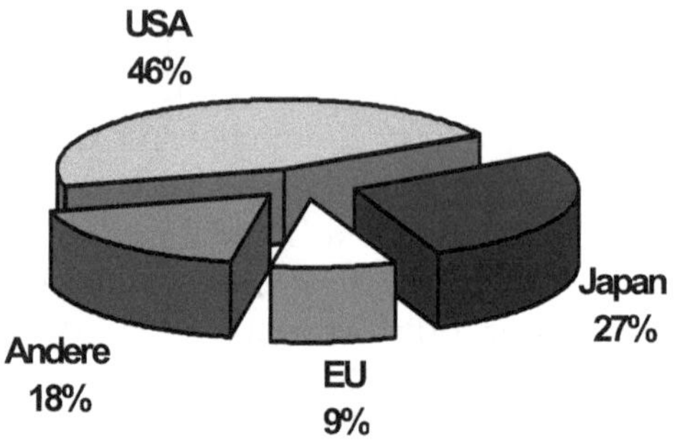

Quelle: Nanotechnology Research Network Center of Japan.

2 Der japanische Markt für Nanotechnologie

Mit entscheidenden Marktdurchbrüchen in der Nanotechnologie ist Experten zufolge in den kommenden fünf bis fünfzehn Jahren zu rechnen (vgl. Abbildung 2: Entwicklungsstand und Anwendungsfelder der Nanotechnologie). Seriöse quantitative Angaben zum Marktpotenzial lassen sich aber zurzeit kaum machen, da keine einheitliche Definition von Nanotechnologie existiert, das Datenmaterial zur wirtschaftlichen Bedeutung der Nanotechnologie weltweit noch lückenhaft ist und die derzeitigen offiziellen Wirtschaftsstatistiken nanotechnologische Produkte noch nicht als eigene Kategorie erfassen (z.B. Lauterwasser 2005: 14, 26).[6] Zudem kann noch

[5] Ein Ländervergleich bei Nanotechnologiepatenten basierend auf Daten des US-amerikanischen Patentamts (USPTO) findet sich z.B. in VDI 2004: 89.

[6] Da die Nanotechnologie eine Querschnittstechnologie ist, können zudem kaum Aussagen darüber getroffen werden, wie groß der Anteil der Nanotechnologie an verschiedenen Produkten und Produktgruppen tatsächlich ist bzw. welcher Mehrwert für Produkte durch Veredelung mit nanotechnisch hergestellten Elementen generiert wird. Daher gibt es kaum offizielle Statistiken staatlicher Stellen, die meisten Marktprognosen stammen von

nicht klar eingeschätzt werden, inwieweit die nanotechnologische Forschung zu marktfähigen Erzeugnissen führen und in welchen Anwendungsbereichen sie überall zum Einsatz kommen kann. Es existiert gegenwärtig noch kein spezifischer Nanotechnologiemarkt. Stattdessen gibt es eine Art Wertschöpfungskette, entlang derer Produkte mit Nanoelementen entstehen. Daher kann im Folgenden kein Gesamtüberblick über die privatwirtschaftlichen FuE-Aktivitäten und den Nanotechnologiemarkt gegeben werden. Unternehmen weltweit betreiben intensiv Konkurrenzanalyse und Patentsuche, insbesondere auch auf Fachmessen. Japan bietet dazu mit zwei Nanotechnologieausstellungen in Tokio eine wichtige Basis.[7]

Abb. 2. Entwicklungsstand und Anwendungsfelder der Nanotechnologie

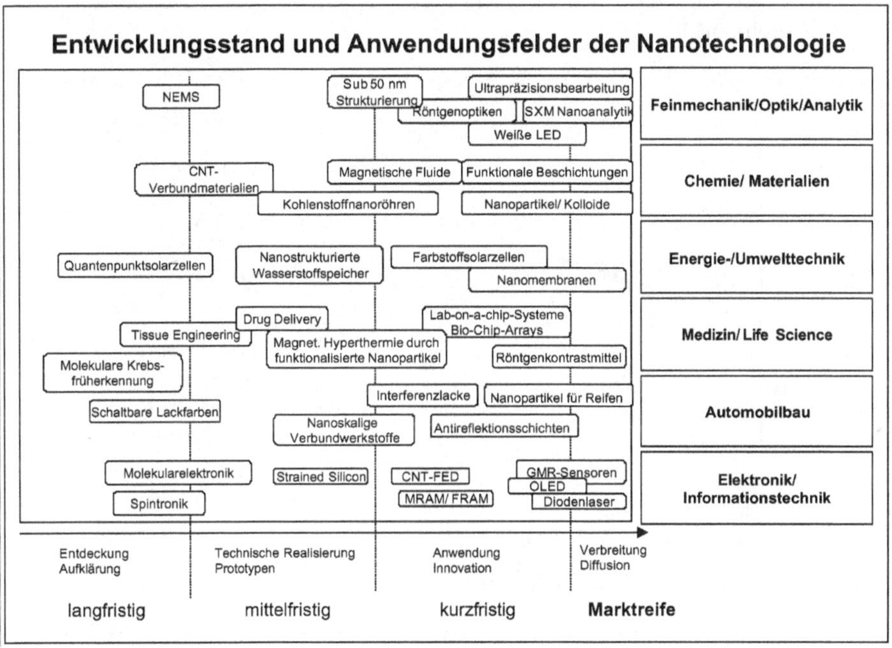

Quelle: BMBF 2004: 10.

privaten Marktforschungsinstituten wie z.B. Lux Research und Insurers SwissRe (Lauterwasser 2005: 14).

[7] Entsprechend große Resonanz fand die „Nanotech 2005 – International Nanotechnology Exhibition and Conference" vom 23.2. bis 25.2.2005, zu der 326 Aussteller (darunter 62 aus dem Ausland) und 39.000 Besucher kamen (Nanotechnology Research Institute, AIST 2005).

2.1 Marktvolumen und -struktur

Angaben zum zukünftigen Weltmarktvolumen schwanken erheblich, teilweise bewegen sie sich im dreistelligen Milliardenbereich (vgl. auch Abbildung 3).[8] Es wird erwartet, dass bis zum Jahr 2015 fast jeder Industriebereich durch Nanotechnologie beeinflusst wird (Lauterwasser 2005: 3-4). Der japanische Unternehmerdachverband Nippon Keidanren prognostiziert für das Jahr 2010 das Volumen des globalen Marktes für nanotechnologische Produkte auf 130 Bio. JPY (ca. 930 Mrd. EUR). Das Volumen des japanischen Marktes soll laut Keidanren bis zum Jahr 2010 um das 11fache auf 27 Bio. JPY (etwa 200 Mrd. EUR) steigen (Nikkei, 27.03.2003).

Abb. 3. Vergleich verschiedener Marktprognosen für den Nanotechnologie-Weltmarkt[9]

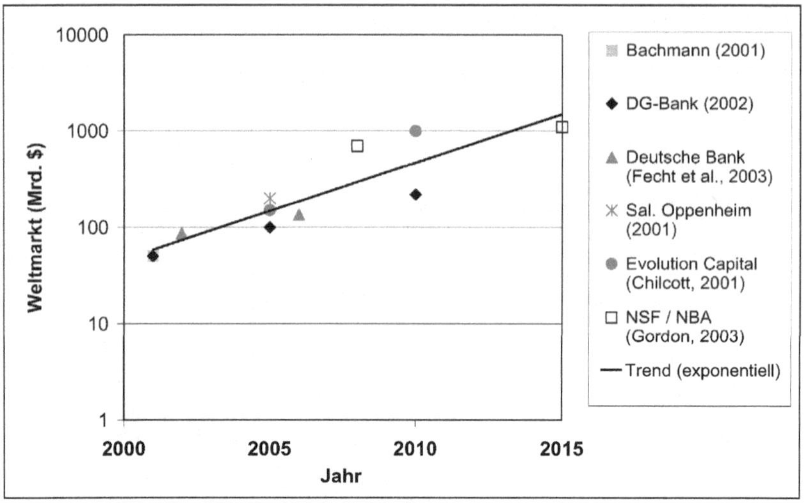

Quelle: Europäische Kommission 2004.

Japan liegt im Kommerzialisierungswettbewerb von Nanotechnologie derzeit ganz vorn und könnte sich mittel- bis langfristig eine Führungsposition gegenüber den USA, Europa, Südkorea und anderen Nationen sichern. Marktanalysen prognostizieren, dass japanische Unternehmen im Jahr 2010 insbesondere in folgenden Bereichen eine Führungsposition einnehmen und hohe Umsätze realisieren werden (vgl. auch Abbildung 4):

[8] Beispielsweise prognostiziert eine amerikanische Studie der National Science Foundation von 2001 ein Umsatzvolumen von 700 bis 800 Mrd. USD im Jahr 2008 (vgl. Nikkei, 30.04.2002).

[9] Die verschiedenen Marktprognosen beruhen z.T. auf sehr unterschiedlichen Definitionen und Bewertungsansätzen und sind somit nicht direkt vergleichbar.

- Netzwerke und Nanokomponenten (neue Halbleitergeneration, optische Netzwerke, neue Displays);
- Nanobiologie (Biochips, künstliche Organe);
- Nano-Umwelttechnik und -Energietechnik (Brennstoffzellen, Beseitigung von Giftstoffen, Umweltschutz);
- neue Werkstoffe (extrem belastbare Werkstoffe, Instandsetzung, Wartung, Reparatur);
- Nanomesstechnik;
- verarbeitende Industrie (MEMS, Mikroreaktor, Evaluierung).
- Entsprechende Projekte werden vom METI speziell gefördert.

Abb. 4. Künftige Industriezweige der Nanoindustrie und erwartete Marktgrößen für 2010

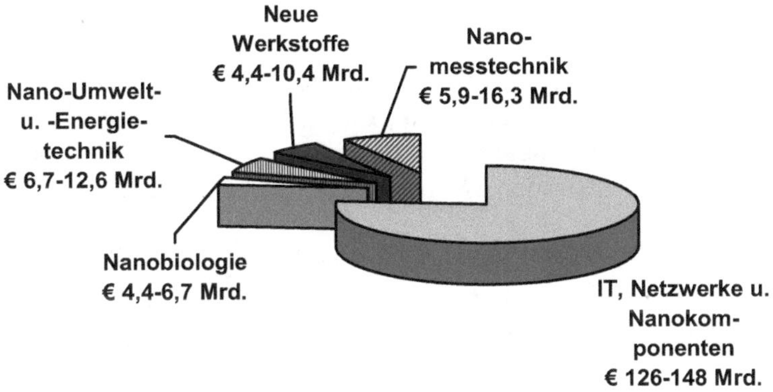

Quelle: Nanotechnology Research Network Center of Japan.

2.2 Kommerzialisierungswettbewerb japanischer Unternehmen

Inzwischen vergeht kaum eine Woche, in der nicht ein japanisches Unternehmen darüber informiert, sich im Nanotechnologiebereich zu engagieren oder bereits konkrete Produkte für die Einführung in den Markt ankündigt. Insbesondere in den Jahren 2004 und 2005 haben japanische Unternehmen gezeigt, dass sie bei dieser Technologie in der Kommerzialisierung an der Spitze der Industrieländer stehen (vgl. z.B. Maurer 2004: 10).

Die Zahl der Unternehmen, die sich im Nanotechnologiebereich engagieren, ist nicht genau bekannt; im Jahr 2001 waren es etwa 100 bis 150 (Rehn 2002: 7), inzwischen dürften sich etwa 500 bis 600 Unternehmen in der einen oder anderen Form mit Nanotechnologie befassen (Nikkei, 01.12.2003; vgl. auch Maurer 2004: 11). Dabei handelt es sich vor allem um große Konzerne, die auch die Formulierung von Leitlinien für die Branche bestimmen. Klein- und Mittelständische Unternehmen (KMU) und Start-ups spielen bisher eine viel geringere Rolle als in den USA und in Europa. Allerdings zeichnet sich hier in letzter Zeit eine Trendwende ab (Nikkei, 17.9.2001, 30.4.2002). Im Vergleich zu den USA ist der Markt für Venture Capital bisher nur gering entwickelt und relativ klein. Zwar konnte das Venture Capital durch wirtschafts- und fiskalpolitische Maßnahmen von 1995 bis zum Jahr 2000 um das Dreifache gesteigert werden (von 0,01% des Bruttosozialproduktes auf 0,03%; vgl. OECD 2002: 104), doch selbst damit liegt Japan auf dem vorletzten Platz aller OECD-Länder und weit hinter den USA zurück. Der Anteil des Venture Capitals am Bruttoinlandsprodukt der USA lag im Jahr 2000 bei 0,8% (OECD 2002: 104). In letzter Zeit lässt sich jedoch eine merkliche Steigerung feststellen, im Hochtechnologiesektor insgesamt, aber auch im Bereich der Nanotechnologie. So existieren laut einer Untersuchung des Daiwa Institute of Research Ltd. (DIR) und NIF Ventures Co., Ltd. inzwischen 70 bis 100 Nanotechnologie-Venture-Unternehmen, die auch eine verstärkte Kooperation mit Universitäten anstreben (Nikkei ABT, 21.06.2002; NW, 07.07. 2003).

Darüber hinaus intensivieren viele japanische Unternehmen ihre Aktivitäten bei der Grundlagenforschung, wie auch aus verschiedenen Untersuchungen der Nihon Keizai Shinbun hervorgeht. Einer Umfrage vom August 2005 zufolge plante fast jedes vierte japanische Großunternehmen, im Fiskaljahr 2005 seine FuE-Ausgaben um wenigstens 10% zu steigern, wobei 47% der Unternehmen ihre Grundlagenforschung intensivieren wollten (NW, 22.8.2005). Bei der gleichen Umfrage im Jahr 2004 beabsichtigten lediglich 31,9%, ihre Investitionen in die Grundlagenforschung zu erhöhen. Zudem kündigten die Unternehmen eine Erhöhung der Zahl ihrer Forscher um 40% für 2004/2005 an (Nikkei, 01.12.2003).

Gegenwärtig liegt der Schwerpunkt auf dem Markt für Vorprodukte, Verfahren und Ausrüstung. METI-Angaben zufolge soll es gegenwärtig vierzig Großunternehmen geben, die bereits Produkte mit Bezug zur Nanotechnologie verkaufen. Da weitere Produkte, wie Nanoröhrchen, bereits kurz vor der Marktreife stehen, soll diese Zahl innerhalb der kommenden fünf Jahre auf etwa 100 ansteigen. Ein technologischer Vorsprung Japans existiert speziell auf dem Gebiet der Kohlenstoff-Nanoröhren (*carbon nanotubes*, CNT)[10], die u.a. bei Flachdisplays und Brennstoffzellen Verwen-

[10] Die schlauchförmigen CNT mit einem Durchmesser von einigen Nanometern sind härter als Eisen und leiten Strom besser als Kupfer. Man erhofft sich durch ihren erfolgreichen

dung finden. Das Forschungsinstitut Fuji Keizai prognostiziert, dass der Markt für CNT von 11 Mrd. JPY im Jahr 2003 auf 23,5 Mrd. JPY im Jahr 2007 steigen wird. Mit einer vollen Kommerzialisierung wird frühestens im Jahr 2006 gerechnet. Einige japanische Unternehmen sind auf dem Gebiet der CNT sehr aktiv und investieren intensiv in deren Entwicklung und Produktion oder kaufen Lizenzen und Vertriebsrechte der Entwickler. So hat beispielsweise Mitsui & Co. eine eigene Produktion für CNT aufgebaut, die für die Erzeugung von reinem Ethanol für Brennstoffzellen genutzt werden sollen. Im Februar 2005 vermeldete NTT die erfolgreiche Entwicklung eines Verfahrens zur vereinfachten Nutzung von CNT auf Halbleiterbausteinen. Das Unternehmen Shinano Kenshi Co. entwickelte einen neuen Verbundwerkstoff auf CNT-Basis, und NEC hat Laptops mit CNT-basierten Brennstoffzellen entwickelt. Unterdessen hat sich der Handelsriese Sumitomo Corp. von einer US-amerikanischen CNT-Produktionsfirma die exklusiven Vermarktungsrechte für Japan und Korea gesichert (DIHKJ 2005: 8).

Auch für Fullerene[11] wird ein beachtliches Marktpotenzial vorhergesagt. Im Jahr 2003 lag ihr Marktvolumen bereits bei etwa 2,5 Mrd. JPY, im Jahr 2007 soll es laut Fuji Keizai etwa 12,6 Mrd. JPY erreichen; eine Kommerzialisierung, zum Beispiel bei der Nutzung in Energiezellen, Doppelschichtkondensatoren oder auch bei Arzneimitteln, wird erst ab 2007 erwartet (DIHKJ 2005: 8). Das weltweit erste Unternehmen, das bei der Massenproduktion von Fullerenen erfolgreich war, ist die japanische Frontier Carbon Corp., ein Joint Venture der Mitsubishi Chemical Corp. und der Mitsubishi Corp. Das Unternehmen nahm im Mai 2003 in Kitakyūshū eine Herstellungsanlage mit einer Produktionsmenge von 40 Tonnen in Betrieb. 2007 soll die Produktionsmenge auf 1.500 Tonnen steigen.

Bei der praktischen Anwendung von nanotechnologischen Produkten sind besonders Japans große Elektronik- und Automobilkonzerne aktiv. Fast alle haben inzwischen Nanotechnologie-Forschungszentren gegründet, investieren erheblich in FuE und erzielen teilweise bereits hohe Gewinne mit dem Verkauf von Produkten. Als erfolgreichste Unternehmen sind derzeit NEC, Hitachi, NTT, Sony, Fujitsu, Matsushita, Toshiba, Nikon, Canon und Nissan Motors zu nennen (Nikkei 09.11.2001, 30.04.2002;

Einsatz in Fernsehgeräten, Computern etc. die Anfertigung von flacheren und stromsparenden Geräten.

[11] Fullerene besitzen einen Durchmesser von einem Nanometer, sind wasserlöslich und aktivieren unter Lichtreinstrahlung Sauerstoff. Man geht davon aus, dass durch die unter Lichteinfluss erfolgende Sauerstoffaktivierung in mit Fullerenen versetzten Krebszellen die umliegenden Krebszellen abgetötet werden. Fullerene sind außerdem sehr hitzebeständig: in kleinen Mengen beigemischt, lässt sich ein Harz produzieren, das auch bei über 300 Grad Celsius formbeständig bleibt.

Nikkei ABT, 24.08., 30.10.2001). Hitachi investiert etwa 25% seiner gesamten Aufwendungen für Grundlagenforschung in die Nanotechnologie (Tam 2001). NEC, Sony und Hitachi arbeiten an der Entwicklung von Brennstoffzellen für Notebook-Computer und Mobiltelefone (Nikkei ABT, 05.11.2001). Zudem arbeitet Hitachi an der Entwicklung hochpräziser Mess- und Analysegeräte für die Nanotechnologie (Nikkei, 10.06., 29.10.2002; Nikkei ABT, 13.05.2002; NW, 26.02.2001).

Auch Handelshäuser sehen in der Nanotechnologie ein wichtiges ergänzendes Betätigungsfeld. Sie können neben Kapital vor allem ihr Vertriebs-Know-how einbringen (NW, 17.09.2001). Bei der Entwicklung von Materialien auf der Basis von Kohlenstoff sind vor allem die großen Handelshäuser Mitsubishi Corp. und Mitsui Bussan sowie die Hersteller Mitsubishi Chemical, Toray und Showa Denko zu nennen. Mitsubishi Corp. und Mitsubishi Chemical haben in Kurosaki auf Kyūshū eine Pilotanlage zur Produktion von Fullerenen errichtet (NW, 26.08.2002; Nikkei ABT, 11.12.2001).

Mitsui hat bis 2005 insgesamt 10 Mrd. JPY in nanotechnologische FuE investiert, wobei die Schwerpunkte auf nanoporösen Werkstoffen, neuen Nanomaterialien auf Kohlenstoffbasis, organisch-metallischen und metallisch-nichtmetallischen Supramolekülen sowie nano-elektromechanischen Systemen liegen (Nikkei ABT, 09.10.2001). Für die kohlenstoffbezogenen Aktivitäten hatte Mitsui im Juli 2001 in Tokio das Tochterunternehmen Carbon Nanotech Research gegründet, dessen Kapital bei 1 Mrd. JPY liegt. Seit Ende 2002 werden hier mehrwandige Nanoröhrchen mit einem Durchmesser von 20 nm produziert. Jährlich sollen etwa 120 Tonnen ausgebracht werden (Rehn 2002: 7; Nikkei ABT, 10.01.2002), was laut Mitsui weltweit die erste Großproduktion der Röhrchen darstellt. Ein zweites FuE-Unternehmen von Mitsui ist das Bio Nanotec Research Institute. Es verfügt über einen Kapitalstock von 500 Mio. JPY und ist zuständig für die Kommerzialisierung von Ergebnissen der Grundlagenforschung, insbesondere im Bereich nanoporöser Membranen. Auch Showa Denko hat kürzlich mit der Produktion von Nanoröhrchen begonnen.

Bei Materialien mit außergewöhnlichen Eigenschaften, wie beispielweise reiß- und hitzebeständige Kunststoffe, sind unter anderem Hitachi Cable, Sumitomo Electric, Unitika, Sumitomo Chemical und Hosokawa Micron führend. Hitachi Cable soll 2002 rund 500 Mio. JPY mit isolierenden Werkstoffen umgesetzt haben, deren Eigenschaften durch Nanopartikel verbessert wurden. Unitika, ein wichtiger Hersteller von Textilien und Hochpolymerprodukten, hat 2003 neuartige hitzebeständige Kunststoffe auf den Markt gebracht. Und Sumitomo Chemical soll 2004 mit gasundurchlässigen Werkstoffen Umsätze in Höhe von 1,5 Mrd. JPY erzielt haben.

3 Kooperationen und Wissenstransfer zwischen Unternehmen und Universitäten

Viele japanische Unternehmen gehen inzwischen Kooperationen zur Förderung der Nanotechnologie ein, um beim sich zunehmend verschärfenden Innovationswettlauf mithalten zu können bzw. sich einen Vorsprung bei marktfähigen Produkten zu erarbeiten (Nikkei, 14.02.2002). So haben Hitachi, Hitachi Chemicals und sechs weitere Unternehmen Anfang 2002 ein Gemeinschaftslabor gegründet, um an der Entwicklung von Ein-Elektron-Speicherkomponenten zu arbeiten (NW, 18.02.2002). Mitsui Bussan hat einen speziell auf Nanotechnologie ausgerichteten Forschungspark in Tsukuba errichtet. Insgesamt sollen hier 1,5 Mrd. JPY investiert werden, um für vier Unternehmen, die Nanotechnologie-FuE betreiben, Einrichtungen zur Verfügung zu stellen. Auch soll ein auf nanotechnologische Patentfragen spezialisiertes Unternehmen vor Ort eingebunden werden. Mitsuis bisherige FuE-Projekte sollen zudem zentralisiert und auf längere Sicht im Tsukuba-Technologiepark untergebracht werden (Nikkei, 09., 11., 17.07. 2002; Nikkei ABT, 09.10.2001). Mitsubishi gründete Ende Juli 2000 die Fullerene International Corp. (FIC). Partner sind die US-Firmen Materials and Electrochemical Research Corp. (MER) und Research Corporation Technologies (RCT). Ziel von FIC ist es, praktische Anwendungen für Fullerene zu erforschen und Kohlenstoffmoleküle zu fertigen. Anvisierte Einsatzfelder sind unter anderem Batterien, diamantähnliche Schneidewerkzeuge, Sportausrüstungen und Kondensatoren für Elektrofahrzeuge. Eine Produktionsstätte wurde bereits in Osaka bei der Honjo Chemical Corp. errichtet (Rehn 2002).

Der Wissenstransfer zwischen Unternehmen, Universitäten und anderen staatlichen Forschungseinrichtungen ist nach wie vor schwach ausgeprägt, wodurch sich die Umsetzung von Forschungsresultaten in marktfähige Produkte und Verfahren teilweise verzögert. Angaben des METI zufolge haben sich Forschungskooperationen zwischen Unternehmen und Universitäten im Jahr 2000 zwar um 28,8% auf 4.029 erhöht, und die Zahl der Auftragsforschungen, die von Unternehmen an Universitäten vergeben wurde, stieg um 8% auf 6.368 (NW, 27.05.2002). Diese Werte sind allerdings im internationalen Vergleich noch immer extrem niedrig. Auf einer internationalen Rangskala zum Wissenstransfer zwischen Industrie und Wissenschaft belegt Japan von 49 aufgeführten Ländern nur den 41. Platz (NW, 27.05.2002). Aufgrund der übermäßigen Bürokratisierung des japanischen Hochschulwesens suchen japanische Unternehmen eher Kooperationen mit ausländischen Universitäten (NW, 27.05.2002). In letzter Zeit suchen jedoch auch japanische Universitäten und Forschungseinrichtungen verstärkt die Kooperation mit ausländischen Unternehmen und Instituten (Nikkei, 16.06.2002, 27.01., 22., 23.02.2004, 29.03.2005). Bei universitären Unternehmensgründungen sieht es trotz eines starken Anstiegs der Zahl ähnlich aus. Im Jahr 2001 gingen aus Universitäten 240 Start-ups hervor, was zwar eine Verdoppelung gegenüber der Zahl von drei Jahren zuvor darstellte, jedoch im Vergleich zu einer Zahl von 2.624 derartigen Start-ups in den USA noch immer ausgesprochen wenig ist. Der überwiegende Teil dieser Start-ups engagiert sich im Hochtechnologiesektor, 35% im Bereich der Informationstechnologien, 21% in der Fertigungstechnologie, 16% in der Biotechnologie und 8% in der Nanotechnologie (NW, 27.05., 26.08.2002; Nikkei, 19.08.2002, 23.07.2003). Inzwischen wird jedoch verstärkt versucht, Forschungskooperationen mit Universitäten zu fördern. So ist es japanischen Universitätsprofessoren mittlerweile gestattet, eigene Unternehmen zu gründen. Zudem sind die staatlichen Universitäten und Forschungseinrichtungen 2004 in eigenständige Körperschaften umgewandelt worden, sodass sie verstärkt auf die Erwirtschaftung von finanziellen Mitteln angewiesen sind. Und das METI hat durch spezielle Förderungen versucht, die Zahl der universitären Unternehmensgründungen bis Ende 2005 auf 1.000 anzuheben.

Insbesondere zwischen den großen staatlichen Universitäten und den Großunternehmen Japans werden großangelegte gemeinsame Forschungsprojekte initiiert, um gegenseitig vom Wissenstransfer zu profitieren (NW, 04.08.2003; Nikkei, 26.07.2003). So hat zum Beispiel die Kyoto University Ende 2001 mit Mitsubishi Chemical, Hitachi, Pioneer, Rohm und NTT Verträge über die Durchführung von Nanotechnologieprojekten geschlossen, für das Jahr 2002 wurde ein Zuwachs um sechs Unternehmen prognostiziert (Nikkei, 13.11.2001; Nikkei ABT, 07.08.2002). Die Investitionen der einzelnen Unternehmen wurden mit jeweils zweistelligen Millionenbeträgen veranschlagt (Nikkei,16.06.2002; NW, 27.05.2002). Die Tokyo University kündigte die Durchführung eines Nanotechnologie-Forschungsprojektes mit Fujitsu, Hitachi, Toshiba, NTT und NEC auf Unternehmensseite sowie der Yokohama National University, der Stanford University und der Universität Würzburg auf Universitätsseite an. Als Budget allein für das erste Jahr des Fünfjahresprojektes wurden 710 Mio. JPY veranschlagt (Nikkei, 11.07.2002; NW, 01.03.2004). Als weiteren Kooperationspartner im Bereich der Nanotechnologie benannte die Tokyo University Matsushita (Nikkei, 11.10.2002). Die University of Tsukuba kooperiert bei Nanotechnologie-FuE-Projekten mit Mitsui (Nikkei, 23.07.2002).

Zur schnellen Kommerzialisierung von Nanotechnologien startete im Oktober 2003 eine landesweite Initiative japanischer Unternehmen verschiedener Wirtschaftszweige[12] zur Förderung der Kooperation zwischen Staat, Wirtschaft und Wissenschaft, die *Nanotechnology Business Creation Initiative* (NBCI). Gegenwärtig sind etwa 140 Großunternehmen aus der verarbeitenden Industrie, mehr als 100 Klein- und Mittelständische Unternehmen, über 40 Handelshäuser sowie 11 Technologie-Lizenz-Organisationen (TLOs)[13] verschiedener Universitäten Mitglieder der Initiative.

Zur Vernetzung der Nanotechnologieforschung in Japan wurde zudem 2002 das Nanotechnology Researchers Network Center of Japan, kurz Nanonet genannt, eingerichtet. Es ist Teil des auf fünf Jahre angelegten „Nanotechnology Support Projects“ zur Förderung der japanischen Nanotechnologie, das vom Wissenschaftsministerium MEXT ins Leben gerufen wurde. Die beiden wichtigsten Projektziele sind: die Vermittlung von Forschungsmöglichkeiten an Einrichtungen für Synchronstrahlung, molekulare Synthese und Analyse durch herausragende, am Projekt beteiligte japanische Institute sowie die Vermittlung von Informationen über den Stand der japanischen und internationalen Forschung auf diesem Gebiet. Das Zentrum versteht sich als Informationsplattform für neue Entwicklungen und Kontakte im Bereich der Nanotechnologie, bei dem unter anderem auch japanische und internationale Patentinformationen oder Informationen zu internationalen Symposien abgerufen werden können.

Jüngste Umfragen ergaben, dass auch in Zukunft mit einer Intensivierung der Kooperationen zwischen Wirtschaft und Wissenschaft zu rechnen ist. So gaben bei einer Umfrage der Nihon Keizai Shinbun vom August 2005 auf die Frage, wie die Unternehmen ihre FuE-Aktivitäten stärken wollen, 90% der Befragten als eine Möglichkeit dafür die Kooperation mit japanischen Universitäten und Forschungseinrichtungen an. Etwas mehr als 40% wollen ihr FuE-Budget sowie die Zahl von Forschern und Entwicklern erhöhen. Und gut 30% der Unternehmen wollen mit ausländischen Universitäten kooperieren (2004 waren dies noch 19,7%). Von einer stärkeren Zusammenarbeit mit Universitäten und Forschungseinrichtungen erhoffen sich 62,2% der Unternehmen eine Stärkung ihrer Grundlagenforschung. 53,3% erwarten, innovative Ideen kennen zu lernen, die möglicherweise zu neuen Geschäftsfeldern führen (NW, 22.08.2005).

---

[12] Zu den Initiatoren gehören Hitachi und etwa 300 weitere Unternehmen (Nikkei, 16.06.2003).

[13] TLOs sind auf der Grundlage des 1998 verabschiedeten Gesetzes zur Förderung der Technologietransfers zwischen Universitäten und der Wirtschaft inzwischen an 24 der größten staatlichen Universitäten gegründet worden.

4 Perspektiven

Die japanische Regierung und der Privatsektor haben das enorme Innovationspotenzial der Nanotechnologie erkannt und in den letzten Jahren unter anderem durch den Einsatz erheblicher Finanzmittel verstärkt Anstrengungen unternommen, dieses für eine nachhaltige Wiederbelebung der japanischen Wirtschaft zu nutzen. Dabei hat die Darstellung aktueller Entwicklungstrends zur Förderung der Nanotechnologie in Japan gezeigt, dass das Land gegenwärtig durchaus wettbewerbsfähig ist. In einigen Bereichen verfügt es über eine solide Ausgangsbasis und bei nanotechnologischen Produkten sogar über einen gewissen Entwicklungsvorsprung. Allerdings sind weitere Anstrengungen notwendig, um auch langfristig beim Technologiewettlauf mithalten zu können. Die zukünftige Wettbewerbsfähigkeit Japans wird davon abhängen, wie schnell es gelingt, eine übergeordnete und strategisch ausgerichtete Forschungspolitik umzusetzen und eine Umstrukturierung des Wissenschafts- und Technologiesystems zu realisieren. Seit Mitte der 1990er Jahre konnten in dieser Hinsicht einige Fortschritte erzielt werden. Der zweite FuE-Fünfjahresplan, der im April 2001 vom Kabinett verabschiedet wurde, stellt eine konsequente Weiterführung der Bemühungen zur grundsätzlichen Umgestaltung der japanischen Forschungslandschaft dar. Doch die bisherigen, über viele Jahrzehnte gewachsenen Strukturen hemmen nach wie vor eine rasche Umsetzung. Zudem besteht in der jetzigen Reformeuphorie auch die Gefahr, dass viel Aktionismus in der unübersehbaren Zahl von Reformkomitees Pläne hervorbringt, die nur unzureichend aufeinander abgestimmt sind und zu hohen Reibungsverlusten beim Versuch ihrer Implementierung führen.

Japan hat – wie die meisten anderen OECD-Länder – die Notwendigkeit erkannt, FuE-Schwerpunktbereiche zu definieren, um einen gezielten und damit effizienteren Einsatz finanzieller Mittel zu gewährleisten. Trotz starker Steigerungen nimmt die Grundlagenforschung innerhalb der FuE-Aktivitäten Japans nach wie vor im Vergleich zu anderen Industrienationen einen geringen Stellenwert ein, was sich auf das Innovationspotenzial des Hochtechnologiesektors im Allgemeinen und der Nanotechnologie im Besonderen nachteilig auswirken könnte. Auch bleibt die japanische Nanotechnologie-Initiative im Vergleich zu den USA gegenwärtig noch hinter ihren Möglichkeiten zurück. Es existiert kein populärer und umfassender Aktionsplan mit quantitativen Zielvorgaben, obwohl wichtige Ansätze zu einer Koordinierung der Aktivitäten aller beteiligten Akteure erkennbar sind. Zudem wird das Potenzial der Nanotechnologie zwar auf breiter Front erkannt, doch es lässt sich eine ausgeprägte Spezialisierung auf diejenigen Bereiche der Nanotechnologie, in denen Japan die Führungsposition besitzt, feststellen. Die möglichst schnelle Kommerzialisierung bereits weit entwickelter Produkte steht im Vordergrund, der Gesichtspunkt der Erschließung weiterer innovativer Bereiche dagegen wird eher vernachlässigt. Mittelfristig kann sich diese Strategie vorteilhaft auswirken, langfristig verschließt sich Japan damit jedoch den potenziellen Möglichkeiten, die insbesondere an Schnittstellen – wie beispielsweise der Nanotechnologie und Biologie – zu erwarten sind. Der Wissenstransfer zwischen Industrie und Universitäten gestaltet sich aufgrund einer Reihe staatlich geförderter Projekte und aufgrund von veränderten Rahmenbedingungen, die unter anderem Universitäten zur verstärkten Kooperation zwingen, in den letzten Jahren deutlich dynamischer. Allerdings ist er im Vergleich zu anderen Industrienationen weiterhin schwach ausgeprägt, und eine interdisziplinäre Zusammenarbeit innerhalb der Universitäten und auch zwischen verschiedenen industriellen Branchen ist erst in Ansätzen erkennbar.

Japan ist auf dem besten Weg, sich beim Nanotechnologiewettlauf einen guten Platz zu sichern. Da jedoch in einigen Bereichen, die als wichtige Erfolgsfaktoren zur Entwicklung des Innovationspotenzials der Nanotechnologie gelten, deutlicher Nachholbedarf besteht, ist schnelles und effektives Handeln gefragt, damit sich die USA mit ihrer Nanotechnologie-Initiative langfristig keinen uneinholbaren Vorsprung verschaffen.

Literatur

Bachmann G (1998) Innovationsschub aus dem Nanokosmos – Technologieanalyse. VDI-Technologiezentrum, Düsseldorf

BMBF Bundesministerium für Bildung und Forschung (2002) Nanotechnologie in Deutschland – Standortbestimmung. Bundesministerium für Bildung und Forschung, Bonn

BMBF (2004) Nanotechnologie erobert Märkte. Deutsche Zukunftsoffensive für Nanotechnologie – Perspektiven und Handlungsfelder für das nächste Jahrzehnt. Bundesministerium für Bildung und Forschung, Bonn

CSTP Council for Science and Technology Policy (2001) Science and Technology Basic Plan 2001-2005. Http://www8.cao.go.jp/cstp/english/s&tmain-e.html (Zugriff am 20.10.2002)

DIHKJ Deutsche Industrie- und Handelskammer in Japan (2005) Zukunftsbranche Nanotechnologie. Japan Markt 05/2005: 8-9

Europäische Kommission (2004) Auf dem Weg zu einer europäischen Strategie für Nanotechnologie. Mitteilungen der Europäischen Kommission

Ikezawa N (2001) Nanotechnology: Encounters of Atoms, Bits and Genomes. Nomura Research Institute, NRI Papers 37

Lauterwasser C (Hrsg) (2005) Opportunities and Risks of Nanotechnologies. Allianz Center for Technology, Allianz AG/OECD

Maurer J (2004) Japan sieht sich bei Nanotechnologie gut positioniert. Japan Markt 05/2004: 9-11

Nanotechnology Research Institute AIST (2005) World Largest Nanotech Show in Japan. Asia Pacific Nanotech Weekly 3, Artikel 20, www.nanoworld.jp/apnw/articles/library3/pdf/3-20.pdf (Zugriff am 27.07.2006)

National Science and Technology Council (2004) The National Nanotechnology Initiative; Research and Development Supporting the Next Industrial Revolution, Supplement to President's FY 2004 Budget. Http://www.nano.gov/html/res/fy04-pdf/fy04-main.html

National Science and Technology Council (2006) The National Nanotechnology Initiative; Research and Development Leading to a Revolution in Technology and Industry, Supplement to President's FY 2006 Budget. Http://www.nano.gov/NNI_06Budget.pdf

Nikkei – Nikkei Net Interactive (17.09.2001) Smaller Firms Ally To Develop Uses For Advanced Technology

Nikkei – Nikkei Net Interactive (09.11.2001) SCIENCE FRONTIER: Matsushita Pursues Promising Nanotechnology

Nikkei – Nikkei Net Interactive (13.11.2001) Kyoto University Starts Nanotechnology Project With Industry

Nikkei – Nikkei Net Interactive (14.02.2002) Major Firms Forming Tie-Ups in Nanotechnology Development

Nikkei – Nikkei Net Interactive (30.04.2002) Smaller Firms Try To Get Piece Of Nanotech Action

Nikkei – Nikkei Net Interactive (30.4.2002) Nanotech Finds Market in Everything From Cars To Cosmetics

Nikkei – Nikkei Net Interactive (10.6.2002) Hitachi Group Focuses Nanotech R&D On 4 Near-Term Themes

Nikkei – Nikkei Net Interactive (16.06.2002) Natl Univs Plan More Joint Research With Firms To Raise Funds

Nikkei – Nikkei Net Interactive (09.07.2002) Mitsui To Locate Nanotechnology Research Park In Tsukuba

Nikkei – Nikkei Net Interactive (11.07.2002) Research Bodies To Help Develop Advanced Medical Tech

Nikkei – Nikkei Net Interactive (11.07.2002) Nanotech Industry-Academia R&D Project Enlists 5 Firms

Nikkei – Nikkei Net Interactive (17.07.2002) Mitsui to Increase Nanotechnology Staff

Nikkei – Nikkei Net Interactive (23.07.2002) Mitsui, Univ Of Tsukuba To Join Forces In Nanotech R&D

Nikkei – Nikkei Net Interactive (19.08.2002) UNIVERSITY START-UPS: More Professors, Researchers Set Up Firms

Nikkei – Nikkei Net Interactive (11.10.2002) Matsushita, University Of Tokyo To Launch Major R&D Project

Nikkei – Nikkei Net Interactive (29.10.2002) ANALYSIS: Canon Steps Up Nanotechnology Research

Nikkei – Nikkei Net Interactive (16.06.2003) New Industry-Academic Partnership To Promote Nanotechnology
Nikkei – Nikkei Net Interactive (23.07.2003) UNIV VENTURES: Waseda Prepares To Launch 100 Start-Ups By FY04
Nikkei – Nikkei Net Interactive (26.07.2003) Industry, Academia Tying Up In Nanotechnology, Biotechnology
Nikkei – Nikkei Net Interactive (01.12.2003) Itochu, Govt Lab To Transfer Nanotech, IT Technology To Smaller Firms
Nikkei – Nikkei Net Interactive (01.12.2003) Nanotech Products Just Years Away, Y2tln Market Seen By '05
Nikkei – Nikkei Net Interactive (01.12.2003) 1 In 3 Firms Pursuing Nanotechnology Areas: Nikkei Survey
Nikkei – Nikkei Net Interactive (27.01.2004) Sumitomo Signs Nanotube Contract With U.S. Venture
Nikkei – Nikkei Net Interactive (22.02.2004) Tokyo University, Riken Plan Joint Advanced Research
Nikkei – Nikkei Net Interactive (23.02.2004) Itochu To Take Part In U.S. Nanotechnology Institute
Nikkei – Nikkei Net Interactive (29.03.2005) SII NanoTechnology Strengthening Overseas Operations
Nikkei ABT (24.08.2001) Fujitsu Lap Develops Magneto-Recording Technology for 110GB HDD for Notebook PCs
Nikkei ABT (09.10.2001) Mitsui to Set Up Nanotechnology R&D Companies, Invest 10 Bln. Yen for Next Five Years
Nikkei ABT (30.10.2001) Canon to Attain Packing Density of 500GB per Sq.In. for Nanohole Magnetic Recording
Nikkei ABT (05.11.2001) Electronics Makers Direct More Efforts to Develop Fuel Cells
Nikkei ABT (11.12.2001) Mistubishi Firms Establish Company to Make, Sell Fullerene Materials
Nikkei ABT (10.01.2002) Mitsui to Produce 120 Tons Annually of Carbon Nanotubes from September 2002
Nikkei ABT (13.05.2002) Sony Improves Molecular Structure pf Proton-Conducting Fullerene Membrane
Nikkei ABT (21.06.2002) Daiwa Institute of Research Reports on 100 Japanese Nanotechnology Ventures
Nikkei ABT (07.08.2002) Kyoto University, NTT, Others Unite to Develop Next-Generation Organic Devices
NW – The Nikkei Weekly (18.9.2000) Nanotech center in works
NW – The Nikkei Weekly (25.12.2000) RIKEN building nanotech research lab
NW – The Nikkei Weekly (26.2.2001) Nanotech boom holds potential of Japan surging into lead
NW – The Nikkei Weekly (17.9.2001) Trading houses extend rivalry to fostering new technologies
NW – The Nikkei Weekly (24.9.2001) Foreign firms rush to register patents on nanotechnology

NW – The Nikkei Weekly (18.2.2002) Nanotechnology proves big draw for private sector
NW – The Nikkei Weekly (27.5.2002) Business looks for academia for ideas
NW – The Nikkei Weekly (27.5.2002) Public-private research to target high technology
NW – The Nikkei Weekly (26.8.2002) Carbon nanotubes emerging from labs in journey toward mass production
NW – The Nikkei Weekly (7.7.2003) Venture capital selects bio and nanotech
NW – The Nikkei Weekly (4.8.2003) Industry signs up academia in high-tech R&D
NW – The Nikkei Weekly (1.3.2004) University of Tokyo to work with Riken
NW – The Nikkei Weekly (22.8.2005) Firms set to raise research power over longer term
OECD (2002) Science and Technology – Industry Outlook 2002. OECD, Paris
Rehn D (2002) Japans Privatwirtschaft in Nanotechnologie aktiv. Japan Markt 09/2002: 7-8
Roco MC (2001) International Strategy for Nanotechnology Research and Development. Http://www.nsf.gov/search97cgi/vtopic (Zugriff am 22.10.2002)
Roco MC (2002) Government Nanotechnology Funding: An International Outlook. Http://www.nano.gov/intpersp_roco.htm (Zugriff am 22.10.2002)
Roco MC (2006) The "nano" frontier. The Indianapolis Star, 5.2.2006, http://www.indystar.com
Siegel RW, Hu E, Roco MC (Hrsg) (1999) Nanostructure and Science – A Worldwide Study. WTEC Loyola College, Maryland, http://www.wtec.org /pdf/nano.pdf (Zugriff am 21.10.2002)
Sienko T (1998) Japanese nanotechnology. In: Hemmert M, Oberländer C (Hrsg) Technology and Innovation in Japan – Policy and management for the twenty-first century. Routledge, London/New York
Tam A (2001) Japan's Nanotech Players: Thinking Big. JapanInc 05/2001
VDI Zukünftige Technologien Consulting der VDI Technologiezentrum GmbH (Hrsg) (2004) Innovations- und Technikanalyse. Nanotechnologie als wirtschaftlicher Wachstumsmarkt. VDI, Düsseldorf
Wieczorek I (2002) Initiativen und Programme zur Förderung der Nanotechnologie in Japan. Japan aktuell 12/2002: 552-565 (Institut für Asienkunde, Hamburg)

Internetseiten

Council for Science and Technology Policy (CSTP), http://www.cao.go.jp/cstp
Hamamatsu Optronics Cluster, http://www.hamatech.or.jp/opt-cluster/english /index.htm
Nanotechnology Research Institute, National Institute of Advanced Industrial Science and Technology (AIST), http://www.aist.go.jp/nanotech/index.html
Nanotechnology Research Center, Hokkaido University, http://www.es.hokudai.ac.jp/nano/english/index.html

Nanotechnology Research Network Center of Japan, http://www.nanonet.go.jp/english
Nanoelectronics Collaborative Research Center, University of Tokyo, http://www.ncrc.iis.u-tokyo.ac.jp/e/index.html
National Institute for Science and Technology Policy (NISTEP), http://www.nistep.go.jp
Institute of Physical and Chemical Research (RIKEN), http://www.riken.go.jp
New Energy and Industrial Technology Development Corporation (NEDO), http://www.nedo.go.jp
Japan Federation of Economic Organizations (Keidanren), http://www.keidanren.go.jp
National Institute for Material Science (NIMS), http://www.nims.go.jp
National Nanotechnology Initiative (USA), http://www.nano.gov

Japans Chipindustrie

Jürgen Maurer

Halbleiter werden für immer mehr Anwendungen eingesetzt, und die Anforderungen an die Leistungsfähigkeit steigen. Daher besteht ein harter Kampf zwischen den Giganten der Chipindustrie um Marktanteile und Produktneueinführungen. Japan, das in den 1980er Jahren die globale Chipszene dominierte, hat an Marktmacht verloren. Um heutzutage im internationalen Wettbewerb zu bestehen, versuchen die japanischen Chipunternehmen auf verschiedenen Wegen, im Geschäft zu bleiben und ihre Aktivitäten wieder auszubauen.

1 Japans Chipindustrie im internationalen Umfeld

1.1 Entwicklung bis 2000

In den 1980er Jahren, als japanische Unternehmen den Weltmarkt für Computer und Unterhaltungselektronik unter sich aufteilten, hatte jeder der japanischen Elektronikkonzerne eigene Chipfabrikationen, um den hohen Eigenbedarf zu decken. Die Chipabteilungen waren stark auf ihre japanischen Mutterunternehmen bzw. die Inlandsversorgung konzentriert, z.T. ohne dass sie Kosteneffizienzgesichtspunkte beachten mussten.

Stärker dem internationalen Wettbewerb ausgesetzt, traten in den 1990er Jahren die Schwachpunkte der japanischen Branche hervor. Die Inhouse-Chipproduktion wurde zu kostspielig, und die Erzeugung wanderte in Länder wie Taiwan, Südkorea und in den letzten Jahren immer stärker in die VR China ab; Zulieferströme wurden globalisiert. Die hohen Investitionskosten in dem durch schnelllebige Technologie geprägten Chipmarkt erwiesen sich als schwere Bürde, zumal das Platzen der sogenannten "Bubble Economy" Japans Unternehmen hohe Schulden auferlegte.

Viele japanische Elektronikkonzerne machten ihre Chiperzeugung zu eigenständigen Unternehmen, die sich selbst tragen sollten. Aufgrund der Schuldenlast und sinkender Verkäufe investierten die japanischen Chiphersteller über lange Zeit jedoch nur vergleichsweise wenig in die Modernisierung der Produktion und eine wettbewerbsfähige Massenfertigung. Die Folge war, dass die ineffizienten Branchenproduzenten Japans gegenüber Rivalen wie Samsung oder Intel, die unter hohem Kapitalaufwand massiv immer wieder die neueste Technologie einsetzten, nicht mehr mithalten konnten.

1.2 Entwicklung heute

Der weltweite Markt für Halbleiter ist im Jahr 2005 auf 227 Mrd. USD und damit 6,6% gegenüber 2004 gewachsen und soll in den nächsten Jahren an Wachstumsdynamik zulegen, so Vorhersagen der World Semiconductor Trade Statistics vom Oktober 2005 (WSTS 2005; siehe auch Tabelle 1). Auch andere Marktforschungsinstitute, wie Gartner Inc. oder Semiconductor Industry Association (SIA), geben fast gleichlautende Prognosen ab.

Tabelle 1. Prognose der Entwicklung im weltweiten Chipmarkt (Umsatz in Mrd. USD; Zuwachs in %)

Land		2000	2001	2002	2003	2004	2005	2006	2007
Nord-	Umsatz	64.071	35.778	31.275	32.331	39.065	39.941	41.715	45.401
amerika	Zuwachs	34,9	-44,2	-12,6	3,4	20,8	2,2	4,4	8,8
Europa	Umsatz	42.309	30.216	27.788	32.310	39.424	39.491	41.495	45.506
	Zuwachs	32,7	-28,6	-8,0	16,3	22,0	0,2	5,1	9,7
Asien-	Umsatz	51.264	39.820	51.156	62.843	88.781	103.138	115.202	129.535
Pazifik	Zuwachs	37,9	-22,3	28,5	22,8	41,3	16,2	11,7	12,4
Japan	Umsatz	46.749	33.148	30.494	38.942	45.757	44.489	46.841	50.771
	Zuwachs	42,4	-29,1	-8,0	27,7	17,5	-2,8	5,3	8,4
Gesamt	Umsatz	204.394	138.963	140.713	166.426	213.027	227.059	245.253	271.213
	Zuwachs	36,8	-32,0	1,3	18,3	28,0	6,6	8,0	10,6

Quelle: World Semiconductor Trade Statistics (2005).

Weltweit wächst die asiatisch-pazifische Region am kräftigsten und wird als Produzent und Abnehmer von Chips weiter an Bedeutung gewinnen. Innerhalb der Region bleibt Japan der wichtigste Absatzmarkt. Gemäß den Schätzungen der World Semiconductor Trade Statistics schrumpfte der japanische Absatzmarkt 2005 zwar um 2,8%, soll jedoch ab 2006 und 2007 wieder deutlich an Fahrt gewinnen. Mit knapp 47 Mrd. USD dürfte der Umsatz in Japan 2006 zudem den bisherigen Höhepunkt erreichen und die Werte der IT-Bubble von 2000 überschreiten. Insgesamt hat sich Japan zum größten Chipabsatzmarkt vor Europa und Nordamerika entwickelt (WSTS 2005).

In der Produktion hat Japan allerdings an Bedeutung eingebüßt. Gegenüber den 1980er Jahren, als japanische Hersteller den Weltmarkt beherrschten, befindet sich die Branche in der ersten Dekade des 21. Jahrhunderts in einer stark veränderten Position. Die Marktanteile japanischer Chipanbieter sind sichtbar gefallen. Auf dem Höhepunkt der Dominanz im Jahr 1988 produzierte Japan über 50% des weltweiten Chipangebotes; im Jahr 2005 soll der Anteil nur noch zwischen 23 und 24% betragen haben (IHT, 03.01.2005).

Im internationalen Ranking der wichtigsten Chiphersteller belegten 1988 die drei japanischen Unternehmen NEC, Toshiba und Hitachi die ersten Plätze, gaben danach allerdings viel Terrain ab (Nikkei Weekly, 09.01.2006). NEC stand 2004 auf dem achten Rang, Toshiba belegte den siebten Platz, und Hitachi tauchte als eigenständiger Name unter den ersten zehn größten Chipanbietern gar nicht mehr auf[1] (vgl. Tabelle 2). Nach vorläufigen Angaben des US-amerikanischen Marktforschungsunternehmens iSuppli dürfte sich das Ranking im Jahr 2005 wieder stark verändert haben (iSuppli 2005a).

Tabelle 2. Ranking der zehn weltgrößten Chipunternehmen

Ranking		Unternehmen	Umsatz (in Mio. USD)		%-Änderung	Anteil am Umsatz (in %)
2004	2005		2004	2005		
1	1	Intel	31.346	35.849	14,4	15,1
2	2	Samsung	15.759	17.096	8,5	7,2
3	3	Texas Instruments	10.225	11.105	8,6	4,7
7	4	Toshiba	8.752	9.363	7,0	3,9
6	5	STMicroelectronics	8.760	8.871	1,3	3,7
4	6	Infineon	9.180	8.381	-8,7	3,5
5	7	Renesas	9.000	8.372	-7,0	3,5
9	8	Philips Semiconductors	5.692	5.714	0,4	2,4
11	9	AMD/Spansion	5.108	5.711	11,8	2,4
8	10	NEC Electronics	6.503	5.710	-12,2	2,4

Quelle: iSuppli (2005c).

2 Der japanische Chipmarkt

Im Jahr 2005 sank die Halbleiterproduktion in Japan um 8,8% gegenüber dem Vorjahr, so die vorläufige Schätzung der Japan Electronics & Infor-

[1] Hitachi und Mitsubishi Electric Corp. verschmolzen 2003 Teile ihrer Chipproduktion in einem Joint-Venture-Unternehmen namens Renesas Technology Corp., das im Jahr 2004 Platz 5 im internationalen Ranking belegte.

mation Technology Association (JEITA 2005b). Jedoch dürfte die Erzeugung 2006 wieder expandieren, da die japanischen Chiphersteller eine deutliche Marktbelebung erwarten (vgl. Tabelle 3). Die wichtigen Abnehmerindustrien, wie Kfz-Industrie und Unterhaltungselektronik, expandieren lokal und international, was die Anbieter veranlasst, in neue Produktionskapazitäten zu investieren.

Tabelle 3. Produktion von IC in Japan (in Mrd. JPY)

	2004	2005	2006
Lineare integrierte Chips	476,3	422,9	426,0
Bipolare integrierte Chips	47,5	34,6	32,1
Mikrocomputer	680,1	641,8	663,0
Logische Chips	1.226,0	1.137,7	1.166,7
Speicherchips	605,4	513,3	556,5
MOS andere	302,9	288,0	306,2
Hybride integrierte Schaltungen	281,2	262,0	268,6
Gesamt	3.619,4	3.300,5	3.419,0

Anm.: 2005 Schätzung, 2006 Prognose.

Quellen: METI 2004; JEITA 2005b.

Angaben des Ministry of Economy, Trade and Industry (METI) zufolge weiten die japanischen Branchenunternehmen bereits seit mehreren Jahren ihre wertmäßige Produktion weniger schnell aus als den Absatz. So stand beispielsweise im Zeitraum April 2004 bis März 2005 (Fiskaljahr 2004) einer Erhöhung der Erzeugung um 6,5% eine Expansion des Absatzes um 11,4% gegenüber (METI 2004). Gleichzeitig legten die Importe zu (vgl. Tabelle 4).

Tabelle 4. Import von elektronischen integrierten Schaltungen (in Mrd. JPY)

HSPos.*	Produkt	2000	2001	2002	2003	2004
85.42	Gesamt	1.929,6	1.709,9	1.696,3	1.775,8	1.998,4
.10	Smart Cards	4,8	4,3	6,1	15,2	26,7
.21	Monolithische integrierte Schaltungen	1,643.3	1.437,0	1.384,1	1.453,9	1.567,8
.29	andere	237,9	212,6	250,7	268,1	309,8
.60	Hybride integrierte Schaltungen	32,5	29,7	31,5	17,3	72,3
.70	Mikrobausteine	1,8	17,2	5,6	7,2	6,9
.90	Teile	9,4	9,1	9,1	14,1	14,9

Anm.: * Seit 2002 gibt es Veränderungen in der Nummerierung der Kategorien.

Quelle: Japan Tariff Association.

Da japanische Unternehmen fortgeschrittene Chips für die inländische Produktion, insbesondere für Digitalfernseher und DVD-Rekorder, selbst herstellen, ist der Importbedarf hierfür relativ gering. Die Einfuhrnachfrage dürfte sich eher auf herkömmliche Speicherchips, wie sie für Computer und Peripheriegeräte benötigt und im Land kaum mehr hergestellt werden, konzentrieren.

Umgekehrt konnte Japan aber auch die Exporte ausweiten (vgl. Tabelle 5). Dabei dürfte die wichtigste Kategorie die der Systemchips sein, die an ausländische Produktionsstandorte japanischer Elektronikgerätehersteller geliefert werden, ebenso wie solche Branchenprodukte, die japanische Unternehmen für US-amerikanische Abnehmer, wie beispielsweise Xilinx oder Apple, erzeugen und liefern.

Tabelle 5. Export von elektronischen integrierten Schaltungen (in Mrd. JPY)

HSPos.*	Produkt	2000	2001	2002	2003	2004
85.42	Gesamt	3.261,9	2.675,5	2.838,5	2.995,7	3.212,4
.10	Smart Cards	8,9	11,7	14,6	11,4	10,6
.21	Chips	2.281,7	1.806,3	1.881,8	2.033,7	2.176,5
.29	Andere	514,0	435,9	524,2	537,6	622,3
.60	Hybride integrierte Schaltungen	146,9	118,5	121,3	128,2	118,6
.70	Mikrobausteine	36,2	33,0	28,9	29,2	31,5
.90	Teile	292,0	270,1	267,7	255,6	252,9

Anm.: * Seit 2002 gibt es Veränderungen in der Nummerierung der Kategorien.

Quelle: Japan Tariff Association.

Die Kfz-Industrie ist einer der wichtigen Abnehmer von Chips, da immer mehr elektronische Teile in Fahrzeugen eingebaut werden. Prognosen der Japan Electronics and Information Technology Industries Association zufolge soll der weltweite Bedarf an Halbleitern für die Automobilindustrie bis zum Jahr 2007 auf etwa 20,6 Mrd. USD zulegen und wird sich damit gegenüber 2002 in etwa verdoppeln (JEITA 2005a). In Japan haben die drei großen inländischen Anbieter – Renesas Technology Corp., Toshiba Corp. und NEC Electronics Corp. – bei Halbleitern für die Autoindustrie zusammen einen Marktanteil von 60% inne.

In dem anderen wichtigen Abnehmersegment, den Chips für die Unterhaltungselektronik, Informations- und Kommunikationsbranche, sorgt die Produktionsausweitung in den Bereichen Digitalfernsehen, LCD- und Plasma-Technik, Mobiltelefonen sowie Digitalkameras derzeit für gute Nachfrage. Bei Treiberchips, die z.B. in LCD-Fernsehgeräten eingesetzt werden, soll sich der Bedarf zwischen 2004 und 2009 verdoppeln (iSuppli 2005b). Hier hat insbesondere Matsushita „die Nase vorn“. Das Unternehmen soll einen Anteil von mehr als 50% am weltweiten Systemchipmarkt für TV-Geräte halten.

Trotz dieses insgesamt positiven Marktumfeldes verzeichneten von den zwanzig japanischen Chipherstellern, die iSuppli in ihrem vierteljährlichen Marktbericht beobachtet, im Jahr 2005 zwölf eine negative Umsatzentwicklung (iSuppli 2005a). Die Gründe hierfür sind vielfältig und sind auf deutlich veränderte Bedingungen im stark globalisierten Chipmarkt zurückzuführen.

3 Entwicklung der Chipindustrie

Die Halbleiterindustrie hat an Bedeutung gewonnen. Ohne Chips und andere elektronische Bauelemente ist die heutige Welt kaum denkbar – weshalb in der internationalen Halbleiterindustrie die Weichen auf Expansion stehen. Die Branche erlebt seit 2004 wieder eine spürbare Nachfrageausweitung. In diesem Umfeld versuchen auch Japans Anbieter, durch Investitionen in Geräte und Verfahren zur Entwicklung und Herstellung fortgeschrittener Halbleiter ihre Wettbewerbsfähigkeit wieder zu gewinnen, zu erhalten und zu erhöhen.

3.1 Nischenstrategie

Für die japanischen Unternehmen geht es darum, ihre Pionierstellung in der IC-Entwicklung und Produktion wieder zu erlangen. Waren japanische Chiphersteller Ende der 1990er Jahre weltweit Marktführer, so haben ihnen andere Anbieter, insbesondere die Unternehmen Intel und Samsung, bei Mikroprozessoren, Speicherchips und Flash-Speicherchips den Rang abgelaufen.

Die seit mehreren Jahren im Chipmarkt führenden Anbieter Intel, Samsung und Texas Instruments haben eines gemeinsam – sie konzentrieren sich auf Chips in Spezialanwendungen und sind stark internationalisiert. Hingegen produzieren viele japanische Chiphersteller eine Reihe von anwendungsspezifischen Branchenprodukten in kleineren Mengen, richten ihre Aufmerksamkeit immer noch größtenteils auf den heimischen Markt und werden von den fallenden Preisen auf dem wettbewerbsintensiven Weltmarkt unter Druck gesetzt.

Lediglich Toshiba macht hier eine Ausnahme. Mit der Konzentration auf die Erzeugung von NAND-Flash-Speicherchips[2] steht das Unternehmen im japanischen Branchenvergleich vergleichsweise sehr gut da. Flash-Speicherchips, die bei tragbaren Geräten aufgrund ihrer Speicherfähigkeit ohne Stromzufuhr und aufgrund ihres geringen Energieverbrauchs zum Einsatz kommen, erzielen hohe Absatzzuwächse.

Der Markt für NAND-Chips expandierte in den letzten Jahren mit zweistelligen Zuwachsraten. Im Jahr 2005 soll der Absatz 10,8 Mrd. USD erreicht haben und 2006 auf 15,4 Mrd. USD zunehmen. Davon wird das Unternehmen Toshiba profitieren, nimmt es doch mit einem Anteil von über 20% einen guten zweiten Platz ein. Dominierender Marktführer ist mit einem Anteil von 50% das Unternehmen Samsung (iSuppli 2005a).

Toshiba selbst geht davon aus, dass der Markt für NAND-Chips bis 2008 um jährlich zwischen 20 und 40% zulegen wird. Daher weitet das Unternehmen seine Produktionskapazitäten in Japan aus und erhöhte allein im Geschäftsjahr 2005 (April 2005 bis März 2006) das Investitionsbudget um 33% gegenüber dem vorgesehenen Plan. Mit den neuen Produktionskapazitäten in Japan, die in einem Joint Venture mit der US-amerikanischen SanDisk Corp. entstehen, wollen die beiden Chiphersteller einen weltweiten Marktanteil von 40% erreichen (Nihon Keizai Shimbun, 21.10.2005).

Die steigende Nachfrage nach NAND-Chips wird angetrieben durch die hohe Produktion und robusten Verkäufe von tragbaren Musikabspielgeräten, Digitalkameras und anderen Konsumelektronikgeräten. Um in diesem wachsenden Segment mitzuspielen, kündigten im November 2005 auch das Unternehmen Intel, das sich bisher auf Computerchips konzentrierte, und der Chipproduzent Micron den Einstieg in die Erzeugung der NAND-Chips im Rahmen eines gemeinsamen Joint Ventures an (IHT, 23.11.2005). Dadurch wird sich der internationale Kampf um Marktanteile deutlich verschärfen.

3.2 Kooperationsstrategie

Investitionen in neue Chipkapazitäten bedeuten einen hohen Kapitalbedarf. Daher sind Japans fünf größte Branchenhersteller alle untereinander und z.T. auch mit ausländischen Unternehmen Kooperationen eingegangen.

[2] Seit 1999 der erste NAND-Chip mit 256 Megabit in Serienfertigung ging, hat sich die Speicherdichte durchschnittlich alle 12 Monate verdoppelt. Derzeit produziert das südkoreanische Unternehmen Samsung bereits NAND-Chips mit 4 Gigabit Kapazität und entwickelt 16 Gigabit-Speicher, für die gestapelte Chips eingesetzt werden sollen.

Durch solche Kooperationen können gleichzeitig Investitionskosten gesenkt und Forschungs- und Entwicklungskräfte konzentriert werden, um der Konkurrenz dadurch möglichst immer einen Schritt voraus zu sein.

Abgesehen von Elpida Memory Inc., einem Gemeinschaftsunternehmen von NEC Corp. und Hitachi Ltd.[3], existiert heute in Japan kein großer Hersteller von DRAM-Chips mehr, wie sie in PCs zum Einsatz kommen. In diesem Bereich haben sich Unternehmen aus den USA, Südkorea und Taiwan mit hohen Marktanteilen etabliert. Elpida versucht, den Anschluss an diese zu gewinnen.

Ein anderer Teil der Hitachi-Chipaktivitäten verschmolz 2003 mit Mitsubishi Electric Corp. in einem neuen Unternehmen, der Renesas Technology Corp. Hergestellt werden eine Reihe von Halbleiterprodukten, insbesondere auch Systemchips, die Mikroprozessoren, Mikrokontroller und Speicherchips auf einer Platte als sogenannte LSI(Large Scale Integrated)-Chips kombinieren.

Fujitsu Ltd. ging 2003 mit dem US-amerikanischen Hersteller Advanced Micro Devices (AMD) ein Joint Venture ein, das sich auf die Erzeugung von Flash-Speicherchips spezialisiert. Das neue Unternehmen mit Namen FASC LLC hat seinen Sitz in Kalifornien. Seit 1993 besitzen Fujitsu und AMD eine gemeinsame Verarbeitungsfabrikation für Silikonscheiben in Japan (Fujitsu 2003).

Toshiba hat die bereits bestehende Zusammenarbeit mit dem US-amerikanischen Branchenunternehmen Xilinx erweitert, um nach 90-Nanometer-FPGA (Field Programmable Gate Arrays) nun auch 65-Nanometer-FPGA gemeinsam zu entwickeln und zu produzieren. Dabei stellt Toshiba die Chips in Japan her und erhält dafür Zahlungen des Partners (Japan Times, 07.12.2005).

Sony, Toshiba und IBM arbeiten seit fünf Jahren bei der Entwicklung des "Cell"-Mikroprozessors zusammen, einem Hochleistungschip mit superschneller Bildverarbeitungskapazität, wie er in den neuesten Spielekonsolen eingesetzt werden soll. Diese Forschungs- und Entwicklungsallianz wurde Anfang 2006 verlängert, mit dem Ziel, bis Ende 2010 die Verarbeitungstechnologie auf 32 Nanometer oder kleiner zu verfeinern (Nihon Keizai Shimbun, 12.01.2006).

Weitere Kooperationen befanden sich bei der Erstellung des vorliegenden Beitrags in der Verhandlungsphase. So hat sich beispielsweise Toshiba mit NEC Electronics grundsätzlich darüber verständigt, die nächste Gene-

---

[3] Elpida Memory Inc. entstand 1999 durch die Zusammenlegung der DRAM (Dynamic Random Access Memory)-Aktivitäten der beiden japanischen Elektronikkonzerne Hitachi Ltd. und NEC Corp. Mittlerweile halten Hitachi 23,8% und NEC nur noch 13,9% an dem Gemeinschaftsunternehmen.

ration fortgeschrittener Systemchips gemeinsam zu entwickeln und die hohen FuE-Kosten gemeinsam aufzubringen. 2010 soll die Massenfertigung der neuen Chips auf 45-Nanometer-Basis beginnen (Nikkei Weekly, 09.01.2006).

Möglicherweise wird Toshiba zudem mit Hitachi und Renesas Technology eine Dreier-Allianz bilden, um die nächste Generation von Chips auf 65-Nanometer-Basis gemeinsam zu produzieren. Verständigen sich die Firmen auf die Kooperation, könnte etwa 2007 eine entsprechende Fabrikation in Betrieb gehen. Gespräche in einer größeren Gruppe, die auch NEC Electronics und Matsushita Electric Industrial Co. umfasste, führten zu keinem Ergebnis (Nihon Keizai Shimbun, 28.12.2005).

Derzeit wagt nur Matsushita Electric Industrial Co. einen "Alleingang". Im Jahr 2004 investierte das Unternehmen in eine Systemchipproduktion für TV-Geräte, die 2005 ihren Betrieb aufnahm. Hierbei handelt es sich um Systemchips, die in erster Linie für die eigene Produktion digitaler Geräte eingesetzt werden. An eine Vermarktung an Dritte ist aber ebenso gedacht (Nikkei Weekly, 21.10.2005).

Ganz auf sich allein gestellt ist Matsushita dabei jedoch nicht. Das Unternehmen war Mitglied in Konsortien, wie z.B. in SELETE (Semiconductor Leading Edge Technologies Inc.)[4] oder ASET (Association of Super-Advanced Electronics Technologies)[5], um verschiedene Projekte gemeinsam zu betreiben. Über die Zusammenarbeit zwischen Privatunternehmen hinaus gibt es eine Reihe von Kooperationen zwischen Industrie, Universitäten und Regierung, beispielsweise das Asuka-Projekt, das 2001 startete.

Von staatlicher Seite spielt dabei die New Energy and Industrial Technology Development Organization (NEDO), ein Ableger des METI, eine Rolle. Sie gewährte für bestimmte Projekte finanzielle Unterstützung, wie z.B. das "Semiconductor Application Chip Project" (Fiskaljahre 2003 bis 2005), das "Stacked Memory Chip Technology Development Project" (Fiskaljahre 2004 bis 2006) oder das "MIRAI Project" (Fiskaljahre 2001 bis 2007) zur Entwicklung von Materialien und Verarbeitungsprozessen für die nächsten Chipgenerationen (NEDO 2005)[6].

---

4 Für weitere Informationen siehe http://www.selete.co.jp/index_e.html.

5 Für weitere Informationen siehe http://www.aset.or.jp/index-e.html.

6 Aus Platzgründen kann auf all diese Kooperationen und Projekte hier jedoch nicht eingegangen werden.

3.3 Kapazitätserhöhung und Neuentwicklungen

Die Chiphersteller müssen möglichst schnell die neueste Verarbeitungstechnologie nutzen und in die Massenfertigung einsteigen, um der Konkurrenz einen Schritt voraus zu sein. Kosteneffizienz und Schnelligkeit sind wichtige Wettbewerbsfaktoren, denn die Chippreise fallen nach Einführung einer neuen Fertigungstechnologie schnell und sind volatil. Die Investitionskosten müssen daher schnell refinanziert werden, bevor die nächste Generation eingesetzt wird.

Um die steigende Nachfrage zu befriedigen und im internationalen Geschäft wieder Boden gutzumachen, weiten die japanischen Chiphersteller ihre Erzeugung aus. Elpida Memory Inc. investierte in die Erweiterung der Produktion von DRAM-Chips und hat Ende 2005 mit der Serienfertigung von 300-mm-Wafern mit 90-Nanometer-Technologie begonnen.

Toshiba Corp. kündigte im August 2005 an, die Produktion von 300-mm-Wafern in Japan bis zum Fiskaljahr 2007 um 150% zu erhöhen, um NAND-flash-memory-Halbleiter für Mobiltelefone und tragbare Musikabspielgeräte herzustellen. Auch Fujitsu Ltd. baut derzeit die Kapazitäten aus und will ebenfalls im Jahr 2007 mit der Fertigung von 300-mm-Wafern auf 65-Nanometer-Basis beginnen, so Unternehmensmeldungen.

Die japanischen Chipunternehmen schauen nicht mehr nur auf die heimischen Abnehmer, sondern suchen feste Kontraktgeschäfte mit ausländischen Partnern. Denn für die Hersteller ist es wichtig, möglichst einen festen Abnehmerkreis zu haben, um die Kapazitäten darauf auszurichten und weniger von volatilen Preisentwicklungen betroffen zu sein.

Allerdings müssen sich die japanischen Hersteller weiterhin mit den Branchenführern Intel und Samsung messen. Diese Giganten investieren riesige Summen in die neueste Technologieentwicklung: Liegt der gegenwärtige Verarbeitungsstandard für 300-mm-Wafer bei 90 Nanometer, so hat Intel bereits die erste Produktion auf 65-Nanometer-Basis aufgenommen. Zudem hat Intel mit der Errichtung einer Fabrik für 45-Nanometer-Technologie begonnen, die 2008 in Betrieb gehen soll (Nikkei Weekly, 09.01.2006).

Um sich auf dem internationalen Chipmarkt zu behaupten, wird es daher umso wichtiger, sich durch neue Produkte und Geschäftsfelder Wettbewerbsvorteile zu erarbeiten. Toshiba und NEC meldeten Ende 2004, dass sie eine neue Memory-Chip-Technologie entwickelt haben, die den Energieverbrauch um die Hälfte verringern soll. Dabei handelt es sich um einen MRAM(Magnetoresistive Random Access Memory)-Chip, der Flash-Memory- und DRAM-Merkmale miteinander kombiniert (Japan Times, 16.12.2004).

Eine andere Neuentwicklung vermeldete das Unternehmen Seiko Epson Corp., das an einem dünnen, biegsamen Mikroprozessorchip arbeitet. Die Anwendungsmöglichkeiten sind groß und umfassen z.B. noch dünnere tragbare Computer, elektronisches Papier und hauchdünne Smart Cards, die nicht brechen. Allerdings wird die Kommerzialisierung des neuen Produkts vermutlich noch einige Zeit dauern (Nikkei Weekly, 14.02.2005).

In das Blickfeld der Chipentwickler rückt verstärkt die Nanotechnologie (vgl. auch den Beitrag von Wieczorek). Durch die Nutzung neuer Materialien, wie Kohlenstoff-Nanoröhrchen, sollen sich die Eigenschaften und die Kapazitäten von Chips noch deutlich erweitern lassen. In die Entwicklung und Kommerzialisierung von Nanotechnologie investieren sowohl die japanischen Unternehmen als auch das Ministry of Economy, Trade and Industry (METI) viel Geld, um möglichst einen Vorsprung vor der ausländischen Konkurrenz zu erarbeiten.

4 Japans Chipindustrie am Scheideweg

Nachdem die japanischen Hersteller aus dem Speicherchipbereich nach und nach verdrängt wurden, steht die Branche heute am Scheideweg. Fusionen wie bei Elpida oder Renesas Technology haben nicht notwendigerweise die besten Resultate gebracht, denn die neuentstandenen Unternehmen sind heutzutage kaum profitabler als ihre Vorgänger. Kooperationen zwischen Unternehmen in einzelnen gut definierten Projekten zeigen bessere Ergebnisse. Alleingänge kann sich heutzutage kaum noch ein Unternehmen erlauben, weil die Kosten für Forschung und Entwicklung sowie für die Produktionsanlagen enorme Dimensionen erreichen.

Unterstützung von Seiten der Bürokratie, insbesondere des Ministry of Economy, Trade and Industry, das in der Hochphase der 1980er Jahre zu den wichtigsten Treibern der Chipentwicklung gehörte, ist heute kaum mehr zu erwarten. Das Ministerium drängt zwar noch auf stärkere Kooperation, aber die Initiativen liegen heute bei den Chipunternehmen selbst.

Ein Überleben im harten Wettbewerb des internationalen Chipmarktes wird somit nur möglich sein, wenn die Unternehmen im vordersten Feld der Entwicklung aktiv sind und aus dem expansiven Marktumfeld Kapital schlagen. Daher versuchen die japanischen Chipanbieter heutzutage, ihre Stärken aggressiver zu nutzen. Bei neuen Anwendungen, wie Chips für die LCD-Flachbildschirmtechnologie, und bei der Umsetzung der Nanotechnologie in der Chipentwicklung investieren sie massiv, um die Nase vorn zu behalten und Neuentwicklungen schnell zu kommerzialisieren.

Literatur

Fujitsu (2003) AMD and Fujitsu announce new flash memory company. Http://www.fujitsu.com/global/news/pr/archives (Zugriff am 01.04.2003)

IHT International Herald Tribune (03.01.2005) Chip firms in Japan are trying to regroup. S 15

IHT International Herald Tribune (23.11.2005) Intel joins in venture to capitalize on flash-memory boom. S 12

iSuppli (2005a) iSuppli Ranks Chip Suppliers. Http://www.isuppli.com/news /marketshare (Zugriff am 01.12.2005)

iSuppli (2005b) LCD driver IC market on the rise. Http://www.isuppli.com/news /marketwatch (Zugriff am 09.09.2005)

iSuppli (2005c) iSuppli Corp. Quarterly Competitive Landscaping Tool. November 2005

Japan Tariff Association (verschiedene Jahrgänge) Japan Exports and Imports.

Japan Times (16.12.2004) Toshiba, NEC plan to beat DRAM at memory chip game.

Japan Times (07.12.2005) Toshiba in pact for new logic chips. S 8

JEITA Japan Electronics and Information Technology Industries Association (2005a) Electronics firms busier than as auto-related demand climbs. In: Nikkei Weekly, 25.07.2005: 14

JEITA Japan Electronics and Information Technology Industries Association (2005b) 2006 Denshi kōgyō seisan mitōshi [Ausblick auf die Produktion der Elektronikindustrie 2006]. JEITA, Tokio

METI Ministry of Economics, Trade and Industry – Research and Statistics Dept., Economic and Industry Policy Bureau (2004) Yearbook of Machinery Statistics. METI, Tokio

NEDO New Energy and Industrial Technology Development Organization (2005) Industrial Technology Research and Development Projects. Http://www.nedo. go.jp /english/activities/index.html (Zugriff am 15.01.2006)

Nihon Keizai Shimbun (21.10.2005) Handōtai tōshi, Tōshiba, sanwari tsuika 2250 oku en ni – furasshu memori, zōsan maetaoshi [Toshiba steigert Investitionen in Halbleiter um 30% auf 225 Mrd. Yen – Erhöhung der Produktion von Flashmemory vorgezogen]. S 13

Nihon Keizai Shimbun (28.12.2005) "Hinomaru handōtai" sansha de shuppatsu, Hitachi, Tōshiba, Renesas ga junikaisha, kyōdō seisan e [„Hinomaru-Halbleiter" – die drei Unternehmen starten. Hitachi, Toshiba und Renesas gründen Vorbereitungsunternehmen für gemeinsame Produktion]. S 11

Nihon Keizai Shimbun (12.01.2006) IBM, Sony, Tōshiba 32 nano handōtai kyōdō kenkyū, Interu nado ni sente [IBM, Sony und Toshiba beginnen gemeinsame Forschung zu 32-nm-Halbleitern, kommen Intel zuvor]. S 13

Nikkei Weekly (14.02.2005) Bendable chip for e-paper debuts. S 13

Nikkei Weekly (21.10.2005) Matsushita to kick off volume shipment of 65 nm system chips. Nikkei-Net-Interactive-Datenbank, http://www.nni.nikkei.co.jp (Zugriff am 20.12.2005)

Nikkei Weekly (09.01.2006) Chipmakers study joint production. S 14, http://www.nni.nikkei.co.jp/AC/TNW/Search/Nni20060109IN6CHIP2.htm (Zugriff am 03.04.2006)

WSTS World Semiconductor Trade Statistics (2005) WSTS Semiconductor Market Forecast Autumn 2005. Http://www.wsts.org/plain/content/view/full/2273 (Zugriff am 10.01.2006)

Der Wachstumsmarkt für Robotertechnologie in Japan

Pascal Gudorf

1 Einleitung

Seit drei Jahrzehnten ist Japan führend im Einsatz von Robotern in der Industrieproduktion. Knapp die Hälfte aller weltweit eingesetzten Industrieroboter arbeitet in japanischen Fabriken, insbesondere in der Automobilindustrie. Jetzt schickt sich das Land an, eine ähnliche Spitzenstellung bei der Entwicklung und Vermarktung von Partnerrobotern einzunehmen. Noch vor wenigen Jahren belächelten ausländische Beobachter die unbeholfenen Gehversuche menschenähnlicher Roboter und taten die Prototypen aus den japanischen Ingenieurbüros als nutzloses Spielzeug ab. Mittlerweile wird den mobilen Helfern aber ein enormes Marktpotenzial attestiert. Während sich die meisten Menschen heutzutage das Leben an der Seite eines Roboters nur schwer vorstellen können, prophezeien Experten bereits in wenigen Jahren die massenhafte Verbreitung von Robotern. Wenn man den Prognosen glauben darf, könnten Roboter bereits in 25 Jahren zur Grundausstattung der meisten Haushalte in den Industrienationen gehören.

Die schneller als in anderen Gesellschaften fortschreitende Alterung der Bevölkerung könnte dabei Japan ähnlich wie in der Industrierobotik zu einem Führungsmarkt für Partnerroboter machen. Tatsächlich könnten die Japaner bei einem weiter anhaltenden Geburtenrückgang und der wachsenden Lebenserwartung bereits in nicht allzu ferner Zukunft auf die Hilfe von Robotern in der Altenpflege angewiesen sein, es sei denn, die Regierung lockert ihre restriktive Einwanderungspolitik drastisch. Im Jahre 2050 wird fast ein Drittel der japanischen Bevölkerung über 65 Jahre alt sein, und ein Mangel an Pflegepersonal ist vorprogrammiert (DIHKJ 2004: 10). Bereits heute sind Dutzende von Forschungsinstituten und Privatunternehmen – allen voran die beiden Automobilkonzerne Honda und Toyota –

mit bemerkenswertem Erfolg damit beschäftigt, humanoide, d.h. menschenähnliche Roboter für diverse Serviceanwendungen zu entwickeln. Auf der anderen Seite geben sowohl die Japan Robot Association (JARA) als auch die Japan External Trade Organization (JETRO) der japanischen Industrie schlechte Noten bei der Entwicklung von Servicerobotern für professionelle Anwendungen, wie dem Einsatz in Atomkraftwerken, in der Luft- und Raumfahrt sowie in der Ozeanforschung. Auch bei Miniaturrobotern für medizinische Anwendungen stellen die beiden Institutionen einen Rückstand fest (JARA 2001: 2-5; JETRO 2006). Inwieweit bringt Japan vor diesem Hintergrund die Voraussetzungen mit, auf dem Robotermarkt der Zukunft eine führende Rolle einzunehmen? Um die Entwicklung im Bereich der Serviceroboter besser einschätzen zu können, soll zunächst Japans Aufstieg zum Führungsmarkt und die heutige Situation in der Industrierobotik beleuchtet werden.

2 Der Markt für Industrieroboter

Neben der Lasertechnik gehört die Robotik heute zu den Schlüsseltechnologien der modernen industriellen Fertigung. Roboter sind aus dem Produktionsprozess, insbesondere in der Automobilindustrie, kaum noch wegzudenken. Das Ausmaß ihrer Verbreitung allerdings hat sich weltweit sehr unterschiedlich entwickelt, wobei Japan von Beginn an eine Spitzenstellung einnahm.

2.1 Entwicklung der industriellen Roboternutzung in Japan

Nirgendwo sonst erkannte man die Vorteile des Einsatzes der Robotertechnik früher als in der japanischen Industrie. Die Anfänge der dortigen Roboterindustrie gehen zurück auf die 1960er Jahre. Während in den USA die Firma Unimation Inc. mit der serienmäßigen Fertigung von Montagerobotern begonnen hatte, verlief ihr Einsatz in amerikanischen Betrieben zunächst stockend; zu groß waren die Widerstände gegen die neue, vermeintlich Arbeitsplätze raubende Technologie. Der Durchbruch kam erst, als Kawasaki Heavy Industries 1968 eine Lizenz von Unimation erwarb (DIHKJ 2004: 7; Walke 2005: 17).

Seit den 1970er Jahren hielt die Robotertechnik Einzug in die japanischen Werkshallen.

Die durch den massiven Robotereinsatz forcierte Automatisierung von Produktionsprozessen sorgte dafür, dass Japans verarbeitende Industrie in der Folge entscheidende Produktivitätsfortschritte erzielte, die zu ihren Exporterfolgen in den 1980er Jahren beitrugen.

Die Roboterentwicklung in Japan kann in folgende Phasen eingeteilt werden (DIHKJ 2004: 10):

Ab den frühen 1970er Jahren
Die Robotertechnologie bahnt sich ihren Weg in die Fabrikationshallen.

1980 – 1984
Phase intensiver Neu- und Weiterentwicklung, mit der anfangs ein Absinken der Zahl der Neuinstallationen einhergeht.

1985 – 1989
Die Industrie greift technologische Neuentwicklungen auf. Die Anzahl der Roboter steigt rapide.

1990 – 1995
Aufgrund wirtschaftlicher Schwierigkeiten geringe Investitionen in der Industrie, Überkapazitäten werden abgebaut. Es stehen nur geringe Budgets für Forschung und Entwicklung zur Verfügung.

1996 – 2002
Die Nachfrage für Industrieanwendungen bleibt auf niedrigem Niveau. Entwicklung erster humanoider Serviceroboter, Einführung von virtuellen Haustieren.

Seit 2003
Belebung des Industrierobotermarktes durch technische Neuerungen und Ersatzinvestitionen. Weiterentwicklung von Partnerrobotern, intensive Vermarktung und Verbreitung von Service- und Unterhaltungsrobotern.

Förderlich für die Verbreitung der Robotertechnik in der Industrie war, dass anders als im Westen Roboter in Japan selten Arbeitsplätze bedrohten. Verdrängte ein Industrieroboter einen Arbeiter von seinem Platz, so wurde für diesen – im Einklang mit dem Prinzip der lebenslangen Beschäftigung – in Zeiten des Wirtschaftswachstums im Regelfall eine neue Stelle geschaffen. Der Widerstand gegen die Automatisierung fiel in den Fabriken dementsprechend gering aus, sodass sich Japan zum „Robot Kingdom" (Schodt 1988) und weltweit führenden Land in der Industrierobotik entwickeln konnte. Daneben werden für die im Vergleich zu westlichen Industrienationen rasche Verbreitung der Robotertechnik in Japan als Gründe auch eine generelle Technikverliebtheit der Japaner und animistische Glaubensvorstellungen angegeben (DIHKJ 2004: 9; Walke 2005: 17, 21).

2.2 Japans Rolle im weltweiten Markt für Industrierobotik

Lange Zeit machte Japans Roboterbestand 60% aller weltweit eingesetzten Industrieroboter aus. Da aber in den 1990er Jahren die Preise für Robotererzeugnisse um etwa die Hälfte sanken, verstärkte sich der Trend zur Automatisierung auch in anderen Ländern, sodass sich weltweit Verschiebungen ergaben. Japans Anteil verringerte sich gemäß „World Robotics 2005“, der umfangreichsten Branchenstudie, bis Ende 2004 auf etwa 45% (UNECE/IFR 2005: 3; Maurer 2004a: 1), an seiner führenden Rolle änderte sich jedoch nichts. Vielmehr deutet die Marktentwicklung der letzten drei Jahre darauf hin, dass sich Japans Position entgegen pessimistischer Prognosen wieder gefestigt hat.

Insgesamt wurden seit Beginn der Fabrikautomatisierung in den frühen 1970er Jahren weltweit etwa 1,5 Mio. Industrieroboter installiert. Der United Nations Economic Council for Europe (UNECE) und die International Federation of Robotics (IFR) gehen bei einem durchschnittlichen Lebenszyklus von 12 bis 15 Jahren Ende 2004 von einem Bestand zwischen 848.000 und 1,12 Mio. Einheiten aus. Davon arbeiteten 356.500 in japanischen Fabriken, während die Zahl in den USA nur bei 122.000 lag. In Deutschland befanden sich Ende 2004 knapp über 100.000 Industrieroboter im Einsatz.

Abb. 1. Anzahl der Industrieroboter auf 10.000 Beschäftigte in der verarbeitenden Industrie

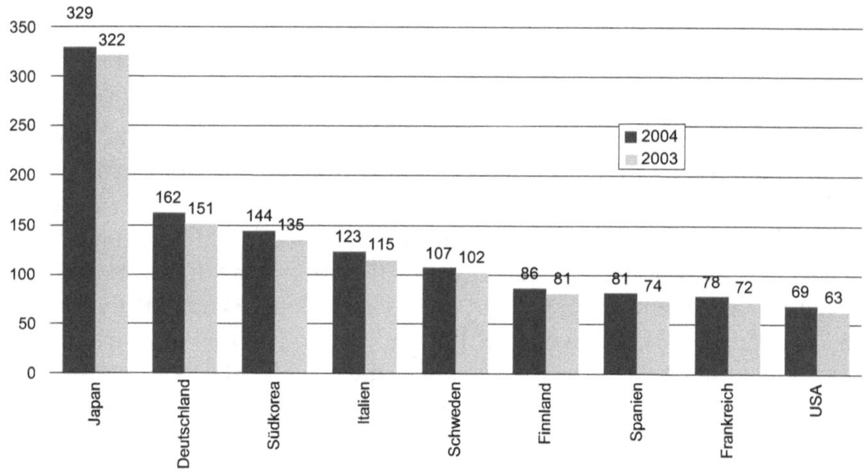

Quelle: UNECE/IFR (2005: 54).

Wie weit fortgeschritten der Automatisierungsgrad der japanischen Volkswirtschaft ist, lässt sich anhand eines Vergleichs der Roboterdichte – also der Anzahl der eingesetzten Roboter pro 10.000 Beschäftigte – im verarbeitenden Gewerbe verdeutlichen (vgl. Abbildung 1). Hier liegt Japan mit 329 Roboterinstallationen mit großem Abstand an erster Stelle, gefolgt von Deutschland mit 162 Robotern pro 10.000 Beschäftigte. Zum Vergleich: Die durchschnittliche Roboterdichte in Europa war mit 86 immer noch deutlich höher als die in den USA, wo sie 2004 nur 69 betrug (UNECE/IFR 2005: 8, 54).

Vorreiter in der Fabrikautomatisierung und im Robotereinsatz ist seit jeher die Automobilindustrie. Mindestens ein Drittel aller Industrieroboter werden weltweit in den Fabriken der Autohersteller und der Zulieferer eingesetzt. In Japan kamen auf 10.000 Industriearbeiter in der Kfz-Branche im Jahr 2004 rund 1.600 Roboter. Ebenfalls hohe Quoten werden in Italien (1.570) und in Deutschland (1.140) erreicht; in den USA ist die Automatisierung mit 800 Robotern je 10.000 Beschäftigten in der Autoproduktion dagegen weit weniger fortgeschritten (UNECE/IFR 2005: 9).

2003 und 2004 stiegen die Roboterinstallationen in japanischen Fabriken um 25% bzw. 17% an, während der Weltmarkt um 17% bzw. 19% wuchs. Ein Blick auf die internationale Verteilung der Nachfrage im Jahr 2004 zeigt, dass Japan mit knapp 40% der Neuinstallationen der mit Abstand größte Absatzmarkt war, gefolgt von Nordamerika und Deutschland mit je 14% sowie Italien und Korea mit einem Anteil von je 6% (vgl. Abbildung 2). Von den 95.400 weltweit verkauften Robotern wurden 37.100 Einheiten in japanischen Fabriken installiert (UNECE/IFR 2005: 33).

Abb. 2. Neuinstallationen von Industrierobotern nach Absatzmärkten 2004

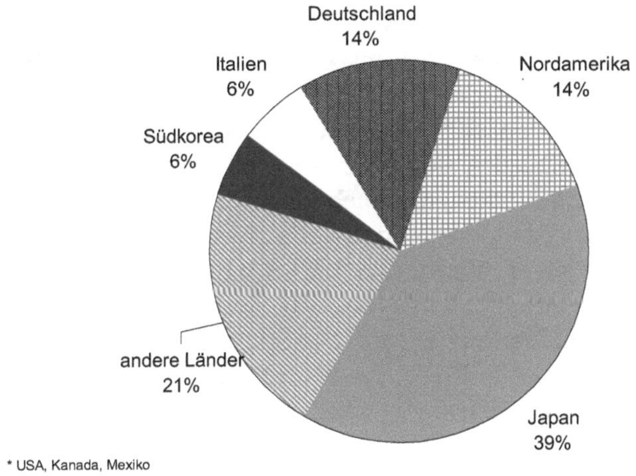

Quelle: UNECE/IFR (2005: 33).

Betrachtet man die Branchenverteilung der Nachfrage in Japan im Jahr 2004, fallen zwei Industriezweige als besonders nachfragestark auf: die Automobilbranche und der Elektromaschinenbau. Die höchste Nachfrage generierte die Automobilindustrie, besonders aufgrund der zunehmenden Automatisierung bei den Zulieferern. Sie absorbierte 44% der Neuinstallationen des Jahres 2004. Der Elektromaschinenbau fragte mit 10.400 neu installierten Einheiten rund 28% aller in Japan abgesetzten Roboter nach (UNECE/IFR 2005: 128).

Nicht nur beim Einsatz, sondern auch bei der Herstellung von Robotern nimmt Japan eine führende Position ein, die sich auch in einem hohen Exportanteil niederschlägt. Die Entwicklung des Produktionsvolumens verlief wie folgt: Die japanischen Roboterhersteller konnten ihre Produktion im Jahr 2004 von 63.000 auf 75.150 Einheiten steigern. Mit 38.300 Einheiten wurde mehr als die Hälfte davon im Ausland abgesetzt. Damit hat die Industrie nach einem statistisch und konjunkturell bedingten Rückgang in den Jahren 2001 und 2002 fast wieder den Rekordwert von 39.000 exportierten Robotern aus dem Jahr 2000 erreicht. Auch wenn die Angaben zur Produktion in anderen Ländern in der Studie World Robotics 2005 unvollständig sind, so ist Japan mit Abstand der größte Roboterproduzent weltweit. Zum Vergleich: die Produktion in Deutschland lag 2004 fast unverändert bei 13.200 Einheiten (UNECE/IFR 2005: 126).

Wertmäßig stieg die japanische Produktion von Industrierobotern im Jahr 2005 nach Angaben der Japan Robot Association um 9,6% auf 512,5 Mrd. JPY. In Japan wurden Roboter im Wert von 204,5 Mrd. JPY abgesetzt, was einem Anstieg gegenüber dem Vorjahr um 21,8% entsprach (JARA 2006). Damit wuchs der Inlandsmarkt erstmals seit mehreren Jahren wieder stärker als die Auslandsnachfrage. Unverändert bleiben die Roboterhersteller aber stark abhängig vom Export, der sich in den letzten Jahren sehr dynamisch und mit Wachstumsraten im zweistelligen Prozentbereich entwickelt hat. Die Exportquote der japanischen Roboterbranche liegt wertmäßig sogar bei über 60%. Mit Lieferungen ins Ausland wurden 2005 rund 324,3 Mrd. JPY, das sind 16,3% mehr als im Vorjahr, umgesetzt (JARA 2006). Die wichtigsten Abnehmerländer liegen mit etwa der Hälfte der Ausfuhren in Asien, während jeweils etwa 25% in die USA und nach Europa geliefert werden (Maurer 2005b; Walke 2005: 18).

Der japanische Robotermarkt wird von fünf Herstellern dominiert, die sich 70% des Marktes teilen (siehe Tab.1). Angesichts der weltweit führenden Stellung der japanischen Roboterindustrie sind ausländische Anbieter in Japan bis heute kaum präsent. So wurden im Jahr 2004 nur 278 ausländische Roboter in japanischen Fabriken installiert, das entspricht 0,7% der Gesamtzahl (UNECE/IFR 2005: 127). Vereinzelt haben sich aber bei der Lieferung von Komponenten und Systemlösungen spezialisierte europäische Hersteller mit Nischenprodukten eine respektable Marktposition verschafft.

Tabelle 1. Marktposition führender Hersteller von Industrierobotern 2004

Position	Unternehmen	Marktanteil (in %)	Veränderung gegenüber Vorjahr (in %)
1	Matsushita Electric Industrial	25,1	-3.5
2	Yaskawa Electric	18,8	2.3
3	Fanuc	15,4	2.6
4	Kawasaki Heavy Industries	6,4	0.5
5	Yamaha Motor	6,0	0.8

Quelle: Nikkei Net Interactive (28.07.2005).

2.3 Aussichten für die Industrierobotik in Japan

Um im globalen Wettbewerb konkurrenzfähig zu bleiben, werden auch in Zukunft immer mehr Unternehmen in Technologien investieren, die dazu beitragen, Kosten zu senken, Produktivitätsfortschritte zu erzielen und die Qualität von Produkten zu verbessern. Vor diesem Hintergrund und angesichts des Innovationstempos in der Halbleiter- und Computertechnik sowie des enormen Potenzials an neuen Anwendungen in der verarbeitenden Industrie ist anzunehmen, dass die industrielle Roboternutzung weiter expandieren und eine zunehmend wichtige Rolle in der Rationalisierung von Produktionsprozessen spielen wird. Auch der Trend, arbeitsintensive und gefährliche Arbeiten vom Menschen auf die Maschine zu übertragen, dürfte zu einer weiteren Verbreitung des Robotereinsatzes führen. Für den Zeitraum von 2005 bis 2008 prognostizieren UNECE und IFR daher ein robustes Wachstum der weltweiten Roboterinstallationen um durchschnittlich 6,1% pro Jahr. Der Weltmarkt wird nach diesen Schätzungen von 95.400 Einheiten im Jahr 2004 auf 121.000 Einheiten anwachsen (UNECE/IFR 2005: 269). Vieles wird davon abhängen, wie sich die Nachfrage in der Automobilindustrie und im zyklischen IT-Geschäft entwickelt.

In Japan zählt die Industrierobotik im Gegensatz zu den Servicerobotern zu den reifen Branchen, bleibt aber dennoch ein aussichtsreicher Wachstumsmarkt. Nach zwei schwachen Jahren 2001 und 2002 waren UNECE und IFR davon ausgegangen, dass sich der Roboterbestand in Japan bis 2006 rückläufig entwickeln würde. Doch seit 2003 wuchs die Branche vor allem durch die angesprungene Nachfrage in der Chip- und Optoelektronikindustrie wieder im zweistelligen Prozentbereich. Aufgrund der konjunkturellen Erholung im Automobilsektor, technischer Weiterentwicklungen und des Erneuerungsbedarfs, der in vielen Industriebereichen ansteht, rechnen die beiden Organisationen damit, dass die Roboterinvestitionen in den nächsten Jahren weiter zunehmen werden. Die Neuinstallationen könnten vom derzeitigen Niveau um 37.000 Einheiten bis 2008 auf 45.900 Einheiten jährlich ansteigen (Maurer 2005a; UNECE/IFR 2005: 269).

Auch die Auslandsnachfrage verspricht, der japanischen Roboterbranche weitere Impulse zu verleihen. Längst wird nicht mehr nur in den fortgeschrittenen Industrieländern auf Roboter zur Automatisierung zurückgegriffen. Vor allem in Südkorea stieg die Roboterdichte in den letzten Jahren rapide an, und auch aus den asiatischen Wachstumsmärkten China, Thailand, Malaysia und Indien wird in Zukunft mit einer steigenden Nachfrage nach Produktionsrobotern, insbesondere für die Kfz-Erzeugung, gerechnet (UNECE/IFR 2005: 269; Maurer 2004a: 3), von der japanische Anbieter profitieren sollten.

Langfristig bleiben die Aussichten für die japanische Industrieroboterbranche ebenfalls sehr vielversprechend. Die Japan Robot Association geht davon aus, dass die Branche in den nächsten zwei Jahrzehnten weiter kräftig wachsen wird. Das Marktvolumen, das derzeit bei etwa 500 Mrd. JPY liegt, wird sich demnach bis 2025 auf 1,4 Bio. JPY nahezu verdreifachen (Maurer 2005c: 22; Walke 2005: 19).

Dabei spielen nicht nur Ersatzinvestitionen eine Rolle. Das Ministerium für Wirtschaft, Handel und Industrie (METI) hat sich das Ziel gesetzt, die Robotertechnik bis 2020 noch stärker in der Automobilindustrie zu etablieren. Die Rationalisierung der Produktion bei den Kfz-Herstellern soll schrittweise den Verzicht auf menschliche Arbeitskraft ermöglichen. An dieser Vision arbeiten unter anderem die japanischen Roboterhersteller Fanuc und Yaskawa Electric. Fanuc entwickelt intelligente Roboter, die Arbeiten durchführen können, für die sie nicht vorher programmiert wurden, und die automatisierte Produktionslinien Tag und Nacht bestücken (Nikkei Net Interactive, 01.08.2005). Yaskawa forscht derzeit an humanoiden Robotern, die Fließbandarbeiten so handhaben können, wie es bisher Fabrikarbeiter tun. Innerhalb der nächsten 20 Jahre soll dies möglich werden (Maurer 2005a). Zu den Pionieren in der Anwendung gehört Toyota. Der größte japanische Autohersteller treibt gemeinsam mit Yaskawa ein Projekt zur Entwicklung von „Super-Robotern“ voran, von denen sich die ersten bereits im Einsatz befinden (Nikkei Net Interactive, 06.01.2005). Während Roboter in der Autoindustrie bisher für gefährliche Arbeiten, wie das Schweißen und Lackieren, eingesetzt werden, will Toyota die neue Generation der Roboter auch für komplexe Arbeiten in der Endmontage einsetzen. Die Automaten sind nicht dazu gedacht, den Facharbeiter zu ersetzen, sondern sollen als mechanischer Partner ihre menschlichen Kollegen am Fließband ergänzen. Um seinen technischen Führungsanspruch langfristig zu sichern, reagiert Toyota mit diesem Projekt frühzeitig auf demografische Veränderungen und den sich bereits bemerkbar machenden Mangel an qualifizierten Fachkräften. Dabei profitiert der Autobauer von seinen Entwicklungen mit humanoiden Servicerobotern.

3 Der Zukunftsmarkt für Serviceroboter

Im Gegensatz zum verhältnismäßig alten und reifen Markt der Industrierobotik, auf dem zwar ein robustes Wachstum, aber keine spektakulären Entwicklungen zu erwarten sind, verspricht der im Entstehen begriffene Markt für Serviceroboter für die nächsten Jahrzehnte Aufsehen erregende Wachstumszahlen. Ohne dass dies von der Öffentlichkeit bisher besonders zur Kenntnis genommen wurde, werden schon heute die meisten Roboter außerhalb der Industrie eingesetzt. Während Ende 2004 in Fabriken rund um den Globus 848.000 Industrieroboter installiert waren, belief sich der Roboterbestand außerhalb des industriellen Sektors Schätzungen zufolge auf knapp 2,1 Mio. (UNECE/IFR 2005: 302-303). Dan Kara, Präsident des amerikanischen Marktforschungsunternehmens Robotics Trends Inc. und Chefredakteur des gleichnamigen Online-Portals, geht davon aus, dass das Marktvolumen der Serviceroboterindustrie auch wertmäßig im Jahr 2005 erstmals den Markt für standortgebundene Industrieroboter übertroffen hat (Kara 2005).

Der Markt wird in Serviceroboter für professionelle Anwendungen in Landwirtschaft, Reinigungswesen, Meeresforschung, Bau, Raumfahrt, Logistik, Medizin und Sicherheit, Serviceroboter für Haushaltsarbeiten sowie Unterhaltungsroboter eingeteilt. Mengenmäßig dominieren Haustierroboter für spielerische Zwecke und Haushaltsroboter. Wertmäßig spielen aufgrund ihrer hohen Stückpreise auch Unterwasserroboter, Operationsassistenten und Melkroboter eine wichtige Rolle. Menschenähnliche Partnerroboter, die sogenannten Androiden oder humanoiden Roboter, fallen in den Statistiken bislang nicht ins Gewicht. Von einem Massenmarkt kann derzeit am ehesten bei automatisierten Staubsaugern gesprochen werden; dieser entwickelt sich besonders rasant in den USA. Allein der iRobot wurde Herstellerangaben zufolge bis Mai 2006 bereits mehr als zwei Millionen Mal verkauft. Die von Electrolux entwickelte Technologie wird nun auch von japanischen und koreanischen Haushaltsgeräteherstellern wie Hitachi und Samsung vermarktet (UNECE/IFR 2005: 304).

Angesichts der Fülle an potenziellen Einsatzmöglichkeiten steckt die Kommerzialisierung von Servicerobotern noch in den Kinderschuhen. Dies könnte sich bald ändern, denn die Zahl der Service- und Hobbyroboter soll sich in wenigen Jahren mehr als vervierfachen, prognostizieren UNECE und IFR. Laut „World Robotics 2005“ wird für die Vierjahresperiode von 2005 bis 2008 mit einer Zunahme um 7 Mio. Einheiten und einem Marktvolumen von 11,2 Mrd. USD gerechnet. Mit Haushalts- und Unterhaltungsrobotern sollen knapp 7,7 Mrd. USD umgesetzt werden. Aber auch der Bestand an professionellen Servicerobotern soll sich um 50.000 Einheiten verdreifachen, was einem Wert von 3,5 Mrd. USD entspräche (UNECE/IFR 2005: 302-303).

3.1 Marktpotenzial von Servicerobotern in Japan

Auch in Japan sehen Branchenexperten ein hohes Marktpotenzial für Serviceroboter. Während die industrielle Nutzung von dem derzeitigen Marktvolumen um 500 Mrd. auf 1,4 Bio. JPY im Jahr 2025 ansteigen soll, prognostiziert der Roboterverband JARA eine Expansion des Marktes für Serviceroboter bis 2010 auf 900 Mrd. JPY. Bis 2025 könnte er sich auf 6,5 Bio. JPY erhöhen und damit ein Vielfaches des Industrierobotermarktes ausmachen. Die Schätzungen der mit Roboterprojekten betrauten New Energy and Industrial Technology Development Organization (NEDO) und des Industrieministeriums METI schwanken zwischen 6,2 und 7,4 Bio. JPY (NEDO 2005; Maurer 2006: 21). Davon dürften zwei Drittel auf die Herstellung und den Vertrieb von Robotern entfallen, der Rest auf Softwareentwicklung, Ersatzteile, Ausbildung und andere Dienste (Maurer 2004b: 1; vgl. Tab. 2).

Tabelle 2. Marktprognose für Robotereinsatz im Jahr 2025 (in Mrd. JPY)

Bereich	Volumen
Haushalt	3.266
Unterhaltung (Haustierroboter)	40
Medizinische Versorgung	931
Infrastruktur- und Wartungsbereich	529
Sicherheitsdienste (Unternehmen)	20
Wartung, After-Sales-Service	401
Versicherung	76
Gesamt	4.785

Quelle: Study Group on the Vision of Robots in the Future (nach Maurer 2004b: 2).

Das größte Entwicklungspotenzial sieht Japan bei Haushalts- und Pflegerobotern, bei medizinischen Anwendungen, in der Überwachung und teilweise auch in der Kinderbetreuung und im Kundenkontakt (NEDO 2005). Da der Großteil dieser Anwendungen, wie im Falle von Assistenten für Alte und Kranke oder automatischem Empfangspersonal, die direkte Interaktion zwischen Mensch und Maschine beinhaltet, liegt der Fokus der Forschungs- und Entwicklungsprojekte in Japan auf humanoiden Robotern, die dem Menschen ähneln sollen. In einer kurz- bis mittelfristigen Perspektive erwartet das METI, dass im Jahr 2006 Roboter der nächsten Generation für den praktischen Einsatz bereit stehen und 2010 Menschen und Roboter miteinander leben und arbeiten werden (Maurer 2004b: 2).

Im Unterhaltungsbereich sieht das METI mit einem Marktvolumen von 40 Mrd. JPY im Jahr 2025 dagegen ein verhältnismäßig geringes Potenzial. Auch Sony hat mittlerweile seinen Haustierroboter Aibo, der bei seiner Einführung großes Aufsehen erregt hat, aus dem Programm genommen. Im Zeitraum zwischen 1999 und 2003 konnte Sony 130.000 Roboterhunde absetzen, allerdings gingen die Verkaufszahlen mit jedem Modellwechsel zurück (DIHKJ 2004: 9). Elektronikkonzerne wie Matsushita und Toshiba sowie die Spielzeughersteller Bandai und Sega setzen allerdings weiterhin auf Roboter in Katzen- oder Hundeform, die gerade älteren Menschen Gesellschaft leisten sollen.

3.2 Entwicklung und Vermarktung von Partnerrobotern in Japan

In vielen japanischen Universitäten und Technologiekonzernen wird versucht, den Maschinen menschliche Fähigkeiten beizubringen. Zu den größten Herausforderungen zählen dabei der zweibeinige Gang, die Ausdruckskraft des menschlichen Gesichts und die Geschicklichkeit der Arme und Hände bis in die Fingerspitzen. Welche Fortschritte die japanische Industrie im Bereich der Service- und Partnerroboter macht und wie diese künftig das Leben der Menschen verändern könnten, kann auf den in Japan stattfindenden Roboterfachmessen, wie zum Beispiel auf der im Zweijahres-Rhythmus ausgetragenen International Robot Exhibition, beobachtet werden. Während auf diesen Messen früher die Industrierobotik im Vordergrund stand, nehmen die Exponate von humanoiden Robotern und sonstigen Servicerobotern inzwischen einen immer größeren Raum ein. Auch die EXPO 2005 in Aichi nutzte Japan dazu, konkrete Ergebnisse aus der Roboterforschung einem breiten Publikum zu präsentieren. Zu den Hauptattraktionen zählten das Trompetenorchester eines humanoiden Robotersextetts im Toyota-Pavillon und die seither weiterentwickelte Roboterdame „Actroid", die Besuchern in vier Sprachen einfache Auskünfte erteilen konnte. Auf dem Gelände der Weltausstellung übernahmen darüber hinaus Roboter Reinigungs- und Sicherheitsaufgaben und waren in der Kinderbetreuung tätig (Walke 2005: 17).

Die Android-Forschung in Japan ist nicht neu – der erste humanoide Roboter wurde 1973 an der Waseda-Universität entwickelt. Lange Zeit jedoch waren die Humanroboter klobige Apparate mit schwerfälligen Bewegungen und daher nicht dazu geeignet, zum „Partner des Menschen" erkoren zu werden (Rehn 2001: 9). Dies hat sich in den letzten Jahren grundlegend gewandelt, auch wenn es sich bei den neuesten Entwicklungen in der Regel um Prototypen handelt, mit deren Marktreife erst in einigen Jahren zu rechnen ist. Weltweit führend in der Entwicklung sind die japanischen Großunternehmen Toyota, Honda und Sony; aber auch kleinere Betriebe und Forschungszentren sind aktiv. Als Vorreiter bei der Entwicklung von humanoiden Robotern für alltägliche Anwendungen gelten Honda mit dem im Jahr 2000 vorgestellten Asimo (Advanced Step in Innovative Mobility) und Sony mit dem Roboter SDR-3X. Beide Modelle konnten Besucher auf der Robodex 2000 in Yokohama bewundern, der weltweit ersten Messe, die sich ausschließlich auf Partnerroboter konzentrierte.

Die Zielsetzung der beiden Roboterprojekte war von vornherein höchst unterschiedlich. Während Sony ein reines Unterhaltungsprodukt entwickelte, das menschliche Stimmen erkennen, Richtungswechsel vollziehen, posieren und tanzen kann, konzipierte Honda den Asimo, um eines Tages die menschliche Arbeitskraft in gefährlichen Arbeitsbereichen, wie der Brandbekämpfung oder dem Umgang mit Chemikalien, ersetzen zu können. Als Resultat jahrzehntelanger Forschungs- und Entwicklungsanstrengungen im Honda-Konzern soll Asimo darüber hinaus in der Alten- und Behindertenpflege Einsatz finden (DIHKJ 2004: 10). Der 1,30 Meter große Android wurde seitdem weiterentwickelt. Dank neuer Technologien passt er sich immer besser der von Menschen geprägten Umgebung an. Seit Ende 2004 ist Asimo in der Lage, an der Seite einer Person zu gehen und ihr die Hand zu schütteln, ohne sie zu verletzen. Die neueste, im Dezember 2005 vorgestellte Version kann mit maximal 6 km/h doppelt so schnell laufen wie das Vorgängermodell und ist insgesamt noch agiler. Asimo läuft nun auch Hand in Hand mit einer Person, wobei er sich in Geschwindigkeit und Richtung automatisch an die Person anpasst. Außerdem hat Honda die Interaktionsfähigkeit des Roboters verbessert. Der neue Asimo kann beispielsweise Gegenstände reichen oder entgegennehmen und einen Handwagen schieben. Diese neuen Fähigkeiten bringen ihn dem eigentlichen Ziel seiner Entwicklung, den Menschen bei der Ausführung gewisser Tätigkeiten zu unterstützen oder zu ersetzen, ein Stück näher (Nikkei Net Interactive, 13.12.2005). Die Kommerzialisierung des Asimo hat zwar schon begonnen, Honda ist allerdings von einer Amortisierung der Entwicklungskosten oder gar dem Erzielen von Gewinnen noch weit entfernt. Der hohe Preis – nach Unternehmensangaben werden zwei seiner

Robotermodelle für eine Jahresgebühr von etwa 20 Mio. JPY (ca. 144.000 EUR) an Kunden vermietet – steht derzeit einer breiten Vermarktung entgegen. Das Entwicklungsprojekt wird dennoch weiterbetrieben, und zwar nicht nur aus PR-Zwecken, sondern um die dabei gewonnenen Erkenntnisse – beispielsweise aus der Bild- und Stimmenerkennung – in die Entwicklung von Sicherheitstechnologien für Automobile einfließen zu lassen.

Auch Wakamaru, der Kommunikationsroboter von Mitsubishi Heavy Industries, soll sich als Hausgefährte bewähren. Der ein Meter große batteriebetriebene Roboter, der sich bei Bedarf selbst wieder auflädt, kann Namen identifizieren und bis zu zehn unterschiedliche Gesichter unterscheiden. Eine Spracherkennungsfunktion und ein eingebautes Wörterbuch mit einem Wortschatz von 10.000 Vokabeln ermöglichen die Interaktion mit einem menschlichen Gegenüber, beispielsweise bei der Diskussion tagesaktueller Nachrichten, die Wakamaru via Internet empfängt. Über eine kabellose Netzwerkverbindung kann der Roboter E-Mail-Nachrichten versenden und über ein eingebautes Alarmsystem Gefahren anzeigen (DIHKJ 2004:10). Kurz vor Ende der EXPO 2005, auf der der gelbe Roboter zu sehen war, begann Mitsubishi mit der Vermarktung seines Aushängeschildes zu einem Stückpreis von 1,575 Mio. JPY (immerhin rund 11.600 EUR) plus Wartungsgebühren von 10.500 JPY pro Monat. Trotz des hohen Verkaufspreises und seiner noch relativ begrenzten Einsatzmöglichkeiten wurden die ersten 200 Stück Unternehmensangaben zufolge innerhalb von gut zwei Monaten verkauft.

3.3 Serviceroboter für professionelle Anwendungen

Im Gegensatz zu humanoiden Partnerrobotern, bei denen Japan international einen Führungsanspruch behauptet, sind japanische Unternehmen und Forschungsteams bei der Entwicklung von Servicerobotern für den professionellen Gebrauch bisher wenig erfolgreich gewesen. Abgesehen von leistungsfähigen Robotern für Bau- und Infrastrukturprojekte gilt Japan in diesem Bereich im internationalen Vergleich als wenig wettbewerbsfähig. Technisch weiter fortgeschritten sind nach japanischer Einschätzung amerikanische und europäische Hersteller bei Robotern für den Einsatz unter extremen Bedingungen in Kernkraftwerken, in der Raumfahrt und in der Ozeanforschung (JARA 2001: 2; JETRO 2006). Während die japanische Roboterforschung in grundlegenden Roboterfunktionen wie der Mobilität und Sensorik eine hohe Expertise erlangt hat, liegt sie bei Software und Netzwerktechnik deutlich hinter der US-amerikanischen Konkurrenz zurück (JETRO 2006). Dies ist ein Grund für die bisher ausbleibenden Erfolge. Denn im Gegensatz zu Industrierobotern, die in der Regel repetitive

Tätigkeiten ausführen, verlangen die sich ständig ihrer Umwelt anpassenden, lernenden Serviceroboter ein höheres Maß an künstlicher Intelligenz und Programmierung.

Doch die Probleme sind nicht nur technischer Natur. Während Japan bei Miniaturrobotern für Operationen über Spitzentechnologie verfügt, stehen Regulierungen im Medizintechniksektor einer Vermarktung im Wege (JETRO 2006). Außerdem kritisiert der japanische Roboterverband den Mangel an einem integrierten, nationalen Forschungsprojekt, das die tatsächlichen Bedürfnisse der Gesellschaft berücksichtigt (JARA 2001: 4). Eine weitere Ursache, warum sich Japan bei Servicerobotern für professionelle Anwendungen bisher wenig hervorgetan hat, sehen JETRO und JARA auch in einer gewissen Risikoscheu japanischer Unternehmen. Da die hochspezialisierten, oftmals nach Kundenwünschen entwickelten Roboter, etwa für den Einsatz in Atomkraftwerken, nur geringe Stückzahlen erwarten lassen, sei die Bereitschaft gering, hohe Forschungsbudgets für die Entwicklung bereitzustellen. Dabei werde die Lukrativität dieser Nischenprodukte verkannt (JARA 2001: 4-5; JETRO 2006). Darüber hinaus fehlt in Japan als Impulsgeber auch das Militär, das etwa in den USA Triebfeder der Fortschritte in der Robotertechnik ist.

Allerdings hat die japanische Forschung in jüngster Zeit bei einigen professionellen Anwendungen aufgeholt und praktische Erfolge erzielt. Während die JARA 2001 noch den Rückstand Japans bei der Entwicklung von Rettungsrobotern für den Einsatz im Katastrophenfall beklagte, wurde ein vom Tokyo Institute of Technology entwickeltes Gerät zur Entdeckung von Opfern nach dem Chūetsu-Erdbeben im Oktober 2004 eingesetzt (Nikkei Net Interactive, 02.03.2005). Auch Gebäudereinigungsroboter aus japanischer Herstellung befinden sich mittlerweile in Tokioter Hochhäusern, wie etwa dem Mori Tower in Roppongi Hills, in Gebrauch.

4 Voraussetzungen für die weitere Entwicklung der japanischen Roboterindustrie

Bei der Entwicklung und dem Einsatz von Industrierobotern ist Japan seit Jahren weltweit führend. Mit Hilfe von Forschungsprojekten zur Entwicklung von intelligenten Superrobotern für die Fertigung ist das Land dabei, diesen Vorsprung abzusichern. Da die Robotik als Querschnittstechnologie eine Vielzahl von Branchen beeinflusst, hat das METI die Robotertechnologie im Nakagawa-Report 2004 zu einer der sieben Schlüsselindustrien erklärt (METI 2004: 9; JETRO 2006). Die gezielte Förderung ist damit integraler Teil der nationalen Bemühungen, die Wettbewerbsfähigkeit der japanischen Industriestruktur langfristig sicherzustellen. Gleichzeitig wird angesichts der dramatischen Alterung der Gesellschaft die Notwendigkeit von intelligenten Servicerobotern für Pflegezwecke betont. Um das Marktpotenzial in der Robotik zu erschließen, stellte das METI im Zeitraum von 2002 bis 2006 insgesamt 6 Mrd. JPY für die Entwicklung von Robotern der nächsten Generation bereit (Maurer 2004b). Auch im neuen, auf fünf Jahre angelegten Forschungsrahmenplan von 2006 bis 2010 hat die Robotik ihren festen Platz. Daneben wird die Netzwerkbildung der Unternehmen untereinander sowie zwischen der Privatwirtschaft und wissenschaftlichen Forschungsinstituten gefördert. So haben sich im „Robot Laboratory", einem Pilotprojekt in der Kansai-Region, 200 kleine und mittlere Unternehmen aus verschiedenen Branchen zusammengeschlossen, um gemeinsam an der Entwicklung von Servicerobotern zu arbeiten (Nikkei Net Interactive, 24.05.2006).

Abgesehen von Unterhaltungsrobotern und Servicerobotern für einfache Haushaltstätigkeiten ist in Japan allerdings noch kein nennenswerter Markt für Roboter außerhalb industrieller Anwendungen entstanden. Technisch sind die Produkte oftmals ausgereift, dennoch verbleiben strukturelle Defizite, wie die Situation bei Robotern für den professionellen Gebrauch zeigt. Auch wenn Japan eine Pionierrolle in der Entwicklung von humanoiden Robotern bescheinigt wird, können die vereinzelten Vermarktungserfolge der Partnerroboter nicht darüber hinwegtäuschen, dass die Begrenztheit ihrer Funktionen und praktischen Einsatzmöglichkeiten und nicht zuletzt ihr hoher Preis eine größere Verbreitung bisher verhindert haben. Um dieses Problem in den Griff zu bekommen, arbeiten die Hersteller daran, Komponenten wie Motor und Gelenke zu verkleinern und kostengünstiger zu produzieren. Für die praktische Nutzung von Partnerrobotern sind aber nicht nur Hard- und Softwareprobleme zu lösen, sondern auch Gesetzesbestimmungen anzupassen. Erste Schritte in Richtung industrieweiter Softwarestandards und Sicherheitsregeln für den Einsatz von Robotern sind auf den Weg gebracht (Maurer 2004b: 2-3).

Die Voraussetzungen dafür, dass sich der Bereich der Serviceroboter zu einem zukunftsträchtigen Markt entwickeln wird, sind gut. Denn Japaner zeigen sich technischen Innovationen gegenüber generell sehr aufgeschlossen. Umfragen belegen eine hohe Bereitschaft in der Bevölkerung, Roboter im Alltagsleben zu akzeptieren. Noch fehlt dem Markt allerdings die Kenntnis darüber, was Verbraucher von Robotern wirklich erwarten. Damit sich die Serviceroboterindustrie tatsächlich zu dem von vielen erwarteten Megamarkt entwickelt, müssen den Robotern Funktionen beigebracht werden, die den Menschen das Leben wirklich erleichtern (Walke 2005: 21). Wenn es gelingt, aus den humanoiden Prestigeobjekten konkrete und praktisch einsetzbare Produkte zu machen und darüber hinaus mehr

Unternehmen für die Entwicklung von spezialisierten Robotern für professionelle Anwendungen zu interessieren, verspricht Japan neben Industrierobotern auch bei Servicerobotern zu einem Führungsmarkt zu werden.

Literatur

DIHKJ Deutsche Industrie- und Handelskammer in Japan (2004) Robotertechnik im Wandel der Zeiten – Vom Industrieautomaten zum Humanoiden. Japan Markt 3/2004: 6-10

JARA Japan Robot Association (2001) Summary Report on Technology Strategy for Creating a „Robot Society" in the 21st Century. Http://www.jara.jp/e/dl /report0105.pdf (Zugriff am 24.09.2005)

JARA (2006) Production and Shipments of Manipulators and Robots by Application Areas. Http://www.jara.jp/e/dl/2005.pdf (Zugriff am 31.03.2006)

JETRO Japan External Trade Organization (2006) New Possibilities for Japan's Robot Industry. Http://www.jetro.go.jp/en/market/trend/topic/pdf/jem0602-topic.pdf (Zugriff am 31.03.2006)

Kara D (2005) Sizing and Seizing the Robotics Opportunity. Http://www.robonexus.com/roboticsmarket.htm (Zugriff am 31.03.2006)

Maurer J (2004a) Japan bleibt bei Industrierobotereinsatz in Spitzenposition. Http://www.bfai.com (Zugriff am 22.09.2005)

Maurer J (2004b) Japaner entwickeln Roboter für den Alltagsgebrauch. Http://www.bfai.com (Zugriff am 22.09.2005)

Maurer J (2005a) Japan setzt auf verstärktes Wachstum mit Robotertechnik. Http://www.bfai.com (Zugriff am: 31.03.2006)

Maurer J (2005b) Starke Nachfrage nach japanischen Industrierobotern. Japan Markt 3/2005: 16-17

Maurer J (2005c) Robotik als neuer Wachstumsmotor. Japan Markt 8/2005: 22-23

Maurer J (2006) Partner mit Zukunft. Japan Markt 1/2006: 20-21

METI Ministry of Economy, Trade and Industry (2004) Toward a New Industrial Structure. Https://www.rieti.go.jp/en/events/bbl/04070101.pdf (Zugriff am 31.03.2006)

NEDO New Energy and Industrial Technology Development Organization (2005)

Robotto bunya no gijutsu senryaku mappu setsumei shiryō. NEDO no robotto purojekuto wo chūshin toshite [Informationsmaterial zur Technologiestrategie im Bereich der Roboter. Mit Fokus auf dem Roboterprojekt der NEDO]. 28.09.2005

Nikkei Net Interactive (2005). Http://www.nni.nikkei.co.jp (Zugriff am 15.06. 2006)

Rehn D (2001) Japan auf dem Weg zum persönlichen Roboter. Japan Markt 3/2001: 9-10

Schodt FL (1988) Inside the robot kingdom: Japan, mechatronics and the coming robotopia. Kodansha, Tokio

UNECE/IFR United Nations Economic Commission for Europe/International Federation of Robotics (2005) World Robotics 2005. UNECE, Genf
Walke A (2005) Vom Industrieroboter zum Humanoiden – Japan auf dem Weg zum Führungsmarkt für Partnerroboter? Japan aktuell 5/2005: 17-22

Information
und
Kommunikation

Mobile Solutions in Japan

Alexander Müller und Martin Seibert

1 Einleitung

Der Markt für mobile Kommunikation ist einer der am schnellsten wachsenden Märkte der Welt. Gegenwärtig beträgt die Anzahl der Nutzer von Mobiltelefonen weltweit etwa eine Milliarde, und allein im Jahr 2004 wurden über 650 Mio. Mobiltelefone verkauft. In den meisten entwickelten Ländern liegt die Marktdurchdringungsrate von Mobilfunknutzern bei über 50%, in Skandinavien sogar bei über 70% (Funk 2002: 7). Neben Mobiltelefonen wird eine Vielzahl weiterer portabler elektronischer Medien, zum Beispiel Personal Digital Assistants (PDA) oder Notebooks, zur mobilen Kommunikation genutzt. i-mode, ein internetnaher Online-Dienst für Mobilfunkgeräte, hat allein in Japan ein Marktvolumen von jährlich 1 Mrd. EUR (Tsukuda u. Takeyasu 2001). Der Markt ist, wie aus den oben genannten Zahlen ersichtlich, gewaltig und eröffnet für die Anbieter von Mobile Solutions, d.h. den Dienstleistungen über mobile Endgeräte, ein enormes Wachstumspotenzial. Es gibt Erwartungen, dass in kurzer Zeit mehr Transaktionen über mobile Endgeräte als über stationäre PCs getätigt werden.

Der vorliegende Beitrag beschäftigt sich mit der Frage nach der Zukunftsfähigkeit der Mobile-Solutions-Industrie Japans. Nicht nur allein aufgrund der hohen Mobilfunkgerät-Nutzungsrate (über 65% der Gesamtbevölkerung), sondern auch aufgrund der Erfolgsgeschichte von i-mode und der technischen Raffinesse von Mobiltelefonen und Übertragungsstandards wird Japan in Presse und wissenschaftlichen Veröffentlichungen fast immer eine Vorreiterstellung in der Genese von Mobilfunktechnologie und den darauf basierenden Anwendungen zugeschrieben. In diesem Beitrag wird unter anderem gezeigt, worauf diese Vermutung basiert bzw. ob sie den Tatsachen entspricht und welche Faktoren Einfluss auf die Zukunftsfähigkeit Japans in dieser Industrie ausüben. Um Japans Stellung,

Problembereiche und Chancen im Markt für Mobile Solutions zu beleuchten, wählen die Autoren eine Vorgehensweise, in der zunächst ein Blick auf die möglichen Ausprägungen in diesem Bereich und die dafür in Japan gegebenen Rahmenbedingungen geworfen wird. Im nächsten Schritt folgt eine quantitative Analyse des Marktes und der relevanten Marktsegmente und schließlich eine qualitative Untersuchung von Markttrends, die durch die Nennung von repräsentativen Anbieterunternehmen ergänzt werden.

2 Mobile Solutions: Definition und Rahmenbedingungen

Mobile Solutions werden hier definiert als Anwendungen, die es mit Hilfe von Telekommunikations- und Informationstechnologien ermöglichen, dass beispielsweise Menschen auf Reisen besser kommunizieren oder Waren beim Transport kontinuierlich verfolgt werden können. Diese Anwendungen werden charakterisiert durch ihre Allgegenwärtigkeit (ubiquity), die Möglichkeit zur Kommunikation in Echtzeit , die Koordination von Ort und Person (location-sensitiveness) und die Identifikation des Nutzers oder der Ware (Liang u. Wei 2004: 8-10). Mobile Solutions bieten aufgrund dieser Charakteristika Möglichkeiten zur Revolutionierung von Sprachkommunikation, internetnahen Informationsdiensten, Telematikanwendungen oder dem Management persönlicher Informationen im Geschäftsalltag (sogenanntes PIM, Personal Information Management).

Als Bezugsrahmen für die Analyse der Bedingungen für Mobile Solutions dient hier die Mobilfunkindustrie Japans, zu der Serviceanbieter (z.B. Vodafone oder NTT Docomo), Bereitsteller von Infrastruktur (z.B. Ericsson und Motorola) und Hersteller von mobilen Endgeräten (z.B. Matsushita und Sharp) zählen. Die Serviceanbieter und ihre Zulieferer (z.B. Content-Anbieter) sind zwar diejenigen, die die Mobile Solutions vorrangig anbieten, sie bewegen sich allerdings in einem Umfeld, das durch die Technologie von Infrastruktur- und Endgerätelieferanten bestimmt wird, weshalb auf diese im Folgenden kurz einzugehen ist. Die Elektronikindustrie, zu der die Unternehmen aus dem Infrastruktur- und Endgerätebereich zum großen Teil zuzurechnen sind, zählt zu einer der wettbewerbsfähigsten Branchen Japans. In vielen Studien wird den Unternehmen der verarbeitenden Industrie Japans, ganz besonders aber in diesem Industriezweig, eine hohe Produktivität aufgrund von kurzen Innovationszyklen und effektiver Nutzung von Wertschöpfungsketten zugeschrieben (Fujimoto 2001). Tatsächlich ist es insbesondere die Fähigkeit dieser Unternehmen bei der Miniaturisierung von Elektronik, der Schaffung von qualitativ hochwertigen Akkus und im Bereich der fortgeschrittenen digitalen Fotografie, die für die Produktion von innovativen mobilen Endgeräten von besonderer Bedeutung ist. Mobiltelefone in Japan haben im Vergleich zu den auf westlichen Märkten erhältlichen Geräten höher auflösende Displays, ein kleineres Format, längere Batterielebensdauern und größere Speicher zu niedrigeren Preisen. Kameras im Megapixel-Bereich gehören zur Standardausrüstung.

Auch in der technischen Netzinfrastruktur, die als „bottleneck" den Möglichkeiten zur Realisierung von Mobile Solutions Restriktionen auferlegt, ist Japan weltweit führend. Augenblicklich gibt es 16 kommerzielle 3G-Netzwerke auf der Erde. Drei unabhängige, miteinander konkurrierende 3G-Netzwerke befinden dabei sich in Japan. Das Netzwerk von NTT Docomo, das erste 3G-Netzwerk in Japan, läuft unter dem Markennamen FOMA und basiert, genauso wie das 3G-Netz von Vodafone, auf dem W-CDMA-Standard. Demgegenüber verwendet KDDI einen abweichenden Standard, CDMA 2000-1x. W-CDMA-Netze erlauben Datentransferraten von 384 Kilobits pro Sekunde, während sich mit der rivalisierende Technologie CDMA 2000-1x höhere Geschwindigkeiten bis zu 2,4 Megabits pro Sekunde realisieren lassen (Economist, 04.09.2004: 69). Mit diesen Übertragungsgeschwindigkeiten treten 3G-Netze in direkte Konkurrenz zu Breitbandfestnetzleitungen, und Dienste wie der Download von Filmen und Musik werden so möglich. Es ist ersichtlich, dass Japan einen großen Vorsprung in diesem Technologiefeld besitzt; und durch die Erfahrungen in der Bereitstellung von 3G-Infrastruktur und -Endgeräten ist auch die Position für die Schaffung von innovativen, auf 3G basierenden Mobile Solutions hervorragend.

Dass japanische Hersteller von Endgeräten und Infrastruktur trotzdem nur einen kleinen Anteil am Weltmarkt der Mobilfunkindustrie halten, liegt nicht an der fehlenden Innovationsfähigkeit der Unternehmen dieses Industriezweigs, sondern an der fehlenden Kompatibilität von Standards. Die japanischen Mobilfunkanbieter, allen voran NTT Docomo, haben seit jeher auf eigene Standards gesetzt (zum Beispiel in den vergangenen Jahren PCD oder PHS), wodurch ein Zugang zu dem durch GSM dominierten Markt für Infrastruktur, Endgeräte und Anwendungen verhindert wurde. Die Tendenz zur Nutzung eigener, teilweise proprietärer Standards ist sowohl in der Mobilfunkindustrie als auch in der Softwareindustrie Japans häufig anzutreffen und betrifft nicht nur die Infrastruktur für Mobile Solutions (Übertragungsstandards), sondern auch die Anwendungen (Software für mobile Endgeräte) selbst.

Technologien, die im Vergleich zu anderen Märkten exklusiv sind und keine kompatiblen Schnittstellen aufweisen, sind ein zweischneidiges Schwert: Auf der einen Seite verhindern sie zwar die Teilnahme am größeren Markt, dienen aber gleichzeitig als Eintrittsbarriere für den eigenen Markt, durch die die Konkurrenz ferngehalten wird. Tatsächlich wurde der japanische Mobilfunkmarkt durch die exklusiven nationalen Standards zu einem abgeschlossenen System. Die Folge: obwohl japanische Elektronikhersteller in Japan eine marktdominierende Stellung vorweisen können, halten sie im Ausland nur geringe Marktanteile. Mit der weltweiten Standardisierung von 3G-Netzwerken und der Adoption des W-CDMA-Standards auch außerhalb Japans wird sich dieses System öffnen und verstärkt in Konkurrenz zu ausländischen Mobilfunkindustrien treten.

Wir halten fest: Für die Zukunftsfähigkeit der japanischen Anbieter spricht deren Innovationsfähigkeit und technologische Expertise. Schätzungen gehen davon aus, dass japanische mobile Endgeräte und japanische Infrastruktur der Technologie im Rest der Welt um ca. 6 bis 12 Monate Entwicklungszeit voraus sind (Funk 2002: 235). Dagegen sprechen ihre Neigung zur Nutzung exklusiver Technologien anstelle von offenen und verbreiteten Standards sowie Schwächen in marktorientierten Standardisierungsverfahren. Im Folgenden werden diese Faktoren als Rahmenbedingungen anhand der Marktanalyse für Mobile Solutions im Detail untersucht.

3 Marktanalyse

Der Markt für Mobiltelefone in Japan ist größtenteils gesättigt. Obwohl im Jahre 2003 etwa 42,5 Mio. Geräte abgesetzt wurden, wird davon ausgegangen, dass sich trotz der weiteren Verbreitung von 3G-Netzen die Absatzzahlen für Mobilfunkgeräte bis 2008 bei etwas über 40 Mio. Geräten im Jahr stabilisieren werden (vgl. Abbildung 1).

Aus diesen Zahlen wird deutlich, dass der Markt für Mobile Solutions für die Zukunftsfähigkeit der gesamten Mobilfunkindustrie essentiell wichtig ist. Denn, da der Absatz von Mobiltelefonen durch die hohe Marktsättigung laut den Prognosen in den folgenden Jahren stagnieren wird, bietet sich als größte Wachstumsmöglichkeit für die Serviceanbieter vor allem, eine bessere Kundendurchdringung zu erreichen, d.h. eine stärkere Nutzung von neuen Diensten pro bestehendem Kunden (Tsukuda u. Takeyasu 2001). Bereits jetzt ist der Markt für Mobile Solutions zum Beispiel im Bereich des mobilen Internets sehr groß: i-mode hatte 2004 etwa 45 Mio. Nutzer, die beiden alternativen Systeme Ezweb und Vodafone Live!haben jeweils etwa 12 Mio. Nutzer. Der gesamte Markt für mobile Internetnutzung in Japan umfasst damit etwa 70 Mio. Nutzer.

Abb. 1. Prognose der Absatzzahlen von Mobilfunkgeräten in Japan bis 2008 nach verwendetem Standard

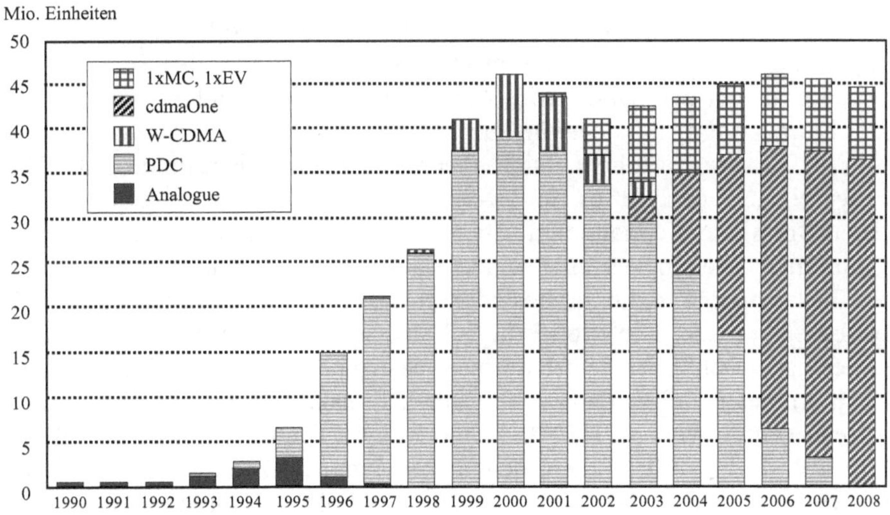

Quelle: NRI (2003).

Wie bereits eingangs ausgeführt, wird der Markt für Dienstleistungen auf Mobiltelefonen zukünftig innerhalb der 3G-Netze definiert, obwohl derzeit auch viele Nutzer in Japan Mobile Solutions über PDC-Netze verwenden. Im Jahr 2004 gab es insgesamt bereits über 21,6 Mio. Nutzer von 3G-Netzen in Japan, die sich auf die drei Anbieter KDDI/AU (15,5 Mio.), NTT Docomo (5,9 Mio.) und Vodafone (vorher J-Phone, 237.000) verteilten. Bereits für das Jahre 2005 wird erwartet, dass die Zahl der 3G-Nutzer die der herkömmlichen Mobiltelefone (PDC) übersteigen wird.

Im Folgenden werden die vier verschiedenen Einsatzbereiche von Mobile Solutions, nämlich Sprachkommunikation, Internetnahe Dienste, Telematik und Personal Information Management (PIM) sowie ihre Zukunftsfähigkeit im Zusammenhang mit der Verbreitung von 3G und begleitenden technologischen Entwicklungen untersucht.

3.1 Trivial, aber erfolgreich: Sprachkommunikation

In die Entwicklung von 3G-Netzwerken wurden weltweit - wie auch in Japan - große Erwartungen gesetzt, aber die Suche nach der sogenannten „Killer-Applikation“ (vgl. Downes u. Mui 1998), die den Mobile-Solutions-Markt dominieren wird, war bislang nicht erfolgreich. Stattdessen sieht es so aus, als ob sich trotz großer Visionen hinsichtlich allgegenwärtiger Multimedia – mit Echtzeit-Videodownload, automatisierten Suchagenten und dem Mobiltelefon als Zahlungsmedium im Supermarkt – das „traditionelle Telefonieren“ weiterhin als primäre Dienstleistung behaupten wird (Economist, 04.09.2004: 67). Der große Vorteil von 3G ist hierbei, dass die Technologie durch größere Kapazitäten mobiles Telefonieren günstiger macht und daher große Markterwartungen bestehen, Kunden aus dem Festnetzsegment zu gewinnen.

Diese Erwartungen haben sich aber bislang noch nicht eingestellt – im Gegenteil: in Japan gab es für 3G-Sprachdienste sogar Anfangsschwierigkeiten, vor allem die mangelnde Dichte der Funkabdeckung und sehr kurze Batterielebenszeiten warfen Probleme auf. Diese sind mittlerweile behoben. Insbesondere in dichter besiedelten Gebieten kann fast überall mit 3G telefoniert werden. Die Preise für 3G sind jedoch weiterhin im Vergleich zu Festnetzanschlüssen sehr hoch, und es erscheint fraglich, ob die japanischen Anbieter auf absehbare Zeit einen Preiskampf gegen die Festnetzanbieter starten werden. NTT Docomo ist eine Tochterfirma von NTT und wird sich daher zurückhalten, gegen die Mutter zu konkurrieren – höchstens seitens KDDI oder Vodafone könnten solche Initiativen in Angriff genommen werden. Auf der anderen Seite konkurrieren bereits Anbieter sogenannter Voice-over-IP-Produkte, die durch Verfügbarkeit breitbandiger Datenkommunikation Telefonieren über das Internet ermöglichen, mit den Festnetzanbietern und platzieren kostengünstige Angebote im Markt der Sprachkommunikation. Da außerdem die Entwicklung, dass viele Nutzer zugunsten eines Mobiltelefons auf einen Festnetzanschluss verzichten, in Japan schon sehr weit fortgeschritten ist, hat dieser Markt keinen großen Entwicklungsspielraum mehr: ein Krieg um Kostenführerschaft würde allen Marktanbietern zum jetzigen Zeitpunkt eher schaden.

Auch Weiterentwicklungen im Bereich Sprachkommunikation durch die Anreicherung um besondere Dienstleistungen haben bislang keine Früchte getragen. Video-Telefonie zum Beispiel, wie sie in Japan vor drei Jahren als wichtige Innovation angekündigt wurde und von FOMA-Geräten standardmäßig unterstützt wird, ist eher ablehnend aufgenommen worden. Marktforschungsinstitute fanden heraus, dass diese Funktion besonders unter Frauen unbeliebt ist (Economist, 04.09.2004: 68).

Nichtsdestotrotz gibt es für die 3G-Betreiber weitere Ansätze, wie die Kunden zu einer verstärkten Nutzung der Geräte zu Sprachkommunikation bewegt werden können. Zur Zeit laufen unter der Federführung von British Telecom Versuche, in Kooperation zwischen Mobilfunkanbietern und Festnetzbetreibern das Endgerät als „Telefon für alle Zwecke“ zu etablieren. Hierzu nutzt das mobile Endgerät beim Aufenthalt im eigenen Haus eine Basisstation, die mit dem Festnetz verbunden ist (zum Beispiel über Bluetooth oder W-LAN) – unterwegs wird, wie gehabt, über ein Mobilfunknetz telefoniert. Die Voraussetzungen für die Realisierung der sogenannten „fixed-mobile-convergence“, die als Idee schon seit mehreren Jahren existierte, wurde erst durch die technologische Weiterentwicklung der Handsets (mehrere Übertragungsschnittstellen und lange Akkulaufzeiten wurden benötigt) und die weite Verbreitung von Mobiltelefonen (erst dann ist die Entwicklung der Technologie sinnvoll) möglich (Economist, 25.09.2004: 72). Im Juli 2004 wurde die Fixed Mobile Convergence Alliance gegründet, an der neben British Telecom auch NTT, Brasil Telecom und Korea Telecom teilnehmen, um technische Standards zu vereinbaren. Die Kommerzialisierung bei British Telecom soll im Frühling 2005 (Produktname „Bluephone“) erfolgen, bei den anderen drei Konsortialmitgliedern zeitlich versetzt. Beim ersten Hinsehen erscheint diese Initiative als Rettungsmaßnahme der Festnetzbetreiber gegen Verluste auf reifen Märkten. Dennoch bietet diese Technologie auch Perspektiven für die Mobile-Solutions-Industrie, weil durch die ständige Präsenz des Handsets beim Kunden (auch innerhalb der eigenen vier Wände) möglicherweise ein Gewöhnungseffekt eintritt und dadurch auch neue mobile Dienste erfragt und genutzt werden. Solche Dienste könnten zum Beispiel die im Folgenden vorgestellten internetnahen Informationsdienste über mobile Endgeräte darstellen.

3.2 Internetnahe Informationsdienste – i-mode & Co.

Im Februar 1999 brachte NTT Docomo i-mode auf den Markt. i-mode war zu diesem Zeitpunkt ein völlig neuer Service, mit dem man über Mobiltelefone auf Online-Dienste zugreifen konnte. Etwa 3.000 Unternehmen stellen derzeit über i-mode mobile Angebote bereit, so zum Beispiel Online-Banking, die Möglichkeit zum Versand von E-Mails oder den Zugriff auf Internetseiten, die speziell für i-mode angepasst wurden (Tsukuda u. Takeyasu 2001: 9-16). i-mode war ein voller Erfolg für NTT Docomo und ist mittlerweile fester Bestandteil der sozialen und kommerziellen Infrastruktur Japans. Im August 2000 hatte i-mode bereits 10 Mio. Nutzer, im Dezember 2001 bereits 30 Mio., und mittlerweile ist diese Zahl auf etwa 45 Mio. Nutzer angestiegen.

Der große Erfolg von i-mode beruht zum Teil auf seiner Benutzerfreundlichkeit. Es ermöglichte auch Benutzern, die zum Zeitpunkt der Einführung (1999) über die zur Nutzung des Internets notwendigen umfangreichen Computerkenntnisse nicht verfügten, auf das Internet und andere Online-Dienste zuzugreifen (Niimi 2003: 18). Ein besonderes Novum war weiterhin, dass die Abrechnung nicht nach Verbindungszeit, sondern nach Paketen, d.h. nach übertragener Datenmenge, erfolgte. Der Benutzer ist praktisch ständig mit i-mode verbunden, und die Daten werden nach Bedarf ohne Verzögerung (wie bei einer Einwahl in Netze) heruntergeladen.

Obwohl dieser Abschnitt hauptsächlich auf i-mode rekurriert, gibt es zwei konkurrierende Informationsnetze der anderen beiden 3G-Anbieter Japans: Ezweb von KDDI und Vodafone Live!von Vodafone. Die Dienste sind hier allerdings größtenteils identisch mit denen bei i-mode, sodass eine detaillierte Vorstellung an dieser Stelle nicht nötig ist. Im Vergleich zu Größe und Relevanz von i-mode sind die beiden konkurrierenden Netze eher zweitrangig. Als interessant bleibt anzumerken, dass zwischen den Netzen teilweise gravierende Kompatibilitätsbeschränkungen existieren, um die Nutzer an den eigenen Dienst zu binden.

Eine Schwäche von i-mode (und auch von Ezweb und Vodafone Live) ist die hohe Spezifität des Standards. i-mode verwendet so zum Beispiel als Grundlage zur Bereitstellung von Informationsinhalten c-HTML (auch i-HTML), ein proprietäres Subset der Markup-Language HTML, die als Grundlage für die Bereitstellung von Internetseiten dient. Aufgrund der Abweichungen zu HTML waren dabei alle Anbieter von Informationsinhalten oder Online-Diensten in i-mode gezwungen, ihr Angebot in diesen spezifischen Standard zu übertragen – ein nicht zu unterschätzender Aufwand.

Bei der Umstellung auf 3G-Netzwerke wurden i-mode (und den beiden Konkurrenznetzen) inhaltlich einige neue Dienste hinzugefügt, wie die Möglichkeit zum Download von Musik, die insbesondere über das KDDI-3G-Netz genutzt wird. Die technologische Grundlage der Systeme änderte sich jedoch nicht grundsätzlich. Diese Tatsache ist eine von NTT Docomo bewusst verfolgte Strategie, denn japanische Mobiltelefone und auch i-mode selbst hätten auf ausländischen Märkten sicherlich stärkere Verbreitung gefunden, wenn die Technologie mit anderen Standards (wie der damals verwendeten WAP-Markup Language oder dem World-Wide-Web-Standard HTML) kompatibel gewesen wäre (Funk 2002: 236). Für die Stellung auf dem japanischen Markt kann die Spezifität von i-mode jedoch als schützende Markteintrittsbarriere gesehen werden. Sowohl für NTT Docomo, das Gebühren für die Paketvermittlung und die Nutzung des Netzwerkes seitens der Content-Anbieter nimmt, als auch für die Content-Anbieter selbst, die von den Benutzern hohe Gebühren verlangen, ist i-mode gegenwärtig - lapidar ausgedrückt - eine „Maschine zum Gelddrucken". Eine Anpassung der Technologie an offene Standards würde der Konkurrenz Zutritt verschaffen. i-mode kommt entsprechend dieser Betrachtung der Definition eines strategischen Informationssystems sehr nahe. Unter diesem Gesichtspunkt wird deutlich, warum i-mode als spezifischer Standard im bestehenden System weiterentwickelt wird.

3.3 Telematik-Dienste – Car Navigation Terminals

Verkehrstelematik ist ein Markt mit vielen Einsatzbereichen, die von der Routenoptimierung für LKW-Flotten bis zur Verfolgung von Warenlieferungen und anderen logistischen Anwendungen reicht.[1] Technologien für Mobile Solutions in diesem Bereich sind das bereits etablierte GPS (Global Positioning System) und RFID (Radio Frequency Identification, kleine Funkchips mit bis zu 10m Reichweite), die zur Ortsbestimmung von Objekten aller Art verwendet werden. RFID, eine noch relativ neue Technologie, wird aufgrund der geringen Kosten (der Preis für Chips liegt im Cent-Bereich) in ortsgebundenen Anwendungen zu neuen mobilen Lösungen führen und die Logistiksysteme der Transportindustrie revolutionieren. Die Einsatzmöglichkeiten von Telematik-Diensten sind vielfältig, sodass an dieser Stelle nur eine Auswahl vorgestellt werden kann. Große Marktpotenziale werden gegenwärtig insbesondere von den Car Navigation Terminals erwartet, die eine Art mobiles Kommunikationszentrum im Automobil darstellen. Über diese Terminals können, ähnlich zu den oben beschriebenen Datendiensten für Mobiltelefone, auch unterwegs Transaktionen getätigt, Informationen angefordert und personalisierte Unterhaltung (Filme, Musik etc.) heruntergeladen werden. Es wird erwartet, dass bis zum Ende des Jahrzehnts die jährliche Wachstumsrate dieses Marktes bei circa 10% liegen wird – bis dahin werden etwa 28% aller Fahrzeuge mit einem Car Navigation Terminal ausgerüstet sein (vgl. Abbildung 2).

Bisheriges Hindernis für die Entwicklung der Car Navigation Terminals war eine langsam steigende Nachfrage, Inkompatibilitäten zwischen Systemen und der enorme Aufwand für die Kartografie der Flächen und der stetigen Änderungen. Die japanischen Automobilhersteller Toyota und Nissan haben nun vereinbart, einen internationalen Standard für Automotive-Software zu entwickeln. Mit JASPAR (Japan Automotive Software Platform and Architecture) soll eine offene Systemumgebung in der Automobilelektronik gefördert werden. Das Ziel sind primär Kostensenkungen durch die Entwicklung von Systemen, die in modularer Form bei mehreren Anbietern eingesetzt werden können. Die Spezifikationen von JASPAR werden darüber hinaus mit europäischen Pendants im Automobilbereich (AUTOSAR) abgestimmt. Durch die offenen Schnittstellen der Standardisierungsinitiative werden auch die Car Navigation Terminals beeinflusst, die so künftig auch in Fahrzeugen außerhalb Japans besser eingesetzt werden können. Bereits im Jahr 2004 hatte allein der Markt in Japan ein Volumen von etwa 1,8 Mrd. EUR (NRI 2003). Es ist nun zu erwarten, dass japanische Anbieter in naher Zukunft auch auf ausländischen Märkten

[1] Siehe auch den Beitrag von Moerke in diesem Band.

Kapital aus ihrem technologischen Vorsprung schlagen können. Durch die Technologieführerschaft der japanischen Automobilnavigationssysteme, gepaart mit einer starken Industrie für Unterhaltungselektronik und einer sehr wettbewerbsfähigen Automobilindustrie, wurden durch die Standardisierungsbemühungen die notwendigen Schritte geschaffen, um zukunftsfähige Produkte für den internationalen Markt bereitzustellen.

Abb. 2. Prognose für Car Navigation Terminals

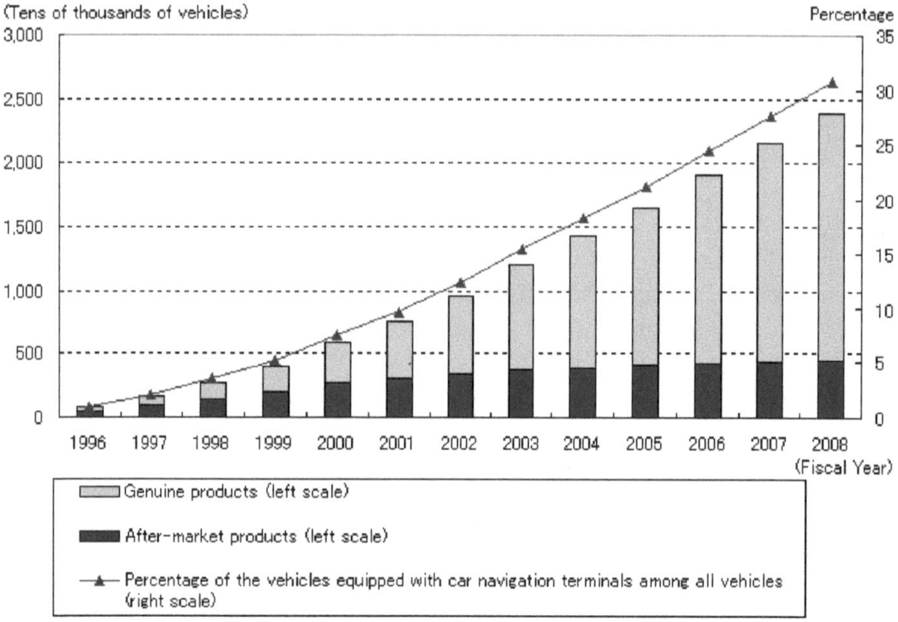

Quelle: NRI (2003).

3.4 PIM – Personal Information Management

Der Markt für PIM-Anwendungen (wie Terminplaner, Adressbuch, Projektmanagement oder Groupware) über mobile Endgeräte verspricht in den nächsten Jahren durch die steigende Zahl von mobilen Arbeitnehmern stark zu wachsen. Aktuelle Studien gehen davon aus, dass die Zahl der mobilen Arbeitnehmer zwischen 2002 und 2006 von 10 auf 104,5 Millionen wachsen wird. Diese müssen auch unterwegs auf Datenbanken mit Informationen über Kunden, Produkte und Angebote zugreifen können, E-Mails lesen oder Gruppenkalender einsehen. Augenblicklich sind die Möglichkeiten hier aber stark eingeschränkt. Der Grund dafür liegt wieder einmal bei den fehlenden Schnittstellen, die mobile Endgeräte mit anderen

Geräten verbinden könnten. Bei PIM-Anwendungen ist die Möglichkeit zum Datenaustausch, zum Beispiel mit Notebooks oder PCs, zur Synchronisierung von Datenbanken von entscheidender Bedeutung, da der mobile Arbeitnehmer nur unterwegs mit dem Gerät arbeitet, im Büro jedoch stationäre Geräte verwendet. Aktuelle Mobiltelefone in Japan, selbst 3G-Handsets der neuen Generation, haben zwar Funktionen für PIM integriert (das Sharp SH900i - eines der oft verwendeten FOMA-Geräte - hat beispielsweise eine „ToDo"-Liste, einen Kalender und ein Adressbuch für über 1.000 Kontakte), aber diese Daten können nur über die Telefontastatur eingegeben werden und sind nur mit großem Aufwand auf andere Geräten übertragbar. Wenn eine Firma eine PIM-Funktion über Mobiltelefone (wie den Zugriff auf eine Angebotsdatenbank zur Unterstützung des Außendienstes) benötigt, wird diese als Auftragsprogrammierung unter großem Aufwand von den Elektronikunternehmen angefertigt. Aus diesem Grunde können sich bisher nur Großunternehmen diese kostenintensive Technologie leisten.

Standardisierte, am Markt weit verbreitete PIM-Anwendungen – die auch mit überschaubaren Investitionen erhältlich sind – werden augenblicklich hauptsächlich für PDA (Personal Digital Assistant) angeboten. Während gegen Mitte der 1980er Jahre bis Ende der 1990er Jahre noch Sharps Zaurus (mit einem eigenen japanischen Betriebssystem) große Anteile hatte, hat sich das Blatt mittlerweile gewendet (Funk 2002: 216). So verzehnfachte sich zum Beispiel allein zwischen 2001 und 2005 die Anzahl der auf einem Windows-Betriebssystem basierenden PDA in Japan, während der proprietäre Zaurus keine Zuwachsraten verzeichnen konnte. Der Markt für PDA wird in Japan mittlerweile von ausländischen Anbietern dominiert: Firmen wie HP (iPAQ), Dell (Axim) und Palm (Zire) liefern weit mehr Endgeräte aus als Sony, Toshiba und Sharp, die sich bereits aus internationalen Märkten und insbesondere aus den USA zurückgezogen haben. Betriebssysteme und Software stammen fast ausschließlich von Microsoft (Windows CE) und Palm (Palm OS), beides amerikanische Unternehmen. Der Erfolg von PDAs, die aufgrund ihrer besonderen Fähigkeit zur Nutzung von Unternehmenssoftware-Anwendungen und Internet-Browsern eingesetzt werden, belegt die Nachfrage nach mit Computerstandardsoftware kompatiblen PIM-Dienstleistungen. Die Anbieterindustrie Japans hat in diesem Bereich erhebliche Marktanteile für Mobile Solutions verloren, da sie eben diese Kompatibilität der mobilen Endgeräte mit Computerstandardsoftware vernachlässigt hat. Die hohe Bedeutung von PIM-Anwendungen wird auch durch das enorme Wachstum von sogenannten Smartphones (vgl. Abschnitt 4.2) dokumentiert.

4 Disruptive Innovationen auf dem Markt für Mobile Solutions

Christensen's Konzept der disruptiven Innovation liefert eine Begründung dafür, warum bestehende Unternehmen trotz großer FuE-Leistungen von kleineren Unternehmen verdrängt werden: die etablierten Unternehmen arbeiten an kleinen Verbesserungen ihrer Produkte am oberen Ende der Leistungsskala, um ihre besten Kunden zufrieden zu stellen und um ihre Margen hoch zu halten (sustaining strategy, vgl. Christensen u. Raynor 2003: 44). Während die etablierten Unternehmen durch diese Aktivitäten gebunden sind, können kleine Unternehmen mit sogenannten disruptiven Innovationen die Existenz der großen, marktberrschenden Unternehmen infrage stellen. Disruptive Innovationen weisen zu Beginn meist eine schlechtere Qualität auf als das Produkt der etablierten Unternehmen, sind jedoch einfacher zu nutzen und preiswerter. Mit der Zeit wird die Produktqualität dann besser, und die disruptive Innovation arbeitet sich in höhere Märkte vor, um dort auch die Nachfrager zu bedienen, die ein höheres Nutzenniveau aufweisen.

Abb. 3. Das Modell der disruptiven Innovation

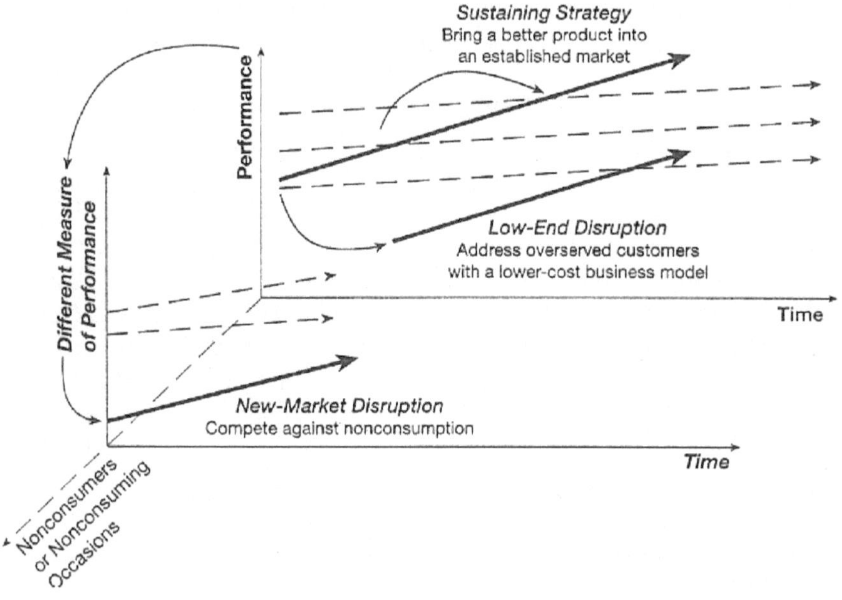

Quelle: Christensen u. Raynor (2003: 44).

In „The Innovator's Dilemma" beschreibt Christensen (2000) diesen Sachverhalt und belegt ihn mit Beispielen aus verschiedenen Industriezweigen, so zum Beispiel aus der Stahlbranche, in der die großen Stahlkonzerne durch kleine Stahlschmelzen aus dem Wettbewerb gedrängt wurden. Disruptive Innovationen nähern sich jedoch nicht immer vom unteren Ende des Marktes (low-end disruptions), sondern schaffen auch neue Märkte, in denen völlig neue Kunden bedient werden, die vorher durch die alte Branche nicht erfasst wurden (new-market disruptions). Das Modell der disruptiven Innovation ist in Abbildung 3 dargestellt.

Um die Zukunftsfähigkeit der japanischen Unternehmen im Markt für Mobile Solutions zu untersuchen, werden im vorliegenden Beitrag zwei disruptive Kräfte innerhalb der Mobile-Solutions-Industrie identifiziert. Es handelt sich zunächst um die CSS(Cascading Style Sheets)-Technologie für die Darstellung von Internet-Inhalten auf Mobiltelefon-Browsern als disruptive Innovation vom unteren Ende des Marktes (low-end) – und um die Smartphones als disruptive Innovation, die einen neuen Markt (new-market) schafft.

4.1 Low-end Disruption: CSS-Browser auf Mobiltelefonen

Im Zusammenhang mit der CSS-Technologie zeichnet sich die Entstehung einer *low-end disruption* auf dem Markt für Mobile-Solutions ab, die die Existenz von i-mode in seiner jetzigen Form bedroht. Mit Hilfe dieser Technologie können zum Beispiel sämtliche Inhalte des Internets problemlos auch auf Mobilfunktelefonen angezeigt werden. Durch CSS können Informationen vollständig von der Ausgabeeinheit (im Internet ist das üblicherweise ein Browser) getrennt werden, und durch die Trennung von Information und Layout wird es problemlos möglich, bestehende Inhalte in unterschiedlichen Formaten darzustellen. Heute werden diese Vorteile beispielsweise für die Ausgabe von Druckversionen (Papier) oder PDF-Dokumenten genutzt. CSS und ähnliche Technologien verbreiten sich rasant, weil sie die Kompatibilität von Internet-Seiten erhöhen. Die Verwendung verschiedener Browser (Microsoft-Internet-Explorer, Firefox, Netscape, Opera u.a.), unterschiedlicher Bildschirmauflösungen und konkurrierender Betriebssysteme (vor allem Windows, Mac und Linux) hat dazu geführt, dass Internet-Lösungen sehr standardisiert sind. Zudem können CSS-basierte Websites von Blinden gelesen werden, und die Indizierung durch Suchmaschinen wie Google wird vereinfacht. Darüber hinaus spielt durch die Flexibilität bei der Ausgabe eine geringere Größe des Displays nur noch eine unerhebliche Rolle – so ist die Anzeige von CSS-Websites auf PDAs längst Realität, und eine Kompatibilität mit Smartphones ist heute bereits gegeben.

Werfen wir nun einen Blick auf den ursprünglichen Erfolgsfaktor von i-mode: die Einfachheit der Bedienung. Die Nutzer von i-mode zahlten im Vergleich zum Internet erhöhte Gebühren, da viele von ihnen aufgrund fehlender Computerkenntnisse nicht über das Internet auf die Informationen zugreifen konnten. Durch die zunehmende Verbreitung des Internet, die Gewöhnung an die Struktur von Internet-Webseiten und die mittlerweile vereinfachten und kostengünstigen Zugriffsmöglichkeiten sinkt der Nutzen von i-mode. CSS kann dementsprechend als low-end disruption wirken, da der Zugang zum Informationsnetzwerk Internet preiswerter und für die überbedienten Kunden von i-mode auch einfacher ist. Hinzu kommt, dass längst nicht alle Internet-Dienste, die der Internet-Nutzer aus dem täglichen Gebrauch kennt, auch in i-mode vorhanden sind. Hier gibt es momentan nur etwa 40.000 Seiten, deren Informationsinhalte oft auch nur durch Zahlung zusätzlicher Gebühren zugänglich sind. Es erscheint zweifelhaft, dass sich langfristig ein proprietärer Standard für Mobile Solutions behaupten kann, der den Nutzern den Zugang zu 4,2 Milliarden Internetseiten verwehrt.

Die Abwanderung erfolgt, wie bei low-end disruptions üblich, bei Kundengruppen, deren Nutzenniveau aus i-mode niedrig ist und die durch die Funktionen überbedient sind. Kunden, die dagegen Lerninvestitionen in i-mode getätigt oder sich an andere exklusive Dienste gewöhnt haben (zum Beispiel die Verwendung von e-moji, kleinen Bildern für E-Mails) und das herkömmliche Internet wenig kennen, werden zunächst bei i-mode bleiben. Da dieses Netzwerk in Japan mittlerweile eine kritische Masse erreicht hat, ist es nicht unmittelbar in seiner Existenz bedroht. i-mode folgt in seiner Entwicklung der klassischer Netzwerke: ist eine bestimmte Masse erreicht, tritt ein „lock-in" auf, sodass selbst nachteilige Standards bestehen bleiben. Beharrungstendenzen sind in solchen Fällen üblich, halten jedoch den Trend langfristig nicht auf, da die Externalitäten durch die Netzeffekte des weitaus größeren Internets überwiegen.

Unternehmen, die sich disruptiven Innovationen ausgesetzt sehen, fliehen meist vor den Konkurrenten in höhere Marktsegmente und entwickeln ihre Produkte weiter - statten sie beispielsweise mit neuen Funktionen aus, mit denen die Kunden meist überbedient werden. Es tritt das ein, was Schumpeter (1961) als kreative Zerstörung bezeichnete: bestehende Unternehmen werden sehr schnell durch neue Unternehmen ersetzt. Ein Ausweg bestünde darin, Schnittstellen zum Internet zu schaffen, was jedoch langfristig auch ein Ende der Spezifika von i-mode bedeuten würde, da für die Content-Anbieter mehrere Alternativversionen von Informationsinhalten zu hohen Kosten führen würden. Eine nachhaltige Lösung, um disruptiven

Innovationen entgegenzutreten, ist es, wenn ein etabliertes Unternehmen selbst einen Unternehmensteil ausgliedert, um das gleiche Segment des Marktes mit den gleichen Kostenstrukturen der Innovation zu bedienen (Christensen u. Raynor 2003). Es wäre folglich für NTT Docomo zu überlegen, ob es nicht früh genug ein preiswertes „Nur-Internet“-Angebot durch eine ausgegliederte Tochterfirma anbieten kann.

4.2 New-market Disruption: Smartphones

Die Smartphones (zu Deutsch etwa „schlaue Telefone“) vereinen den Leistungsumfang eines PDA mit einem Mobiltelefon, wobei der technologische Schwerpunkt je nach Hersteller entweder der PDA oder das Mobiltelefon ist. Smartphones haben einerseits die Fähigkeit, sich mit einem Mobilfunknetz zu verbinden und darüber von fast jedem Ort aus telefonieren zu können (wie ein Mobiltelefon), andererseits haben sie auch die Fähigkeit, als kleiner Computer Anwendungen auszuführen, wie dies auch ein PDA kann. Es handelt sich bei Smartphones um einen der wichtigsten Technologiemärkte der Zukunft: von den etwa 650 Millionen Mobiltelefonen, die 2004 abgesetzt wurden, sind zwar erst 20 Millionen solche Zwitter aus Mobiltelefon und Computer, doch bereits 2007 sollen 50% der weltweit verkauften Mobiltelefone mobile Mini-PCs mit integriertem Telefon sein.

Augenblicklich weisen die Smartphones, wie bei disruptiven Innovationen üblich, noch eine relativ schlechte Produktqualität auf, sodass der neue Markt noch relativ klein ist. Während die technischen Probleme, wie Akkulaufzeiten und schlechte Displays, in den letzten Jahren größtenteils gelöst wurden, stellt sich das Fehlen eines geeigneten Betriebssystems für Smartphones noch immer als gravierendes Problem dar. Das erste Modell mit Windows-Betriebssystem kam Ende 2002 auf den Markt, das Gerät wies aber so viele technische Mängel auf, dass es nur wenige hunderttausend Käufer finden konnte. Viele Anbieter kündigten die „Windows-Telefone“ zwar an, brachten Sie jedoch nach der Testphase gar nicht erst auf den Markt. Mittlerweile sind die Mängel größtenteils behoben, und erste Modelle mit „Windows Mobile“-Betriebssystem sind auf dem Markt. Aufgrund des Gewöhnungseffektes der Nutzer, die Windows von ihrem PC her kennen, konnte sich Windows im Smartphone-Bereich gleich einen Marktanteil von über 20% sichern. Vielversprechend ist auch das 1998 von Nokia in London gegründete Joint Venture Symbian. An dem Softwarehaus hält Nokia heute 47,9%; daneben sind Siemens, Samsung, SonyEricsson und Panasonic beteiligt. Gemeinsam arbeiten die Unternehmen an einer offenen Programmplattform für Smartphones. Und Open-

Source-Initiativen wie Linux sind mittlerweile ebenfalls hierfür verfügbar – die amerikanische Firma Motorola führte im August 2004 zwei auf Linux-basierende Geräte in den japanischen Markt ein.

Smartphones stellen zunächst aufgrund ihrer Fähigkeit zur Anwendung von Computersoftware eine disruptive Innovation für die PDA-Anbieter dar, die augenblicklich noch Nachteile in der Vermittlung von Sprachkommunikation mit mobilen Endgeräten haben. Die Auswirkungen der Disruption zeigen sich bereits im Rückgang von PDA-Absatzzahlen: die Verkäufe von PDAs – die sich zwischen 1998 und 2000 vervierfacht haben – stagnieren seit 2000 (NRI 2003). Diese Entwicklung betrifft natürlich in erster Linie die im PDA-Markt starken US-amerikanischen Firmen. Der PDA-Marktführer HP hat zwar seine iPAQ-Produkte inzwischen mit Telefonfunktionen ausgestattet, aber es wird davon ausgegangen, dass der PDA-Markt aufgrund der Disruption durch Smartphones keine Wachstumschancen mehr hat.

Smartphones sind aber nicht nur für die US-amerikanisch dominierte PDA-Industrie, sondern auch für die Mobilfunkbranche Japans eine disruptive Innovation. Sie bedrohen dabei neben den Geräteherstellern vor allem auch die Produzenten der Anwendungen für Mobiltelefone, die bisher exklusiv für jedes Endgerät oder jedes Netz entwickelt wurden und keine Schnittstellen für PCs anbieten. Smartphones erzeugen nun einen völlig neuen Markt, der zunächst nur die Nutzer erfasst, die beispielsweise geschäftliche PIM-Anwendungen auf ihrem Mobiltelefon benötigen. Das Konzept der disruptiven New-market-Innovation trifft dabei insofern zu, als dass neue Kunden bedient werden, die vorher durch die Mobilfunkindustrie nicht erfasst wurden. Die Nutzer von Smartphones (vorher „Nonconsumers“) möchten ihre PC-Anwendungen auch genauso auf ihrem Mobiltelefon ausführen können. Bei new-market disruptions tritt der zerstörerische Effekt der Innovation erst nach einiger Zeit ein, wenn die Innovation reifer wird und bessere Funktionen aufweist (Christensen u. Raynor 2003: 46). Mit einer verbesserten Produktqualität beginnen auch Verbraucher aus dem bestehenden Mobilfunkmarkt in den Smartphone-Markt hinüberzuwechseln (beginnend mit dem untersten Nutzenniveau). Dies bedeutet, dass die Bedrohung durch Smartphones zum augenblicklichen Zeitpunkt noch nicht richtig wahrgenommen werden kann, da bislang nur Zielgruppen angesprochen werden, die von vornherein nicht zu den profitabelsten Kunden der Mobile-Solutions-Anbieter zählen. In der Abstimmungsphase über Software-relevante Bestandteile von Smartphones (Betriebssysteme etc.) haben sich die japanischen Hersteller bisher stark zurückgehalten. Sollte es in naher Zukunft zu einer Verbreitung der Geräte mit einem Symbian-Betriebssystem kommen, könnte die augenblickliche Passivität einen erheblichen Wettbewerbsnachteil darstellen, da der Wechsel auf einen offenen Mobiltelefon-Standard, der als Basis für Mobile Solutions dient, erst mit erheblicher Verspätung durchführbar sein wird.

Disruptive Innovationen müssen nicht immer für alle Marktteilnehmer disruptiv sein. Im Falle der Smartphones ist die Innovation nur disruptiv für die japanischen Mobilfunkunternehmen, die eine strukturelle Schwäche in der Nutzung von offenen Systemen haben. Smartphones wirken jedoch unterstützend für die westlichen Mobilfunkhersteller, die bereits in einem Konsortium am Betriebssystem Symbian arbeiten, oder für die Firma Microsoft, die ein eigenes Betriebssystem für Smartphones entwickelt hat. Die disruptive Innovation stützt das Geschäftsmodell dieser Unternehmen, da diese sich frühzeitig hin zu etablierten Standards gewendet haben.

Die Passivität der japanischen Unternehmen kann auch als deren Einschätzung interpretiert werden, dass sich Smartphones – angesichts der diagnostizierten Schwächen hinsichtlich der Batterielebensdauer und der Betriebssystemabstimmungen – nicht durchsetzen werden. Nichtsdestotrotz ist ein vorbeugender Schutz gegen die Disruption durch Smartphones wichtig: es müssen Nutzungsmöglichkeiten von standardisierten PIM-Unternehmensanwendungen auf Mobilfunkgeräten entwickelt werden, wofür die Bildung von Forschungskooperationen zwischen Elektronikunternehmen und der Softwareindustrie notwendig wird. Auf die Fähigkeit der Softwareindustrie zur Abwehr der Disruption soll im Folgenden eingegangen werden.

4.3 Restriktionen durch die japanische Softwareindustrie

Aufgrund der zunehmenden Komplexität von Anwendungen auf mobilen Geräten ist es dazu gekommen, dass der Industriezweig Mobile Solutions neben der sehr wettbewerbsfähigen Mobilfunkindustrie auch erheblich von technologischen und wirtschaftspolitischen Rahmenbedingungen der Softwareindustrie abhängig ist. Mobile Endgeräte, wie die genannten Smartphones, sind mit Betriebssystemen ausgestattet, die es ermöglichen müssen, dass die Anwendungen von herkömmlichen stationären PCs auch auf mobilen Geräten ausgeführt werden können oder kompatibel sind. Oftmals verlangen geschäftliche Mobile-Solutions-Anwendungen eine Anbindung der mobilen Endgeräte an das IT-System von Unternehmen. Unter Berücksichtigung dieser Gesichtspunkte wurde der Einfluss der Softwareindustrie auf die Entwicklung der Mobile-Solutions-Industrie in den letzten Jahren größer: Mobile Solutions werden nicht mehr nur allein von der Mobilfunkindustrie (bzw. unter Nutzung der proprietären Standards von Mobilfunkunternehmen) geschaffen, sondern haben ihren Ursprung immer öfter in der Softwareindustrie, unter Nutzung von offenen Standards für Datenübertragung und etablierten Büroanwendungen (wie zum Beispiel von Microsoft).

Japans Wettbewerbsfähigkeit in der Softwareindustrie ist jedoch aus verschiedenen Gründen gering. In Japan gab es keinen „Silicon Valley-Effekt" für innovative Softwareunternehmen (Aoki 2000). Dies ist unter anderem auf den unterentwickelten Markt für Wagniskapital und eine verspätete Standardisierung im Markt für Betriebssysteme und Anwendungssoftware zurückzuführen. Hinzu kommt, dass viele japanische Unternehmen bewusst exklusive und proprietäre Softwaresysteme innerhalb der eigenen Unternehmensgruppe erstellten (Kokuryō 1999: 100). Obwohl sich in den letzten Jahren eine Änderung dieser Strategie abzeichnete und viele Unternehmen eine Erneuerung ihrer IT-Systeme nach offenen Standards (Internet-Standards, Client-Server-Architektur) angehen, sind viele Softwaresysteme weiterhin exklusiv.

Um eine mögliche Disruption durch Smartphones abzuwenden und die Anwendungen auf Mobiltelefonen kompatibler zu gestalten, werden verstärkt Kooperationen der Mobilfunkunternehmen mit kleinen, wettbewerbsfähigen Softwarefirmen und die breite Nutzung und Unterstützung von offenen Standards (Open Source) wichtiger. So könnten zum Beispiel verfügbare Linux-Distributionen für Smartphones weiterentwickelt werden, um so eigene Spezifikationen zu erfüllen, aber dennoch den Betriebssystemstandard offen zu halten. Wissen über Open-Source-Produkte und objektorientierte Programmierung sind jedoch rar. Viele Unternehmen haben große Schwierigkeiten, qualifizierte Mitarbeiter zu finden, die sich mit der neuen Technologie auskennen. Im Jahre 2000 fehlten etwa 200.000 Fachkräfte im IT-Bereich. Insbesondere Softwareentwickler in Japan, die sich mit den Plattformen Symbian oder Linux für Smartphones auskennen, sind nur schwer zu finden. Somit sind auch den Möglichkeiten zur Schaffung von innovativen Mobile Solutions Grenzen gesetzt. Es wird deutlich, dass die Schwächen in der japanischen Softwareindustrie Restriktionen für die Zukunftsfähigkeit der Mobile-Solutions-Industrie darstellen.

5 Schluss

Das Bild der Vorreiterstellung Japans im Bereich der Mobile Solutions muss differenziert betrachtet werden, da diese Einschätzung primär nur den Markt für Endkunden betrifft. Hier ist i-mode, wie gezeigt wurde, sehr wettbewerbsfähig und innovativ und erwirtschaftet seit mehreren Jahren große Erträge für NTT Docomo. Die marktbeherrschenden Unternehmen der Mobilfunkindustrie in Japan, besonders NTT Docomo, fokussieren weiterhin auf ihre lukrativen Segmente (ihr sogenanntes value network) und beschäftigen sich daher gezwungenermaßen nur peripher mit den Bedrohungen, die durch die genannten disruptiven Innovationen entstehen (Christensen 2000, Kapitel 2). Sie folgen einer Erhaltungsstrategie (sustaining strategy), indem sie ihre bestehenden Produkte verbessern.

Die Zukunftsfähigkeit von i-mode ist nach Meinung der Autoren gefährdet. Es wurde deutlich, dass sich i-mode in zunehmendem Maße gegen die Konkurrenz durch das „herkömmliche“ Internet behaupten muss. Aufgrund der low-end disruption CSS ist die Darstellung von Web-Seiten auf mobilen Endgeräten in naher Zukunft ohne Probleme möglich. Das Internet, mit seinen über 120 Millionen Nutzern, kann weitaus größere Netzwerkeffekte vorweisen und wird sich (der Logik von Netzwerkindustrien folgend) gegen den für die Verbraucher teureren und für die Content-Provider aufwendigeren Dienst i-mode durchsetzen.

Die Autoren argumentieren, dass Smartphones für die japanische Mobile-Solutions-Industrie eine große Bedrohung darstellen, die einen völlig neuen Markt definieren. Es ist angesichts der jetzigen technologischen Entwicklung anzunehmen, dass Smartphones in den nächsten Jahren eine entsprechende technologische Reife erlangen können, um den japanischen Anbietern als new-market disruption gefährlich werden zu können. Der Smartphone-Markt wird sich rasch ausweiten – beginnend bei Geschäftsleuten und „Internet-affinen“ Nutzern – und eine kritische Masse erreichen. Den Wissensrückstand hinsichtlich der Smartphones wird sich dann nachteilig auf die Mobilfunkgerätehersteller und die Anbieter von spezifischen PIM-Anwendungen auswirken, die bisher auf proprietäre Eigenentwicklungen gesetzt haben. Da die vorhandenen Mobile Solutions durch die technologischen Möglichkeiten der mobilen Endgeräte begrenzt werden, ist ein Wissensrückstand bei Smartphones – ganz besonders im Softwarebereich (Systemsoftware, Schnittstellen etc.) – auch für die Mobile-Solutions-Anbieter ein Nachteil.

Zur Begegnung dieser disruptiven Kräfte und der Wahrung der Zukunftsfähigkeit von Mobile Solutions ist zu empfehlen, dass in ausgewählten Bereichen von der Mobilfunkindustrie offene Standards eingeführt werden. Die weitere Verfolgung proprietärer Standards als Wettbewerbshindernis und Markteintrittsbarriere könnte sich als gefährlich herausstellen, wenn zum Beispiel Vodafone als ausländischer Großanbieter (der für ausländische Märkte ohnehin offene Standards verwenden muss) auf dem Markt agiert und die Kunden abschöpft, die sich dem offenen Standard anschließen. Ein großes Problem ist darüber hinaus, dass sich die Nichtteilnahme an Standardisierungsbemühungen (wie Symbian) in einem Wissensrückstand niederschlägt, der durch strukturelle Nachteile in der japanischen Softwareindustrie noch verstärkt wird.

Auf der anderen Seite zeigen sich für japanische Anbieter von Mobile Solutions aber auch hervorragende Wachstumschancen, die durch die Standardisierungsinitiativen im Telematik-Bereich entstehen könnten und den Zugang für innovative japanische Car Navigation Terminals im Ausland erleichtern werden. Auch mit der Entwicklung im Bereich der fixed-mobile convergence, d.h. der Verlagerung sämtlicher Telefongespräche auf mobile Endgeräte, könnte ein zukunftsfähiger Markt für japanische Anbieter entstehen. Durch den Wissensvorsprung im Bereich der 3G-Infrastruktur und der mobilen Endgeräte für Sprachübertragung könnten japanische Anbieter auch im Ausland für die Fixed-Mobile-Technologie eine gewichtige Rolle spielen.

Eine weitere Möglichkeit, um im Verdrängungswettbewerb Pfadabhängigkeiten aus Technologien zu umgehen und langfristig Kunden an sich zu binden, zeigen innovative Mobile-Solutions-Anbieter aus Korea, die den Markt segmentieren und für Ihre Zielgruppen spezielle „Mobilfunk-Marken“ entwickelt haben: so bietet die Firma KTF unter der Marke „Na“ Dienste speziell für Studenten zwischen 18-25 Jahren an, mit denen über das Mobiltelefon ein kostenloser Eintritt ins Kino oder der Internet-Zugang an 68 Universitäten erfolgen kann. Gleiche Dienstleistungen befinden sich in Japan in der Entwicklung, so bei 7-Eleven. Der Wandel von einem einfachen Mobilfunkanbieter zu einem Mobile Virtual Network Operator (MVNO, vgl. Economist, 04.09.2004: 69) wird jedoch nicht für alle Anbieter die richtige Lösung sein, da große Investitionen in Markenbildung, Marktforschung und die Erstellung von neuen Dienstleistungen nötig sind.

Literatur

Aoki M (2000) The Japanese Firm May be Becoming too Rigid for Information-Sharing in the Digital Age. Http://www.glocom.org/opinions/essays /200008_aoki_info_sharing/ (Zugriff am 15.03.2003)

Christensen CM (2000) The Innovatorś Dilemma. Harper Business, New York

Christensen CM, Raynor ME (2003) The innovators solution: creating and sustaining successful growth. Harvard Business School Press, Boston

Downes L, Mui C (1998) Unleashing the Killer App. Harvard Business School Press, Boston

Economist (04.09.2004) Vision, meet reality. The Economist, S 67-69

Economist (25.09.2004) The marriage of two phones. The Economist, S 71-72

Eurotechnology (2005). Http://www.eurotechnology.com (Zugriff am 01.06.2005)

Fujimoto T (2001) Ākitekucha no sangyōron [Industrie-bezogener Diskurs zu Architektur]. In: Fujimoto T, Takeishi A, Aoshima Y (Hrsg) Bijinesu ākitekucha – seihin, soshiki, purosesu no senryaku-teki sekkei [Business

Architecture – Strategisches Design von Produkten, Organisationen und Prozessen]. Yūhikaku, Tokio, S 3-27

Funk JL (2002) Global Competition Between and Within Standards - The Case of Mobile Phones. Palgrave, New York

Kokuryō J (1999) Ōpun ākitekucha senryaku - nettowāku jidai no kyōdō moderu [Strategie offener Architekturen - das Kooperationsmodell der Netzwerk-Ära]. Daiyamondo-sha, Tokio

Liang TP, Wei CP (2004) Mobile Commerce Applications. International Journal of Electronic Commerce 8,3: 7-17

Niimi H (2003) Koko made kite iru mobairu maruchimedia - Docomo ga jitsugensuru yubikitasu nettowākingu [Die Entwicklung von Mobile Multimedia - Docomo verwirklicht ubiquitous networking] Nikkei BP Kikaku, Tokio

NRI (2003) Perspectives of the Market Scale and its Trend of the IT Market until the Year 2008. Nomura Research Institute, http://www.nri.co.jp/english/news /2003/031120.html (Zugriff am 12.07.2004)

Schumpeter JA (1961) Konjunkturzyklen. Vandenhoeck & Ruprecht, Göttingen

Spiegel (2004) Paranoia in Japan: Funkchips überwachen Schulkinder. Http://www.spiegel.de, 29.09.2004 (Zugriff am 01.06.2005)

Tsukuda J, Takeyasu K (2001) Mobile e-business. Chūō Keizaisha, Tokio

Die japanische Videospielindustrie

Christian Winkler

1 Einleitung

Die Videospielindustrie hat sich nicht nur in Japan zu einem der wichtigsten Segmente der (elektronischen) Unterhaltungsbranche entwickelt. Weltweit wird der Videospielindustrie in den nächsten Jahren ein kräftiges Wachstum prognostiziert. Der globale Markt für Videospiele, Computerspiele und interaktive Unterhaltungshard- und -software soll von 20,7 Mrd. USD im Jahr 2002 auf 30 Mrd. USD im Jahr 2007 anwachsen (RocSearch 2004-05: 3). Einer Studie des Marktforschungsinstituts DFC Intelligence zufolge erwirtschafteten im Fiskaljahr 2004 allein die siebzehn führenden Unternehmen der weltweiten Videospielindustrie einen Gesamtumsatz von 24,5 Mrd. USD (DFC Intelligence 2005).

Japans Spieleproduzenten setzen globale Trends, und Konsolenhersteller wie Sony und Nintendo dominieren die Spielekonsolenmärkte weltweit.[1] Der vorliegende Beitrag untersucht die Zukunftsfähigkeit der japanischen Videospielindustrie. Hierzu wird zunächst die Marktstruktur beschrieben, und es werden die bisherigen Erfolgsstrategien der Unternehmen diskutiert. Im Anschluss geht der Beitrag auf Herausforderungen für die Industrie ein, bevor er abschließend Folgerungen für das zukünftige Wachstumspotenzial der Industrie aufzeigt.

Im Mittelpunkt der Betrachtung steht das Geschäft mit Videospielen, die ein Verbraucher auf der von ihm erworbenen Hardware spielt. Der Fokus richtet sich also auf den Markt für Konsolen und deren Software. Demgegenüber ist der Markt für PC-basierte Spiele in Japan in der Regel Online-Spielen und Nischentiteln vorbehalten. Der Beitrag geht auch kurz auf das

---

[1] Bei einer Videospielkonsole handelt es sich um ein Gerät, mit dem man Videospiele (evtl. auch andere Formate wie DVD Video oder CD Audio) abspielen kann. Um die audiovisuellen Signale der Konsole darzustellen, wird in der Regel ein Fernsehgerät benötigt.

Geschäft mit Spielhallen und Spielautomaten (Gamecenter oder Arcade) ein, das in Japan vom Geschäft mit Videospielen gänzlich getrennt ist.

2 Die japanische Videospielindustrie im Überblick

Die Videospielindustrie ist noch eine relativ junge Industrie. Die meisten großen Videospielunternehmen Japans wurden erst in den 1960er und 1970er Jahren gegründet und produzierten als kleine Betriebe zunächst Spielautomaten. Nintendo, das älteste Unternehmen der Branche (gegründet 1899), stellte zu Beginn seiner Firmengeschichte herkömmliche Spielkarten her. Erst als Anfang der 1980er Jahre die ersten kommerziell erfolgreichen Videospielkonsolen[2] auf den Markt kamen, begannen die Unternehmen, die heute als Global Players die Industrie dominieren, auf diesem neuen Markt aktiv zu werden. Seither hat die Industrie ein beeindruckendes Wachstum erlebt, hat sich zu einem globalen Massenmarkt entwickelt und ist zu einem der wichtigsten Segmente der (elektronischen) Unterhaltungsbranche geworden.

Seit 2001 ist die japanische Videospielindustrie jedoch wieder geschrumpft. 2004 kamen die Lieferungen insgesamt auf einen Wert von 909,11 Mrd. JPY (ca. 6,76 Mrd. EUR). Der Rückgang ist vor allem auf den wertmäßigen Rückgang der Hardwarelieferungen zurückzuführen; die Softwarelieferungen legten seit 2003 wieder zu (vgl. Abbildung 1).

Der Wert der ausländischen Lieferungen sank 2004 deutlich um 28,1% auf 564,47 Mrd. JPY (ca. 4,2 Mrd. EUR), während sich der Wert der inländischen Lieferungen nur leicht um 1,2% auf 344,64 Mrd. JPY (ca. 2,56 Mrd. EUR) verringerte. Insgesamt hatten die ausländischen Lieferungen einen Anteil von 62,1% an den Gesamtlieferungen, was auf die wachsende Bedeutung der ausländischen Märkte für die japanischen Hersteller hinweist (JETRO 2005: 2).

Bei den Videospielproduzenten unterscheidet man ähnlich wie in der Computerindustrie zwei Gruppen von Unternehmen: Hardware- und Softwarehersteller. Erstere werden „1st Parties", letztere „3rd Parties" genannt. Während Hardwareproduzenten grundsätzlich auch Spiele für die von ihnen produzierten Konsolen entwickeln, sind Softwareproduzenten in der Regel unabhängig und können, eine Lizenz für die Entwicklung von Software vorausgesetzt, ihre Produkte theoretisch auf jeder Plattform veröffentlichen. In der Praxis fokussieren die meisten japanischen Firmen ihre

---

[2] Die erste weltweit erfolgreiche Konsole war Nintendos 8-bit Konsole *Family Computer* (*Famicom*). Nintendo zufolge hat sich die Konsole seit ihrer Markteinführung 1983 weltweit mehr als 60 Millionen Mal verkauft.

Ressourcen jedoch auf die wenigen erfolgreichen Plattformen. In den folgenden Abschnitten sollen beide Herstellergruppen unter Berücksichtigung der gegenwärtigen Marktsituation vorgestellt werden.

Abb. 1. Entwicklung der Lieferungen in der Videospielindustrie

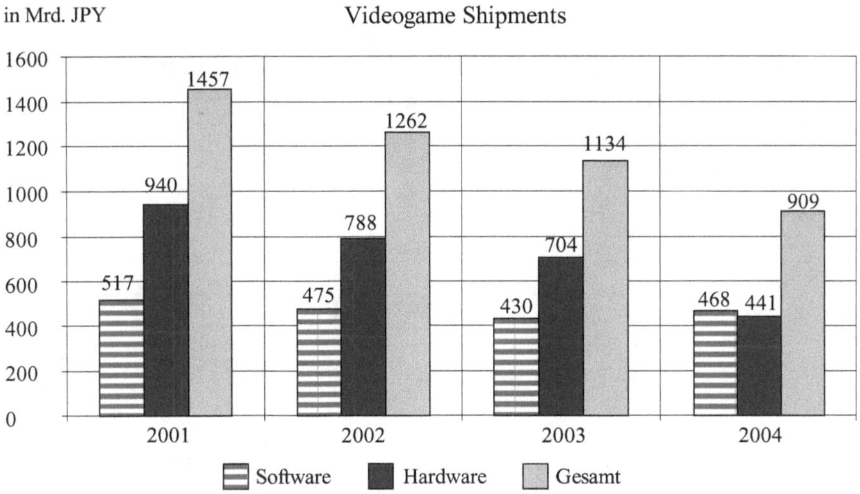

Quelle: Darstellung nach JETRO (2005: 1).

2.1 Hardwareproduzenten

Ende März 2005 gab es drei Hardwareproduzenten für Videospiele in Japan: Nintendo, Sony Computer Entertainment (SCE) und Microsoft. Vormalige Wettbewerber wie Sega und Bandai haben sich indes aus dem Hardwaregeschäft zurückgezogen (JETRO 2005: 3). Führend unter den drei oben genannten Unternehmen ist derzeit SCE. Das im Jahre 1993 gegründete Tochterunternehmen des japanischen Elektronikkonzerns Sony hält in Japan mit seiner *PlayStation 2* (PS2) einen Marktanteil von fast 80% (siehe Tab. 1). Während sich Nintendo mit dem *GameCube* (GC) und Microsoft mit der *Xbox* auf dem europäischen und vor allem dem nordamerikanischen Markt in einer besseren Marktposition befinden, sind die weltweiten Absatzzahlen der beiden Konkurrenten noch immer weit von den über 90 Mio. *PS2*-Einheiten entfernt, die SCE seit Einführung der Plattform im März 2001 ausgeliefert hat.

Anders stellt sich die Situation auf dem Markt der portablen Geräte („Handhelds“) dar. Trotz diverser Versuche von Seiten Segas (*GameGear* u.a.), Bandais (mit dem *WonderSwan Color*) oder Nokias (*N-Gage*) heißt der Marktführer in diesem Segment nach wie vor Nintendo. Die in Kioto beheimatete Firma hält mit ihrer Erfolgshardware *GameBoy*, dessen Nachfolgemodellen und dem seit Dezember 2004 erhältlichen Handheld *Nintendo DS*, welcher über zwei Bildschirme verfügt, einen Marktanteil von fast 100% (IT Media 2005a). Durch die Einführung der *PlayStation Portable* durch SCE im Dezember 2004 ist Nintendos Monopol aber zumindest in Frage gestellt (Yahoo Asia News 2004), da Sony Computer Entertainment bis Oktober 2005 bereits 10 Mio. Einheiten seiner *PlayStation Portable* ausgeliefert hat (siehe Tabelle 1).

Tabelle 1. Übersicht über die gegenwärtige Konsolengeneration

Plattform	Hersteller	Markteinführung in Japan	Absatz in Japan	Absatz weltweit
Standardkonsolen				
PlayStation 2	Sony Computer Entertainment	04.03.2000	21.700.000 (Stand: 30.09.05)	96.010.000 (Stand: 30.09.05)
GameCube	Nintendo	14.09.2001	3.840.000 (Stand: 24.11.05)	19.310.000 (Stand: 24.11.05)
Xbox	Microsoft	22.02.2002	520.000 (Stand: 31.12.04)	22.000.000 (Stand: 23.08.05)
Portable Geräte				
GameBoy Advance (SP)	Nintendo	23.03.2001	15.550.000 (Stand: 31.03.05)	66.790.000 (Stand: 31.03.05)
DS	Nintendo	02.12.2004	3.630.000 (Stand: 24.11.05)	8.830.000 (Stand: 24.11.05)
PlayStation Portable	Sony Computer Entertainment	12.12.2004	3.000.000 (Stand: 21.10.05)	10.000.000 (Stand: 21.10.05)

Anm.: Anmerkung: Sony Computer Entertainment veröffentlicht nur ex-factory Zahlen. Daher handelt es sich bei den hier angegebenen Zahlen für *PlayStation 2* and *PlayStation Portable* nur um ex-factory Absatzzahlen, und nicht um „echte“ Verkaufszahlen.

Quelle: Gamespot (2005); Microsoft (2005a: 2); Nintendo (2005a: 25); SCE (2005).

Der japanische Hardwaremarkt belief sich 2004 auf der Basis der Einzelhandelspreise auf ein Volumen von 120,15 Mrd. JPY (ca. 893,7 Mio. EUR) und lag damit um 12,4% unter dem Vorjahreswert. Von dem Gesamtvolumen entfielen 63,27 Mrd. JPY (ca. 470,6 Mio. EUR) auf portable

Hardware und 56,88 Mrd. JPY (ca. 423,1 Mio. EUR) auf Desktop-Hardware. Während der Bereich der portablen Geräte einen Zuwachs um 34,3% gegenüber dem Vorjahr verzeichnete, entwickelte sich der Desktopbereich rückläufig (JETRO 2005: 5).

2.2 Softwareproduzenten

Im Unterschied zum Hardwaremarkt ist die Marktkonzentration im Softwarebereich sehr gering. Ende 2004 belief sich die Zahl der Softwarehersteller („publisher") in Japan auf gut 200 Unternehmen (JETRO 2005: 3). Neben den drei Hardwareproduzenten, die auch Software für ihre Plattformen entwickeln, produzieren und vertreiben, zählen zu den größten Softwareherstellern mit Umsätzen über 10 Mrd. JPY (ca. 74 Mio. EUR) Sega Sammy, Bandai, Konami, Namco, Taito, Square Enix, Capcom, Koei, Atlus und Hudson (siehe Tabelle 2).

Kontrolliert wird der Softwarebereich weitgehend von großen internationalen Unternehmen, die sowohl die Entwicklung als auch den Vertrieb von Spielen zu ihrem Kerngeschäft zählen. Viele dieser Unternehmen haben allerdings auch in andere Branchen expandiert. So erwirtschaftete beispielsweise Konami im Fiskaljahr 2004/05 lediglich 36% seines Umsatzes mit Videospielen (Konami 2005a). Während viele Unternehmen dieser Kategorie den überwiegenden Teil ihrer Spiele von firmeninternen Entwicklungsteams produzieren lassen, kommt es aber auch durchaus vor, dass der Entwickler ein kleineres Nischenunternehmen ist. In diesem Fall übernimmt eine Firma wie Konami lediglich Aufgaben wie Vertrieb oder Marketing.

Neben den Global Players gibt es zahlreiche kleinere Unternehmen, die ihre Ressourcen auf die Entwicklung und den Vertrieb von Spielen fokussieren, die nicht für den Weltmarkt bestimmt sind, sondern auf den japanischen Markt abzielen. Oftmals haben sich solche kleineren Firmen auf bestimmte Marktnischen, wie z.B. ein bestimmtes Genre, spezialisiert. Die Anzahl kleiner Firmen, die sich beispielsweise auf die Entwicklung von PC-basierten Love Adventures für ein erwachsenes Publikum konzentrieren, ist beträchtlich. Exemplarisch sollen im Folgenden zwei erfolgreiche Unternehmen vorgestellt werden, die eine solche Nische besetzt haben. Nihon Falcom und Princess Soft.

Tabelle 2. Übersicht über die größten japanischen Hard- und Softwareproduzenten

Firmenname	Firmensitz	Jahr der Firmengründung	Anzahl der Mitarbeiter	Marktkapitalisierung (in Mrd. JPY)	Umsatz im FJ 2005/06 (in Mrd. JPY)	Gewinn (netto, konsolidiert) FJ 2005/06 (in Mrd. JPY)
Atlus	Tokio	1986	324	8,45	16,73	-2,76
Bandai Namco*	Tokio	1950	6776	10,00	450,83	14,15
Banpresto	Tokio	1977	189	3,02	37,74	2,10
Capcom	Osaka	1979	1212	27,58	70,25	6,95
Hudson	Tokio	1973	463	5,06	14,43	0,72
Koei	Yokohama	1978	873	9,09	26,22	7,34
Konami	Tokio	1973	5127	47,40	262,14	23,01
Nintendo	Kioto	1899	3150	10,07	509,25	98,38
Sega Sammy**	Tokio	2004	6416	27,29	553,24	66,22
SCE	Tokio	1993	1200	1,93	957,20	23,00
Square Enix***	Tokio	1975	3050	7,43	124,47	17,08
Tecmo	Tokio	1967	446	5,74	12,23	0,67

* Namco and Bandai gründeten am 29.09.2005 Bandai Namco Holdings.
** Am 01.10.2004 fusionierten Sega und Sammy zu Sega Sammy Holdings.
*** Square Enix kündigte am 23.08.2005 an, Mitbewerber Taito zu einer Tochterfirma zu machen.

Quelle: Offizielle Webseiten der Firmen (siehe Bibliografie); Yahoo Finance.

Die in Tokio beheimatete Firma Nihon Falcom wurde im Jahre 1981 gegründet und brachte bereits 15 Monate nach ihrer Gründung ihr erstes Spiel auf den Markt. 1987 folgte dann der erste Teil der *Ys*-Saga, die sich über die Jahre zum Aushängeschild von Nihon Falcom und zur populärsten PC-basierten Rollenspielserie entwickeln sollte. Die Strategie, sich bewusst auf den Markt für PC-basierte Spiele zu beschränken, auf dem der Konkurrenzdruck größerer Wettbewerber, allen voran Square Enix, geringer ist, hat sich ausgezahlt. Nihon Falcom setzte weiter konsequent auf die bewährte Strategie der Entwicklung von Rollenspielen für die PC-Plattform und entwickelte sich so zu einem der profitabelsten Unternehmen in der gesamten Industrie.[3] Eine weitere Einnahmequelle eröffnete sich mit

[3] Im Fiskaljahr 2003/04 erzielte Nihon Falcom Unternehmensangaben zufolge einen Nettogewinn von 261 Mio. JPY (ca. 1,94 Mio. EUR) bei einem Umsatz von 1,24 Mrd. JPY (ca. 9,24 Mio. EUR) (Nihon Falcom 2004).

dem Lizenzgeschäft, d.h. dem Verkauf von Nutzungsrechten eines bestimmten geistigen Eigentums (z.B. eines Spiels) an eine andere Firma (hierbei wird dem Käufer in der Regel nur die Nutzung der Rechte für eine bestimmte Plattform eingeräumt). Um die populären Rollenspiele von Nihon Falcom auch dem größeren Konsumentenkreis der Konsolenspieler zugänglich zu machen, erwarben große Softwarehersteller wie Bandai, Konami oder Taito Lizenzen von Nihon Falcom, um Spiele wie *Ys VI* auf die *PlayStation 2* oder *PlayStation Portable* zu bringen. Auf das Lizenzgeschäft wird unter Abschnitt 3.4 noch genauer eingegangen.

Princess Soft heißt das im Jahr 2001 gegründete Videospiellabel der Firma Oaks. Seit seiner Gründung hat sich das Label auf Konsolenumsetzungen von PC-basierten Love Adventures spezialisiert. Die Rechte an einem solchen Spiel mit pornografischen Darstellungen, wie *Natsuiro Komachi – Ichijitsusenka*, welches ursprünglich von kleinen Firmen (im Falle von *Natsuiro Komachi* Purple Soft) für eine erwachsene Käuferschaft entwickelt und vertrieben wurde, werden von Princess Soft gekauft. Anschließend werden Szenen mit sexuellem Inhalt entfernt[4], das Produkt grafisch überarbeitet (um den Hardware-Spezifikationen der jeweiligen Konsole Rechnung zu tragen) und einige neue Szenarien und Charaktere ergänzt, bevor das Spiel auf einer Konsole (zum gegenwärtigen Zeitpunkt ist dies in der Regel SCEs *PlayStation 2*) veröffentlicht werden kann.

Neben den Global Players und den auf den Heimatmarkt ausgerichteten kleineren Unternehmen mit Nischenmarktfokus lässt sich noch eine dritte Kategorie von Softwareherstellern unterscheiden. Es handelt sich dabei um unabhängige Entwicklungsstudios, deren Tätigkeit sich auf die Entwicklung von Spielen beschränkt. Sie sind wesentlich kleiner und oftmals nicht börsennotiert. Diese unabhängigen Entwicklungsstudios überlassen den Vertrieb ihrer Spiele anderen (in der Regel den Global Players). Als Beispiele für zwei solcher Entwicklungsstudios seien hier Game Republic und Level 5 angeführt. Game Republic wurde im Jahr 2003 von Yoshiki Okamoto (einem ehemaligen Capcom-Manager, der seinen langjährigen Arbeitgeber nach 20 Jahren im Juni 2003 verließ) gegründet. Als erstes Projekt entwickelte das Team ein Actionspiel namens *Genji*, das bereits auf dem japanischen, amerikanischen und europäischen Markt erhältlich ist. Das in Fukuoka angesiedelte Entwicklungsstudio Level 5 hingegen hat sich in seiner erst siebenjährigen Firmengeschichte auf Rollenspiele spezialisiert und sich mit den von SCE vertriebenen Titeln *Dark Cloud* und

[4] Da es in Japan, anders als in Deutschland, keine legal bindenden Altersbeschränkungen für Konsolenspiele gibt, lassen es die Konsolenhersteller nicht zu, dass Spiele mit explizit sexuellem Inhalt auf ihrer Hardware erscheinen. Folglich bleiben diese eine Domäne der PC-Plattform.

Dark Chronicle sowie der Entwicklung von Square Enixs *Dragon Quest VIII: Sora to Umi to Daichi to Norowareshi Himegimi* einen Namen gemacht.

Angaben der Japan Amusement Machinery Manufacturers Association zufolge wurden in Japan im Fiskaljahr 2003/04 insgesamt 1.165 Videospieltitel geliefert und damit 123 Titel weniger als im Vorjahr. Die größten Gewinner waren Titel für die *PS2* (44,3% auf 678 Titel) und den *Game Cube* (34,6% auf 105 Titel). Rückläufig entwickelten sich die Lieferungen für die *PlayStation* (-71,5%) wie auch für die *Xbox* und diverse portable Geräte (JETRO 2005: 5).

3 Erfolgsstrategien japanischer Videospielproduzenten

Bei der Beschreibung der Marktstruktur wurde vereinzelt bereits auf Strategien der japanischen Videospielhersteller eingegangen. Diese sollen im Folgenden systematisch dargestellt werden.

3.1 „Polymorphic Content" oder westliche Multiplattformstrategie?

Square Enix nennt es „Polymorphic Content", Koei „Media-Mix". Die Strategie, die hinter diesen plakativen Schlagwörtern steht, ist jedoch die gleiche. Anstatt einen existierenden Inhalt (z.B. eine bekannte und erfolgreiche Videospielserie) lediglich auf zwei verschiedenen Konsolen zu veröffentlichen, versuchen die Softwarehersteller verstärkt, deren Popularität aus dem Videospielsektor auf andere Bereiche, wie z.B. Spiele, Klingeltöne und Hintergrundbilder für Mobiltelefone, Filme, Anime oder Manga, zu übertragen. Als Beispiel für diese Strategie sei hier Square Enixs neuestes Projekt *Code Age* angeführt. *Code Age* ist nicht nur als Spiel für die *PlayStation 2* erhältlich, sondern auch als Manga und als Spiel für Mobiltelefone. Ein Blick auf Tabelle 1 und die dominierende Marktstellung der *PlayStation 2* erklärt, warum das amerikanische Geschäftsmodell, Spiele auf mindestens zwei Konsolen und der PC-Plattform umzusetzen, in Japan kaum Erfolg versprechend ist und folglich auch nicht angewendet wird.

3.2 Der richtige Mix von etablierten und neuen „Intellectual Properties“ (IP)[5]

Die Debatte um Kreativität oder einen Mangel an selbiger ist so alt wie die Videospielindustrie selbst und keineswegs auf diese beschränkt. In der Filmindustrie zeigt sich das gleiche Bild: Studios ziehen es vor, Sequels (Fortsetzungen) bekannter und erfolgreicher Filme zu produzieren, anstatt Geld in einen komplett neuen Film zu investieren, bei dem die Chancen auf Gewinn aufgrund des fehlenden Bekanntheitsgrades geringer sind. Die Strategie, auf etablierte Serien zu setzen, mag zwar kurz- und mittelfristig Kosten senken und so profitabler sein. Angesichts sinkender Absatzzahlen vieler etablierter Serien in Japan[6] macht die Investition in die Entwicklung neuer Titel auf lange Sicht aber durchaus Sinn. Ein Beispiel hierfür ist das von Square Enix im März 2002 veröffentliche *PlayStation 2*-Spiel *Kingdom Hearts*. Zusammen mit Disney Interactive entwickelte man mit *Kingdom Hearts* eine neue Serie, die originelle Inhalte mit lizenzierten Disney-Charakteren und -Welten verknüpft. Bereits der erste Teil verkaufte sich mehr als vier Millionen Mal weltweit (Square Enix 2004a). Im November 2004 wurde der zweite Teil in Japan veröffentlicht, der dritte befindet sich gegenwärtig noch in der Entwicklung und wird voraussichtlich Ende 2005 auf den Markt kommen.

3.3 Expansion auf ausländischen Märkten

Betrachtet man die Expansion von japanischen Softwareherstellern über die letzten Jahre, so lassen sich zwei Trends ausmachen: Viele Global Players, die sich bereits seit Jahren fest auf den amerikanischen und europäischen Märkten etabliert haben, drängen verstärkt auf den asiatisch-pazifischen Markt. Da jedoch in Südkorea, Taiwan und vor allem der Volksrepublik China Softwarepiraterie und die geringe Verbreitung von Konsolen große Hürden für den Erfolg eines Geschäftsmodells nach japanischem Vorbild darstellen, setzt man in diesen Ländern konsequent auf

---

[5] Verstanden als das geistige Eigentum an Inhalten, Charakteren, Figuren etc.

[6] Als Beispiel sei hier die Absatzentwicklung von zwei etablierten Serien genannt, die in Japan bereits seit 1986 bzw. 1989 erhältlich sind: Wurde Nintendos *The Legend of Zelda: Ocarina of Time* im Jahre 1998 noch 7,6 Mio. Mal verkauft, lag der Absatz der Fortsetzung *The Legend of Zelda: The Wind Waker*, die 2003 auf den Markt kam, bei lediglich 3,07 Mio. Einheiten (Hirasawa 2004). Im Falle der *SaGa* Serie von Square Enix lässt sich eine ähnliche Entwicklung beobachten: *SaGa Frontier* verkaufte sich 1997 noch 1,07 Mio. Mal, während die 2002 erschienene Fortsetzung *UNLIMITED:SaGa* es in Japan lediglich auf einen Absatz von 560.000 Einheiten brachte (Square Enix 2002: 6, 2003: 6).

PC-basierte Online-Spiele, für deren Nutzung eine monatliche Gebühr von circa 10 EUR erhoben wird. Dies hat den Vorteil, dass sich Raubkopien der Spiele nicht auf Umsatz und Gewinn der Hersteller auswirken, da es sich bei der Einnahmequelle in diesem Fall nicht um den Verkauf des eigentlichen Spieles, sondern um das Nutzungsentgelt handelt. So ist es wenig verwunderlich, dass nach dem Erfolg, den Square Enix mit seinem Spiel *Crossgate Online* verzeichnete, andere japanische Hersteller wie Namco (mit *Tales of Eternia Online*), Sega (mit *Shenmue Online*) und Nihon Falcom (mit *Ys Online*) für die nahe Zukunft PC-basierte Online-Spiele angekündigt haben, die nicht nur in Japan, sondern auch in Südkorea und China erscheinen sollen. Diese Entwicklung ist auch vor dem Hintergrund des enormen Wachstumspotenzials dieses Marktsegmentes zu sehen. Einer Studie der Yankee Group zufolge wird sich der weltweite Absatz von Online-Spielen bis zum Jahre 2008 auf 1,1 Mrd. USD verdreifachen und 10% des globalen Marktes für Videospiele ausmachen (CNET Japan 2004).

Vor allem (aber nicht nur) bei mittleren und kleineren Firmen lässt sich ein anderer Trend beobachten. Sie versuchen zu expandieren, indem sie ihre Spiele auch in Nordamerika und Europa populär machen. Der Gründung einer europäischen Tochtergesellschaft von Koei folgten amerikanische bzw. europäische Niederlassungen von Firmen wie Nippon Ichi Software oder D3 Publisher, Inc. Die Popularität von Spielen wie Nippon Ichi Softwares *Disgea: Hour of Darkness* oder *Phantom Brave* in Nordamerika zeigt, dass auch kleinere Softwarehersteller auf den beiden großen westlichen Märkten Fuß fassen können.

3.4 Effektive Nutzung von IPs durch Lizenzvergabe

Dass die Vergabe von Lizenzen zu einer großen Einnahmequelle werden kann, zeigt sich am Beispiel der Firma Nihon Falcom. Im Fiskaljahr 2003/04 erwirtschaftete die Firma 471 Mio. JPY (ca. 3,5 Mio. EUR) oder 38% ihres Umsatzes durch die Einnahme von Lizenzgebühren. Insgesamt wurden Lizenzen für vierzehn Titel an sechs verschiedene Unternehmen in Japan, Südkorea und Finnland verkauft (Nihon Falcom 2004).

Aufgrund der Tatsache, dass sich Nihon Falcoms interne Entwicklungs- und Vertriebsaktivitäten in der Regel auf den japanischen Markt für PC-Spiele beschränken, wäre dieses Modell in Hinblick auf die großen Softwarehersteller nur bedingt übertragbar. Es zeigt jedoch, wie ein kleinerer Marktteilnehmer durch die effektive Lizenzierung seiner bestehenden IPs überaus erfolgreich sein kann.

3.5 M&A-Aktivitäten

Der sich intensivierende Wettbewerb sowie steigende Entwicklungskosten sind auch in der Videospielindustrie die treibenden Kräfte hinter der zunehmenden Konsolidierung. In Japan sind spektakulären Fusionen und Übernahmen jedoch relativ enge Grenzen gesetzt, da die größten Aktienpakete der großen Softwarehersteller noch immer im Besitz ihrer Gründer sind. Diese kontrollieren je nach Firma Anteile von 10% bis 50%.[7] Wie Tabelle 2 zeigt, handelt es sich bei den meisten Firmen um durchaus profitable Unternehmen, und die Mehrheit der Firmengründer ist als Vorsitzender oder Firmenpräsident noch an der Leitung der Unternehmen beteiligt. Diese Verschmelzung von Gründer (Familie), Aktionär und Management erschwert feindliche Übernahmen der großen Softwarehersteller erheblich.

Dennoch fanden auch auf dem japanischen Markt einige Übernahmen und Fusionen statt. Im April 2003 fusionierten Square und Enix zu Square Enix, einem der größten und profitabelsten Softwarehersteller der gesamten Industrie. Zuvor hatte Square die Entwicklungsabteilung von Quest übernommen, um sich so das Know-how der Firma sowie die Rechte an der erfolgreichen *Ogre Battle*-Serie zu sichern (Game Watch 2002). Ende August 2005 erklärte Square Enix, den Wettbewerber Taito durch eine freundliche Übernahme integrieren zu wollen (Square Enix 2005). Bereits im Oktober 2004 schlossen sich Sammy, Japans größter Hersteller von Pachinko-Automaten, und Sega, der japanische Produzent von Computerspielen, zu Sega Sammy Holdings zusammen (Sega 2003). Japans größter Softwarehersteller Konami erwarb seit dem Jahr 2000 Anteile an seinem kleineren Konkurrenten Hudson (53,99% bis April 2005) sowie an Success (im Mai 2001).

Diese Übernahmen haben nicht nur den Sinn, die Rechte an den IPs der jeweiligen Firmen zu erwerben (wie im Falle der Übernahme Quests durch Square), sondern zielen vor allem darauf ab, durch Größe in einem härter werdenden Markt gut positioniert zu sein. „Size matters“ heißt ein Slogan, der oft im Zusammenhang mit M&A-Aktivitäten genannt wird. Bedenkt man die weiter unten ausgeführte Problematik der stetig steigenden Entwicklungskosten (Abschnitt 4.2.), die die Unternehmen schultern müssen, ist diese Strategie durchaus sinnvoll. Wie die geplante freundliche Übernahme von Taito durch Square Enix sowie der Zusammenschluss von Bandai und Namco zeigen, gibt es allerdings auch andere Gründe: So geht es Square Enix bei der Übernahme von Taito vor allem um zweierlei: zum

[7] Zum Beispiel Capcom (Familie Tsujimoto: 26,23%), Hudson (Familie Kudō: 19,25%), Konami (Kagemasa Kōzuki, Kōzuki Holdings: 20,9%), Namco (Masaya Nakamura: 16,6%), Square Enix (Yasuhiro Fukushima: 30,24%, Masashi Miyamoto: 12,16%) (vgl. Capcom 2005; Hudson 2005; Namco 2005: 43; Konami 2005b: 109; Square Enix 2005).

einen um eine bessere Positionierung auf dem Wachstumsmarkt „mobile Inhalte“, zum anderen um den Einstieg in das lukrative Spielhallen- und Unterhaltungscenter-Geschäft in Japan (Game Watch 2005). Die sich daraus ergebenden Synergieeffekte sehen wie folgt aus: eine Stärkung des Geschäfts mit mobilen Inhalten – Taito erwirtschaftete im Fiskaljahr 2004/05 in diesem Segment 9,22 Mrd. JPY (ca. 68,6 Mio. EUR) oder 11% seines Umsatzes (Taito 2005: 21) – und die Abdeckung aller wichtigen Geschäftsbereiche für einen großen Softwarehersteller (Online- und Offline-Spiele für Heimbereich und Spielhalle, Filme und Printmedien). Zudem können auf diese Weise die populären Inhalte und Charaktere von Square Enix in Taitos Spielhallen gebracht werden.

4 Die Herausforderungen

4.1 Der stagnierende japanische Markt

Ein Grund für die Stagnation des Absatzes von Spielen auf dem japanischen Markt ist der An- und Verkauf gebrauchter Spiele durch Ketten wie die Firma GEO Co.[8] Zwar hat die Vereinigung der japanischen Videospielhersteller CESA (Computer Entertainment Suppliers Association) dieses Problem schon vor einigen Jahren erkannt (CESA 2000), sie scheiterte allerdings mit ihrer Klage vor Japans Oberstem Gerichtshof und musste daher ihre „no re-sale“-Kampagne im Mai 2002 einstellen (CESA 2003).

Tabelle 3. Umsatz der japanischen Videospielindustrie

Jahr	Umsatz in Japan (in Mrd. JPY)	Benutzerzahlen in Japan (in Mio.)	Umsatz im Ausland (in Mrd. JPY)	Gesamtumsatz (in Mrd. JPY)
2000	482,3	26,0	635,5	1.178
2001	485,3	25,5	972,1	1.457
2002	388,9	23,6	873,5	1.262
2003	446,2	34,4	785,4	1.134

Quelle: CESA (2004).

Ein weiterer Grund für den stagnierenden Absatz ist die abnehmende Bereitschaft japanischer Konsumenten, Geld für Videospiele auszugeben. Wie die CESA in ihrem Weißbuch 2002 anmerkt, gaben die japanischen Verbraucher stattdessen mehr Geld für Kommunikation via Mobiltelefon und Internet aus. Gleichzeitig nahm zwischen 1999 und 2002 die Zahl derer zu, die kein oder nicht länger Interesse an Spielen haben (CESA 2002).

[8] GEO Co. ist Japans zweitgrößte Videoverleih-Kette.

Dieser Trend ist auch in Tabelle 3 erkennbar, wenngleich die Anzahl derjenigen, die angeben, Spiele zu spielen, 2003 stark zugenommen und fast wieder den Wert von 1999 (35,77 Mio.) erreicht hat. Diese Entwicklungen erklären auch, warum die große Mehrheit der Unternehmen mittlerweile verstärkt auf Online-Spiele sowie Spiele und andere Inhalte für mobile Plattformen setzt.

4.2 Steigende Entwicklungskosten

Aufgrund der immer komplexeren Hardware und aufgrund des Strebens danach, die virtuelle Realität möglichst detailgetreu auf dem Fernsehschirm entstehen zu lassen, steigen zwangsläufig die Entwicklungskosten moderner Spiele. Viele kleine und mittlere Unternehmen könnten bei weiter steigenden Entwicklungskosten in finanzielle Schwierigkeiten geraten. Forciert wird der Trend hin zu steigenden Entwicklungskosten auch durch immer kürzere Produktzyklen der Konsolen. Während SCE der Einführung der *PlayStation* am 03.12.1994 erst am 04.03.2000 die *PlayStation 2* folgen ließ, plant Microsoft nach der Einführung seiner *Xbox* am 18.11.2001 die Veröffentlichung des Nachfolgemodells bereits für Ende 2005. Da selbst die fähigsten Entwickler der Softwarehersteller Zeit brauchen, um der immer komplexeren Hardware die erwartete Leistung zu entlocken, und da vor allem zu Beginn eines neuen Hardwarezyklus die Entwicklungskosten (aufgrund dieser „Eingewöhnungsphase" für die Entwickler) extrem hoch, die Absatzzahlen (aufgrund der noch geringen installierten Basis der Hardware) jedoch noch relativ niedrig sind, wird hier die Sicherung der Profitabiliät zu einem Problem. Erst bei einem längeren Zyklus, zum Beispiel mit einer Dauer von mehr als fünf Jahren, bleibt den Softwareherstellern ausreichend Zeit, die Entwicklungskosten signifikant zu senken, sich die wachsende installierte Hardwarebasis zunutze zu machen und folglich höhere Profite zu erzielen.

Nicht nur die Softwareentwicklung, auch die Entwicklung und Produktion einer modernen Videospielkonsole mit ihren leistungsfähigen Komponenten verschlingt beträchtliche Summen.[9] Hinzu kommt eine zum Teil verlustreiche Produktion der Geräte, vor allem nach der Einführung neuer Hardware, und ein intensiver Preiskampf zwischen den drei Hardwareher-

[9] Neben den 400 Mio. USD, die IBM, Sony Group und Toshiba seit 2001 in die gemeinsame Entwicklung des CELL Prozessors (welcher u.a. das „Herz" der nächsten *PlayStation* sein wird) investierten, investierte die Sony Group alleine während der Fiskaljahre 2003/2004 und 2004/2005 insgesamt 193 Mrd. JPY (ca. 1,8 Mrd. USD) in die Umrüstung von drei Produktionsstätten in Japan und den USA für die Produktion von Mikroprozessoren der nächsten Generation (vor allem CELL) (IBM 2001, SCE 2004).

stellern SCE, Nintendo und Microsoft. Vor diesem Hintergrund stellt sich für manchen Betrachter sicherlich die Frage nach dem Sinn solch einer milliardenschweren Investition. Die Antwort liegt in Lizenzgebühren, die die Softwareproduzenten an die Konsolenhersteller abführen müssen. Diese Gebühren betragen nach inoffiziellen Schätzungen 7 bis 8 USD pro Spiel.

Die hohen Kosten für die Entwicklung und Produktion moderner Konsolen sind der Grund dafür, dass sich die Hardwareproduzenten nach Partnern umsehen, welche über die nötige technologische und finanzielle Basis verfügen, Hochleistungskomponenten – vor allem die beiden wichtigsten Komponenten, den Hauptprozessor (CPU) sowie den Grafikprozessor (GPU) – für die Konsolen zu entwickeln. Wie Tabelle 4 verdeutlicht, handelt es sich bei diesen Kooperationspartnern keineswegs um kleine Unternehmen, sondern vielmehr um die bekanntesten der Computerindustrie. Neben der wichtigen Rolle von Branchenprimus IBM ist die Videospielindustrie auch ein Schauplatz des Wettbewerbs der beiden weltgrößten Hersteller von Grafikchips, nVIDIA und ATI Technologies. Während Intel noch die CPU für Microsofts Xbox lieferte, scheinen der weltgrößte Chiphersteller und sein Konkurrent AMD in der neuen Konsolengeneration als Technologiepartner keine Rolle mehr zu spielen. Ein weiterer, bemerkenswerter Aspekt ist SCEs langjährige Zusammenarbeit mit dem japanischen Elektronikriesen Toshiba. Als eine der treibenden Kräfte hinter HD-DVD, welches mit Sonys blu-ray um die Nachfolge der DVD als zukünftiges Standardformat für die Computer und Filmindustrie konkurriert, ist Toshiba zugleich ein direkter Konkurrent von Sony.

Tabelle 4. Die Technologiepartner der Konsolenhersteller

Gegenwärtige Hardwaregeneration	
Plattform (Hersteller)	Wichtigste Kooperationspartner
PlayStation 2 (Sony Computer Entertainment)	Toshiba (CPU, GPU)
GameCube (Nintendo)	ATI (GPU), IBM (CPU)
Xbox (Microsoft)	Intel (CPU), nVIDIA (GPU)
Kommende Hardwaregeneration	
PlayStation 3 (Sony Computer Entertainment)	IBM, Toshiba (beide CPU), nVIDIA (GPU) Rambus (Speicher)
Revolution (Nintendo)	ATI (GPU), IBM (CPU), NEC
Xbox 360 (Microsoft)	ATI (GPU), IBM (CPU), SIS, Infineon (Speicher)

Quelle: Sony (2005); Nintendo (2005b); Microsoft (2005b).

4.3 Gestiegene Fluktuation von hochrangigen Managern und Entwicklern

Während das Abwandern von hochrangigen Managern und Entwicklern in der Videospielindustrie noch bis vor ein paar Jahren Seltenheitswert hatte, ist die Zahl der Fach- und Führungskräfte, die ihre langjährigen Arbeitgeber verlassen, mittlerweile nicht nur in Nordamerika, sondern auch in Japan rapide angestiegen. Eine solche Abwanderung von gleichfalls erfahrenem wie kreativem Talent ist problematisch, da in der Videospielindustrie das Humankapital der wichtigste Produktionsfaktor ist.

Als Gründe für die Abwanderungen spielt die Unzufriedenheit mit Entscheidungen des Managements[10] oder der eigenen finanziellen Situation[11] sicherlich in einigen Fällen eine entscheidende Rolle. Ein weiterer Faktor, den es bei dieser Thematik zu beachten gilt, sind aber auch die Möglichkeiten, die sich etablierten Regisseuren und Produzenten im Vergleich zu einfachen Programmierern oder Designern bieten. Sie haben nicht nur die finanziellen Mittel, sondern auch die Beziehungen und die Position, um sich eine neue Existenz, zum Beispiel ein eigenes Entwicklungsstudio aufzubauen. Die bereits zuvor erwähnten Yoshiki Okamoto (ehemals Manager bei Capcom), Yoshikata Murayama (ehemals Konami, gegenwärtig Blue Moon Studio), Tetsuya Mizuguchi (ehemals Sega, gegenwärtig Q Entertainment) sowie Hironobu Sakaguchi (gegenwärtig Mistwalker[12]) sind alles namhafte Beispiele für diesen Trend. Inwieweit sich diese Abwanderung von erfahrenem Personal auf die jeweiligen Firmen auswirkt, bleibt abzuwarten. Es ist jedoch anzunehmen, dass aufgrund der Größe der global agierenden Softwarehersteller sowie der zunehmenden Komplexität der modernen Videospiele weniger das geniale Individuum als vielmehr das Entwicklungsteam im Vordergrund steht.

---

[10] Der Präsident von Segas Entwicklungsstudio Sega WOW verließ Ende 2003 nach 20 Jahren seinen Arbeitgeber – aus persönlichen Gründen, wie es offiziell hieß. Industrie-Insider sahen den Grund für die Abwanderung jedoch in Segas Übernahme durch Sammy, die von vielen Sega-Entwicklern abgelehnt wurde (Niizumi u. Tochem 2003).

[11] Kurz nach Verlassen von Nintendos Entwicklungsstudio HAL Laboratories erklärte Masahiro Sakurai, der Erfinder der erfolgreichen *Kirby*-Serie, dass er sich außer Stande sehe, weiter für ein festes Gehalt zu arbeiten, während man von ihm immer höhere Absatzzahlen erwarte (Gamespot 2003).

[12] Hironobu Sakaguchi ist noch immer als Executive Producer bei Square Enix tätig, allerdings hatte Sakaguchi seit *Final Fantasy VII* (1997), bis er Mistwalker gründete, nicht mehr direkt an der Entwicklung eines Spieles mitgewirkt.

4.4 Die Balance zwischen dem japanischen Markt und den ausländischen Märkten

Während Firmen wie Nihon Falcom oder Princess Soft in der Regel ihre Spiele nur auf den japanischen Markt bringen und auf diese Weise erfolgreich Nischen besetzt haben, stellt sich für viele global agierenden Firmen die Frage, wie international ihre Spiele sein dürfen oder müssen, um erfolgreich zu sein. Diese Frage ist angesichts kultureller Unterschiede (z.B. in Bezug auf Humor), verschiedener Popkulturen (z.B. Manga und westliche Comics wie *Spiderman*) und daraus resultierender, unterschiedlicher Beliebtheit der verschiedenen Spielgenres auf den drei großen Märkten Nordamerika, Japan und Europa schwer zu beantworten. Da der japanische Markt fast vollständig der heimischen Industrie vorbehalten ist, stellt sich dieses Problem für amerikanische und europäische Firmen nicht oder zumindest nicht in dem Umfang wie im Falle ihrer japanischen Konkurrenten. Sicherlich lassen sich durch professionelle Übersetzung und Lokalisierung die Spiele dem jeweiligen Markt anpassen, aber die Problematik der Genrepräferenz bleibt bestehen. N'Gai Croal weist auf die gesunkene Popularität von Spielen wie Nintendos *Mario* oder *Zelda* hin und vertritt die These, japanische Entwickler hätten es versäumt, dem Trend hin zu ernsteren Spielen mit mehr Gewalt – wie Take-Twos Serie *Grand Theft Auto* – Rechnung zu tragen (Croal 2004). Dieses Argument ignoriert jedoch die unterschiedliche Präferenz von Genres, da Spiele wie *Grand Theft Auto* in Japan nicht die Popularität genießen wie in Nordamerika oder Europa.[13]

Weiterhin kann man *Zelda* und *Mario* sicherlich nicht stellvertretend für die Gesamtheit japanischer Spiele sehen, die weltweit erhältlich sind. So sind Square Enixs Rollenspielserie *Final Fantasy*, Konami Computer Entertainments Spionagethrillerserie *Metal Gear Solid*, die Fußballsimulation *Pro Soccer Winning Eleven*, SCEs Rennsimulation *Gran Turismo* oder Capcoms Actionspiel *Devil May Cry* nicht nur in Japan beliebt, sondern verkaufen sich auch in Amerika und Europa sehr gut. Von *Final Fantasy X* konnten seit der Veröffentlichung im Juli 2001 beispielsweise in Japan 2,9 Mio. Einheiten und in Nordamerika und Europa 3,68 Mio. Einheiten abgesetzt werden (Square Enix 2004b). Konami brachte sogar die letzten drei Teile seiner Serie *Metal Gear Solid* zuerst in den Vereinigten Staaten auf den Markt.

[13] Publisher Take-Two hat beispielsweise weltweit mehr als 8 Mio. Einheiten von *Grand Theft Auto 3* abgesetzt, während Capcom in Japan lediglich 350.000 Einheiten des Spiels absetzen konnte (Capcom 2004; IT Media 2005b).

5 Fazit und Ausblick

Nach Ansicht von Croal (2004) verliert die japanische Videospielindustrie auf dem amerikanischen Markt im Vergleich zu ihrer amerikanischen Konkurrenz an Boden. Dies wird vor allem am Beispiel Nintendos aufzeigt. Geht also das goldene Zeitalter der japanischen Videospielindustrie, das mit Nintendos *Famicom* Anfang der 1980er Jahre begann, seinem Ende entgegen?

Pauschal lässt sich diese Frage nicht beantworten. Sicherlich hat sich Microsoft als dritte Kraft unter den Hardwareherstellern neben SCE und Nintendo etabliert, und große amerikanische Softwarehersteller wie Electronic Arts, Activision oder Take-Two liefern ihren japanischen Konkurrenten einen harten Kampf um Marktanteile auf dem amerikanischen und europäischen Markt. Trotzdem sollte man nicht außer Acht lassen, dass mit SCE und Nintendo noch immer zwei japanische Firmen mit über 80% Marktanteil weltweit das Geschäft mit Konsolen beherrschen. Zudem haben japanische Konsumenten nach wie vor wenig Interesse an westlichen Spielen, was in einer vollständigen Dominanz dieses noch immer wichtigen Marktes durch japanische Firmen resultiert. Diese Situation ließe sich nur durch eine Übernahme eines großen japanischen Softwareherstellers durch einen westlichen Konkurrenten ändern. Die Chancen hierfür sind allerdings als eher gering zu bewerten. Selbst wenn es Microsoft mit seinem *Xbox*-Nachfolger gelingen sollte, eine größere Akzeptanz in Japan zu erreichen, als dies mit der derzeitigen Hardware der Fall ist, so wird sich an der Dominanz der japanischen Hardwarehersteller, vor allem nach der Veröffentlichung der beiden populären Handhelds *PlayStation Portable* und *Nintendo DS*, wenig ändern. Weiterhin sollte man beachten, dass die in Abschnitt 3 aufgeführten Strategien japanischer Videospielproduzenten durchaus Früchte tragen und japanische Softwarehersteller wie Square Enix, Konami und Koei nicht nur im Heimatmarkt, sondern auch dem Weltmarkt sehr gut positioniert sind. Aufgrund der stetig steigenden Entwicklungskosten dürfte sich die Konsolidierung der Branche allerdings fortsetzen. Hierdurch werden Firmen, die nicht über ausreichende finanzielle Mittel oder erfolgreiche Strategien verfügen, sicherlich noch weiter unter Druck geraten. Ob sich der japanische Markt kurz- oder mittelfristig wieder erholen wird, bleibt abzuwarten. Das Wachstum des Weltmarktes eröffnet jedoch auch den japanischen Marktteilnehmern weitere Möglichkeiten zur Expansion.

Literatur

Capcom (2004) Annual Report 2004. Http://ir.capcom.co.jp/data/pdf /Annual2004j.pdf (Zugriff am 11.11.2005)

Capcom (2005) Kabushiki jōtai [Aktieninformation]. Http://www.capcom.co.jp/ir /stock/stockdata.html, 31.03.2005 (Zugriff am 11.11.2005)

CESA (2000) Chūko geemu sofuto hanbai o meguru Ōsaka soshō ketsudan ni tsuite [Zum Urteil im Verfahren über den Verkauf von gebrauchter Spielesoftware in Osaka]. Http://www.cesa.or.jp/press/comittee/intell991007.html, 07.10. 2000 (Zugriff am 11.11.2005)

CESA (2002) 2002 CESA Games White Paper. Http://report.cesa.or.jp/game /game2002.html (Zugriff am 12.12.2004)

CESA (2003) Mukyodaku chūko sofuto baibai kinshi ni kansuru shinboru māku to mongon no hyōji no sakujo jisshi oyobi hōmupēji no ichibu sakujo ni tsuite [Über die Entfernung des Symbols und der Darstellungen der Begriffe bezüglich des Verbots des unerlaubten Verkaufs gebrauchter Spielesoftware sowie über die Entfernung eines Teils der Homepage]. Http://www.cesa.or.jp /intell/index.html, 13.05.2003 (Zugriff am 11.11.2005)

CESA (2004) 2004 CESA Games White Paper. Http://report.cesa.or.jp/book-list/hakusyo_2004.html (Zugriff am 29.11.2005)

CNET Japan (2004) Onrain gēmu no uriage wa 2008-nen made ni genzai no 3-bai ni – Beichōsa [Absatz von Online-Spielen wird sich bis 2008 verdreifachen – Amerikanische Studie]. Http://japan.cnet.com/news/tech/story /0,2000047674,20069811,00.htm, 13.07.2004 (Zugriff am 11.11.2005)

Croal N (2004) Legend of Fall. Newsweek International, 11.10.2004: 66-68

DFC Intelligence (2005) Top Video Game Companies Generate Annual Revenue of $5 Billion According to DFC In telligence. Pressenotiz 22.03.2005, http://www.dfcint.com/news/prmar2205.html (Zugriff am 11.11.2005)

Gamespot (2003) Kirby's father leaving Hal Laboratories. Http://www.gamespot. com/gamecube/action/supersmashbrosmelee/news_6073045.html, 06.08.2003 (Zugriff am 11.11.2005)

Gamespot (2005) CESA releases 2004 sales stats in Japan. Http://www.gamespot.com/news/2005/08/12/news_6130944.html, 12.08.2005 (Zugriff am 11.11.2005)

Game Watch (2002) „Densetsu no Ōga Batoru" nado de yūmei na Kuesto sofutowea bumon Sukuwea ni jōto [Durch „Densetsu no Ogre Battle" und andere Titel bekannte Softwareabteilung von Quest an Square übertragen]. Http://www.watch.impress.co.jp/game/docs/20020619/quest.htm (Zugriff am 11.11.2005)

Game Watch (2005) Sukuwea Enikkusu, Taitō kyōdō kaisha kaiken, Wada-shi „Dochira ga kogaisha da to ka oyagaisha to ka de wa nai!" [Auf der gemeinsamen Pressekonferenz von Square Enix und Taito erklärte Herr Wada: „Es wird weder eine Tochtergesellschaft entstehen, noch wird es eine Muttergesellschaft geben]. Http://www.watch.impress.co.jp/game/docs/20050822 /sqex_t.htm, 22.08.2005 (Zugriff am 11.11.2005)

Hirasawa T (2004) „Zeruda no densetsu“ no furanchaizu no shinka ni tsuite – „Zeruda-rashisa“ o sokonawazu, keishō to henkaku o handan [Über die Entwicklung der Franchise der „Zelda-Legende“ – Über Nachfolge und Veränderung entscheiden, ohne das „Zelda-Typische“ zu verletzen]. Http://www.watch.impress.co.jp/game/docs/20040325/zelda.htm, 25.03.2004 (Zugriff am 23.11.2005)

Hudson (2005) Daisansha wariate ni yoru shinkabushiki hakkō ni kansuru oshirase [Mitteilung bezüglich der Ausgabe neuer Aktien durch Zuteilung an Dritte]. Http://www.hudson.co.jp/corp/investors/pdf/050411.pdf, 11.04.2005 (Zugriff am 29.11.2005)

IBM (2001) IBM, Sony Computer Entertainment Inc., IBM and Toshiba join to develop „supercomputer-on-a-chip“. Http://www-3.ibm.com/chips/news/2001/0312_sony-toshiba.html, 12.03.2001 (Zugriff am 11.11.2005)

IT Media (2005a) PSP tai DS, keitai geemu no tatakai wa beikoku de mo [PSP gegen DS, der Kampf der portablen Geräte findet auch in Amerika statt]. Http://www.itmedia.co.jp/games/articles/0501/06/news027.html, 06.01.2005 (Zugriff am 10.01.2005)

IT Media (2005b) „Gurando sefuto ōto 3“ o yūgai toshorui shitei e – Kanagawa-ken [„Grand Theft Auto 3“ wird als schädliches Medium spezifiziert – Präfektur Kanagawa]. Http://plusd.itmedia.co.jp/games/articles/0505/30/news029.html, 30.05.2005 (Zugriff am 11.11.2005)

JETRO (2005) Trends in the Japanese Videogame Industry. Japan Economic Monthly August 2005, http://www.jetro.go.jp/en/market/trend/industrial/pdf/jem0508-2e.pdf

Konami (2005a) Kaisha jōhō – Shachō no goaisatsu [Firmeninformation – Grußwort des Präsidenten]. Http://www.konami.co.jp/ja/corporate/index.html (Zugriff am 11.11.2005)

Konami (2005b) Anyuaru repōto 2005 [Annual Report 2005]. Http://www.konami.co.jp/ja/ir/financialinfo/annualreport/report2005/html/111.html (Zugriff am 11.11.2005)

Microsoft (2005a) Microsoft Corporation Annual Report 2005. Http://www.microsoft.com/msft/ar.mspx (Zugriff am 27.11.2005)

Microsoft (2005b) Xbox 360 – Gēmu to entāteinmento no mirai o sekai ni happyō [Xbox 360 – Der Welt die Zukunft von Spielen und Unterhaltung bekanntmachen]. Pressenotiz 13.05.2005, http://www.xbox.com/ja-JP/press/release/20050513-1.htm (Zugriff am 11.11.2005)

Namco (2005) Annual Report 2005. Http://www.bandainamco.co.jp/ir/annual/pdf_namco/05_annual.pdf (Zugriff am 29.11.2005)

Nihon Falcom (2004) Heisei 16-nen 9-gatsu ki, kessan tanshin (hirenketsu) [Bilanznachricht zum September 2004 (nicht konsolidiert)]. Http://www.falcom.co.jp/kaisya/ir/pdf/1609_tanshin.pdf (Zugriff am 11.11.2005)

Niizumi H, Tochem D (2003) Sega departure first of many?. Gamespot, 18.12.2003, http://www.gamespot.com/xbox/driving/segagtonline/news_6085901.html (Zugriff am 11.11.2005)

Nintendo (2005a) Chūkan kessan tanshin (renketsu) [Bericht der Halbjahresbilanz (konsolidiert)]. Http://www.nintendo.co.jp/n10/news/051124j.pdf (Zugriff am 27.11.2005)

Nintendo (2005b) Nintendo no konpakuto na sueokiki ga gēmu no sekai o hikiyoseru [Nintendos kompakte Konsole wird die Welt der Spiele auf den Kopf stellen]. Pressenotiz 17.05.2005, http://www.nintendo.co.jp/n10/e3_2005/revo/news_release_j.html (Zugriff am 11.11.2005)

RocSearch (2004-05) Video Game Industry. Http://www.rocsearch.com/pdf/Video%20Game%20Industry.pdf (Zugriff am 11.11.2005)

SCE Sony Computer Entertainment (2004) Jisedai dijitaru kaden to konpyūta entāteinmento shisutemu no kaku to naru 65nm handōtai no ryōsan taisei kōchiku ni muke, dai2ki tōshi yaku 1200-oku en o jisshi [Für den Aufbau der Massenproduktion des 65nm Halbleiterchips, der die Basis für Unterhaltungselektronik der nächsten Generation und Computer Entertainment System werden wird, erfolgt eine zweite Investition in Höhe von 120 Milliarden JPY]. Http://www.scei.co.jp/corporate/release/pdf/040202.pdf, 02.02.2004 (Zugriff am 11.11.2005)

SCE (2005) Kaisha dēta [Firmendaten]. Http://www.scei.co.jp/corporate/data/index.html (Zugriff am 27.11.2005)

Sega (2003) Hittō kabunushi no idō ni kansuru oshirase [Mitteilung bezüglich des Wechsels des Hauptaktionärs]. Http://www.segasammy.co.jp/japanese/etc/rel_pdf/se/20031208.pdf (Zugriff am 11.11.2005)

Sony (2005) IBM, Sony, SCEI, Toshiba – Jisedai purosessa "CELL"gijutsu shiyō wo kōkai [IBM, SCEI, und Toshiba stellen technische Spezifikationen des Prozessors der nächsten Generation „CELL" vor]. Pressenotiz 08.02.2005, http://www.sony.co.jp/SonyInfo/News/Press/200502/05-0208A/ (Zugriff am 11.11.2005)

Square Enix (2002) Annual Report 2002. Juni 2002

Square Enix (2003) Heisei 15-nen 3-gatsu-ki, kessan tanshin (renketsu) [Bilanznachricht zum März 2003 (konsolidiert)]. Http://www.square-enix.com/jp/ir/j/data/financial/download/0402-200305220000-01.pdf (Zugriff am 29.11.2005)

Square Enix (2004a) „Kingdom Hearts" zensekai ruikei shukka 400-manpon toppa [Weltweiter Absatz von „Kingdom Hearts" sprengt 4 Millionen Grenze]. Http://www.square-enix.com/jp/company/j/news/2004/download/0302-200403170000-01.pdf, 17.03.2004 (Zugriff am 11.11.2005)

Square Enix (2004b) „Final Fantasy X", „Final Fantasy X-2" zensekai ruikei shukka 1000-manpon toppa [Weltweiter Absatz von „Final Fantasy X", „Final Fantasy X-2" sprengt 10 Millionen-Grenze]. Http://www.square-enix.com/jp/company/j/news/2004/download/0302-200401211000-01.pdf, 21.01.2004 (Zugriff am 11.11.2005)

Square Enix (2005) Kōkaikaitsuke kaishi ni kansuru oshirase [Mitteilung bezüglich der Übernahme (von Taito)]. Http://www.square-enix.com/jp/company/j/news/2005/download/release_050822.pdf, 22.08.2005 (Zugriff am 11.11. 2005)

Taito (2005) Annual Report 2005. Http://www.taito.co.jp/ir/ir_library/annual/pdf /annual2005_J.pdf

Yahoo Asia News (2004) Sony says PSP player nearly sold out on first day. Http://asia.news.yahoo.com/041213/3/1t2h3.html, 13.12.2004 (Zugriff am 11.11.2005)

Internetseiten

Atlus, http://www.atlus.co.jp
Bandai, http://www.bandai.co.jp
Banpresto, http://www.banpresto.co.jp
Capcom, http://www.capcom.co.jp
Computer Entertainment Suppliers Association (CESA), http://www.cesa.or.jp
GEO Co., http://www.geonet.co.jp
Hudson, http://www.hudson.co.jp
IBM, http://www.ibm.com
Koei, http://www.gamecity.ne.jp , http://www.koei.co.jp
Konami, http://www.konami.co.jp
Microsoft, http://www.microsoft.com
Nihon Falcom, http://www.falcom.co.jp
Nintendo, http://www.nintendo.co.jp , http://www.nintendo.com
Sega Sammy Holdings, http://www.segasammy.co.jp
Sony Computer Entertainment, http://www.scei.co.jp
Square Enix, http://www.square-enix.com
Taito, http://www.taito.co.jp
Xbox Japan (Microsoft), http://www.xbox.com/ja-JP
Yahoo Finance, http://quote.yahoo.co.jp

Transport

Brennstoffzellentechnologie und Brennstoffzellenfahrzeuge in Japan

Hiromichi Kunimi[1]

1 Einführung

Mit dem Fortschreiten der globalen Erderwärmung, der zunehmenden Verknappung der Energieressourcen und dem Anwachsen des Energiebedarfs steigen unweigerlich die Erwartungen an die Brennstoffzellentechnologie als Energiesystem der nächsten Generation. Es handelt sich dabei um eine Technologie, die den reichlich vorhandenen Wasserstoff in Form von Wasser und Kohlenwasserstoffverbindungen als Energiequelle nutzt. Auch das japanische Ministerium für Wirtschaft, Handel und Industrie (METI) nannte in seiner "Strategie zur Schaffung neuer Industrien" vom Mai 2004 die Entwicklung von Brennstoffzellen als eines von sieben strategischen Gebieten. Intensive Bemühungen richten sich derzeit darauf, sie in einem breiten Spektrum von Industriebereichen zum praktischen Einsatz zu bringen: als Stromquelle für stationäre Anwendungen (private Haushalte und Industrie), in Fahrzeugen sowie in tragbaren Geräten. Die Kommission zur Untersuchung von Naturressourcen und Energie (Abteilung Angebot und Nachfrage), eine beratende Kommission des Ministeriums, kommt in ihrem Zwischenbericht vom Oktober 2004 zu dem Ergebnis, dass in Japan die Zahl der brennstoffzellenbetriebenen Kraftfahrzeuge bis zum Jahr 2030 auf 15 Mio. steigen und der Bedarf für die stationäre Anwendung auf 12,5 Mio. kW anwachsen könnten – vorausgesetzt, die Einsparung von Energie wird konsequent vorangetrieben.

Im Unterschied zu nicht wiederaufladbaren Trockenbatterien und wiederaufladbaren Akkumulatoren nutzt die Brennstoffzellentechnologie unter anderem Wasserstoff oder wasserstoffhaltiges Methanol als Brennstoff.

[1] Aus dem Japanischen übersetzt und bearbeitet von Grit Sänger und Yukiko Sumoto-Schwan.

Daher können Brennstoffzellen mit Fug und Recht als ein mehrfach verwendbarer Stromerzeuger bezeichnet werden. Die als erstes Produkt bereits eingeführte Phosphor-Brennstoffzelle (PAFC) zur Anwendung in der Industrie findet jedoch – unter anderem aus Kostengründen – noch keine nennenswerte Verbreitung. Dagegen wurden die Anstrengungen zur praktischen Anwendung von Polymer-Elektrolyt-Brennstoffzellen (PEFC) intensiviert, die zwar unter Normaltemperatur zu betreiben sind, hinsichtlich ihrer Leistung jedoch Einschränkungen unterliegen.

Brennstoffzellen für tragbare Geräte (Leistungsbereich 1 - 15 W), die in einer zukünftigen „ubiquitären Gesellschaft“[2] wohl in immer stärkerem Maße zur Anwendung kommen werden, gelten als eine vielversprechende Technologie, die den stetig wachsenden Bedarf an höherer Zellenkapazität decken könnte. Sowohl Elektrogeräteproduzenten als auch Hersteller von Mobiltelefonen setzen sich daher intensiv mit der Erforschung und Entwicklung dieser Technologie auseinander. Verglichen mit den derzeit in Mobiltelefonen und Laptops verwendeten Lithium-Ionen-Batterien verfügen Brennstoffzellen über eine Reihe von Vorteilen: Sie können die Energiedichte vervielfachen (real derzeit verdreifachen, theoretisch ca. verzehnfachen) und bieten ferner die Möglichkeit, durch das Auswechseln der zum Beispiel mit Methanol abgefüllten Brennstoffpatronen eine beliebig lange Laufzeit zu erreichen, ohne dass ein Ladevorgang erforderlich ist. Unter den Branchenführern ist man dementsprechend bestrebt, in Zukunft in Handys integrierte Modelle einzuführen. Derzeit plant man jedoch noch, mit herkömmlichen Akkus bestückte Modelle, die mit Brennstoffzellen aufgeladen werden, auf den Markt zu bringen, da die Entwicklung der für integrierte Modelle notwendigen Technologie (eine Verkleinerung ist unabdingbar) noch einige Zeit benötigen wird.

Brennstoffzellen für private Haushalte (Leistungsbereich 1 KW) liefern einen Teil des benötigten Stroms durch in einzelne Wohnhäuser eingebaute Systemanlagen. Da die entstehende Abwärme gleichzeitig für die Warmwasserversorgung genutzt werden kann, verspricht man sich hiervon eine Reduzierung des Energieverbrauchs sowie der Kohlendioxidemission. Der Verkauf von Brennstoffzellen, für die Stadtgas verwendet wird, begann in Japan im Februar 2005, zunächst auf Leasingbasis. Künftig sollen jedoch auch Brennstoffzellen auf den Markt gebracht werden, für die Flüssiggas (LPG, Liquified Petroleum Gas) oder andere Brennstoffe verwendet werden. Auch im Bereich der Warmwasserversorgung für private Haushalte, die bei den Bemühungen um Energieeinsparungen bisher stets etwas

[2] Bezug auf den Terminus „ubiquitous society“ im Sinne einer Gesellschaft, in der moderne Technologien, insbesondere die Informations- und Telekommunikationsindustrie, jeden Aspekt des Lebens berühren (vgl. Sasaki 2003).

zurücklag, wurden in den letzten Jahren neue Produkte eingeführt, wie beispielsweise Elektrogeräte zur Warmwasserversorgung, deren Wärmepumpen mit Kohlendioxid als Kühlmittel arbeiten („ecocute"). Solche Konkurrenztechnologien müssen bei dem Bemühen um eine möglichst umfangreiche Verbreitung von Brennstoffzellen im Auge behalten werden.

Brennstoffzellen für Fahrzeuge (Leistungsbereich 70 - 100 KW) verfügen im Vergleich zu konventionellen Verbrennungsmotoren über bestimmte Vorteile, wie etwa einen höheren Wirkungsgrad des Energieverbrauchs sowie eine geringere Umweltbelastung während der Inbetriebnahme. Auch angesichts der Verknappung fossiler Brennstoffe wird damit gerechnet, dass Brennstoffzellen zukünftig das führende System sein werden. Bereits im Jahr 2002 begannen einige Hersteller damit, Brennstoffzellenfahrzeuge für Regierungs- und Kommunalbehörden sowie Unternehmen, die Zugang zum Brennstoffzellenmarkt suchen, auf Leasingbasis zur Verfügung zu stellen. In den vergangenen Jahren hat sich allerdings auch die Leistungsfähigkeit von Benzin-Hybrid-Fahrzeugen beträchtlich erhöht. Eine Verlangsamung der Verbreitung von Brennstoffzellen-Fahrzeugen ist daher denkbar.

Gegenwärtig ist man in allen branchenführenden Unternehmen dabei, Technologien zu entwickeln, durch die der Energiewirkungsgrad gesteigert, Kosten reduziert, die Nachhaltigkeit verbessert und die Reichweite verlängert werden können. Ziel des vorliegenden Beitrags ist es, Entwicklungsstand und Perspektiven der Brennstoffzellenfahrzeug-Technologie ausführlich darzustellen – einer Technologie, die unter allen zukünftigen Anwendungsbereichen von Brennstoffzellen den größten Einfluss auf unsere Gesellschaft ausüben wird. Gleichzeitig sollen der gegenwärtige Entwicklungsstand und die Problematik einer zukünftigen Verbreitung von Brennstoffzellen generell zur Sprache kommen, wobei drei Bereiche unterschieden werden: tragbare Geräte, private Haushalte und Kraftfahrzeuge.

2 Der gegenwärtige Entwicklungsstand von Brennstoffzellenfahrzeugen

2.1 Der Stand der Leistungsfähigkeit

Tabelle 1 stellt Benzin-, Diesel-, Hybrid- und Brennstoffzellenfahrzeuge gegenüber. Vergleicht man die Brennstoffzellen- und die Benzin-Hybrid-Fahrzeuge miteinander, so schneiden Brennstoffzellenfahrzeuge hinsichtlich ihrer Abgaswerte deutlich besser ab. Bei der Leistungsfähigkeit hingegen sind die Benzin-Hybrid-Fahrzeuge noch im Vorteil und auch die

Verkaufszahlen sprechen noch für diese Variante: Im Jahr 2003 wurden mehr als 40.000 Benzin-Hybrid-Fahrzeuge verkauft, hingegen nur 14 Brennstoffzellenfahrzeuge.

Tabelle 1. Vergleich von Fahrzeugen mit unterschiedlichen Antriebsarten

Bezeichnung		Benzin-fahrzeug	Diesel-fahrzeug	Benzin-Hybrid-Fahrzeug	Brennstoffzellen-fahrzeug
Merkmal		Im Inland verbreitet	In Europa auf dem Vormarsch	Effiziente Kombination von Verbrennungsmotor und elektrischem o.a. Antrieb	Sehr umweltfreundlich, da beim Betrieb mit Wasserstoff nur reines Wasser abgegeben wird
Abgase	NOx	o	– – ~ –	o ~ +	+ +
	CO2	o	+	+ ~ + +	+ +
Leistungsfähigkeit	Leistung	o	–	– ~ o	– ~ o
	Reichweite	o	+	o ~ + +	– ~ o
Anzahl der Fahrzeuge	2001	9.747.891		25.089	0
	2002	10.237.746		15.514	0
	2003	10.239.980		42.423	14
		(Produktionszahlen)		(Verkaufszahlen)	(Verkaufszahlen)

Der Vergleich der Abgase und der Leistungsfähigkeit geht von den Werten für Benzinfahrzeuge (o) aus und setzt die übrigen Fahrzeuge zu diesen Werten in Relation: von schlecht (– –) bis gut (+ +). Abgase, die während der Herstellung der Brennstoffe entstehen, sind in dieser Übersicht nicht berücksichtigt.

Quelle: Nach JAMA (2002); Website der JAMA.

Dabei beträgt der Brennstoffwirkungsgrad (*Well to Tank*) von Hybrid-Brennstoffzellenfahrzeugen (im Falle der Wasserstoffgewinnung aus Erdgas) 58%, der Fahrzeugwirkungsgrad (*Tank to Wheel*) 50% und der Gesamtwirkungsgrad (*Well to Wheel*) bereits 29%. Das entspricht etwa dem doppelten Gesamtwirkungsgrad von konventionellen Benzinfahrzeugen. Betrachtet man allerdings Benzin-Hybrid-Fahrzeuge, so beträgt deren Fahrzeugwirkungsgrad zwar nur 38%, der Brennstoffwirkungsgrad ist mit 88% dagegen erheblich höher als bei Hybrid-Brennstoffzellenfahrzeugen (vgl. Tabelle 2). Auch der Gesamtwirkungsgrad bei Benzin-Hybrid-Fahrzeugen ist höher als bei Hybrid-Brennstoffzellenfahrzeugen. Aus diesem Grund sollten sich zukünftige Bestrebungen in der Brennstoffzellenentwicklung auf eine Erhöhung des Gesamtwirkungsgrades auf bis zu 42%

richten. Dies wird zum einen durch eine Weiterentwicklung von Technologien zur Wasserstoffherstellung möglich, zum anderen durch eine effizientere Logistik des Wasserstofftransports, ferner durch eine Erhöhung des Brennstoffwirkungsgrades und schließlich durch eine Erhöhung des Fahrzeugwirkungsgrades, was wiederum durch eine Verbesserung der Brennstoffzellen selbst erzielt werden kann.

Tabelle 2. Vergleich des Wirkungsgrades von Brennstoffzellenfahrzeugen

	Brennstoff-wirkungsgrad (*Well to Tank*) (%)	Fahrzeug-wirkungsgrad (*Tank to Wheel*) (%)	Gesamt-wirkungsgrad (*Well to Wheel*) (%)
Benzinfahrzeuge	88	16	14
Benzin-Hybrid-Fahrzeuge	88	37	32
Brennstoffzellenfahrzeuge	58	38	22
Hybrid-Brennstoffzellen-fahrzeuge (heutiger Stand)	58	50	29
Hybrid-Brennstoffzellen-fahrzeuge (Ziel)	70	60	42

Anm.: Brennstoffwirkungsgrad (*Well to Tank*): Wirkungsgrad vom Abbau der Rohstoffe über die Herstellung der Brennstoffe bis hin zum Tanken. Fahrzeugwirkungsgrad (*Tank to Wheel*): Wirkungsgrad beim Betrieb der Fahrzeuge mit Benzin im Tank. Gesamtwirkungsgrad (*Well to Tank*): wird durch Multiplikation von Brennstoff- und Fahrzeugwirkungsgrad ermittelt.

Quelle: Website der Toyota Motor Corp.

2.2 Anstrengungen der Unternehmen zur Entwicklung von Brennstoffzellenfahrzeugen

Die Toyota Motor Corporation begann im Jahre 1992 mit ihrer Forschungstätigkeit und entwickelt seither Brennstoffzellen in einem eigens zu diesem Zweck errichteten Institut. Bei Toyota werden verschiedene Fahrzeugtypen, angefangen von Personenkraftwagen über Busse bis hin zu Leichttransportern, mit einem selbst entwickelten FC-Stack (*fuel cell-stack*, „Brennstoffzellen-Stapel") bestückt und anschließend getestet. Ein Beispiel hierfür ist der FCHV-BUS2, ein Bus, welcher von Toyota in Zusammenarbeit mit Hino Motors entwickelt wurde und mit zwei Toyota FCHV-Stacks bestückt ist. Bei dem Brennstoffzellenfahrzeug "Move FCV-K-2", das Toyota gemeinsam mit Daihatsu Motor Co. Ltd. entwickelte, handelt es sich um ein als Brennstoffzellenfahrzeug konzipiertes, kompaktes Kleinwagenmodell. Im Juni 2001 entwickelte Toyota einen FCHV-4, der mit dem Toyota FC-Stack und einem Hochdruckwasserstofftank ausgerüstet und sowohl in Japan als auch in den USA auf öffentlichen Straßen getestet wurde. Auch Honda begann mit der Forschung und Entwicklung von Brennstoffzellen und unternimmt seit Juli 2001 Testfahrten von Brennstoffzellenfahrzeugen des Typs FCX-V3 auf öffentlichen Straßen. Im Dezember 2002 lieferten Toyota und Honda an verschiedene Ministerien ihres Landes Brennstoffzellenfahrzeuge aus. Damit wurden Brennstoffzellen-Fahrzeuge weltweit erstmalig zum Leasing angeboten. Toyota verlangte eine monatliche Leasinggebühr von 1,2 Mio. JPY und übergab insgesamt vier Brennstoffzellenfahrzeuge des Typs FCHV an das Kabinettssekretariat, an das Wirtschaftsministerium (METI), an das Ministerium für Boden, Infrastruktur und Verkehr sowie an das Umweltministerium. Honda lieferte ein Brennstoffzellenfahrzeug des Typs FCX für eine monatliche Leasinggebühr von 0,8 Mio. JPY an das Kabinettsamt. Anschließend begannen auch Nissan (Dezember 2003) und Daihatsu (Juni 2004) mit dem Leasinggeschäft mit Brennstoffzellenfahrzeugen. Einen Überblick zur Entwicklung in Japan gibt Tabelle 3.

Tabelle 3. Modellentwicklung von Brennstoffzellenfahrzeugen in der japanischen Automobilindustrie

	Anmerkung
Toyota	**1992:** Beginn umfassender Forschungs- und Entwicklungsarbeit zu Material, Teilen, System und Regelung bis hin zur Herstellungstechnologie.
	Okt. 1996: Entwicklung eines FCHV, das mit Brennstoffzellen aus eigener Entwicklung sowie mit einem Wasserstoff-Okklusion-Legierungstank ausgerüstet wurde.
	Juni 2001: (FCHV-4) Entwicklung des Modells FCHV-4, das mit einem Hochdruckwasserstofftank und mit dem von Toyota selbst hervorgebrachten FC-Stack ausgerüstet wurde. Beginn mit Testfahrten auf öffentlichen Straßen in Japan und den USA.
	Dez. 2002: (Toyota FCHV) Verkaufsbeginn des auf dem FCHV-4 basierenden Toyota FCHV in limitierter Stückzahl, zunächst in Japan (4 Modelle), dann in den USA (2 Modelle) auf Leasingbasis (Leasinggebühr: 1,2 Mio. JPY monatlich).
	Aug. 2003: (FCHV-BUS2) erstmaliger Einsatz in Japan im städtischen Linienbusbetrieb in Tokio (Toei-Bus).
	März 2005: (FCHV-BUS2) als Personentransfermittel auf dem Weltausstellungsgelände in Aichi vorgesehen.

Tabelle 3 (Fortsetzung)

Honda	**Sep. 1999**: (FCX-V1,FCX-V2) Vorstellung des FCX-V1 mit Brennstoffzellen der Ballard Power Systems Inc. sowie des FCX-V2 mit Methanol-Brennstoff.
	Juli 2001: (FCX-3) Beginn mit Testfahrten auf öffentlichen Straßen.
	Dez. 2002: (Honda FCX) dem japanischen Kabinettsamt und der Stadt Los Angeles auf Leasingbasis zur Verfügung gestellt (Leasinggebühr: 0,8 Mio. JPY monatlich).
Nissan	**Dez. 2002**: PKW (X-TRAIL FCV) Beginn von Testfahrten auf öffentlichen Straßen.
	Dez. 2003: (X-TRAIL FCV03 Modell) Beginn mit dem Verkauf auf Leasingbasis (monatliche Leasinggebühr: 1 Mio. JPY).
Daihatsu	**Juni 2004**: Lieferung des gemeinsam mit Toyota entwickelten Brennstoffzellenmodells "MOVE FCV-K" an die Verwaltung der Präfektur Osaka (monatliche Leasinggebühr: 0,2 Mio. JPY).
Mazda	**Feb. 2001**: Beginn von Testfahrten mit dem Modell "Primacy FC-EV" auf öffentlichen Straßen.
Mitsubishi	**Jan. 2004**: Beginn von Testfahrten mit dem Modell "MITSUBISHI FCV" auf öffentlichen Straßen
Suzuki	**Jan. 2004**: Beginn von Testfahrten mit dem Modell "WagonR" auf öffentlichen Straßen.

Quelle: JARI (2004a, b) und Veröffentlichungen der Unternehmen.

Außerhalb Japans arbeitete DaimlerChrysler am intensivsten an der Entwicklung von Brennstoffzellenfahrzeugen. Zunächst entwickelte das Unternehmen ein Modell für ein im Fahrzeug untergebrachtes Brennstoffzellensystem mit Reformer[3], für das keine Infrastruktur erforderlich war. Um das Jahr 2000 setzte sich jedoch die Auffassung durch, dass diese Art von Brennstoffzellen für eine praktische Anwendung nicht sonderlich geeignet war. Zugleich begannen Toyota und Honda, und zwar früher als DaimlerChrysler, mit dem Leasinggeschäft von Brennstoffzellenfahrzeugen und verdrängten DaimlerChrysler vom Spitzenplatz. Von den Brennstoffzellenfahrzeugen, die DaimlerChrysler im Oktober 2002 vorstellte, wurden bislang 60 Stück in Europa, Amerika, Japan und anderen Ländern verkauft. Auch zehn europäische Verkehrsbetriebe haben im Rahmen des Europäischen Busprojekts CUTE je drei "Citaro" Stadtbusse mit Brennstoffzellenantrieb erworben. Darüber hinaus stellte DaimlerChrysler zwei Brennstoffzellenbusse auf dem Gelände der Expo 2005 in der Präfektur Aichi zur Verfügung. Einen Überblick über die Entwicklung außerhalb Japans bietet die folgende Tabelle 4.

[3] Dient der Gewinnung von Wasserstoff aus Kohlenwasserstoffen wie z.B. Methanol.

Tabelle 4. Modellentwicklung von Brennstoffzellenfahrzeugen in der ausländischen Automobilindustrie

	Anmerkung
DaimlerChrysler	**2001:** (Necar5) Beginn mit Testfahrten auf öffentlichen Straßen in Japan.
	Okt. 2002: (F-Cell) Hochdruckwasserstoff-Brennstoffzellenfahrzeug vorgestellt.
	März 2003: (F-Cell) Beginn mit Testfahrten auf öffentlichen Straßen in Japan
	Okt. 2003: (F-Cell) Abschluss eines Partnervertrages mit dem Gasversorger Tokyo-Gas und mit der Fa. Bridgestone. (Leasinggebühr 1,2 Mio. JPY monatlich).
	Juni 2005: Lieferung von 100 Brennstoffzellenfahrzeugen weltweit.
Ford	**2000:** (Focus FCV) Vorstellung eines Hochdruckwasserstoff-Brennstoffzellenfahrzeugs.
	Juni 2003: (Focus FCV) Bekanntgabe des Leasingbeginns von Brennstoffzellenfahrzeugen für das Jahr 2004.
	Juni 2004: Verdoppelung der Anzahl von Brennstoffzellenfahrzeugen für Leasingzwecke auf 50-60 bis Ende 2004.
GM	**1997:** Vorstellung des Modells "Zafira" mit Methanol-Reformer
	Mai 2002: (Chevrolet S-10) Erfolgreiche Durchführung von Testfahrten mit einem Brennstoffzellenfahrzeug mit Benzin-Reformer.
	Feb. 2003: (HydriGen3) Erfolgreiche Durchführung von Testfahrten auf öffentlichen Straßen.
	März 2003: (HydriGen3) Beginn mit Testfahrten auf öffentlichen Straßen in Japan.
	Feb. 2005: voraussichtliche Lieferung von 40 Brennstoffzellenfahrzeugen in die USA sowie jeweils einem Fahrzeug nach Japan und China (d.h. insgesamt 42 Fahrzeuge) auf Leasingbasis im Jahre 2007.
Renault	**Feb. 2002:** Bekanntgabe einer Vereinbarung mit Nissan zur gemeinsamen Stack-Entwicklung.
First Automotive Works (FAW)	**Okt. 2003:** Bekanntgabe der Einführung der Toyota-Technologie für Brennstoffzellenfahrzeuge.

Quelle: JARI (2004a, b) und Veröffentlichungen der Unternehmen.

Die folgende Abbildung 1 stellt das Beziehungsgeflecht zwischen Produzenten von Brennstoffzellen-Stacks und Automobilherstellern dar.

Abb 1. Beziehungen zwischen FC-Stack- und Automobilherstellern

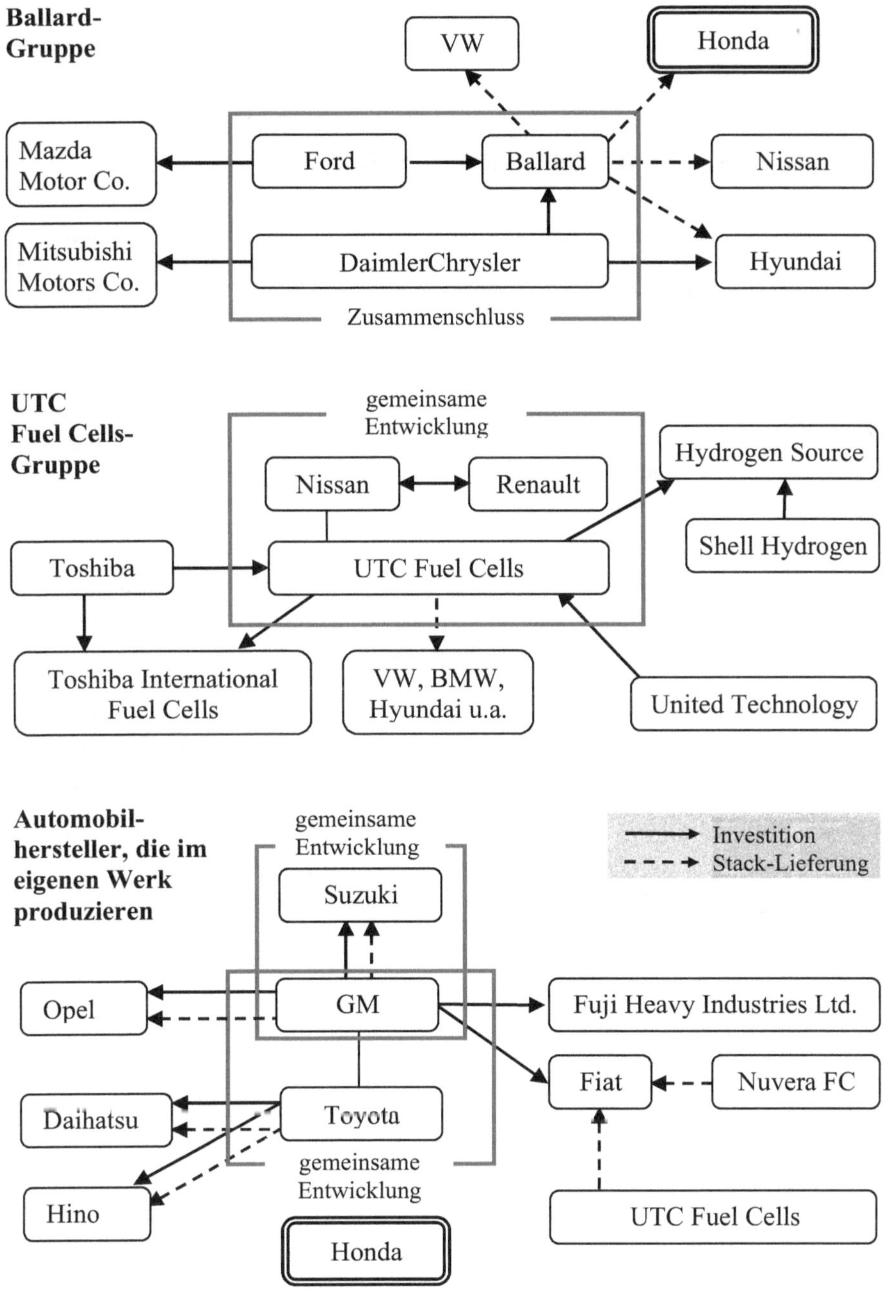

Quelle: JARI (2004a,b).

Bei der weltweiten Entwicklung von Brennstoffzellen wird eine Grobeinteilung in drei Gruppen vorgenommen, und zwar in: erstens die Ballard-Gruppe, zweitens die UTC Fuel Cells Gruppe und drittens die Gruppe der Automobilhersteller, die im eigenen Werk produzieren.

3 Brennstoffe für Brennstoffzellen

Bei tragbaren Geräten wird Methanol als vielversprechender Brennstoff für Brennstoffzellen angesehen. Daher setzen Unternehmen, die solche Geräte entwickeln, auf Patronen mit Methanolfüllung. Verbraucher sollen zukünftig derartige Patronen in Convenience Stores oder in Bahnhofskiosken erwerben können, was einen umfangreichen Aufbau einer Infrastruktur zum Verkauf solcher Brennstoffzellen überflüssig macht. Für Flüssigwasserstoff und Hochdruckwasserstoff müsste hingegen erst der Aufbau eines Verkaufsnetzes sichergestellt werden.

Tabelle 5. Versorgung mit Brennstoffen für Brennstoffzellen

	potenzialträchtige Brennstoffe	sonstige Brennstoffe	notwendige Infrastruktur
Brennstoffzellen für tragbare Geräte	Methanol	gasartige Brennstoffe (LPG, Wasserstoff usw.)	Sicherstellung eines Verkaufsnetzes für Flüssigbrennstoffe
stationäre Brennstoffzellen	Stadtgas, LPG, Kerosin, Naphtha (Bildung von Wasserstoff mittels eines Reformers)	neue Brennstoffe (Alkohol, DME) Hochdruckwasserstoff (Wasserstoff-Gas-Pipeline-Netz)	Nutzung vorhandener Infrastruktur möglich
Brennstoffzellenfahrzeuge	Flüssig- und Hochdruckwasserstoff	Flüssigbrennstoffe für Reformer im Fahrzeug	Aufbau von Wasserstofftankstellen

Quelle: Nach Angaben der JHFC, der Hersteller und aus Befragungen.

Mit Brennstoffzellen für private Haushalte beschäftigen sich Gas- und Erdölversorger. Als Brennstoffe mit hohem Potenzial werden in diesem Zusammenhang Stadtgas, Flüssiggas (LPG) und Kerosin gesehen. Diese könnten über bereits vorhandene Verkaufsnetze vertrieben werden – was den kompletten Neuaufbau einer Infrastruktur erübrigt.

Darüber hinaus gelten Flüssigwasserstoff und Hochdruckwasserstoff als vielversprechende Brennstoffe für Brennstoffzellenfahrzeuge. Zöge man aber für die Zukunft den Bau einer Wasserstoff-Gas-Pipeline in Erwägung, so würde dies den umfangreichen Aufbau einer Infrastruktur erfordern. Zur Versorgung des Verbrauchers gelten daher derzeit Wasserstofftankstellen als am geeignetsten. In Japan werden deshalb gegenwärtig auf Initiative der Regierung Wasserstofftankstellen errichtet, und zwar an zehn Stellen in Tokio und den angrenzenden Präfekturen sowie an zwei Orten im Chūbū-Distrikt.

Die verschiedenen Versorgungsmöglichkeiten mit Brennstoffen für die Brennstoffzellen sind zusammenfassend in Tabelle 5 dargestellt.

Für die Bereitstellung von Wasserstoff lassen sich verschiedene Quellen nutzen. Zurzeit richtet sich das Augenmerk vor allem auf die Wasserstoffgewinnung mit Hilfe eines Reformierungsprozesses von fossilen Brennstoffen, auf die Nutzung von Prozesswasserstoff sowie auf die Gewinnung mit Hilfe von Atomkraft (vgl. Abbildung 2).

Abb. 2. Wasserstoffversorgungswege für Brennstoffzellenfahrzeuge

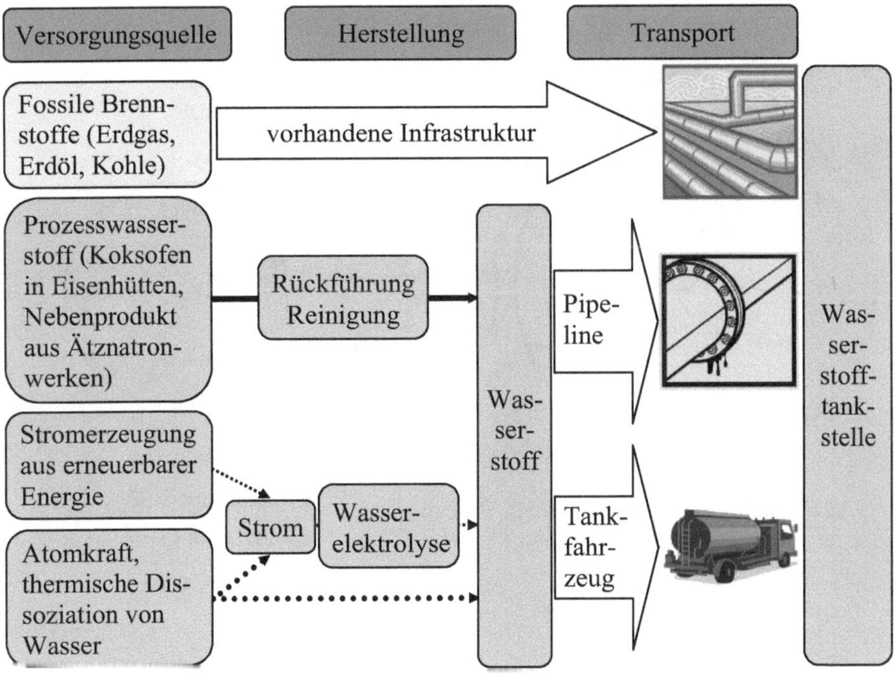

Anm.: Pfeil „fett" - Potenzial für die Wasserstoffversorgung ist groß.
Pfeil „gepunktet" - es wird länger dauern bis zur praktischen Anwendung.

Quelle: Nach Angaben der JHFC, der Hersteller und aus Befragungen.

Derzeit gibt es in Japan insgesamt 12 Wasserstofftankstellen, wobei die meisten von ihnen aus fossilen Brennstoffen umgewandelten Wasserstoff bereithalten. Da man bei diesem Herstellungsverfahren auf die bereits vorhandene Infrastruktur zurückgreifen kann, entfällt hier die Notwendigkeit für einen kompletten Neuaufbau.

3.1 Prozesswasserstoff: gegenwärtige Lage und Perspektiven

Prozesswasserstoff fällt bei Produktionsprozessen in der Stahl- und der Erdölindustrie sowie bei der Ammoniak-, der Natron- oder der Äthylenherstellung an. Die meisten dort anfallenden Wasserstoffe werden gegenwärtig jedoch nur werksintern verwendet. Um Brennstoffzellenfahrzeuge zur seriellen Produktionsreife zu bringen, ist es von großer Bedeutung, die bereits vorhandene Wasserstoffinfrastruktur möglichst effektiv einzubeziehen. Die Nutzung von Prozess-Wasserstoff stellt hierbei eine große Aufgabe dar, an deren Bewältigung zur Zeit Unternehmen verschiedener Industriezweige in einer Versuchsphase arbeiten.

Abb 3. Herstellung, Verkauf und Anwendungsbereich von Wasserstoff

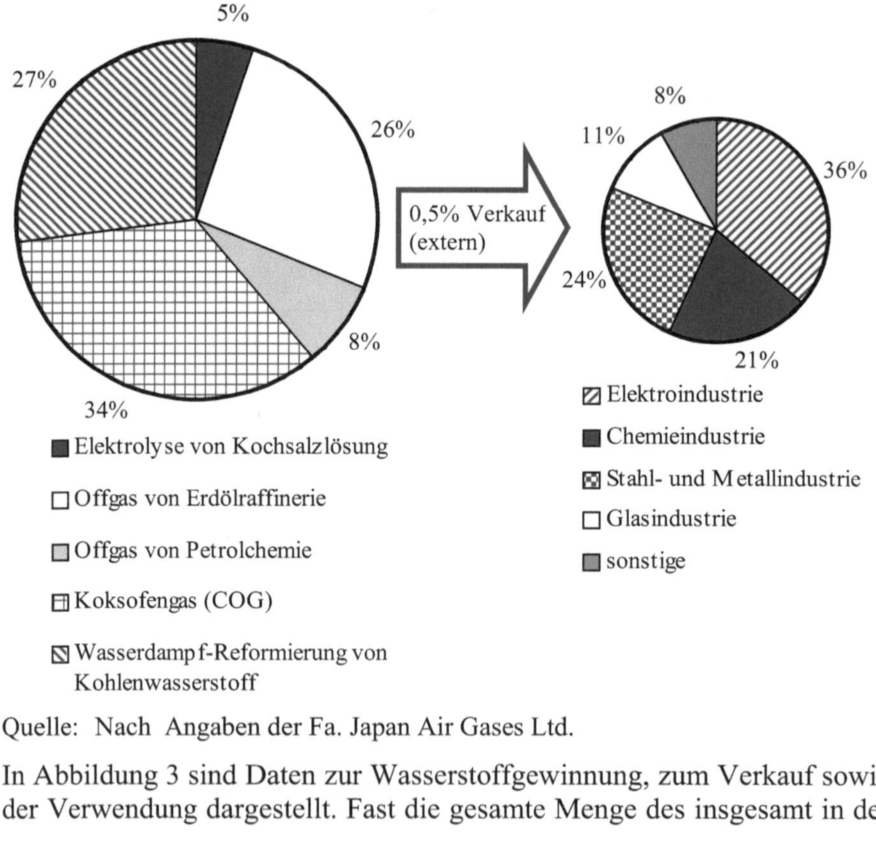

Quelle: Nach Angaben der Fa. Japan Air Gases Ltd.

In Abbildung 3 sind Daten zur Wasserstoffgewinnung, zum Verkauf sowie der Verwendung dargestellt. Fast die gesamte Menge des insgesamt in der

Industrie anfallenden Wasserstoffs (99,5%) wird dabei werksintern verwendet, zum Beispiel als Brennstoffgas und Reduktionsmittel. Der Rest (0,5%) wird zum Verkauf angeboten und findet vorwiegend in der Elektro- (36%) sowie in der Stahl- und Metallindustrie (24 %) Verwendung.

Beim Stahlproduktionsprozess in Hochöfen fallen drei verschiedene Prozessabgase in großer Menge an. In den Eisenhüttenwerken werden diese Abgase gewonnen und als Brennstoffe für den Stahlproduktionsprozess oder auch als Brennstoffe für die Stromerzeugung effektiv genutzt. Es könnte daraus aber auch Wasserstoff für die Nutzung in Brennstoffzellen gewonnen werden. Unter diesen Prozessabgasen enthält das Koksofengas (COG) Wasserstoffanteile in großer Menge (ca. 55 Volumenprozent Wasserstoff, ca. 30 Volumenprozent Methan). Es ist somit für die Gewinnung von Wasserstoff sehr geeignet. Nachdem das COG komprimiert und aufbereitet wurde, wird Wasserstoff von hoher Reinheit mittels einer PSA(Pressure Swing Adsorption)-Anlage abgeschieden. Abfallgase wie Methan, die die brennbaren Bestandteile enthalten, werden danach erneut dem COG-Systemabschnitt zugeführt, wodurch der gesamte Produktionsprozess sich als ein verlustfreies System darstellt.

Aus technischen Unterlagen der Nippon Steel Corporation zur Herstellung von Wasserstoff geht hervor, dass das COG(Koksofengas)-Versorgungspotenzial allein dieses Unternehmens 1,7 Mrd. Nm^3 und das von ganz Japan 4,5 Mrd. Nm^3 pro Jahr beträgt. Noch optimistischer ist das "Japan Petroleum Energy Center", das das Wasserstoffversorgungspotenzial der Erdöl verarbeitenden Industrie auf 6,5 Mrd. Nm^3 pro Jahr und das der sonstigen Branchen auf insgesamt 3,4 Mrd. Nm^3 pro Jahr schätzt. Geht man nunmehr davon aus, dass ein Fahrzeug in einem Jahr Wasserstoff in einer Größenordnung von 1.000 Nm^3 verbraucht, so könnten allein mit Prozesswasserstoff 14,4 Mio. Fahrzeuge versorgt werden, allerdings müssen in den Wasserstoff abgebenden Industrien entsprechend dem Eigenbedarf Ersatzbrennstoffe zum Einsatz kommen.

Auf Prozesswasserstoff, der für den Einsatz in Brennstoffzellenfahrzeugen, aber auch in Brennstoffzellen privater Haushalte zur Verwendung kommen soll, ruhen somit große Hoffnungen, und die effektive Nutzung wird vermutlich zur Schlüsselfrage für die weitere Verbreitung von Brennstoffzellen werden.

Fallbeispiel Prozesswasserstoff: Die Demonstrationsanlage für die technologische Entwicklung zur Herstellung von Flüssigwasserstoff [4]

2003 begann die Nippon Steel Corporation mit der Errichtung einer „Demonstrationsanlage für die technologische Entwicklung zur Herstellung von Flüssig-Wasserstoff" auf dem Werksgelände des Kimitsu-Eisenwerks und nahm diese schließlich am 17. März 2004 in Betrieb. Das Hauptaugenmerk der "Entwicklung zur Herstellung von Flüssig-Wasserstoff" richtet sich auf

1. die Wasserstoff-Versorgung für Brennstoffzellen-Fahrzeuge:
   Zu diesem Zweck muss ein optimales Wasserstoff-Reinigungs- und Verflüssigungssystem für bei der Stahlproduktion anfallende Prozessabgase entwickelt werden.
2. die Lieferung:
   Der erzeugte Flüssig-Wasserstoff soll an die Wasserstoff-Tankstelle in Ariake geliefert werden. So soll ein komplettes System einschließlich der Testfahrten mit Brennstoffzellen-Fahrzeugen erprobt und dokumentiert werden.

Der Versuch von Nippon Steel, Flüssig-Wasserstoff aus COG in einer Demonstrationsanlage zu erzeugen, ist weltweit der erste überhaupt. In der Anlage können täglich 0,2 t Flüssig-Wasserstoff von hoher Reinheit (höher als 99,999 vol%) produziert werden.

Weitere Möglichkeiten der Gewinnung von Prozesswasserstoff

Eine weitere Variante ist die Nutzung von Ätznatron. In Ätznatron-Werken wird durch Elektrolyse von Kochsalzlösung Natriumhydroxid hergestellt. In diesem Prozess fällt Wasserstoff von sehr hoher Reinheit an. Ein Teil dieses Wasserstoffs wird unter anderem als chemischer Rohstoff verkauft, der Rest wird jeweils werksintern verbraucht. Hier bestehen ebenfalls gute Chancen auf eine verstärkte Nutzung für Brennstoffzellen.

3.2 Wasserstoffherstellung aus Atomkraft [5]

Derzeit gibt es zwei Verfahren zur Herstellung von Wasserstoff aus Atomkraft. Zum einen durch Elektrolyse von Wasser unter Verwendung elektrischen Stroms aus Atomkraft. Bei diesem Verfahren könnte eine Nutzung des Stroms in den Nachtstunden zu einem Abbau der Überkapazität füh-

---

[4] Vgl. hierzu vor allem die Ausführungen der Nippon Steel Corporation.

[5] Vgl. hierzu vor allem die Ausführungen des Japan Atomic Energie Research Institute.

ren. Bei dem anderen Verfahren handelt es sich um die Nutzbarmachung eines Nuklearreaktors der nächsten Generation. Das Japan Atomic Energy Research Institute betreibt – in Zusammenarbeit mit Atomkraftforschungsinstituten aus insgesamt 11 Ländern und Regionen, darunter auch Korea, USA, Kanada, Europa, Südafrika, Brasilien und Argentinien, – in diesem Zusammenhang Forschungs- und Entwicklungsarbeit zur Herstellung von Wasserstoff, wobei durch die von dem Reaktor erzeugte Hitze im so genannten IS-Prozess Wasser unter Zusatz von Jod- und Schwefelsäureverbindungen in seine Bestandteile Wasserstoff und Sauerstoff zersetzt wird. Allerdings geht man davon aus, dass für die Zersetzung von Schwefel eine Temperatur von ca. 900 °C erforderlich ist. Gegenwärtig befindet sich das gesamte Verfahren jedoch noch in der Forschungsphase. Es wird erwartet, dass diese Technologie etwa im Jahr 2020 zur Anwendung kommen wird.

4 Infrastruktur: Wasserstofftankstellen in Japan

Um Erkenntnisse über die notwendige Infrastruktur zur Versorgung mit Wasserstoff zu erlangen, führt das METI zurzeit ein Projekt zum Bau von Wasserstofftankstellen durch, das sogenannte JHFC-Projekt (Japan Hydrogen & Fuel Cell Demonstration Project), zu dem in Tabelle 6 ein Überblick geboten wird. Im Rahmen dieses Projekts werden erstmalig in Japan umfassende Testfahrten mit Brennstoffzellenfahrzeugen vorgenommen. Im Fiskaljahr 2004 nahmen Brennstoffzellenfahrzeuge und -busse von acht Automobilherstellern an den Testfahrten im öffentlichen Straßenverkehr teil. Dabei wurden Daten über Fahr- und Umweltverhalten, Zuverlässigkeit, Brennstoffkosten bei Fahrten im Stadtverkehr sowie Daten im Zusammenhang mit der Nutzung von Wasserstofftankstellen gesammelt und ausgewertet. Weltweit erstmalig werden gleichzeitig Wasserstoff-Tankstellen betrieben, die in punkto Rohstoffe und Herstellungsverfahren gänzlich unterschiedlich sind. An den neun Tankstellen können die Testfahrzeuge mit Wasserstoff betankt werden, der durch Umwandlung von entschwefeltem Benzin, Naphtha, Flüssiggas (LPG), Methanol, Kerosin oder Stadtgas sowie durch Alkali-Wasser-Elektrolyse erzeugt oder in Form der Flüssig- bzw. Hochdruckwasserstoffspeicherung zur Verfügung gestellt wird. Nach einigen Fallbeispielen folgt in Tabelle 7 am Ende dieses Abschnittes ein Überblick über alle Tankstellen mit ihren Spezifikationen.

Tabelle 6. JHFC-Projekt (Japan Hydrogen & Fuel Cell Demonstration Project)

Zweck	Hinsichtlich der Nutzung von Brennstoffzellenfahrzeugen und Wasserstofftankstellen: - Verdeutlichung des Energiespareffektes (CO2-Reduzierung, Effizienz). - Verdeutlichung des Effekts zur Verringerung der Umweltbelastung (abgesehen von der CO2-Reduzierung). - Datensammlung zur Erstellung von sicherheitsrelevanten Normen, Verordnungen sowie Leitlinien. - Aufklärungskampagnen zur Stärkung der gesellschaftlichen Akzeptanz. - Verdeutlichung von Maßnahmen zur Verbreitung und Förderung.
Region	Tokio sowie angrenzende Präfekturen
Träger der Projektdurchführung	Ministerium für Wirtschaft, Handel und Industrie (Das Projekt besteht aus zwei Forschungsteilen: (a) der "Erforschung und Demonstration von Brennstoffzellenfahrzeugen" der Stiftung Japan Automobile Research Institute sowie (b) der "Erforschung und Demonstration von Wasserstoffversorgungseinrichtungen für Brennstoffzellenfahrzeuge" der Stiftung Engineering Advancement Association of Japan.)
Dauer	von 2002 bis 2005
Budget	2 Mrd. JPY für 2002 2,5 Mrd. JPY für 2003
Wichtige Leistungen 2002 und 2003	- Errichtung von Garagen und Ausstellungsräumen. - Aufbau von zehn Wasserstofftankstellen. - Testfahrten von Brennstoffzellenfahrzeugen, Beginn mit Versuchen zur Wasserstoffversorgung. (Bei freien Testfahrten von Pkws und Bussen, planmäßigen Testfahrten sowie Event-Testfahrten wurden u. a. Reichweite, Fahrdauer, Wasserstoffeinfüll- und -verbrauchsmengen gemessen. Zurückgelegte Kilometer insgesamt: 23.450 km; Wasserstoffverbrauch: 203,6 kg. Bei den planmäßigen Testfahrten von Bussen wurden Linienstrecken des hauptstädtischen Busbetriebes befahren.) - Erstellung von Leitlinien (Handbuch für Demonstration und Test). - Durchführung von Veranstaltungen und Seminaren.
Beteiligte Unternehmen	- Automobilindustrie: Toyota, Nissan, Honda, DaimlerChrysler, GM, Toyota/Hino, Mitsubishi, Suzuki. - Infrastrukturversorger: Nippon Oil Co., Cosmo Oil Co., Ltd., Showa Shell Sekiyu K.K., Tokyo Gas Co. Ltd., Iwatani International Corporation, Japan Air Gases Ltd., Nippon Sanso Co. Ltd., Nippon Steel Co., Kurita Water Industry Co., Ltd., Sinanen Co., Ltd., Itochu Enex Co., Ltd., Idemitsu Kosan Co., Ltd., Babcock-Hitachi K.K., Tsurumi Soda Co., Ltd.

Quelle: Nach Angaben aus dem JHFC-Projekt.

4.1 Fallbeispiel Senju

Je nach Wasserstoffausgangsprodukt weisen die Tankstellen unterschiedliche Merkmale auf. So befindet sich zum Beispiel die Senju-Wasserstofftankstelle[6] auf dem Senju-Werksgelände der Tokyo Gas Co. Ltd. direkt neben der Erdgastankstelle. Hier wird Flüssiggas (LPG) als Rohstoff verwendet. Man hofft, dass sich dadurch die Wasserstoffversorgung zukünftig in die bereits bestehende Infrastruktur integrieren lässt. Die Anlage zur Herstellung des Wasserstoffs entspricht grundsätzlich einer solchen, wie sie bereits bei der Halbleiter- und Metallverarbeitung kommerziell genutzt wird. Durch den Einsatz einer kleinformatigen sechstürmigen PSA-Anlage wurde allerdings eine Verkleinerung bei gleichzeitig hoher Effizienz des Systems erreicht. Die Anlage ist eine Testanlage für PEFC-Brennstoffzellen, zu denen im Rahmen eines anderen Projekts des METI, der NEDO[7] und der JGA (Japan Gas Association) gemeinsam geforscht wird. Zum Betanken kommt eine Zapfvorrichtung der Taiyo Nippon Sanso Corporation[8] zum Einsatz, die durch Verwendung einer speziellen Gaskontrolltechnologie äußerst präzise und leicht zu bedienen ist.

4.2 Fallbeispiel Ariake

Die Wasserstofftankstelle Ariake gehört zu dem "Ariake-Wasserstofftankstellen-Pilotprojekt", das die Stadtverwaltung von Tokio realisiert. Sie ist die wichtigste Versorgungsstation für Testfahrten mit Brennstoffzellenbussen, die seit August 2003 im städtischen Linienbusbetrieb in Tokio

---

[6] Auf der Senju-Wasserstofftankstelle sind 20 Wasserstoff-Stahlflaschen zu je 300 Liter im Einsatz, also können dort bis zu 6000 Liter gelagert werden. Wird Wasserstoff in alle Stahlflaschen (insgesamt 6000 Liter) mit 40 MPa eingefüllt, so beträgt die Einfüllmenge insgesamt 2400 Nm^3. Die Wasserstofftankkapazität der Toyota-Fahrzeuge beispielsweise beträgt jeweils ca. 30 Nm^3, sodass 70 bis 80 Fahrzeuge dieses Typs mit Wasserstoff versorgt werden können. Die Instandhaltung dieser Wasserstoff-Tankstelle erfolgt einmal im Jahr. Katalysatoren und Ähnliches werden alle vier bis fünf Jahre gewechselt. Sie arbeiten auf Nickel/Aluminium-Basis. Die Anzahl der Fahrzeuge, die auf der Senju-Wasserstofftankstelle bisher betankt und bei denen Entschwefelungskatalysatoren eingesetzt wurden, beläuft sich auf 246. Die Besucherzahl liegt bei 2026. Da im Durchschnitt weniger als ein Fahrzeug pro Tag hier betankt wurde, lässt sich ein Vergleich mit konventionellen Benzin-Tankstellen natürlich nicht anstellen.

[7] New Energy and Industrial Technology Development Organization, eine Institution der Regierung mit Schwerpunkt auf Forschung und Entwicklung.

[8] Die Taiyo Nippon Sanso Corporation entstand durch Fusion der Nippon Sanso Corporation und der Taiyo Toyo Sanso Corporation im Oktober 2004.

(Toei-Bus) durchgeführt werden. Die Wasserstofftankstelle zeichnet sich dadurch aus, dass extern produzierter Flüssigwasserstoff dorthin geliefert und gelagert wird. Die Brennstoffzellenfahrzeuge werden dann mit diesem Flüssigwasserstoff (nur GM-Fahrzeuge) oder mit Hochdruckwasserstoff betankt, der durch Verwendung der Boil-Off-Gas-Gewinnungsanlage erzeugt wurde.[9]

4.3 Fallbeispiel Kawasaki

Die Wasserstofftankstelle Kawasaki befindet sich inmitten des verkehrsreichen Keihin-Industriegebietes, in dem sich gigantische Fabrikanlagen der Stahl- und Petrochemischen Industrie aneinander reihen. Japan Air Gases Ltd. errichtete dort die weltweit erste Tankstelle für Wasserstoff aus der Umwandlung von Methanol. Das Unternehmen griff dabei auf seine Erfahrungen als führender Hersteller von Hochdruckwasserstoff-Abfüllungswerken und Flüssigwasserstoff-Herstellungsanlagen zurück. Unter den Brennstoffen, aus denen Wasserstoff gewonnen wird, ist Methanol am sichersten. Die Reaktionstemperatur bei der Wasserstoffherstellung beträgt zwischen 250 und 300 °C und ist somit im Vergleich zu Erdgas relativ niedrig, wo sie bei 600 bis 700 °C liegt. Aus diesem Grunde fällt auch der für diesen Herstellungsprozess notwendige Energiebedarf geringer aus. Während der Umwandlung von Methanol kommt es durch den Einsatz von Katalysatoren zu einer Reaktion mit Wasser, wobei dem Methanol der Wasserstoff entzogen wird. Der so gewonnene Wasserstoff wird anschließend komprimiert. Mit diesem fertigen Hochdruckwasserstoff werden die Brennstoffzellenfahrzeuge betankt. Die Tankstelle ist so aufgebaut, dass die Hochdruckwasserstoff-Herstellungsanlage von der Einfahrt aus nicht

---

[9] Spezifisches Merkmal der Wasserstoff-Tankstelle Ariake ist die Möglichkeit, dort sowohl Flüssig-Wasserstoff als auch Hochdruck-Wasserstoff zu tanken. Der Flüssig-Wasserstoff wird aus dem Kimitsu-Stahlwerk der Nippon Steel Corporation sowie aus dem Werk der Iwatani International Corporation in Osaka per Tanklastzug geliefert. In flüssiger Form muss Wasserstoff bei einer Temperatur von unter -253 °C gehalten werden, was technologisch gesehen eine große Anforderung darstellt. Wasserstoff kann heute zwar in flüssiger Form gelagert werden, dies geht jedoch aufgrund von Verdampfung mit einem Verlust von etwa 1% pro Tag einher. Auch in den Tanks der Fahrzeuge geht Flüssig-Wasserstoff als Dampf verloren. Hochdruck-Wasserstoff hat dagegen den Nachteil, dass beim Tankvorgang wegen des enorm hohen Drucks eine besondere Gefährdung besteht. 25 MPa kommen einem Luftdruck von 250 Bar gleich. Ein mögliches Entweichen von Wasserstoff aus der Zapfvorrichtung könnte unter Umständen zu einer großen Katastrophe führen.

zu sehen ist. Man hat sich ganz bewusst dafür entschieden, dieser Tankstelle das vertraute Aussehen von herkömmlichen Benzintankstellen zu geben.

Tabelle 7. Wasserstofftankstellen im Rahmen des JHFC-Projekts

2002	**Yokohama-Daikoku (Cosmo Oil Co., Ltd.)**
Anlage	Wasserstoffversorgungsanlage mit Dampf-Reformer
Rohmaterial	entschwefeltes Benzin
Merkmale	Garage sowie *show room*. Bereits vorhandene Infrastruktur (Benzin-Tankstelle) genutzt. Wasserstoffherstellungsanlage wurde verkleinert, Kompaktsystem. Betrieb ist automatisiert.
Verfahren	Reformierung
2002	**Yokohama-Asahi (Nippon Oil Co.)**
Anlage	Wasserstoffversorgungsanlage mit Naphtha-Reformer
Rohmaterial	Naphtha
Merkmale	Betankung mit Hochdruckwasserstoff. Einsatz einer bei Erdölversorgern üblichen Technologie zur Beseitigung von Verunreinigungen. Verkürzung der Anlagenbauzeit durch Maschinengestelle.
Verfahren:	Reformierung
2002	**Senju (Tokyo Gas Co. Ltd.; Nippon Sanso Co.)**
Anlage	Wasserstoff-Versorgungsanlage mit Flüssiggas-Reformer
Rohmaterial	Flüssiggas (LPG)
Merkmale	Kompakte, hocheffiziente Wasserstoffherstellungsanlage mit 6 kleinformatigen Türmen PSA. Neue Abfüllungsmethode, leichte Bedienbarkeit der Zapfsäule. Betrieb ist automatisiert.
Verfahren	Reformierung
2002	**Kawasaki (Japan Air Gases Ltd.)**
Anlage	Wasserstoffversorgungsanlage mit Methanol-Reformer
Rohmaterial	Methanol
Merkmale	Weltweit erste Wasserstoffversorgungsanlage mit Methanol-Reformer (niedrige Temperatur). Hochdruck-Reformer. Zweistufige Kompression durch Diaphragma-Kompressor.
Verfahren	Reformierung
2003	**Hatano (Idemitsu Kosan Co., Ltd.)**
Anlage	Wasserstoffversorgungsanlage mit Kerosin-Reformer
Rohmaterial	Kerosin
Merkmale	Weltweit erste Wasserstoffversorgungsanlage (Kerosin-Reformer) mit selbst entwickeltem Katalysator. Kompakte Bauweise mit Maschinengestellen. Vollautomatisierung des Betriebes.
Verfahren	Reformierung
2003	**Oume (Babcock-Hitachi K.K.)**
Anlage	Wasserstoffversorgungsanlage mit Stadtgas-Reformer

Tabelle 7 (Fortsetzung)

Rohmaterial	Stadtgas
Merkmale	Wasserstoffherstellungsanlage und Abfüllvorrichtungen auf LKW, daher mobil. Verbraucherfreundliche Versorgung, da komplette Infrastruktur für Stadtgas bereits vorhanden. Niedrige Herstellungskosten des Wasserstoff. Mögliche Nutzung zu Marktanalyse bzw. als vorläufige unterstützende Einrichtung .
Verfahren	Mobil
2003	**Sagamihara (Kurita Water Industrie Ltd.; Sinanen Co., Ltd.; Itochu Enex Co., Ltd)**
Anlage	Wasserstoffversorgungsanlage mit Elektrolyse-Anlage für alkalisches Wasser.
Rohmaterial	Wasser und elektrischer Strom
Merkmale	Auf bereits vorhandener Flüssiggastankstelle errichtet. Wasserstoff erzeugende Anlage und Kompressor auf LKW, daher mobil. Nutzung bereits vorhandener Infrastrukturen sowie erneuerbarer Energie möglich. Geringer Flächenbedarf bei der Tankstelle, lediglich Gasspeicher und Zapfsäulen.
Verfahren	Mobil
2002	**Mobile Wasserstofftankstelle (Nippon Sanso Co.)**
Anlage	Versorgungsanlage mit Speicherung des Hochdruckwasserstoffes
Rohmaterial	nicht vor Ort hergestellter Wasserstoff
Merkmale	Täglich Transport und Montage. Nur an Werktagen in Betrieb. Ortswechsel mit LKW möglich. Versorgung möglich, wo keine stationären Wasserstofftankstellen vorhanden sind. Nutzung als vorläufig unterstützende Einrichtung möglich. Direkte Abfüllung mittels Kompressors möglich.
Verfahren	Mobil
2002	**Yokohama-Tsurumi (Tsurumi Soda Co., Ltd.; Iwatani International Co.)**
Anlage	Keine Wasserstoffherstellung vor Ort
Rohmaterial	Prozesswasserstoff
Merkmale	Erste Tankstelle mit komprimiertem, nicht vor Ort hergestelltem Wasserstoff in Japan. Geringer Flächenbedarf sowie niedrige Baukosten, da keine Wasserstoffherstellungsanlage vorhanden.
Verfahren	Speicherung
2002	**Ariake (Showa Shell Sekiyu K.K.; Iwatani International Co.)**
Anlage	Versorgungsanlage mit Speicherung des Flüssigwasserstoffes
Rohmaterial	Flüssigwasserstoff
Merkmale	Erste Wasserstoffversorgungsanlage mit Flüssigwasserstoff in Japan. Abfüllung von Hochdruck- sowie Flüssigwasserstoff.
Verfahren	Speicherung

Quelle: Nach Angaben aus dem JHFC-Projekt.

5 Zusammenfassung und Fazit

Japan setzt sich intensiv mit Brennstoffzellen auseinander und unternimmt zu deren Verbreitung große Anstrengungen in Forschung und Entwicklung. Die jüngsten Ergebnisse geben Anlass zu Optimismus. Umfang und Tempo der Verbreitung werden allerdings stark von der weiteren Entwicklung abhängen, sowohl was Kosten und Dauerhaftigkeit anbelangt, als auch was die Lösung spezifischer Probleme bei einzelnen Anwendungsbereichen betrifft.

Um für die Gesellschaft der Zukunft gewappnet zu sein, ruhen die Hoffnungen auf Brennstoffzellen für tragbare Geräte. Die Erhöhung ihrer Leistungskapazität wäre deshalb das oberste Gebot. Beim gegenwärtigen Entwicklungsstand ist im Vergleich zu Lithium-Ionen-Batterien eine Erhöhung der Energiedichte theoretisch um das Zehnfache, realistisch gesehen jedoch nur etwa um das Dreifache möglich. Daher wachsen die Erwartungen vornehmlich im Hinblick auf eine Vergrößerung der Energiekapazität für Handys sowie hinsichtlich einer verlängerten Nutzungsdauer von PCs. Denn obwohl sich bei der gegenwärtigen Technologie die Energiedichte von Lithium-Ionen-Batterien erhöht hat, kann man lediglich von einer Steigerung von 5-10% pro Jahr ausgehen. Sollte sich erweisen, dass Brennstoffzellen vorteilhafter sind als die konkurrierende Technologie (die allerdings mit Hilfe der Nanotechnologie eine wesentliche Verkürzung der Aufladezeit anstrebt), und sollten ferner die Verbraucher den Wechsel von konventionellen Akkumulatoren zu Brennstoffpatronen akzeptieren, dann ist eine rasante Verbreitung der Brennstoffzellentechnologie zu erwarten.

Bei der Einführung von Brennstoffzellen in private Haushalte geht es hingegen vor allem um eine Senkung des Energieverbrauchs sowie eine Reduzierung der Umweltbelastungen. Mit Beginn des Jahres 2005 wurde in diesem Bereich der Vertrieb von Brennstoffzellen auf Leasingbasis gestartet. Allerdings könnten Elektrogeräte für die Warmwasserversorgung, deren Wärmepumpen mit Kohlendioxid als Kühlmittel arbeiten („ecocute"), zur größten Konkurrenz werden. Solche Geräte weisen hinsichtlich des Energieverbrauchs einen Wirkungsgrad von mehr als 3,0 auf (d. h. die nutzbare Wärmeenergie ist dreimal so hoch wie die zugeführte elektrische Energie). Betrachtet man die beiden Gesamtenergiewirkungsgrade einschließlich des Wirkungsgrades der Stromerzeugung, so ist es schwierig, ein endgültiges Urteil darüber abzugeben, welches System das bessere ist, da die Ergebnisse je nach Nutzung erheblich schwanken. Hinsichtlich der Kosten sind die „ecocute"-Produzenten im Vorteil, denn es ist ihnen gelungen, die Preise unter 1 Mio. JPY zu senken, während die Preise von Brennstoffzellen bei etwa 10 Mio. JPY liegen werden. Eine spürbare Kostensenkung von Brennstoffzellen wird daher zur größten Aufgabe. Gleichzeitig gilt es, eine Erhöhung der Lebensdauer sowie des Energiewirkungsgrades zu erreichen, um somit den konkurrierenden Geräten Paroli bieten zu können.

Im Fahrzeugbereich stellt die Brennstoffzelle vor allem eine Hoffnung angesichts der Verknappung fossiler Brennstoffe dar sowie in Hinblick auf die Umweltbelastung. Man geht davon aus, dass Brennstoffzellenfahrzeuge im Vergleich zu konventionellen Fahrzeugen hinsichtlich des Fahrzeugwirkungsgrades etwa den dreifachen und hinsichtlich des Gesamtenergiewirkungsgrades etwa den doppelten Wirkungsgrad erreichen können. Angesichts der in den letzten Jahren erheblich verbesserten Technologie für Hybrid-Fahrzeuge stehen Brennstoffzellenfahrzeuge jedoch bestenfalls auf gleichem Niveau oder sind mittlerweile sogar eher ins Hintertreffen geraten. Die Automobilhersteller selbst setzen sich intensiv mit der Brennstoffzellentechnologie auseinander, eine Verbreitung von Brennstoffzellenfahrzeugen würde jedoch erst dann richtig in Gang kommen, wenn der Wirkungsgrad erhöht und vor allem die Kosten reduziert würden. Um das Jahr 2000 wurde das Modell eines Brennstoffzellenfahrzeugs entwickelt, dessen Brennstoffzellensystem inklusive Reformer im Fahrzeug selbst untergebracht war und für dessen Ausgangsstoffe das bereits vorhandene Infrastrukturnetz benutzt wurde. Heute ruhen die Erwartungen jedoch auf einer anderen Methode, nämlich auf der direkten Betankung der Fahrzeuge mit Wasserstoff an speziellen Wasserstofftankstellen, was den Aufbau einer entsprechenden Infrastruktur zu einer wichtigen Aufgabe werden lässt.

In der folgenden Tabelle 8 werden die verschiedenen Einsatzbereiche von Brennstoffzellen in Hinblick auf die Leistungsanforderungen, die erwarteten Vorteile sowie den aktuellen Stand der Entwicklung noch einmal zusammenfassend betrachtet.

Tabelle 8. Wichtige Einsatzbereiche von Brennstoffzellen

	für tragbare Geräte	für private Haushalte	für Fahrzeuge
Leistung	1 bis 15 W	750 W bis 1 kW	70 kW bis 100 kW
Verwendung	PC, Mobiltelefon etc.	Wärme-Kraft-Kopplung (Strom-/Warmwasser)	Fahrzeugantrieb
Hauptzweck der Einführung	Kapazitätserhöhung der elektrischen Leistung	Einsparung des Energieverbrauches in privaten Haushalten, Reduzierung der Umweltbelastung	Erhöhung des Wirkungsgrades, Reaktion auf Verknappung fossiler Brennstoffe, Reduzierung der Umweltbelastung
Stand der Entwicklung	Brennstoffzellen: Im Vergleich zu Li-Ion-Batterien Energiedichte theoretisch um das 10fache, real um das 3fache zu erhöhen. Li-Ion-Batterien: Steigerung der Leistungsfähigkeit um 10 bis 15 % pro Jahr. Möglichkeit schnellerer Ladezeit (1-2 min.) durch Nanotechnologie.	Brennstoffzellen: Lieferung elektrischen Stroms (Wirkungsgrad 30%) und von Warmwasser. Gesamtwirkungsgrad etwa 70%. Elektrogeräte für Warmwasser: bei Wärmepumpen mit Kohlendioxid als Kühlmittel (ecocute) Wirkungsgrad von mehr als 3,0 (nutzbare Wärmeenergie ist dreimal so groß wie zugeführte elektrische Energie).	Brennstoffzellen: Im Vergleich herkömmlichen Benzinfahrzeugen Wirkungsgrad „Pump-to-Wheel" dreimal so hoch. Gesamtwirkungsgrad der Energie einschließlich Wirkungsgrad der Brennstoffe etwa das Doppelte. Im Vergleich zu Hybrid-Fahrzeugen Wirkungsgrad auf gleichem Niveau oder etwas schlechter.
Kosten	Heute: ca. 50.000 JPY Ziel: ca. 20.000 JPY	Heute: 8 Mio. bis 10 Mio. JPY Ziel: unter 1 Mio. JPY	Heute: 20 Mio. JPY bis einige 100 Mio. JPY Ziel: ca. 3 Mio. JPY

Quelle: Nach Angaben der Development Bank of Japan (DBJ).

Angesichts der Verknappung fossiler Brennstoffe ruhen große Erwartungen auf Brennstoffzellen als wichtigstem Versorgungssystem einer zukünftigen Gesellschaft. Umso bedeutsamer ist es deshalb, die Forschung und Entwicklung der dazu notwendigen Technologie voranzutreiben. Das Tempo zur Verbreitung von Brennstoffzellen wird zukünftig davon abhängen, wie sich Angebot und Nachfrage im Energiesektor generell und wie sich speziell die Preise für Brennstoffzellen entwickeln werden, aber auch davon, inwieweit es gelingt, ein entsprechendes Versorgungsnetz aufzubauen. Auf jeden Fall werden Brennstoffzellen als zukünftiges Fahrzeugantriebssystem eine Schlüsselposition einnehmen.

Literatur

Aiba T (2003) Kigyō no ondanka taisaku sokushin ni mukete [Promoting Corporate Measures to Combat Global Warming]. Development Bank of Japan, Forschungsbericht 53

Aiba T (2004) LCA (Raifu Saikuru Asesumento) ni yoru ondanka taisaku no kaizen [How Life Cycle Assessment (LCA) Can Enhance the Fight against Global Warming]. Development Bank of Japan, Forschungsbericht 64

CRIEPI Central Research Institute of Electric Power Industry (2004) Enerugī no shōrai o kangaeru [Zur Zukunft der Energie]. Http://criepi.denken.or.jp /jp/event/forum/2003/e-f-2003.pdf (Zugriff am 21.06.2006)

JAMA Japan Automobile Manufactures Association (2002) The Motor Industry of Japan 2002. Http://www.jama.org/library/brochures2002MIJReport.pdf (Zugriff am 21.06.2006)

JARI Japan Automobile Research Institute (2004a) Heisei 15-nendo nenryōdenchisha ni kansuru chōsahōkokusho [Untersuchungsbericht zu Brennstoffzellenfahrzeugen 2003]. Http://www.jari.jp/pdf/fcev/200402.pdf (Zugriff am 21.06.2006)

JARI Japan Automobile Research Institute (2004b) Heisei 15-nendo nenryōdenchisha ni kansuru chōsahōkokusho (Kaigaihen) [Untersuchungsbericht zu Brennstoffzellenfahrzeugen 2003 (ausländische Fassung)]. Http://www.jari.jp/pdf/fcev/200402.pdf (Zugriff am 21.06.2006)

JPEC Japan Petroleum Energy Center (2003) Suisoshakai ni okeru suisokyōkyūsha bijinesumoderu to sekiyusangyō no ichizuke ni kansuru chōsahōkokusho [Untersuchungsbericht zum Geschäftsmodell von Wasserstoff-Versorgern und zur Stellung der Erdölindustrie in einer Wasserstoff-Gesellschaft]. Http://www.pecj.or.jp/japanese/report/index_rep.html (Zugriff am 21.06.2006)

METI Ministry of Economy, Trade and Industry (2004) Shinsangyō sōzō senryaku [Strategie zur Gründung neuer Industrien]. Http://www.meti.go.jp /policy/economic_industrial/press/0005221/1/040518sinsangyou_honsi.pdf (Zugriff am 21.06.2006)

METI - Agency for Natural Resource and Energy (2004a) Nenryōdenchi ni kansuru seifu no torikumi [Initiativen der Regierung in Bezug auf Brennstoffzellen]. METI, Tokio

METI - Agency for Natural Resource and Energy (2004b) Nihon no enerugī 2003 [Energie in Japan 2003]. Http://www.enecho.meti.go.jp/topics/energy-in-japan/energy2003.pdf (Zugriff am 21.06.2006)

METI - Agency for Natural Resource and Energy (2004c) 2030-nen no enerugī jukyūtenbō [Ausblick auf das Angebot von und die Nachfrage nach Energie im Jahr 2030]. Http://www.meti.go.jp/report/downloadfiles/g50328b01j.pdf (Zugriff am 21.06.2006)

METI, NEDO New Energy and Industrial Technology Development Organization (2003) Suiso riyō kokusai kurīn enerugī shisutemu gijutsu (WE-NET) Dainiki kenkyūkaihatsu tasuku 1 shisutemu hyōka ni kansuru chōsa, kenkyū [Internationales Netzwerk für saubere Energie durch Nutzung von Wasserstoff (WE-NET); Phase II, FuE-Aufgabe 1, Untersuchung und Forschung zur Bewertung des Programms]. METI, Tokio

Nabeyama T (1987) Suiso enerugī no kaihatsu no genjō to kadai [Gegenwärtiger Stand der Entwicklung der Wasserstoff-Energie und zukünftige Aufgaben]. Development Bank of Japan, Forschungsbericht 106

NEDO New Energy and Industrial Technology Development Organization, Fuel Cell & Hydrogen Development Dept. (2006) Nenryodenchi Suisogijutsu kaihatsuseika hōkokusho, Yōshishū - Suiso anzenriyō nado kibangijutsu kaihatsu [Bericht über die Erfolge bei der Entwicklung von Brennstoffzellen- und Wasserstoff-Technik (Zusammenfassung) – Entwicklung von Grundlagentechniken zur sicheren Nutzung von Wasserstoff]. NEDO, Kawasaki

NEF New Energy Foundation (2004) Shin'enerugī tō dōnyūsokushin kisochōsa, Nenryōdenchi no gijutsu oyobi seisaku no dōkōchōsa [Grundlegende Untersuchung zur Förderung der Einführung neuer Energien – Untersuchung zu Trends in der Brennstoffzellentechnik und zu den politischen Maßnahmen]. NEF, Tokio

Nikkei Business Publications (2003) Nenryōdenchi 2004 [Brennstoffzelle 2004]. Tokio

Nikkei Business Publications (2004) Nenryōdenchi no asu [Die Zukunft der Brennstoffzelle]. Tokio

Osaka Science and Technology Center (2004) Nenryōdenchi kaihatsu oyobi jitsuyōka (shōhinka) no keii to hatten eno kadai ni kansuru chōsa (Heisei 15-nendo chōsa hōkokusho) [Untersuchung zu den Umständen der Entdeckung und Verwirklichung von Brennstoffzellen und den Aufgaben für die weitere Entwicklung (Bericht zur Untersuchung im Jahr 2003)]. Osaka

Ōsumi Y (2002) Suiso enerugī riyōgijutsu [Techniken zur Nutzung von Wasserstoff-Energie]. Agne Gijutsu Center, Tokio

Sasaki H (2003) Towards the Realisation of a Japan-Initiated Ubiquitous Society. Http://www.nec.co.jp/techrep/en/r_and_d/a04/a04-no1/a63.pdf (Zugriff am 18.06.2006)

Tanaka S (2003) Shōenerugī shisutemu gairon [Überblick über das System zur Energieeinsparung]. Ōmusha

Toyota Motor Co., Mizuho Information and Research Institute (2004) Yusōyō nenryō no Well-to-Wheel hyōka - Nippon ni okeru yusōyō nenryō seizō (Well-to-Tank) wo chūshin to shita onshitsukōka gasu haishutsuryō ni kansuru kenkyū hōkokusho [Eine Schätzung des Gesamtwirkungsgrades von Transport-Brennstoffzellen – Forschungsbericht zum Ausstoß von Treibhausgas in Japan mit Fokus auf den Brennstoffwirkungsgrad von Transport-Brennstoffzellen]. Http://www.mizuho-ir.co.jp/research/documents/wtwghg041130.pdf (Zugriff am 21.06.2006)

Yamamoto H (2002) Suiso keizai kakumei - Nenryōdenchi ga sekai wo kaeru [Revolution in der Wasserstoff-Wirtschaft - Die Brennstoffzelle verändert die Welt]. Shinsensha, Tokio

Internetseiten

California Fuel Cell Partnership (http://www.fuelcellpartnership.org/)
Ebara Ballard Corporation (http://www.ebc.ebara.com/)
FUEL CELL BUS CLUB (http://www.fuel-cell-bus-club.com/)
Fujitsū Laboratories Ltd. (http://www.labs.fujitsu.com/jp/index.html)
Hitachi Ltd. (http://www.hitachi.co.jp/)
JAMA (http://www.jama.org)
JHFC (http://www.jhfc.jp/)
Matsushita Electric Industrial Co., Ltd. (http://www.panasonic.co.jp/)
Nippon Oil Corporation (http://www.eneos.co.jp/)
Nippon Steel Corporation (http://www.nsc.co.jp/)
NTT DoCoMo, Inc. (http://www.nttdocomo.co.jp/)
TEPCO (http://www.tepco.co.jp/)
The Online Fuel Cell Information Resource (http://www.fuelcells.org/info/reports.html)
Tokyo Gas Co., Ltd. (http://www.tokyo-gas.co.jp/)
Toyota Motor Corporation (http://toyota.jp/)

Intelligente Transportsysteme (ITS)

Andreas Moerke

1 Einleitung

Die zunehmende Motorisierung weltweit hat das Leben erleichtert, macht aber angesichts von Staus und Umweltbelastung deutlich, dass nach Lösungen gesucht werden muss, den Verkehr zu optimieren und sicherer zu gestalten. Eine Möglichkeit, dies zu erreichen, sind Intelligente Transportsysteme (ITS), auch Verkehrstelematik genannt. Weltweit haben sich seit einigen Jahren Fahrzeughersteller, Elektronikproduzenten und Mobilitätsbetreiber mit Forschungseinrichtungen und teilweise staatlichen Stellen zusammengetan, um an intelligenten Konzepten für den Transport der Zukunft zu arbeiten. Höhepunkte des Austauschs sind zweifellos die jährlichen ITS-Weltkongresse von denen der nächste im Oktober 2006 in London stattfindet. Mehrere tausend Spezialisten und Besucher werden sich darüber austauschen, was an Konzepten und Produkten entwickelt wurde oder wird. Die Vertreter Japans werden auch hier ein gewichtiges Wort mitzureden haben.

Der vorliegende Beitrag gliedert sich folgendermaßen: Zunächst wird dargelegt, wie ITS in Japan verstanden wird. Im Anschluss an die Begriffsbestimmung werden das Zusammenspiel der wichtigsten Organisationen mit ITS-Bezug, die unterschiedlichen Phasen, die ITS in Japan durchlaufen hat, und die Förderung, die seitens des Staates gewährt wurde, erläutert. In Abschnitt 5 folgt ein Vergleich zu Europa bzw. Deutschland und den USA. Danach wird die Politik der japanischen Regierung mit ihren ITS-Strategien dargelegt, gefolgt von kurzen Ausführungen zu den Budgets, die in Japan, Europa und den USA für ITS zur Verfügung stehen. Abschnitt 7 stellt daraufhin mit dem „Universal Traffic Management System" ein typisches ITS-Projekt vor. Der letzte Abschnitt schließlich bietet eine zusammenfassende Einschätzung der Situation.

2 Definition

Intelligente Transportsysteme zielen auf eine sinnvolle Gestaltung der Infrastruktur für Fahrzeuge und der Verkehrsfläche, um vorhandene Ressourcen an Energie, Verkehrswegen und Parkraum zu optimieren, die Verkehrssicherheit zu erhöhen, die Straßen- und Umweltbelastung zu senken und die Mobilität zu sichern. In Japan wird ITS als ein Projekt von nationaler Bedeutung gesehen, weshalb sich die beteiligten Seiten auf Maßnahmen in neun Bereichen geeinigt haben, um diese Ziele zu erreichen (HIDO 2006: 89):

1. Verbesserungen der Navigationssysteme
2. Elektronische Mautsysteme für Fahren und Kassieren ohne Halt
3. Sicherheit beim Fahren durch Warnsysteme und ähnliche Funktionen (Entwicklung von „advanced safety vehicles")
4. Optimierung des Verkehrsmanagements durch Anzeige- und Führungssysteme, Steuerung von Verkehrssignalen
5. Erhöhung der Effizienz im Straßen-/ Verkehrsmanagement durch Regulierung der Benutzung von Straßen und die Nutzung von Informationen über Verkehrsflüsse
6. Unterstützung der Systeme des öffentlichen Personennahverkehrs
7. Verbesserung der Effizienz des Gütertransports durch optimiertes Flottenmanagement
8. Unterstützung für Fußgänger durch verbesserte Wegführung und Leitsysteme
9. Optimierung für Notfalloperationen durch automatisch generierte Informationen sowie Notrufe bei Unfällen und Katastrophen.

In allen Bereichen nutzt man bereits verschiedenste Technologien. So sind beispielsweise elektronische Mautstellen auf Autobahnen auch für den PKW-Verkehr Realität, und seit 1997 werden Neufahrzeuge mit Navigationssystemen ausgestattet. Im Fiskaljahr 2004 waren bereits 90% der neu zugelassenen Fahrzeuge mit einem derartigen System ausgerüstet (HIDO 2006: 16). Andere Elemente haben zumindest die Forschungsphase überwunden und befinden sich im Erprobungsstadium – so zum Beispiel „intelligente" Parkplätze, bei denen die Gebühren über eine ITS-Karte abgebucht werden, oder Unfallinformationssysteme auf Schnellstraßen, die durch viele Kurven schwer einsehbar sind.[1] Der 11. ITS-Weltkongress, der im Oktober 2004 in Nagoya stattfand, wird in Japan als Beginn der 2. Phase der ITS-Entwicklung gesehen, die hinführen soll zu einer Gesellschaft

---

[1] Eine Übersicht über die verschiedenen Projekte geben HIDO (2006) oder auch das Institute of Construction Engineering auf seiner Website.

mit neuer Mobilität, ohne Verkehrstote, ohne Staus und ohne Stress bei der Teilnahme am Verkehr – ein wahrlich ambitioniertes Ziel, das in den 2020er Jahren erreicht sein soll.

3 ITS in Japan: die wichtigsten Player

In Japan betrachtet man intelligente Transportsysteme als ein Schlüsselgebiet für die zukünftige wirtschaftliche wie technische Entwicklung. Gemeinsam engagieren sich Unternehmen, Universitäten und Forschungsinstitutionen wie auch der Staat für ITS, die als Mittel zur Schaffung einer „Gesellschaft neu(artig)er Mobilität" gesehen werden. Gründe für dieses intensive Engagement sind zum einen natürlich die drängenden Verkehrsprobleme, mit denen sich Japan konfrontiert sieht: Staus, Umweltverschmutzung, beeinträchtigte Lebensqualität. Auf der anderen Seite bieten ITS Chancen für Wachstum in Industrien, die ansonsten in Japan bereits gesättigt sind: Automobil, Elektronik, Mobile Telekommunikation.

Dabei entfällt das Gros der koordinierten Aktionen auf zwei Organisationen, die – zumindest in ihrer Eigendarstellung – deutlich mehr durch die Unternehmen als durch Forschungsinstitutionen oder den Staat geprägt werden.[2] An erster Stelle zu nennen ist ITS Japan, das Pendant von ITS America (Intelligent Transport Society of America) und ERTICO (European Road Transport Telematics Implementation Co-ordination Organisation). ITS Japan ist als Non-Profit-Entität organisiert und hat fast 400 Mitglieder[3], darunter 288 Unternehmen. Das 19-köpfige Führungsgremium wird angeführt von Shōichirō Toyoda, dem Ehrenpräsidenten von Toyota. Die Herkunft der 32 weiteren, nicht ständigen „Board Member" liest sich wie das „Who is who" der japanischen Automobil-, Elektronik- und Kommunikationsindustrie, ergänzt um die prestigeträchtigsten Bildungs- und Forschungseinrichtungen.

---

[2] Das manifestiert sich z.B. bei den Mitarbeitern, die mindestens zur Hälfte von den Mitgliedsunternehmen entsandt und während der Entsendung auch weiter vom Unternehmen bezahlt werden, aber auch durch klare Empfehlungen an die Politik, wie sie im Report des ITS Strategy Committee (dessen Arbeit durch ein Konsortium von 15 Unternehmen finanziert wird) zu finden sind (vgl. ITS Strategy Committee 2003: 10-11).

[3] Die Tatsache, dass die Mitgliederzahl von ITS Japan fast das Zweieinhalbfache der Mitgliederzahl des europäischen Pendants ERTICO beträgt, kann durchaus auch dahingehend interpretiert werden, dass die Bereitschaft, sich an Gemeinschaftsprojekten zu beteiligen, größer ist.

Personell durch den Chairman Shōichirō Toyoda und viele gleiche Mitglieder sowie auch inhaltlich mit ITS Japan verbunden ist das ITS Infocommunications Forum, das sich mit seinen 130 Mitgliedern zum Ziel gesetzt hat, Forschung und Entwicklung der Kommunikationstechnologien, die als Schlüssel zur Implementierung des ITS gesehen werden, sowie den Informationsaustausch über diese Technologien zu fördern und die Einführung intelligenter Transportsysteme generell zu unterstützen.

Angesichts der immensen wirtschaftlichen Bedeutung von ITS für Japan ist es nicht verwunderlich, dass sich noch eine Vielzahl anderer Organisationen hier engagiert, so zum Beispiel im Bereich der Standardsetzung das ITS Standardization Committee (*ITS hyōjunka iinkai*) oder die Society of Automotive Engineers of Japan (*jidōsha gijutsu kai*).

Abbildung 1. Beziehungen der an ITS-Entwicklung beteiligten Organisationen

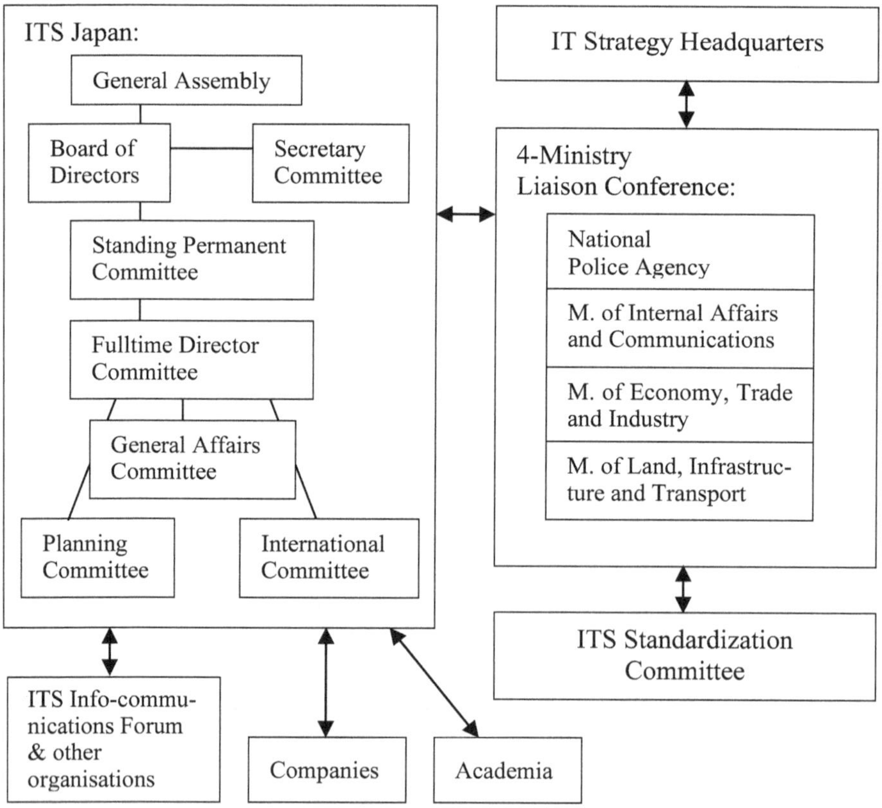

Quelle: eigene Darstellung nach HIDO (2006: 6); ITS Japan (2006).

Der japanische Staat hat 1996 einen „Comprehensive Plan for Intelligent Transport Systems" formuliert und begleitet und fördert seither die Entwicklung von ITS. Die deutlichste Manifestation dessen ist die ständige Konferenz der vier beteiligten Ministerien (*yon shōchō renraku kaigi*), nämlich des Ministeriums für Land, Infrastruktur und Verkehr, des Ministeriums für Inneres und Kommunikation, des Ministeriums für Wirtschaft, Handel und Industrie sowie des Amts für Polizei. Die Abbildung 1 stellt die Beziehungen der wichtigsten beteiligten Organisationen vereinfacht dar.

4 ITS-Verbände in den USA und Europa – ein kurzer Vergleich

In den Vereinigten Staaten ist die Intelligent Transport Society of America (ITSA) die wichtigste Organisation für die Entwicklung und Verbreitung von ITS. 1991 als „Not for profit organization“ gegründet, koordiniert sie die Aktivitäten der rund 500 Mitglieder – die sich zur Hälfte aus Unternehmen[4] und zur Hälfte aus Regierungsinstitutionen, Forschungseinrichtungen und Verbänden zusammensetzen (ITSA 2005: 2). Als eines von drei koordinierenden Komitees betreut das ITSA Coordinating Council eine Vielzahl von Initiativen zur Entwicklung von ITS. Genannt seien hier nur das „Automotive, Telecommunications and Consumer Electronics Forum“, das „Commercial Vehicle and Freight Mobility Forum," das „Policy, Evaluation and Advocacy Forum"sowie als amerikanische Besonderheit das "Homeland Security and Public Safety Forum"(ITSA 2005: 4). Um die Verbindungen zur US-Regierung zu halten, wurde im Department of Transportation das „ITS Joint Program Office“ gegründet, das Forschungs- und Entwicklungsaktivitäten sponsort, Feldversuche organisiert und bezahlt und die Aktivitäten zur Bestimmung von Standards sowie politischen Initiativen koordiniert (ITSA 2006).

Das Pendant von ITSA und ITS Japan in der Europäischen Union ist ERTICO, organisiert als Public-Private-Partnership mit Sitz in Brüssel. Auch ERTICO wurde 1991 gegründet und verfolgt das Ziel, intelligente Transportsysteme zu entwickeln und zu etablieren. Die Mitgliederzahl liegt allerdings mit ca. 100 deutlich unter denen der US- und der japanischen Organisation. Aber auch bei ERTICO stammt ungefähr die Hälfte der als „Partner“ bezeichneten Mitglieder aus der Industrie, besonders der Automobil- und Zulieferindustrie sowie der Elektronik- und Telekommunikationsbranche. Circa ein weiteres Drittel sind öffentliche Einrichtungen,

[4] Zu den Mitgliedern gehören auch die Töchter japanischer und deutscher Unternehmen, z.B. Toyota North America, Inc., und Volkswagen of America, Inc.

und die restlichen sind Verbände und Clubs wie der ADAC (ERTICO 2006: 2). Angesichts der Globalisierung der beteiligten Industrien entfaltet auch ERTICO breite internationale Aktivitäten, fördert zum Beispiel ITS-Aktivitäten in Osteuropa, engagiert sich für Verkehrssicherheit in Indien oder unterstützt den Aufbau von ITS-Anwendungen in chinesischen Städten mit Mitteln der Europäischen Union (European Commission 2001). Genauso gehört die Aus- und Weiterbildung im Bereich ITS zum Programm – manifest durch das ETNITE-Programm zur Aus- und Weiterbildung (für weitergehende Informationen vgl. Ravaglioe 2005).

In Deutschland existiert ITS München als Gesellschaft für Verkehrstelematik und sieht sich als „Forum für innovative Verkehrs- und Mobilitätskonzepte in Politik, Verwaltung, Wissenschaft und Industrie". Dieser gemeinnützige Verein verfolgt das Ziel, interessierten Bürgern die Möglichkeiten intelligenter Transportsysteme aufzeigen und ein Forum für die Diskussionen zum Thema ITS zu bilden. Um das zu erreichen, werden Symposien und andere Veranstaltungen zu ITS-relevanten Themen organisiert. Mitglieder sind private und städtische Unternehmen, der ADAC sowie die Industrie- und Handelskammer und auch Privatpersonen.

5 Entstehen einer ITS-Nation: Abriss der Rolle des Staates und verbindender Organisationen in Japan

Erste Forschungs- und Entwicklungsaktivitäten für intelligente Transportsysteme begannen unter der Ägide des Industrieministeriums MITI bereits 1973 (NPA et al 1999: 1). Während die Unternehmen weiter produktbezogene Forschung und Entwicklung betrieben, dauerte es mehr als 20 Jahre, bis die japanische Regierung den Faden wieder aufnahm. Als Reaktion auf die Gründung der amerikanischen Vereinigung zur Förderung intelligenter Transportsysteme, ITS America, sowie des europäischen Pendants ERTICO in Jahr 1991 wurde 1994 die Vehicle, Road and Traffic Intelligence Society (VERTIS) geschaffen (und im Jahr 2001 in ITS Japan umbenannt).

Im Februar 1995 erließ die japanische Regierung die „Grundlegenden Richtlinien zur Förderung der entwickelten Informations- und Telekommunikationsgesellschaft". Im August des gleichen Jahres einigten sich die beteiligten Ministerien über die grundlegenden Bereiche, in denen ITS zu fördern und zu entwickeln seien, und veröffentlichten im Juli 1996 einen umfassenden Plan zur Entwicklung von ITS (*ITS suishin ni kansuru zentai kōsō* bzw. in englischer Bezeichnung *Comprehensive Plan for Intelligent Transport Systems (ITS) in Japan*) (NISK 2004: 1). Dieser ist zweifelsohne der „Masterplan“ für die Entwicklung des Bereichs, denn er berücksichtigt die Nachfrage durch die Verbraucher bzw. Nutzer des Systems, klärt Ziele und entwickelt eine Langzeitvision bezüglich ITS in Japan. Grundstein dieses Plans ist die enge Zusammenarbeit von Unternehmen, Forschungseinrichtungen und staatlichen Institutionen, die auch tatsächlich praktiziert wird. Anders als bis in die 1980er Jahre, als die japanischen Ministerien noch über direkte und indirekte Weisungen (*gyōsei shidō*) Einfluss ausüben konnten, bieten staatliche Institutionen nun Fördermittel in beträchtlichem Maß an (mehr dazu im folgenden Abschnitt), und Unternehmen entscheiden, ob sie sich an Projekten beteiligen.[5]

Ein Entwurf für eine „Systemarchitektur für ITS in Japan“ wurde von den beteiligten Ministerien im Herbst 1999 vorgelegt (NPA et al. 1999), im Januar 2001 wurde das IT-Grundlagengesetz (*Kōdo jōhō tsūshin nettowāku shakai keisei kihonhō*, Grundlegendes Gesetz zur Errichtung einer fortgeschrittenen Informations- und Telekommunikationsgesellschaft) erlassen, das die Ausrichtung Japans auf Informations- und Kommunikationstechnologien zementiert. Der vom Premierminister geleitete „IT-Strategiestab“ (IT Strategy Headquarters) entschied sich dabei in seiner „e-Japan Strategy“[6] für ITS als einen Stützpfeiler und versprach, den Aufbau eines Internets der Spitzenklasse mit ultraschnellen Zugriffszeiten innerhalb von fünf Jahren zu fördern und es den Bürgern zu günstigen Konditionen zugänglich zu machen (JETRO 2006). Eindeutig einbezogen wird die Nutzung der Informations- und Kommunikationstechnologien zur Übermittlung von Informationen im Verkehr (IT Strategy Headquarters 2001: 3). In der als „e-Japan Strategy II“ bekannt gewordenen Überarbeitung vom Juli 2003 wird explizit erwähnt, dass die existierenden ITS weiter ausgebaut werden sollen, um eine effektive Versorgung von Fahrern

[5] Sicherlich kommt die Förderung des Ausbaus der technischen Infrastruktur an Straßen, Parkplätzen etc. noch immer auch der Bauindustrie zugute und unterscheidet sich darin kaum von den gigantischen Infrastruktur-Projekten, mit denen etliche Politiker ihre Wahlkreise versorgten und sich selbst Wahlstimmen sicherten.

[6] Mit der „e-Japan“-Initiative wurde die Entwicklung der Informations- und Kommunikationstechnologien zur Aufgabe höchster Priorität definiert. Japan hatte das Zukunftspotenzial dieser Technologien erkannt und verstanden, dass andere Länder, allen voran die USA, die Führung in dem Bereich übernommen hatten. Mit der „e-Japan Strategy “ wurde die Schaffung einer Wissensgesellschaft zum Programm erhoben, und der Staat verpflichtete sich, innerhalb von fünf Jahren die Infrastruktur und das Umfeld zu schaffen, die es der Privatwirtschaft ermöglichen würden, ihr Potenzial zu entfalten und im Wettbewerb Japan zur entwickeltsten IT-Nation zu machen (IT Strategy Headquarters 2001: 1)

und Passagieren mit Informationen zu sichern (IT Strategy Headquarters 2003: 33).

Das laufende Fiskaljahr (2006/07) ist eines der intensivsten in der Geschichte der ITS in Japan: Es sollen in diesem Jahr sowohl die physische Infrastruktur für die Bereiche Fahrzeuginformation (smart gates), elektronische Bezahlsysteme für Parkflächen und Tankstellen, für regionale Informationssysteme und für Fahrerinformationssysteme installiert als auch die entsprechende Ausstattung der Fahrzeuge abgeschlossen werden, um ab dem nächsten Jahr den Betrieb aufzunehmen (HIDO 2006: 25).

6 Budgetierung

Natürlich ist der Aufbau intelligenter Transportsysteme nicht in einem kurzen Zeitraum zu finanzieren. Generell ist es schwierig, die Marktgröße zu bestimmen, weil viele verschiedene Industrien beteiligt sind bzw. Komponenten zum Einsatz kommen. Für Japan ist die Aufteilung auf verschiedene Ministerien und ihre Budgets ein weiterer Grund dafür, dass sich konkrete Ausgaben für ITS nur schwer bestimmen lassen. Der Jahresbericht der ständigen Kommission der beteiligten vier Ministerien (ITS Japan 2005: 7-10) gibt für das Fiskaljahr 2005 an, dass 51 Projekte gefördert wurden. Allerdings wird zu den meisten Projekten nur die Gesamthöhe der Projektsumme und nicht der für ITS veranschlagte Anteil angegeben, so wird zum Beispiel für das METI-Projekt „Entwicklung einer Verkehrsinformations-Infrastruktur“ lediglich die Formulierung „ein Teil von 880 Mio. JPY“ verwendet. Insofern können die folgenden Angaben nur näherungsweise den realen Ausgaben entsprechen. Trotzdem soll der Versuch unternommen werden, weil bereits die Dimensionen einen ersten Eindruck vermitteln dürften: Im Fiskaljahr 2005 investierten die beteiligten Ministerien und Institutionen insgesamt maximal 1,12 Bio. JPY (entspricht 7,87 Mrd. EUR per 31.03.2006). Selbst wenn man annimmt, dass nur 10% der Maximalsumme für ITS ausgegeben wurden, würde die Summe von 787 Mio. EUR noch immer dem Zehnfachen dessen entsprechen, was die Europäische Kommission in ihrem Budget für intelligente und innovative Transportsysteme ausweist: nämlich 71,2 Mio. EUR bzw. 20% von 356 Mio. EUR für vierzig größere Projekte im Bereich transnationaler Verkehrsnetze (Europäische Kommission 2005: 9-10). Dazu kommen aber noch Budgets der einzelnen nationalen und regionalen Regierungen in Europa. Der Blick nach Nordamerika gibt weitere Anhaltspunkte dafür, dass die gegebenen Zahlen für Japan so unwahrscheinlich nicht sind: In der 10-Jahres-Vision der ITSA und des Transportministeriums wird konstatiert, dass die Ausgaben der Regierungsinstitutionen für ITS knapp 1 Mrd. USD betragen (ITSA 2002: 103).

Aus dem oben angeführten japanischen Jahresbericht lässt sich zumindest eine Aufteilung nach der Zahl der Projekte vornehmen, die durch die einzelnen Ministerien (teil-)finanziert werden. So zeigt sich, dass das Ministerium für Land, Infrastruktur und Transport mit 26 Einzel- und 2 Gemeinschaftsprojekten an mehr Projekten beteiligt ist als alle anderen zusammen. An zweiter Stelle folgt die Polizei mit 13 Einzel- und 2 Gemeinschaftsprojekten, wogegen das Industrieministerium METI und das Ministerium für Inneres und Kommunikation mit je 6 Projekten deutlich weniger beteiligt sind. Es soll aber noch einmal betont werden, dass diese Zahlen nur bedingt das Budget widerspiegeln.

7 Anwendungsbeispiel UTMS [7]

Angesichts der Vielzahl von Projekten ist es nicht möglich, einen Überblick über die gesamte Palette zu geben, daher wird im Folgenden ein Beispiel für ITS-Projekte in Japan vorgestellt, um einen Eindruck von den Aktivitäten zu vermitteln: das Universal Traffic Management System (UTMS)[8]. Das UTMS-Projekt wird unter der Verantwortung der Polizei umgesetzt und aus einem Budget von 32,7 Mrd. JPY finanziert. Inhalt des Projekts ist der weitere Ausbau der Infrastruktur für das Verkehrsleitsystem UTMS, insbesondere die Ausrüstung und den weiteren Ausbau von Verkehrskontrollzentren. Es ist geplant, die existierenden Kontrollzentren zusammenzufassen, um eine bessere und effektivere Steuerung zu ermöglichen. Des Weiteren sollen mehr Infrarotsender zur Sammlung und zur Weiterleitung von Verkehrsinformationen aufgestellt werden, um im Zusammenspiel mit den Kontrollzentren den Führern der Fahrzeuge in der betreffenden Region Informationen über die aktuelle Verkehrslage zu geben. Damit wird der Verkehrsfluss optimiert. Folgende Teilsysteme unterstützen das Projekt:

1. Public Transport Priority Systems (PTPS)

Die PTPS steuern den umfangreichen öffentlichen Nahverkehr und sorgen durch sicheren und pünktlichen Betrieb für Bequemlichkeit. Erreicht wird

[7] Die Beschreibung folgt der Darstellung des Projekts in ITS Japan (2005: 19). Für mehr Informationen vgl. Website der Universal Traffic Management Society of Japan.

[8] Die japanische Bezeichnung ist *shin kōtsū kanri shisutemu* und bedeutet „neues Verkehrsleitsystem".

dies durch Ampeln und andere Verkehrsleiteinrichtungen, die Bussen und anderen Verkehrsmitteln des ÖPNV Vorrang vor Privatverkehr einräumen.

2. Mobil Operation Control Systems (MOCS)
MOCS helfen den Transportunternehmen, ihre Fahrzeuge (Busse, Taxis, LKW) effektiv zu steuern. Operatoren in den Verkehrszentralen erhalten über Mobilfunksignale ständig Informationen darüber, wo sich welches Fahrzeug mit welchem Fahrer zu welcher Zeit befindet. Als weiteren Effekt können sie so auch Informationen über Staus bekommen und bei Bedarf andere Fahrtrouten anweisen.

3. Fast Emergency Vehicle Preemtion Systems (FAST)
Über die Steuerung von Ampeln und anderen Verkehrsleiteinrichtungen wird erreicht, dass Krankenwagen, Fahrzeuge der Feuerwehr und andere Notfallfahrzeuge Vorfahrt bekommen[9] und in kürzester Zeit ihr Ziel erreichen. Gleichfalls sollen diese Systeme Folgeunfälle verhindern.

4. Pedestrian Information and Communication Systems (PICS)
Diese interaktiven Systeme versorgen Fußgänger mit Informationen und stellen so sicher, dass behinderte oder ältere Passanten und andere betroffene Personen sicher am Verkehr teilnehmen können. Dies geschieht über die Interaktion zwischen tragbaren Geräten und Sendern, die an Kreuzungen installiert werden.

5. Driving Safety Support Systems (DSSS)
DSSS übertragen Informationen über die Verkehrssituation und -sicherheit an Empfänger in Fahrzeugen, die diese Informationen entweder in Form von Grafiken, Buchstaben oder gesprochenem Text wiedergeben und so die Fahrzeugführer vor Gefahren oder Staus warnen oder zu vorsichtigem Fahren auffordern, um so Unfälle zu verhindern.

Das UTMS-Projekt läuft bereits seit 1996, die Vielzahl der Teilprojekte ist also nur zu verständlich. In der dazugehörigen Gesellschaft „Universal Traffic Management Society of Japan" sind 46 Unternehmen sowie weitere Vereinigungen und unterstützende Mitglieder zusammengeschlossen, die sich sowohl in der konkreten Umsetzung von Projekten, aber auch bei der Bestimmung von Standards und bei der Sensibilisierung der Öffentlichkeit für das Thema engagieren.

[9] Es ist in Japan nicht der Fall, dass bei Sirenen die anderen Verkehrsteilnehmer an den Fahrbahnrand fahren (müssen); oft genug müssen die Fahrer durch volle Straßen manövrieren und bitten über Lautsprecher um freie Fahrt.

8 Fazit

Von intelligenten Transportsystemen wird ein gewichtiger Beitrag zur Senkung der Umweltbelastung, zur Verbesserung der Verkehrsströme bei gleichzeitiger Erhöhung der Verkehrssicherheit und zur Sicherung der Mobilität für alle erwartet. Es hat sich gezeigt, dass die grundlegenden Strukturen in Japan, Europa und den USA ähnlich sind: Die Projekte werden in Zusammenarbeit von privatem und öffentlichem Sektor organisiert, wobei sich der Staat in der Verantwortung sieht, die Infrastruktur zu schaffen, und die Unternehmen dann Produkte für diese Infrastruktur entwickeln.

Charakteristisch für Japan sind der deutliche Führungsanspruch der Industrie, der sich in der stärkeren Repräsentanz in den beteiligten Gremien manifestiert, aber auch der Fakt, dass die Allianz von Industrie, Forschungseinrichtungen und staatlichen Institutionen die Projekte in enger Zusammenarbeit umsetzt. Dass die Regierung ITS als einen Schwerpunkt zukünftiger Entwicklung definiert hat und das Ganze in eine umfassende IT-Strategie einbettet, sichert weitere Unterstützung. Es ist zu erwarten, dass Japan bei intelligenten Transportsystemen auch künftig eine führende Rolle spielen wird.

Literatur

ERTICO (2006) ERTICO. Http://www.ertico.com/download/partners_only /Partnerlist_070706.pdf (Zugriff am 15.06.2007)

European Commission (2001) Projects in Focus. Asia-Invest Programme. Http://ec.europa.eu/comm/europeaid/projects/asia-invest/factsheets/108-114_en.pdf (Zugriff am 15.07.2006)

Europäische Kommission (2005) Europa-Newsletter. Nr. 65, 22.09.2005

HIDO Highway Industry Development Organization (Hrsg) (2006) Japan ITS Handbook 2005 – 2006. HIDO, Tokio

IT Strategy Headquarters (2001) e-Japan Strategy. Http://www.kantei.go.jp /foreign/it/network/0122full_e.html (Zugriff am 15.06.2007)

IT Strategy Headquarters (2003) e-Japan Strategy II. Http://www.kantei.go.jp /foreign/policy/it/0702senryaku_e.pdf (Zugriff am 15.06.2007)

ITS Japan (2005) ITS kankei yon shōchō nenji repōto [Jahresbericht der vier Ministerien und Ämter mit ITS-Bezug.2005]. ITS Japan, Tokio

ITS Japan (2006) Non Profit Organization ITS Japan. ITS Japan, Tokio

ITS Strategy Committee (2003) ITS Strategy in Japan. Report on the ITS Strategy Committee. ITS Japan, Tokio

ITSA Intelligent Transportation Society of America, United States Department of Transportation (2002) National Intelligent Transportation Systems Program

Plan: A Ten-Year Vision. Http://www.itsa.org/itsa/files/pdf/National10Year PlanITSFull.pdf (Zugriff am 26.07.2006)
ITSA (2005) 2005 Annual Report. Http://www.itsa.org/itsa/files/pdf/ITSA2005 AnnualReport.pdf (Zugriff am 26.07.2006)
ITSA (2006) ITS America History. Http://www.itsa.org/itsa_history/c48 /Inside_ITSA/ITS_America_History.html (Zugriff am 26.07.2006)
JICE Japan Institute for Construction Engineering (2006) Regional ITS - ITS Deployment in Japan. Http://www.jice.or.jp/cgi-bin/namazu_e/namazu.cgi? key=View_the_all_data&sort=field%3Asubject%3Aascending&reference=off (Zugriff am 24.07.2006)
JETRO (2006) ICT – Politische Initiativen. Http://www.jetro.go.jp/de/market /attract/ict/policy.html?print=1 (Zugriff am 14.06.2006)
NISK Nihon ITS Suishin Kaigi (2004) "ITS suishin no shishin" no ekuzekutibu-samari [Zusammenfassung des "Leitfadens der ITS-Förderung"]. Nihon ITS Suishin Kaigi, Tokio
NPA National Police Agency, Ministry of International Trade and Industry, Ministry of Transport, Ministry of Posts and Telecommunications, Ministry of Construction (1999) System Architecture for ITS in Japan - Summary. Http://www.its-jp.org/english/arch_e/doc/summary.pdf (Zugriff am 14.06. 2006)
Ravaglioe C (2005) ETNITE - European Transnational Network for ITS Training and Education. Http://www.escope.info/index.html?file=246&PHPSESSID= 65b65e103feb280a51e057e0864a72c0 (Zugriff am 20.07.2006)

Internetseiten

Amt für Polizei (Japan), http://www.npa.go.jp/english/index.htm
ERTICO, http://www.ertico.com
Highway Industry Development Organization (Japan), http://hiro.or.jp
Japan Institute of Construction Engineering, http://www.jice.or.jp/itschiiki-e/
ITS America, http://www.itsa.org
ITS Japan, http://www.its-jp.org/
Japan Institute of Construction Engineering, http://www.jice.or.jp
Ministerium für Inneres und Kommunikation (Japan), http://www.soumu.go.jp/english/index.html
Ministerium für Wirtschaft, Handel und Industrie (Japan), http://www.meti.go.jp/english/index.html
Ministerium für Land, Infrastruktur und Verkehr, Büro für Strassen (Japan), http://www.mlit.go.jp/road/ITS
Ministerium für Land, Infrastruktur und Verkehr, Büro für Straßentransport (Japan), http://www.mlit.go.jp/jidosha/roadtransport.htm
Organization for Road System Enhancement (Japan), http://www.orse.or.jp
Universal Traffic Management Society of Japan, http//www.utms.or.jp

Die japanische Luftfahrtindustrie

Sigrun Caspary

1 Einleitung

Die Luft- und Raumfahrtindustrie zählt zu den Spitzentechnologien unserer Zeit. Diejenigen Nationen, die in der technologischen Entwicklung führend waren bzw. sind, waren bzw. sind es zumeist auch in der Herstellung von Flugzeugen. Japan scheint hier eine Ausnahme darzustellen. Auch wenn japanische Unternehmen zum Teil seit etwa einhundert Jahren in der Entwicklung und Fertigung von Flugzeugen und Triebwerken aktiv sind, bieten sie derzeit kein aus rein inländischer Fertigung stammendes Flugzeug auf dem Markt an. Dies hat dazu geführt, dass Japan häufig nicht den Nationen zugerechnet wird, die eine Flugzeugfertigung unterhalten, wiewohl das Raumfahrtprogramm[1] schon durch die allgemeine Presse bekannt ist.

In diesem Beitrag steht die Entwicklung der japanischen Luftfahrtindustrie im Mittelpunkt.[2] Es wird die These vertreten, dass Japan in technologischer Hinsicht durchaus den Ländern der weltweiten Spitzengruppe zuzurechnen ist und auch künftig in diesem Bereich eine nennenswerte Rolle spielen wird.

Um diese These stützen zu können, wird im Folgenden zunächst auf die besonderen Rahmenbedingungen der Luftfahrtindustrie eingegangen (Abschnitt 2) und die gegenwärtige Situation in der weltweiten Luftfahrtindustrie skizziert (Abschnitt 3). In Abschnitt 4 folgt dann die Betrachtung

---

1 Zu den Weltraumprojekten gehören u.a. eigene Raketenprogramme auf dem Weltraumhafen in Tanegashima, die bemannte Raumfahrt und die Beteiligung an der Internationalen Weltraumstation ISS sowie die Entwicklung von Satelliten und unbemannten Sonden (z.B. zur Landung auf einem Asteroiden); vgl. JAXA (2005).

2 Nicht berücksichtigt werden in der Darstellung militärische Flugzeuge, Hubschrauber und Kleinflugzeuge.

der japanischen Luftfahrtindustrie, ihrer Bedeutung für die japanische Wirtschaft sowie von sich daraus ergebenden Chancen für die japanischen Unternehmen, die anhand von Beispielen veranschaulicht werden. Abschließend wird ein Ausblick auf die künftigen Entwicklungen gegeben (Abschnitt 5).

2 Die Besonderheiten der Luftfahrtindustrie

Aufgrund der herausragenden Bedeutung als Industrie der Spitzentechnologie ist die Luft-(und Raum-)fahrtindustrie eine Branche mit national hohem Prestige. Weltweit sind dabei diejenigen Industrieländer führend, die auch in anderen Bereichen die technologische Entwicklung anführen: Zu nennen sind hier zum Beispiel die USA und Kanada oder die europäischen Nationen Großbritannien, Frankreich, Deutschland, Italien, die Niederlande, Schweden und Belgien. Wie in Abbildung 1 zu sehen ist, gehört auch Japan in diese Gruppe. In Osteuropa sind im Luftfahrtbereich Russland, die Ukraine und Polen zu nennen, in Asien die Volksrepublik China. Im Verlauf der zweiten Hälfte des letzten Jahrhunderts haben auch Indonesien und Brasilien die Entwicklung vorangetrieben, und Indien, Korea, Singapur und Taiwan haben zum Teil umfangreiche Programme in diesem Bereich aufgelegt.

Abb. 1. Anteil der Luft- und Raumfahrtindustrie am Bruttosozialprodukt in ausgewählten Ländern

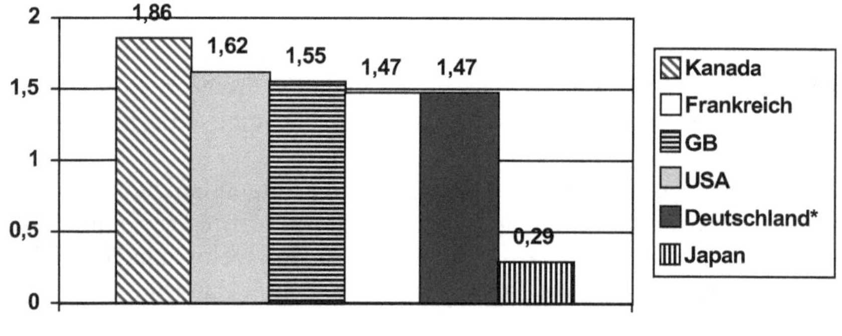

Anm.: * Der Wert für Deutschland lag in der Dekade vor 2001 unter 1%.

Quelle: SJAC (2006e).

Dennoch ist weltweit die Anzahl der Länder gering, die eine Luftfahrtindustrie mit dem gesamten Know-how, vom Design über die Fertigung bis zur Vermarktung, unterhalten. Dies liegt an einigen Besonderheiten hinsichtlich der dabei erforderlichen Technologie, die sie fundamental von anderen Branchen unterscheiden.

Darüber hinaus unterliegt die Luftfahrtindustrie aufgrund ihrer Bedeutung für die jeweilige Wirtschafts- und Industrielandschaft, die Entwicklungen im Bildungs- und Hochtechnologiesektor und nicht zuletzt für die Sicherheitsinteressen besonders deutlichen politischen Einflüssen.

2.1 Industriepolitische Bedeutung

Industriepolitische Maßnahmen haben oft das Ziel, die als förderungswürdig identifizierten Industrien in ihrer Auf- und Ausbauphase vor (zu) starkem nationalen und internationalen Wettbewerb zu schützen, bis sie selbst ausreichend wettbewerbsfähig sind (*late-comer*). Häufig handelt es sich dabei um eine Anschubfinanzierung, die es gestattet, neue Technologien zu entwickeln. Ergeben sich dann daraus in der Folge marktfähige Produkte, sind die Kredite entsprechend dem erreichten Umsatz zurückzuzahlen. Solche Regelungen werden in der Luftfahrtindustrie allerdings oft durch Argumente nationaler Sicherheit ausgehebelt.[3]

Ein Beispiel für die genannten industriepolitischen Maßnahmen liefert Japan mit den „national projects". Auch die 1970 gegründete europäische Airbus-Gesellschaft erhielt Fördergelder dieser Art (vgl. Hepperle 2000: 2ff). Über die Gewährung von Subventionen und die Einhaltung von Rückzahlungsfristen wachen inzwischen in vielen Bereichen die international wettbewerbsrelevanten Organisationen, wie die Welthandelsorganisation WTO. Dennoch dauern die Debatten um die Rechtmäßigkeit und die Formen von Subventionen im Bereich der Luftfahrt an. So haben beispielsweise die USA und die EU wechselseitig Klage vor der WTO erhoben und bis dato nicht zurückgezogen.[4]

2.2 Die Luftfahrttechnologie und „dual use"

Aufgrund des hohen Anteils von Aufwendungen für Forschung und Entwicklung am Gesamtumsatz ist die Luftfahrtindustrie den Spitzentechno-

---

3 So z.B. bei den General Agreements on Tarifs in Services, GATS; vgl. Caspary 2002: 3.

4 Vgl. Der Spiegel (2005). Noch im August 2004 hat US-Präsident Bush erneut angekündigt, die Subventionen für den Konkurrenten Airbus von der WTO auf ihre Rechtmäßigkeit prüfen zu lassen (vgl. Der Standard 2005). Ähnliche Auseinandersetzungen laufen zwischen Bombardier und der brasilianischen Firma Embraer (siehe Defense Aerospace 1999).

logien zuzurechnen. Da bei der Entwicklung neuer „Muster“[5] immer wieder technologisches Neuland betreten wird, kann man von permanenter Pionierleistung sprechen, bei der komplexe, hochtechnologische Einzelkomponenten zu einem Produkt zusammengefügt werden, das nicht nur flugtauglich sein soll, sondern unter anderem auch möglichst geräuscharm und sparsam im Verbrauch ist sowie den Sicherheitsanforderungen für den Personentransport genügt.[6]

Die Luftfahrttechnologie lässt sich dabei in einzelne Bereiche wie Aerodynamik, Triebwerkstechnologie, Materialkunde oder Avionik unterteilen, wobei sich die Forschungsergebnisse auch in verschiedenen angrenzenden Technologiebereichen nutzen lassen (vgl. Abbildung 2).

Eine wichtige Besonderheit der Luftfahrtindustrie ist der „duale Charakter“ der genutzten Technologien. Ein erheblicher Anteil kann für zivile *und* für militärische Zwecke eingesetzt werden.[7] In Zeiten des Kalten Krieges wurde das Argument der nationalen Sicherheit angeführt, um Entwicklungen in militärischen Bereichen zu fördern, besonders zu schützen oder deren Exporte zu beschränken. Mit diesem Argument wurde auch Forschung und Entwicklung in Bereichen der Hochtechnologie vorangetrieben. Das hohe wirtschaftliche Risiko in der zivilen Luftfahrtproduktion hat dazu geführt, dass sich viele Hersteller auch in der Fertigung militärischer Flugzeuge engagieren. Die Anschaffungen der jeweiligen Streitkräfte sind durch die entsprechenden Wehretats abgedeckt und schaffen eine gewisse Planungssicherheit.

Wenn auch lange Zeit der Transfer aus der militärischen Nutzung in zivile Bereiche den größeren Anteil ausmachte, findet inzwischen ein Technologietransfer in beide Richtungen statt. Die Nutzung der starken Feilung bei Tragflächen aus der Jagdflugzeugtechnologie nun auch für die Entwicklung von Passagierflugzeugen ist hier ein Beispiel für einen sogenannten Spin-off[8] aus dem militärischen in den zivilen Luftfahrtbereich. Dage-

5 Der Begriff „Muster“ wird in der Luftfahrt synonym mit dem Begriff „Flugzeugtyp“ verwendet, z.B. das Muster/der Flugzeugtyp Airbus A 320 – damit unterscheidet sich der Gebrauch von dem sonst üblichen Begriff des „Warenmusters“. Die nächst größere Einheit ist die „Klasse“, z.B. die der Flugzeugmuster mit 100-120 Sitzen.

6 Die Bestimmungen für den Personentransport entfallen bei militärischen Flugzeugen – hier treten dann spezifische Anforderungen entsprechend den jeweiligen Einsatzzielen hinzu.

7 Eine Übersicht über Triebwerke, die für militärische Muster entwickelt und dann auch für den Einsatz auf zivilen Mustern konvertiert wurden, findet sich unter SJAC (2005: 54, Tabelle 6-2).

8 Samuels (1994) unterscheidet je nach Richtung des Technologieflusses „Spin-off“- (S. 18), „Spin-on“- (S. 26) oder „Spin-away“-Effekte (S. 21).

gen stellt der Einsatz satellitengestützter Navigationssysteme im Schiffs- und Straßenverkehr einen Transfer aus der Luftfahrt in andere Bereiche dar. In umgekehrter Richtung spielt der Einsatz von für die Sport- und Freizeitindustrie entwickelten Verbundstoffen auch in militärischen Flugzeugen zunehmend eine Rolle. Seit dem Ende des Kalten Krieges haben Kürzungen bei Militärausgaben und ein damit einhergehender Kostendruck dazu geführt, dass auch in der militärischen Fertigung zunehmend Produktionstechnologien und Managementtechniken aus dem zivilen Bereich Einzug halten.

Abb. 2. Luftfahrttechnologie und angrenzende Bereiche

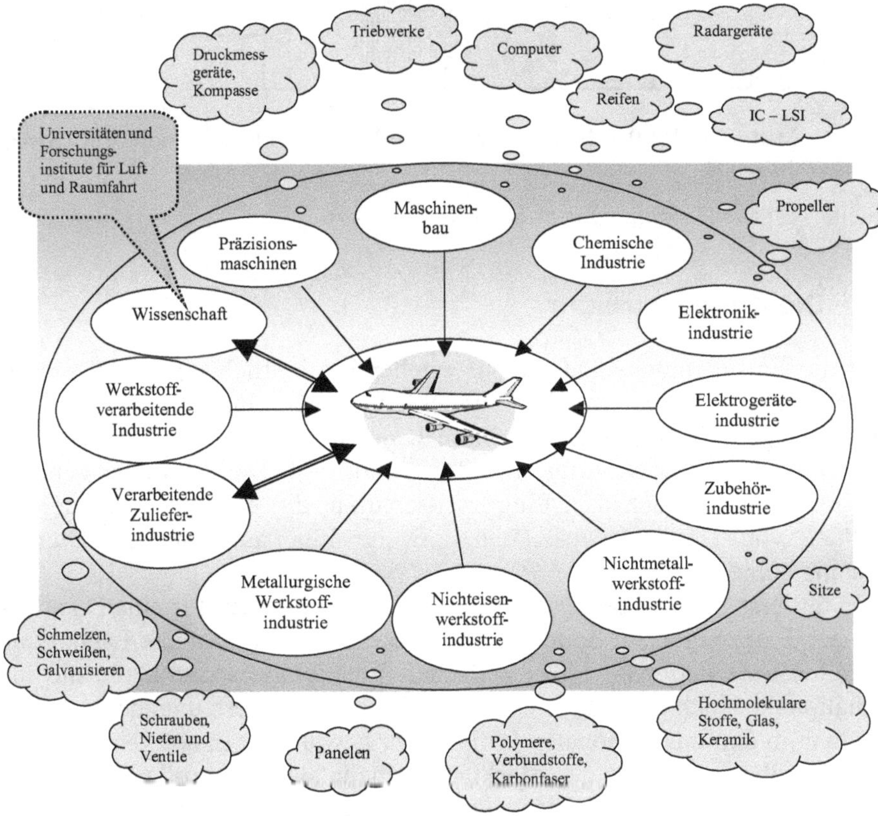

Quelle: Eigene Darstellung nach SJAC (2006g).

Abb. 3. Anteil staatlicher Aufträge am Gesamtauftragsvolumen im Flugzeugbau in ausgewählten Ländern

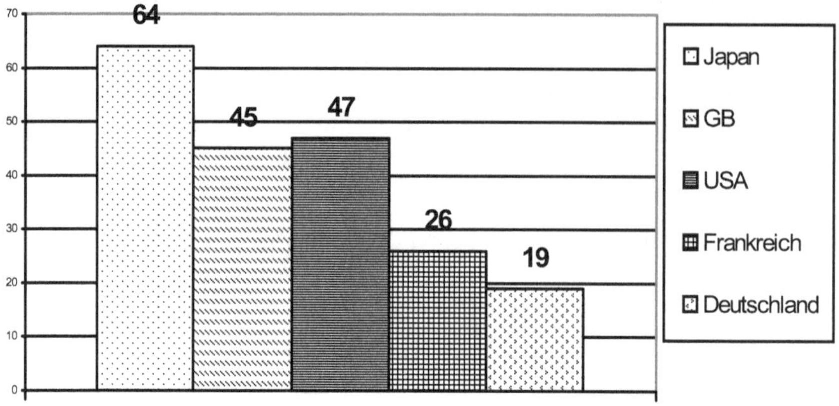

Anm.: Mitte der 1990er Jahre lag der japanische Anteil noch bei 74% (SJAC 1997: 9).

Quelle: Eigene Darstellung nach SJAC (2006b: 19).

2.3 Die Kundenstruktur

Um die Entscheidungspfade der Hersteller hinsichtlich einer Einstellung der Fertigung älterer bzw. der Entwicklung neuer Muster nachvollziehen zu können, muss man sich mit ihren Kunden befassen. Die Flugzeugindustrie weist eine zweistufige Kundenstruktur auf. Die Hersteller verkaufen Flugzeuge zunächst an Fluggesellschaften, die wiederum die Bereitstellung von Transportkapazitäten, z.B. für Flugpassagiere, als Dienstleistung anbieten.

In der ersten Stufe geht es also um die Determinanten für eine Nachfrage nach Flugzeugen auf Seiten der Fluggesellschaften. Fast alle Länder unterhalten eine nationale Fluggesellschaft („national carrier"), die die internationale Unabhängigkeit eines Landes symbolisiert und dessen Einbindung in den internationalen Luftverkehr gewährleisten soll. Nur wenige Länder haben aufgrund der Marktgröße mehr als eine große Fluggesellschaft. Demgegenüber werden, wenn der heimische Markt zu klein ist, länderübergreifende Gesellschaften wirtschaftlich attraktiv (z.B. Scandinavian Airlines).

Die Bedeutung des japanischen Lufttransportmarktes zeigt sich darin, dass es hier zwei international tätige Fluggesellschaften gibt: Japan Airlines (JAL) und All Nippon Airways (ANA).[9] Im Jahre 2004 belegte JAL unter den zehn größten Fluggesellschaften Platz 6 mit 59,5 Millionen Passagieren und ANA Platz 10 mit 48,6 Millionen.[10] Darüber hinaus gibt es weitere, regionale Fluggesellschaften.

Der nationale Bedarf an Flugzeugen ist allerdings in der Regel nicht groß genug, um bei den Herstellern die hohen Kosten für die Entwicklung und Herstellung eines Musters allein durch den Inlandsverkauf zu decken. Aus betriebswirtschaftlichen Gründen sind die Hersteller von Flugzeugen also auf den internationalen Markt angewiesen. Hiermit erhält die Luftfahrtindustrie auch als Exportindustrie Bedeutung.

Die Nachfrage der Fluggesellschaften nach Flugzeugen richtet sich nach der Nachfrage auf der zweiten Stufe, also nach Personen- oder Frachttransport. Die Wirtschaftlichkeit der Flug- oder Cargogesellschaften hängt in der Hauptsache von zwei Aspekten ab: Das eine sind transporttechnische und transportpolitische Faktoren, wozu auch die Anzahl an Flugplätzen und deren Ausstattung zählt.[11] Andererseits ist die Auslastung der Flugzeuge ein entscheidender Faktor. In wirtschaftlich guten Zeiten steigt beispielsweise die Zahl der Flugpassagiere und damit die Nachfrage der Fluggesellschaften nach neuen Flugzeugen. In Krisenzeiten aber reagieren gerade Flugpassagiere besonders sensibel und ziehen Buchungen zurück bzw. verzichten auf Flugreisen. Internationale Krisen, wie der Golf-Krieg, die Terroranschläge des 11. September 2001, Naturkatastrophen oder Epidemien wie SARS, führen zu einem schlagartigen Rückgang der Buchungen und damit unter Umständen auch zum Ausfall von Flügen. Ein Nachfrageeinbruch nach Flugtickets zwingt dabei die Fluggesellschaften, ihre Nachfrage nach Flugzeugen zu korrigieren. Dies wirkt sich wiederum negativ auf die Auftragslage der Flugzeughersteller aus.[12]

---

9 JAL wurde 1952 als „national carrier" gegründet und ein Monopol auf internationale Flüge gesetzlich verankert. Eine Gesetzesänderung Anfang der 1970er erlaubte ANA den Eintritt in bestimmte internationale Routen.

10 JAL gehört erst seit dem Zusammenschluss mit Japan Airsystems 2004 zu den größten zehn Fluggesellschaften der Welt, unter denen neben ANA und der Lufthansa allein sechs US-amerikanische Carrier sind (ANA 2005c).

11 Hierunter fallen geografische Faktoren wie unwegsames Gelände, aber auch transportpolitische Faktoren wie Restriktionen für den Flughafenbau wie Lärmschutz, Naturschutz oder Luftverkehrsdichte. Neben der Anzahl an verfügbaren Flugplätzen ist auch deren Verkehrsanbindung sowie Ausstattung hinsichtlich Landebahnlänge und Passagierabfertigung, die Höhe der Landegebühren oder die Vergabepraxis von Zeitnischen für Start und Landung (sogenannte Slots) relevant (Caspary 2002: 3-4).

12 Zur Risikominderung auf Seiten der Fluggesellschaften gehören neue Finanzierungsmodelle (Leasinggesellschaften) zur Kostenreduzierung bei den Flug-

2.4 Das Produkt „Passagierflugzeug“

Weitere Besonderheiten weist das Produkt Flugzeug selbst auf. Die hohen Fixkosten bei geringen Stückzahlen[13] erfordern eine hohe unternehmerische Risikobereitschaft. Zu diesen Kosten zählen die Aufwendungen für Forschung und Entwicklung oder für umfangreiche Fertigungsanlagen.[14] Zusätzlich wird das Produkt durch die Zertifizierungskosten erheblich verteuert. Die Flugsicherheit macht es erforderlich, dass alle Teile eines Flugzeuges wie auch das fertige Produkt einer Vielzahl von Struktur-, Bruch- und Belastungstests[15] unterzogen werden müssen, die oft monatelang dauern. Die Auflagen zur Passagiersicherheit sind so streng wie für kaum ein anderes Produkt. Die Zertifizierung geschieht nach international anerkannten Regeln der Zivilluftfahrtbehörde ICAO[16], denen alle Flugzeuge sowie alle neu entwickelten Komponenten unterliegen. Befolgt ein Flugzeughalter diese Regeln nicht oder nur unzureichend, können ihm Start- und Landerechte verwehrt werden. Die Zertifizierung verlängert die Periode von der Entwicklung eines Flugzeuges bis zu seinem Erstflug bzw. der Auslieferung an den (ersten) Kunden erheblich. Je nach Größe des Musters können die Zyklen bis zur Produktreife zehn Jahre und mehr betragen. Danach sind Flugzeuge über mehrere Jahrzehnte hinweg einsetzbar. Dies hat ein umfangreiches Wartungs- und Reparaturgeschäft (MRO[17]) zur Folge, das bei einzelnen Komponenten, wie z.B. Triebwerken, bis zu 30 Prozent des Verkaufswertes ausmachen kann.

---

zeuganschaffungen oder auch die Ausweitung des Flugangebots innerhalb von Allianzen.

13 Zweistellige monatliche Auslieferungsraten sind die Regel, die je nach Flugzeugtyp oder wirtschaftlicher Situation auch einstellig werden können.

14 Die Entwicklungskosten für die Boeing 767 beispielsweise betrugen 1,38 Mrd. USD. Bei Weiterentwicklungen der Flugzeugfamilie, wie im Zusammenhang mit der -200ER (extended range), -300ER oder -400ER, erhöhten sich die Kosten pro Muster um 101 bis 141 Mio. USD. Bis Ende 2004 wurden 950 Flugzeuge ausgeliefert (Boeing 2005a).

15 Bei der IMA GmbH in Dresden wird beispielsweise der Airbus 380 einem Belastungstest unterzogen, in dem 47.500 Flüge simuliert werden, was einer Einsatzdauer von 25 Jahren entspricht (IMA 2005).

16 International Civil Air Organisation, deren Gründung auf die Konvention von Chicago 1944 zurückgeht. Der ICAO gehören weltweit alle Länder an, die am Luftverkehr teilnehmen – damit mehr als jeder anderen Organisation. Den ICAO-Richtlinien für Flugsicherheit unterwerfen sich alle Mitgliedsländer freiwillig, die Verantwortung für die Einhaltung wird auf nationale Behörden übertragen; vgl. ICAO (2005).

17 In der Luftfahrt ist Englisch die gemeinsame Sprache. MRO steht für „maintenance, repair, and overhaul“.

Tabelle 1. Preise pro Produkteinheit in ausgewählten Branchen Japans (2001)

Branche	Preis je Produkteinheit (Mio. JPY je Tonne)
Flugzeugtriebwerke	106
Flugzeuge	101
Computer	72
Videogeräte	7
Farbfernseher	2
Automobile	2

Quelle: Berechnungen des SJAC (2006a).

Zur Risikominimierung sind die meisten Hersteller in der Fertigung sowohl ziviler wie auch militärischer Muster aktiv. Hier sind die nationalen Streitkräfte die „Kunden", und ein Export wird durch Verkauf an Bündnispartner möglich. Weitere Möglichkeiten bieten sich durch eine Spezialisierung auf bestimmte Flugzeugmuster (große Passagierflugzeuge, Regionalflugzeuge), eine Auslagerung der Fertigung oder eine Kooperation mit strategischen Partnern, die am Risiko beteiligt werden. In der Produktentwicklung hat sich das Konzept der Flugzeugfamilie durchgesetzt, bei der in der Planung bereits Variationen bei Ladekapazität oder Reichweite vorgesehen werden. Der Strategie, vorhandene Muster weiterzuentwickeln („grandfather modell"), steht die Entwicklung eines neuen Musters gegenüber, bei der durch den Einsatz neuer Technologien und hierdurch erzielbaren Einsparungsmöglichkeiten (z.B. durch sparsamere Triebwerke) wirtschaftliche Vorteile generiert werden. Allerdings liegen hier die Zertifizierungskosten erheblich höher als bei Weiterentwicklungen.[18]

2.5 Der Markt

Nach der Konsolidierungswelle der 1990er Jahre wird im Bereich der großen Passagierflugzeuge die Branche heutzutage von zwei Namen dominiert (Duopol): der amerikanischen Firma Boeing und dem europäischen Konsortium Airbus[19]. Bei Herstellern von Regionalflugzeugen sind Firmen wie Canadair, die zur Bombardier-Gruppe aus Kanada gehört, zu nennen, die brasilianische Embraer, die AVRO der englischen Firma BAe Systems,

[18] Die Muster einer Familie erhalten ähnliche Bezeichnungen. Auf der Grundlage des Airbus A320 erfolgte so eine Weiterentwicklung zum A319 und A321., Darüber hinaus gab es Varianten in Zuladung und Reichweite, die durch eine mit Bindestrich verbundene Spezifizierung, z.B. -200, -300 oder den Zusatz ER für *extended range* (= größere Reichweite), kenntlich gemacht wurden.

[19] Zu den Eigentümerrechten im Airbuskonsortium siehe EADS (2005).

die Falcon der französischen Firma Dassault oder die schwedische Saab 2000[20].

Die Herstellerstruktur in der Luftfahrtindustrie ist pyramidenförmig, mit einer kleinen Zahl von Unternehmen an der Spitze, die die Systemintegration übernehmen, und darunter den Komponentenherstellern, die in einigen Bereichen eine eigenständige Branche bilden. Beispiele hierfür sind Komponenten wie Triebwerke, Fahrwerk, Geräte für Avionik oder Interieur. Diese Komponentenhersteller haben nicht selten eine andere Nationalität als der Systemintegrator; zudem können sie durchaus mehr als einem Systemintegrator als Zulieferer dienen.

Mittlerweile kommt bei einer Neuentwicklung kein Flugzeughersteller mehr ohne strategische Partnerschaften aus, also Unternehmen, die sich am wirtschaftlichen Risiko beteiligen. Japanische Hersteller haben sich sowohl in der Beteiligung bei Boeing als auch bei Bombardier einen Namen als sogenannte „risk sharing partners" gemacht.

Die Beteiligungen der Zulieferer sind dabei teilweise auch politisch motiviert. Die Aufteilung der Airbus-Anteile unter den europäischen Nationen ist sicher ein Paradebeispiel,[21] aber auch die Beteiligung japanischer Firmen an der Entwicklung diverser Boeing-Muster ist hier zu nennen. Dabei kann die Kundenstruktur der Hersteller, also die Anzahl der potenziell abzusetzenden Flugzeuge in einem nationalen Markt, ausschlaggebend sein für die Wahl der Zulieferer. Japanische Unternehmen sind als Partner interessant, da sie aus einem Land kommen, das über zwei große Fluggesellschaften verfügt, in dem hohe Ansprüche an Qualität und Service gestellt werden, und das eine strategisch wichtige Position als Drehscheibe für den Flugverkehr in Asien inne hat.

Auch der Aspekt der „launch customers" darf an dieser Stelle nicht fehlen. Ein „launch customer" ist eine Fluggesellschaft, die sich als Erstkunde bereit erklärt, eine gewisse Anzahl eines neuen Flugzeugmusters zu erwerben. Eine solche Bereitschaft gibt den Herstellern die Planungssicherheit, die Entscheidung für ein sogenanntes „go ahead", also den Übergang von Entwicklung zur Fertigung, zu fällen.[22] Im Gegenzug werden „launch customers" zu einem sehr frühen Stadium in der ersten Entwicklungsphase in Details des neuen Musters eingeweiht bzw. haben die Gelegenheit, selbst Einfluss auf bestimmte Spezifikationen bei Reichweite und Ausstattung zu nehmen. Aufgrund des großen japanischen Binnenmarktes sind

20 In diese Gruppe gehört auch das japanische Passagierflugzeug YS-11.

21 In Airbus-Programmen sind unter anderem japanische, aber zunehmend auch indische und chinesische Firmen beteiligt (EADS 2006).

22 Eine Übersicht über ausgewählte Passgierflugzeuge und deren „launch customer" ist zu finden bei JADC (2005: 40-41).

auch japanische Fluggesellschaften bei neuen Mustern als „launch customer" umworben.[23]

3 Die internationale Luftfahrtindustrie

Der Umsatz in der Luft- und Raumfahrtindustrie liegt weltweit bei 212 Mrd. USD (vgl. AECMA 2004). Aufgrund der Größe des nationalen Marktes nehmen die USA mit großem Abstand den ersten Platz hinsichtlich des Umsatzes ein (Abbildung 4), gefolgt von Großbritannien, Frankreich und Deutschland.

Bei den Beschäftigten ist eine analoge Situation festzustellen, die USA sind hier Marktführer, gefolgt von Frankreich, Großbritannien und Deutschland. In Japan ist die Anzahl der Beschäftigten deutlich geringer.

Mit dem Ende des Kalten Krieges verursachten Anfang der 1990er Jahre Streichungen von Forschungs- und Entwicklungsaufträgen sowie die Reduzierung von Beschaffungsplänen eine zunehmende Unterauslastung der Kapazitäten bei den Flugzeugherstellern, was zu einer großen Anzahl von Konkursen und Firmenzusammenschlüssen führte, die den oligopolen Charakter der Branche verstärkt haben.

So ging der Anteil der militärischen Fertigung bei den Herstellern weltweit stark zurück. Im Jahr 2002 betrug der Anteil der öffentlichen Aufträge (i.e. die Beschaffung für die Streitkräfte) am Gesamtumsatz zum Beispiel in den USA lediglich 47 Prozent, in Großbritannien nur noch 45 Prozent, in Frankreich 26 Prozent und in Deutschland 19 Prozent (2001) (SJAC 2006b: 19).[24] Der Umsatz bei Militärflugzeugen ging in den USA von 17,3 Mrd. USD 1989 auf 14,32 Mrd. USD im Jahre 2002 zurück (AIA 2004a).[25]

---

23 ANA hat im April 2004 einen Vertrag über die Bestellung von 50 Flugzeugen als Erstkunde für die Boeing 7E7 unterzeichnet (Boeing 2005b). Bemerkenswert ist diese Entscheidung deswegen, weil auch Airbus ANA gern als Erstkunden für den Megaliner A 380 gehabt hätte. ANA ist zwar Mitglied der Star-Alliance, in der u.a. Lufthansa als wichtiger Airbus-Erstkunde vertreten ist. Aber auch politischer Druck auf die japanischen Fluggesellschaften lässt sich nicht völlig von der Hand weisen.

24 Allerdings zeigt sich nach den Terroranschlägen vom 11. September 2001 beispielsweise in den USA wieder ein leicht steigender Trend für Militärausgaben; vgl. SIPRI (2005).

25 Angaben in konstanten Preisen. Der Umsatz bei Zivilflugzeugen erlebte in dieser Periode Schwankungen zwischen 16,57 Mrd. (1996) und 34,86 Mrd. USD (1999) und lag 2002 bei ca. 23 Mrd. USD (AIA 2004a).

Abb. 4. Umsatzentwicklung in der Luftfahrtindustrie in ausgewählten Ländern (Angaben in Mio. USD)

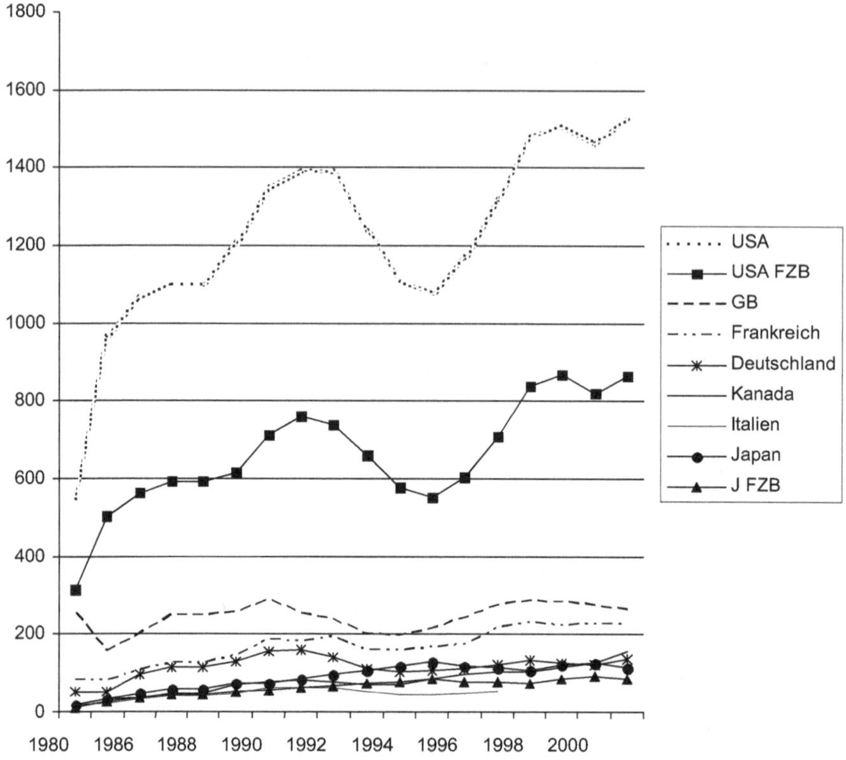

Anm.: FZB = Flugzeugbau, Angaben für Italien ab 1998 nicht erhältlich.

Quelle: Eigene Darstellung nach Daten von SJAC (2006d); hier auch die in der Abbildung zugrunde gelegte Wechselkurstabelle.

Als Folge wurde die Anzahl der in der Luftfahrtindustrie Beschäftigten von gut einer Million im Jahre 1991 auf knapp 584.000 im Jahre 2004 reduziert (AIA 2004b). Die Europäischen Staaten zeigen einen noch deutlicheren Abwärtstrend im Umfang der Verteidigungsbudgets, der 1980 durchschnittlich 70 Prozent des Gesamtumfangs betrug und für 2002 mit 31,6 Prozent angegeben wird. 1989 ist hierbei der Wendepunkt, an dem die zivilen die militärischen Zahlen übersteigen.[26] Demgegenüber lag in Japan der Anteil der militärischen Fertigung am Umsatz der Luftfahrtin-

[26] Hier wird der „aerospace industry turnover“ kumuliert für alle EU-Staaten zugrunde gelegt; vgl. AECMA (2003).

dustrie Mitte der 1990er Jahre noch bei 74 Prozent (SJAC 1997, S. 9.) und im Jahre 2002 mit 64 Prozent immer noch weit über dem erwähnten Durchschnitt der EU-Staaten.[27]

Als Folge der Entwicklung haben die Kooperationen bzw. die Spezialisierungen der überlebenden Unternehmen weiter zugenommen. Inzwischen ist kein Unternehmen mehr in der Lage, Entwicklung und Produktion eines Flugzeuges eigenständig durchzuführen. Bedeutsam ist, dass die Kooperationen sich nicht mehr auf nationale Partner beschränken. Als Folge der Spezialisierungen auf Kernkompetenzen ist ein Flugzeug kaum noch mit jeweils rein nationalen Komponenten zu fertigen – internationale Kooperation ist unabdingbar.

4 Die japanische Luftfahrtindustrie

Auch wenn Japan auf eine etwa hundertjährige Geschichte der Luftfahrtaktivitäten zurückblicken kann, werden in der Öffentlichkeit die Fähigkeiten der japanischen Unternehmen im Flugzeugbau unterschätzt. Ursache hierfür ist, dass es derzeit kein japanisches Passagierflugzeug gibt. Dies mag angesichts der Tatsache verwundern, dass die japanische Regierung seit 1953 die Luftfahrtindustrie als strategische Industrie betrachtet und mit entsprechenden Maßnahmen gefördert hat.

4.1 Umsatz und Beschäftigung

Die Zahl der Beschäftigten ist in Japan im Vergleich zu anderen Nationen überraschend konstant. Dies hängt damit zusammen, dass die japanischen Unternehmen hinsichtlich ihrer Produktpalette anders aufgestellt sind als die Flugzeughersteller in anderen Nationen. Die japanischen Unternehmen sind in der Regel nur mit einem geringen Anteil ihres Gesamtumfangs im Bereich der Luftfahrt aktiv. Dieser Bereich wird von den Unternehmen gehegt, um auf dem aktuellen Stand der Forschung zu bleiben. Zudem nutzen sie die Möglichkeit des internen Technologietransfers in beide Richtun-

[27] Für Japan ist hierbei zu beachten, dass die japanische Regierung die selbst auferlegte Beschränkung von Militärausgaben auf ein Prozent des Bruttoinlandsproduktes in der letzten Dekade eingehalten hat, was bedeutet, dass angesichts ständig steigender Personalausgaben der Ausweitung von Beschaffungsplänen Grenzen gesetzt sind.

gen[28]; und darüber hinaus besteht die Option, je nach Nachfrage Mitarbeiter aus der Flugzeugherstellung auch in anderen Sparten einzusetzen.[29]

Die Geschichte, der in der Fertigung von Flugzeugen tätigen Firmen, reicht in dieser Branche bis in die Vorkriegszeit zurück.[30] Die sogenannten „big five" sind Mitsubishi Heavy Industries (MHI), Kawasaki Heavy Industries (KHI), Fuji Heavy Industries (FHI), ShinMaywa (SMIC) und Nippi.[31] Der Anteil des Luftfahrtbereichs am Gesamtumsatz dieser Firmen war bis Mitte der 1970er Jahre einstellig. Aufgrund der Ausweitung der Kooperationen mit Boeing stieg dieser Anteil aber an und erreicht bei fast allen Firmen mittlerweile zweistellige Werte.

Abb. 5. Umsatz und Beschäftigung in der japanischen Luftfahrtindustrie (Angaben für Umsatz in 10 Mrd. JPY, Beschäftigte in 10.000)

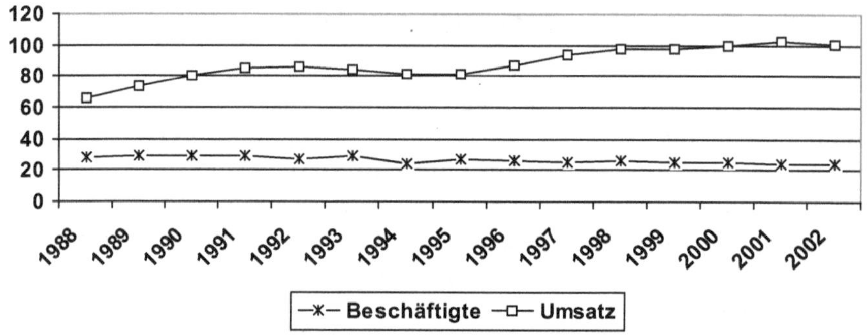

Quelle: Eigene Darstellung nach Daten des SJAC (2006a).

Die in Abbildung 5 deutlich auszumachenden Umsatzsteigerungen hängen mit dieser japanischen Beteiligung an den großen Boeing-Programmen 767 und 777 zusammen.

---

[28] Eine ansprechende Grafik zum firmeninternen Technologietransfer im Unternehmen Mitsubishi Heavy Industries findet man unter MHI (2006); Kawasaki Heavy Industries verwendet für den Flugzeugbau entwickelte Verbundstoffe im Bereich Schienenfahrzeuge (KHI 2000).

[29] Durch eine Angleichung der Fertigungsmethoden ist es mit relativ wenig Aufwand möglich, Beschäftigte in anderen Bereichen einzusetzen und deren Rückkehr in den Aersopace-Bereich offen zu lassen (Nishiguchi und Caspary 1996: 14).

[30] Zum historischen Hintergund vgl. Caspary (1998) Kapitel 4 oder Samuels (1994) Kapitel 6.

[31] Aufgrund von Skandalen im Zusammenhang mit Beschaffungen des japanischen Amts für Verteidigung (Bōeichō) ist Nippi 2003 durch Aktientausch hundertprozentige KHI-Tochter geworden (Nippi 2005).

Da sich allerdings die verschiedenen Bereiche der Firmen unterschiedlich entwickelt haben, müssen die Umsätze im Luftfahrtbereich zum Gesamtvolumen der Umsätze der jeweiligen Unternehmen in Relation gesetzt werden.

Tabelle 2. Anteil der Luftfahrtsparte an Gesamtumsatz ausgewählter Firmen

Jahr	MHI		KHI		FHI		ShinMaywa	
	Umsatz in Mio. JPY	Anteil am Gesamtumsatz	Umsatz in Mio. JPY	Anteil am Gesamtumsatz	Umsatz in Mio. JPY	Anteil am Gesamtumsatz	Umsatz in Mio. JPY	Anteil am Gesamtumsatz
2005	k.A.	k.A.	188.255	15,2 %	59.400	4,0 %	26.881	16,0 %
2004	472.002	16,5 %	173.783	15,0 %	56.600	4,0 %	28.852	21,0 %

Anm.: k.A. steht für keine Angabe.

Quelle: Eigene Darstellung nach FHI (2006), ShinMaywa (2004), KHI (2004; 2005), MHI (2004b).

Bislang ist eine Zusammenlegung der kleinen Luftfahrtbereiche von den Big Five nie ernsthaft in Betracht gezogen worden. Stattdessen haben die japanischen Hersteller eine andere Form gefunden, um Skalenerträge zu erreichen: durch Kooperation und Arbeitsteilung. Grund dafür ist die industriepolitische Zielsetzung, die gesamte Branche und nicht ein einzelnes Unternehmen zu fördern (Caspary 1998: 22). Nur durch Aufgabenteilung konnten sich die Firmen daher einer weiteren Zuwendung staatlicher Unterstützung versichern. Dabei erfolgte eine Aufteilung dahingehend, dass jedes der großen Unternehmen in einem anderen Programm oder Segment die Rolle des „prime contractor“ übernehmen konnte und somit im nationalen Zusammenhang eine Nischenposition erreichte. Für die „national projects“ im Bereich großer Passagierflugzeuge wurden halbstaatliche Institutionen eingerichtet, der die Koordinierung der innerjapanischen Teilbereiche oblag. Das war im ersten Projekt des Passagier/Transportflugzeuges YS-11 die Nihon Aircraft Manufacturing Corporation (NAMC), für das Folgeprojekt YX die Commercial Transport Development Corporation (CTDC). Seit eine feste Partnerschaft mit Boeing vereinbart wurde, übernimmt die Folgeorganisation der CTDC, die Japan Aircraft Development Corporation (JADC) die Koordination auch mit dem amerikanischen Unternehmen.

4.2 JADC und Kooperationen mit Boeing

Anfangs versuchten die japanischen Hersteller noch, eine eigenständige japanische Flugzeugindustrie zu etablieren. Das erste Muster, das bereits erwähnte Transportflugzeug namens YS-11 mit 62 bis 67 Sitzen und Turboprop-Antrieb (Erstflug 1967), ging in Produktion und kann in diesem Sinne als Erfolg japanischer Industriepolitik bezeichnet werden – denn ohne Anschubfinanzierung des damaligen Ministeriums für Internationalen Handel und Industrie (MITI) hätte das Projekt nicht durchgeführt werden können. Allerdings blieb der Markterfolg hinter den Erwartungen zurück.[32]

Das Folgeprojekt mit der Bezeichnung YS-X wurde 1970 zwar aufgelegt und mit staatlichen Fördermitteln unterstützt, doch die internationale Entwicklung am Flugzeugmarkt machte die Entwicklung, Fertigung und Vermarktung eines rein japanischen Musters unrealistisch. Wollten die japanischen Hersteller im Geschäft bleiben, blieb nur ein Weg: die Kooperation mit ausländischen Herstellern. Anfang der 1970er Jahre wurden mit einer Reihe von Unternehmen in Europa und Nord-Amerika, die mit der Entwicklung eines Musters ähnlicher Größe befasst waren, Verhandlungen geführt.[33] Es gelang den Repräsentanten der japanischen Luftfahrtindustrie, eine strategische Partnerschaft mit dem damaligen Weltmarktführer, der amerikanischen Firma Boeing, einzugehen.

Die Ergebnisse des Projekts YS-X flossen ab Mitte der 1970er Jahre in die Entwicklungen für das Passagierflugzeug Boeing 767 ein (YX/767). Die Koordination der Arbeiten wurde der JADC übertragen.[34] Japanische Firmen lieferten und liefern 15 Prozent der Boeing 767 (Erstflug 1982). Allerdings handelt es sich in diesem Fall um die technologisch weniger anspruchsvollen Bereiche eines Flugzeugs. Boeing entwickelte diese selbst und übernahm auch die Verantwortung für die Systemintegration. Japanische Unternehmen wurden mit der Fertigung der Rumpfpanele betraut, wobei insbesondere ihre Kompetenzen bei Fertigungs- und Managementtechnologien sowie ihr Know-how bei der Verarbeitung von Verbundstoffen für Boeing den Ausschlag zur Wahl gaben. Auch die Bereitschaft der

---

[32] Die Kosten überschritten die Einnahmen allerdings erheblich, und das Projekt YS-11 endete mit einem großen Defizit. Da kein rein japanisches Passagierflugzeug mehr folgte, stellt die Luftfahrtindustrie nach Okimoto (1989: 3) ein Beispiel für das Versagen japanischer Industriepolitik dar.

[33] Verhandlungen wurden mit einer Reihe europäischer Firmen geführt, und eine Kooperation mit den niederländischen Fokker-Werken scheiterte nur knapp (Caspary 1998: 177ff).

[34] Parallel hierzu wurde auch in der Triebwerksindustrie eine internationale Kooperation für die V 2500 vereinbart. Die Koordination auf japanischer Seite wurde der Japan Aero Engines Corporation (JAEC) übertragen. Die Anteile waren wie folgt verteilt: auf japanischer Seite IHI, MHI und KHI 23%, auf britischer Seite Rolls-Royce mit 30%, auf US-amerikanischer Seite Pratt&Whitney mit 30%, auf der deutschen Seite MTU mit 11% und auf der italienischen Seite Fiat mit 6%; vgl. Caspary (1998: 283ff) und JAEC (2005).

japanischen Unternehmen, die hohen Anfangskosten mit zu schultern, mag ein Entscheidungsgrund für Boeing gewesen sein.

Der Erfolg der japanischen Unternehmen in der Kooperation bei der Boeing 767 zeigt sich darin, dass auch beim nächsten Projekt von Boeing japanische Unternehmen herangezogen wurden. Sie avancierten sogar zu strategischen Partnern und konnten ab Mitte der 1980er Jahre beim Folgeprojekt Boeing 777 (Erstflug 1995) ihren Anteil auf 21% ausdehnen. Die umfasste auch das Design und die Fertigung technologisch hochwertigerer Komponenten (vgl. Tabelle 3). Auf japanischer Seite wurden technologische Entwicklungen, die in das Boeing-Projekt mit einfließen sollten, im Rahmen eines weiteren „national project" mit staatlichen Mitteln gefördert.

Tabelle 3. Japanische Beteiligung an gemeinsamen Programmen mit Boeing

Projekt	Beteiligung	Anteil
Boeing 767	Vordere Rumpfpanele (KHI) Mittlere Rumpfpanele (KHI) Hintere Rumpfpanele (MHI) Hauptfahrwerksklappen (FHI) Tragflächenverkleidung (FHI) Tragflächenspannten (KHI, Nippi)	15% Programmpartner
Boeing 777	Vordere Rumpfpanele (KHI) Mittlere Rumpfpanele (KHI) Hintere Rumpfpanele (MHI) Rumpfbereich (MHI) Druckkuppel (KHI) Kielträger (KHI) Tragflächenverkleidung (FHI, SMIC) Tragflächenspannten (KHI, Nippi) Tragflächenmittelstück (FHI) Frachttüren (KHI) Passagiertüren (KHI) Hauptfahrwerksklappen (KHI) Rumpffahrwerksklappen (Nippi)	21% Programmpartner
Boeing 787	Tragflächen (MHI) Tragflächenmittelstück (MHI) Teil der vorderen Rumpfpanele (KHI)*	35% Programmpartner

Anm.: *Teilbereiche werden noch verhandelt

Quelle: Eigene Darstellung nach Angaben der SJAC.

Aufgrund der gängigen Praxis, keine Kooperationen in Projekten ähnlicher Muster mit anderen Firmen einzugehen, hatte sich die japanische Industrie mit diesen beiden Projekten sehr stark an Boeing gebunden.

Tabelle 4. Japanische Entwicklungsprogramme ziviler Flugzeugmuster

Jahr der Erstaus-liefe-rung	Typen-bezeich-nung	Mission	Entwicklung (Entw.) und Fertigung (Fertg.)**	Jap. Anteil an Entw. & Fertg.	Anzahl gefertig-ter Flug-zeuge
1965	YS-11	Passagier/ Transportflugzeug mit Turboprop-Antrieb	NAMCO[1]	100%	182
1966	MU-2	Geschäftsreiseflugzeug mit Turboprop-Antrieb	MHI	100%	765
1967	FA-200	Leichtflugzeug mit Kolbenmotor	FHI	100%	299
1975	FA-300	Geschäftsreiseflugzeug mit Kolbenmotor	FHI	100%	47
1980	MU-300	Geschäftsreiseflugzeug mit Jet-Antrieb	MHI	100%	103
1982	YX/767 (Gemein-schafts-entwick-lung)	Passagier/ Transportflugzeug mit Jet-Antrieb	Entw.: CTDC[2], Boeing, Alenia Fertg.: MHI, KHI, FHI, Boeing	15%	925
1995	B 777	Passagier/ Transportflugzeug mit Jet-Antrieb	Entw.: JADC[3]-Boeing Fertg.: MHI, KHI, FHI, Boeing	21%	499
2008*	B 787 (7E7)	Passagier/ Transportflugzeug mit Jet-Antrieb	Entw.: JADC-Boeing Fertg.: MHI, KHI, FHI, Boeing	35%	

Anm.: * geplant
** Japanische Firmen ungeachtet der Anteilsgröße an erster Stelle.
1 NAMC = Nihon Aircraft Manufacturing Corporation
2 CTDC = Commercial Transport Development Corporation
3 JADC = Japan Aircraft Development Corporation

Quelle: Eigene Darstellung nach NKUKK (2004a: 21) bzw. SJAC (2006f: 20).

Eine Möglichkeit, diese Abhängigkeit zu relativieren, bestand natürlich in der Entwicklung von Flugzeugtypen anderer Größe. Hier hat beispielsweise MHI unabhängig von den anderen japanischen Firmen Kooperationen mit dem kanadischen Hersteller Bombardier vereinbart. Bei dem 1995 aufgelegten Projekt des „Global Express", einem modernen Geschäftsreiseflugzeug, bei dem man eine ganze Reihe technologischer Herausforderungen in Angriff nahm, wurde MHI zum Beispiel „risk sharing partner".[35] Die gesamte Entwicklung erfolgte über eine dreidimensionale Computersimulation, auf ein aufwendiges Mock-up[36] wurde verzichtet. In der Fertigung von Zivilflugzeugen betrat MHI mit der Entwicklung des sogenannten „superkritischen Flügels" technologisches Neuland. Aber gerade diese Erfahrungen führten wiederum dazu, dass Boeing beim jüngsten Projekt eben diesen Bereich den japanischen Herstellern übertragen hat. Einen Überblick, an welchen Projekten japanische Unternehmen beteiligt sind, zeigt Tabelle 4.

4.3 Die wirtschaftliche Bedeutung der Luftfahrtindustrie in Japan

Im Folgenden wird dargelegt, welche Bedeutung die japanische Luftfahrtindustrie an der Gesamtwirtschaft des Landes erlangt hat.

Die Existenz der japanischen Flugzeugbauindustrie ist wichtig für die technologische Basis sowohl in der staatlichen Forschung und Entwicklung als auch bei den Unternehmen. Das Potenzial der Spin-off-Effekte zwischen militärischer und ziviler Nutzung von Technologien ist mit dem Ende des Kalten Krieges erheblich gewachsen. Wie anfangs erwähnt, ist der Anteil am Bruttosozialprodukt im Vergleich zu anderen Nationen gering. Da in den Darstellungen zur Luftfahrtindustrie die hohen Anteile militärischer Fertigung eingeschlossen sind, mag die wirtschaftliche Bedeutung der zivilen Fertigung noch geringer anmuten.

---

35 MHI hat mit Bombardier bereits fünf gemeinsame Projekte durchgeführt; vgl. Bombardier (2005); MHI (2005); Defense Aerospace (2002) sowie MHI (2004).

36 Ein Mock-up bezeichnet eine nicht flugfähige Attrappe, die zur Überprüfung der Funktionsfähigkeit bestimmter Bauteile angefertigt wird, aber auch, um die Varianten der Innenausstattungen zu demonstrieren.

Abb. 6. Die japanische Luftfahrtindustrie in Zahlen

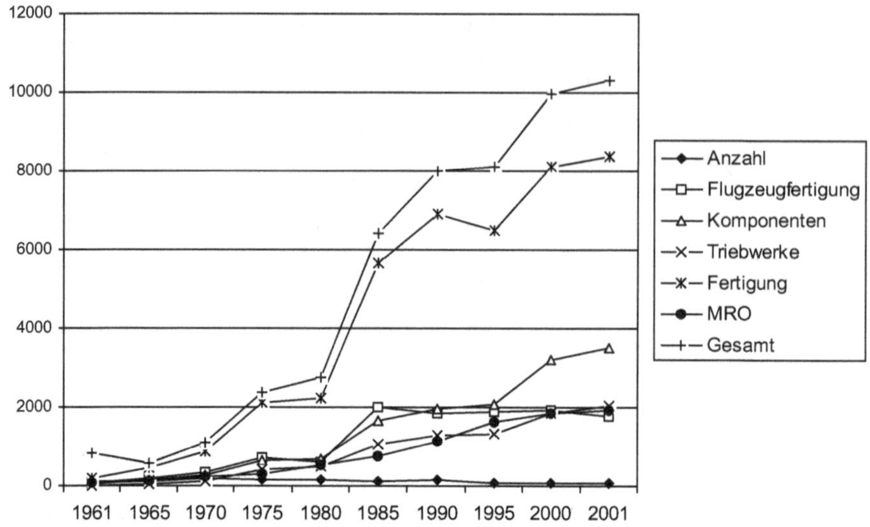

Anmerkungen zur Legende: Anzahl steht für die Anzahl gefertigter Flugzeuge; alle anderen Angaben erfolgen in 100 Mio. JPY und jeweils für die dargestellten Jahre. Fertigung setzt sich zusammen aus Flugzeugfertigung, Komponenten, Triebwerken und der Rubrik „Anderes“, die nicht dargestellt wurde. MRO (*maintenance, repair, overhaul*) umfasst alle Bereiche (Flugzeuge, Komponenten, Triebwerke). Gesamt ist die Summe aus Fertigung und MRO.

Quelle: Darstellung nach SJAC (2006c)

Aufgrund der Tatsache, dass die japanischen Unternehmen bei großen Passagierflugzeugen nicht in der Endmontage aktiv sind, sondern überwiegend Komponenten an ausländische Hersteller liefern, ist der Anteil der Exporte am Gesamtvolumen relativ groß. Den Exporten stehen hohe Importe gegenüber, da der innerjapanische Markt für Flugzeuge zu den größten der Welt gehört und japanische Fluggesellschaften einen entsprechend hohen Bedarf an Flugzeugen haben (vgl. Abbildung 7).

Die Komponenten japanischer Hersteller für Boeing-Flugzeuge werden bei einem Verkauf an japanische Fluggesellschaften reimportiert. Konkret fliegen in der 185 Flugzeuge umfassenden Flotte von ANA 138 Muster vom Typ Boeing (55 Boeing 777, 56 Boeing 767 und 27 Boeing 747) und nur 35 Airbus-Flugzeuge aus der 320er-Familie (Stand 01.05.2005) (ANA 2005a). Von den 186 Flugzeugen in der JAL-Flotte sind über 100 von Boeing, darunter 10 Boeing 777 und 18 Boeing 767, die übrigen gehören zur 747-Familie; dem stehen 20 Flugzeuge der Airbus A-300-Serie gegenüber (Stand 31.03.2005) (JAL 2005a).

Abb. 7. Importe und Exporte der japanischen Luftfahrtindustrie in ausgewählten Jahren

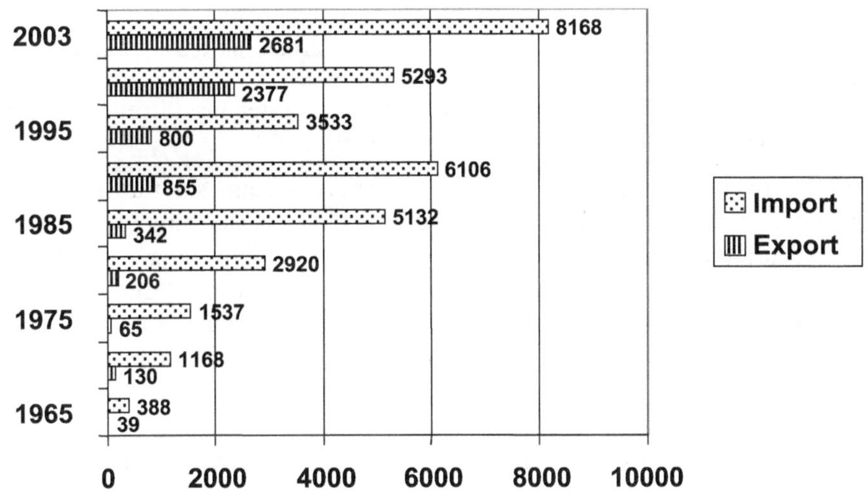

Anm.: Angaben in 100 Mio. JPY. Die Beträge der nicht aufgeführten Jahre können die angegebenen über- oder unterschreiten. Die höchsten Exporte wurden 1989 erzielt mit 893 Mrd. JPY, die höchsten Importe ebenfalls 1989 mit 333 Mrd. JPY.

Quelle: Eigene Darstellung nach SJAC (2005: 50).

Wie eingangs dargestellt, gehören die beiden japanischen Fluggesellschaften JAL und ANA zu den größten Carriern weltweit. Im Jahre 2004 erreichten die Passagierzahlen bei JAL auf innerjapanischen Routen 46 Millionen und auf internationalen Routen 58 Millionen, bei ANA waren es 93,8 Millionen im Inland und 17,7 Millionen international (ANA 2005b; JAL 2005b).

Wie lukrativ der japanische Binnenmarkt trotz der auf einigen Routen harten Konkurrenz mit dem Hochgeschwindigkeitsschnellzug (*Shinkansen*) wirklich ist, zeigt die Tatsache, dass sich inzwischen auch einige regionale Fluggesellschaften etabliert haben. Die Strecke zwischen dem Flughafen Haneda/Tokio und dem Flughafen der nordjapanischen Stadt Sapporo auf Hokkaido war eine der ersten Routen, auf der gesichert der Bedarf für ein Passagierflugzeug mit über 500 Sitzen (Airbus 380, Boeing 787) ermittelt wurde (Caspary 1998: 282; Asiaweek 2005a).[37] Dass die ja-

[37] Ein weiterer Gesichtspunkt ist, dass die japanischen internationalen Flughäfen wichtige Drehscheiben im Flugverkehr Europa-Asien sowie Amerika-Asien

panischen Fluggesellschaften als „launch customer“ umworben sind, ist angesichts dieser Zahlen nachzuvollziehen. Das folgende Zitat spricht für sich:

„Der Boeing 7E7 Dreamliner trägt die ANA-Farben, da die Fluglinie am 26. April 2004 eine Festbestellung über 50 7E7-Passagierjets aufgegeben hat. Die ANA-Bestellung ist die größte Produkteinführungsbestellung für einen Boeing-Großraumjet in unserer Geschichte“ Boeing (2004).

Auf den psychologischen Effekt von Reimporten beim Kauf ausländischer Muster durch japanische Fluggesellschaften ist bereits hingewiesen worden. Wenn auch unausgesprochen, wird bei der Anschaffung von Flugzeugen im Blick behalten, wie hoch der Anteil japanischer Fertigung an einem Muster ist.[38] Dies spiegelt die eingangs angesprochene politische Bedeutung der Branche wider.

5 Die Zukunft der japanischen Luftfahrtindustrie

Das Flugzeug hat sich, auch mit Blick auf die zunehmende Globalisierung, zu einem bedeutenden Transportmittel in Passagier- und Frachtverkehr entwickelt, wie auch die ökonomische Bedeutung des Sektors für die gesamte industrielle Basis eines Landes sowie die damit zusammenhängenden Spin-off-Effekte in angrenzende Branchen stetig zugenommen haben. Dementsprechend ist auch der Luft- und Raumfahrtindustrie insgesamt stärkeres Gewicht beizumessen.

Trotz aller nationalen Befindlichkeiten und Interessen hat sich der Industriebereich zu einer internationalen Branche entwickelt, bei der es einem einzelnen Land nicht mehr ohne weiteres möglich ist, erstens alle Komponenten von Entwicklung über Produktion und Verkauf allein zu bewerkstelligen und zweitens ohne Exporte die Gewinnschwelle für ein Muster zu erreichen. Sowohl von der Angebots- als auch von der Nachfrageseite des Produkts „Flugzeug“ her betrachtet, sind der jeweilige Markt und die Zulieferer- und Kundenstrukturen international. Die Hersteller ha-

sind und dass auch japanische Fluggesellschaften von dieser Hub-Funktion profitieren.

[38] Interviews der Autorin im Februar 2005 mit Vertretern japanischer Flugzeughersteller und Fluggesellschaften in Tokio, die namentlich nicht genannt werden wollen. Dass beim Verkauf einer gewissen Anzahl von Flugzeugen mit politischer Flankierung Gesamtpakete mit Rabatten vereinbart werden, ist in der Branche gängige Praxis.

ben sich dementsprechend verstärkt auf bestimmte Segmente oder Komponenten spezialisiert (Nischenbildung).

Die steigenden Wachstumsraten im kommerziellen Passagier- und Frachttransport geben zu der Hoffnung Anlass, dass die internationale Konsolidierungswelle im Bereich der Passagierflugzeuge mit mehr als 100 Sitzen (sowie bei den Triebwerksherstellern) abgeschlossen ist. Hohe Marktzutrittsbarrieren aufgrund der immensen Forschungs- und Entwicklungskosten sowie der Zertifizierungskosten bei Neu- und Weiterentwicklungen lassen vermuten, dass sich die internationale Struktur auch in den nächsten 20 Jahren nicht grundlegend ändern wird.

Studien aller Hersteller und Verbände kommen zu dem Ergebnis, dass der Markt für Passagier- und Frachtflüge, und damit für Flugzeuge, trotz einiger Krisen künftig weiter wachsen wird – mit Asien als der Region der größten Zunahmen.[39] Da sich die japanische Luftfahrtindustrie als Partner von Boeing etabliert hat, hat sie sich gleichzeitig auch ihren Platz als führender Komponentenhersteller in der internationalen Luftfahrtindustrie gesichert.

Inzwischen ist sie dabei, auch im Design in den Bereich der Spitzentechnologie vorzudringen (Boeing 787).[40] Die Flügelkonstruktion gehört – gemessen am Alter der Technologie – zu den wenigen Neuheiten, die in der Technologie „Flugzeug“ noch zu Leistungssteigerungen führen können, also Terrain mit Entwicklungspotenzial darstellen.

Boeing kann sicher sein, dass MHI und die übrigen beteiligten japanischen Firmen alles daran setzen werden, ihre technologischen Fähigkeiten unter Beweis zu stellen, um sich gegebenenfalls auch selbst den Weg zu ebnen, künftig Systemintegrator für ein Passagierflugzeug zu werden. Dass MHI Ambitionen in dieser Richtung hat, steht außer Frage. Es gibt etliche bi- bis multilaterale Projekte, einen asiatischen „Regional-Jet“[41] zu entwickeln. Diese Projekte sind allerdings nicht realisiert worden: Aufgrund der Besonderheiten des internationalen Marktes für Flugzeuge, wie zum Beispiel die genannten hohen Zertifizierungskosten und die spezifische Kundenstruktur, aber auch die politischen Ambitionen der teilnehmenden asia-

---

39 Siehe zum Beispiel die Prognose von Airbus (2004a); Einzelheiten unter Airbus (2004b).

40 Liste der Firmen aus unterschiedlichen Nationen, die an der Boeing 7E7 beteiligt sind bzw. hier auch Anteil japanischer Firmen (Boeing 2005a).

41 Der „Asian Regional Jet“ war eine Antwort unter japanischer Federführung mit chinesischer und koreanischer Beteiligung auf die Einführung eines indonesischen Regionalflugzeuges N-250 von 1995; vgl. Asiaweek (2005a). Weitere asiatische Projekte waren in Planung, haben aber das Stadium der Marktstudien bislang nicht überschritten (Asiaweek 2005b).

tischen Partner in ihrem Bestehen auf einer Fertigungsstätte für die Endmontage, wurde eine für alle akzeptable Aufgabenteilung bisher verhindert.

So bleibt es Japan in der Fertigung kommerzieller Passagier- und Transportflugzeuge bislang noch verwehrt, zu beweisen, dass man ausreichende technologische Fähigkeiten besitzt, um die Verantwortung über alle Phasen der Entwicklung bis hin zur Endmontage eines Passagierflugzeuges zu übernehmen. Dennoch gehören die japanischen Unternehmen als Hersteller wichtiger Komponenten sowie auch als bedeutende Kunden zu den Nationen, mit denen in der internationalen Luftfahrtindustrie weiter zu rechnen ist.

Literatur

AECMA European Association of Aerospace Industries (2003) Facts & Figures 2002 of the European Aerospace Industry. Http://www.aecma.org /Publications/AECMA_FactsnFigures_2002.pdf (Zugriff am 12.12.2005)

AECMA (2004). The Equipment Sector and Structural Issues. Http://www.aecma.org/Position/EquipmentJan04.pdf (Zugriff am 17.12.2005)

AIA Aerospace Industries Association (2004a) Aerospace Facts and Figures 2003/2004. Http://www.aia-aerospace.org/stats/facts_figures/ff_03_04/FF03 P026.PDF (Zugriff am 12.12.2005)

AIA Aerospace Industries Association (2004b) Year-end Review and Forecast. Http://www.aia-aerospace.org/stats/yr_ender/tables/2004/table9.cfm (Zugriff am 13.12.2005)

Airbus (2004a) Global Market Forecast – Forecast Highlights. Http://www.airbus.com/store/mm_repository/pdf/att00003055/media_object_file_GMF2004_forecast_highlights.pdf (Zugriff am 17.12.2005)

Airbus (2004b) Global Market Forecast. Http://www.airbus.com/en/myairbus /global_market_forcast.html (Zugriff am 17.12.2005)

ANA All Nippon Airways (2005a). Http://www.anaskyweb.com/de/d/about_ana /corp_info/profile/statistics/index.html (Zugriff am 17.12.2005)

ANA (2005b) Annual Report 2005 – Review of Operations: Air Transportation. Http://www.ana.co.jp/eng/aboutana/corporate/ir/pdf/annual/05/05_07.pdf (Zugriff am 17.12.2005)

ANA (2005c) Annual Report 2005 – Market Report. Http://www.ana.co.jp/eng /aboutana/corporate/ir/pdf/annual/05/05_08.pdf (Zugriff am 17.12.2005)

Asiaweek (2005a). Http://www.asiaweek.com/asiaweek/97/0425/aa1.html (Zugriff am 03.11.2005)

Asiaweek (2005b). Http://www.asiaweek.com/asiaweek/97/0425/aa1a.html (Zugriff am 03.11.2005)

Boeing (2004). Http://www.newairplane.com/de-DE/7E7Dreamliner/Customers.htm (Zugriff am 17.12.2005)

Boeing (2005a). Http://www.boeing.com/commercial/7e7/dev_team.html (Zugriff am 17.12.2005)
Boeing (2005b). Http://www.boeing.com/commercial/787family/background.html (Zugriff am 17.12.2005)
Bombardier (2005). Http://www.bombardier.com (Zugriff am 12.12.2005)
Caspary S (1998) Kooperation und Konkurrenz: Die japanische Luftfahrtindustrie. Bier'sche Verlagsanstalt, Bonn
Caspary S (2002) Slots – Wo Japan nicht Herr ist im eigenen Land. Wittener Diskussionspapiere 113
Defense Aerospace (1999) Bombardier Welcomes the WTO Ruling. Http://www.defense-aerospace.com/cgi-bin/client/modele.pl?prod=181&session=dae.5128006.1096201354.QVa0isOa9dUAAC5ldLA&modele=jdc_1 (Zugriff am 12.10.2005)
Defense Aerospace (2002) Bombardier Aerospace Launches Global 5000 Business Jet. Http://www.defense-aerospace.com/cgi-bin/client/modele.pl?prod=8554&session=dae.11254557.1112304769.QkxsgcOa9dUAAEsAbAc&modele=jdc_1 (Zugriff am 12.10.2005)
Der Spiegel (2005). Http://www.spiegel.de/wirtschaft/0,1518,3473700,00.html (Zugriff am 12.10.2005)
Der Standard (2005). Http://derstandard.at/?url=/?id=1760141 (Zugriff am 12.10.2005)
EADS European Aeronautic Defence and Space Company (2005) Geschäftsbericht 2004. Http://www.reports.eads.net/2004/ar_2004/de/index.php?top_nav_b1.php&_n_b1_0_0_0.php&_c_b1_0_0_0.php&_s_b1_0_0_0.php (Zugriff am 12.10.2005)
EADS European Aeronautic Defence and Space Company (2006). Http://www.eads.net/web/lang/de/1024/content/OF00000000400003/6/49/40943496.html (Zugriff am 03.04.2006)
FHI Fuji Heavy Industries (2006). Http://www.fhi.co.jp/fina/english/report/pdf/ar/05.pdf (Zugriff am 03.04.2006)
Friedman D (1988) The Misunderstood Miracle: Industrial Development and Political Change in Japan. Cornell University Press, Ithaca/London
Hepperle GRM (2000) Airbus – ein gelungenes Beispiel für beschäftigungsorientierte Industriepolitik? Uni Hohenheim, Schriftenreihe des Promotionsschwerpunkts (Violette Reihe) 12/2000
ICAO International Civil Aviation Organization (2005). Http://www.icao.org (Zugriff am 12.10.2005)
IMA Materialforschung und Anwendungstechnik GmbH (2005). Http://www.ima-dresden.de/deutsch/infonews/35.htm (Zugriff am 01.10.2005)
JADC Japan Aircraft Development Corporation (2005). Http://www.jadc.or.jp/7_Aircraft.pdf (Zugriff am 15.12.2005)
JAEC Japanese Aero Engines Corporation (2005). Http://www.jaec.or.jp (Zugriff am 20.12.2005)
JAL Japan Airlines (2005a). Http://www.jal.com/en/corporate/gaiyo/flight.html (Zugriff am 17.12.2005)

JAL Japan Airlines (2005b) Annual Report 2005. Http://www.jal.com/en/ir/finance/annual/2005/operating_highlight.html (Zugriff am 17.12.2005)
JAXA Japan Aerospace Exploration Agency (2005). Http://www.jaxa.jp/index_e.html (Zugriff am 16.12.2005)
KHI Kawasaki Heavy Industries (2000) Annual Report 2000. Http://www.khi.co.jp/annual/pdf/ar_2000.pdf (Zugriff am 20.12.2005)
KHI (2004) Annual Report 2004. Http://www.khi.co.jp/annual/pdf/ar_2004.pdf (Zugriff am 23.07.2006)
KHI (2005) Annual Report 2005. Http://www.khi.co.jp/annual/pdf/ar_2005.pdf (Zugriff am 23.07.2006)
MHI Mitsubishi Heavy Industries (2004a) MHI Ships Components for the 100th Bombardier Q400. Http://www.mhi.co.jp/enews/e_1008.html (Zugriff am 12.12.2005)
MHI (2004b) Annual Report 2004. Http://www.mhi.co.jp/efin/a2004/pdf/annual_2004.pdf (Zugriff am 23.07.2006)
MHI (2005). Http://www.mhi.co.jp (Zugriff am 12.12.2005)
MHI (2006). Http://www.mhi.co.jp/index/formation/eindex.html (Zugriff am 23.07.2006)
Nippi (2005). Http://www.nippi.co.jp/e/overview/history.html (Zugriff am 12.12.2005)
Nishiguchi T, Caspary S (1996) Atarashii autosōshingu – kyōsei to kyōsō he mukau sekai kōkūki sangyō [Neues Outsourcing – Trend zu Koexistenz und Kooperation in der globalen Luftfahrtindustrie]. Nihon Kōkū Uchū Kōgyōkai 3.1996
NKUKK Nihon Kōkū Uchū Kōgyōkai (1993) Nihon no kōkū uchū kōgyō [Japans Luft- und Raumfahrtindustrie 1993]. Nihon Kōkū Uchū Kōgyōkai, Tokio
NKUKK (2004a) Nihon no kōkū uchū kōgyō [Japans Luft- und Raumfahrtindustrie 2004]. Nihon Kōkū Uchū Kōgyōkai, Tokio
NKUKK (2004b) Sekai no kōkū uchū kōgyō [Weltweite Luft- und Raumfahrtindustrie 2004]. Nihon Kōkū Uchū Kōgyōkai, Tokio
Okimoto DI (1989) Between MITI and the Market. Japanese Industrial Policy for High Technology. Stanford University Press, Stanford (CA)
Samuels RJ (1994) Rich Nation, Strong Army. - National Security and Technological Transformation of Japan. Cornell University Press, Ithaka und London
ShinMaywa (2004) Annual Report 2004. Http://www.shinmaywa.co.jp/investor/pdf/AnnualReport2004.pdf (Zugriff am 23.07.2006)
Sekigawa E, Mecham M (2005) Airports Nurture Fleets. Aviation Week & Space Technology 14.02.2005: 49
SIPRI Stockholm International Peace Research Institute (2005). Http://editors.sipri.se/pubs/yb04/ch10.html (Zugriff am 12.12.2005)
SJAC Society of Japanese Aerospace Companies (1997) The Aerospace Industry Yearbook. SJAC, Tokio
SJAC (2005). Http://www.sjac.or.jp/toukei/database_h17.5.pdf (Zugriff am 01.12.2005)
SJAC (2006a.) Http://www.sjac.or.jp/about_dt/data_bas.htm (Zugriff am 03.04.2006)

SJAC (2006b). Http://www.sjac.or.jp/active/pdf2/sjac16japan.pdf (Zugriff am 03.04.2006)
SJAC (2006c). Http://www.sjac.or.jp/documents/data/2-1-8.htm (Zugriff am 03.04.2006)
SJAC (2006d). Http://www.sjac.or.jp/documents/data/2-1-12.htm (Zugriff am 03.04.2006)
SJAC (2006e). Http://www.sjac.or.jp/documents/data/2-1-14.htm (Zugriff am 03.04.2006)
SJAC (2006f). Http://www.sjac.or.jp/hp_english/aerospace_industry.pdf (Zugriff am 03.04.2006)
SJAC (2006g). Http://www.sjac.or.jp/industry/growth.htm (Zugriff am 03.04. 2006)
SJAC (2006h). Http://www.sjac.or.jp/hp_english/english.htm (Zugriff am 23.07. 2006)

Services

Bankenkonsolidierung und Finanzinnovation in Japan

Martin Schulz

Japans Finanzmärkte werden nach wie vor von wenigen Großbanken (City Banks) dominiert. Dies – und die Investitionszurückhaltung während der Finanzmarktkrise der letzten zehn Jahre – hat dazu geführt, dass sich in Japan erst in den allerletzten Jahren ein interessanter Markt für Finanzmarktinnovationen entwickelt hat. Der Beitrag wird sich daher im Folgenden zunächst mit den Problemen und Strategien der Großbanken beschäftigen, um anschließend die durchaus richtungsweisenden Entwicklungen im Bereich des „elektronischen Geldes" und der Nichtbanken-Filialnetze zu beleuchten.

1 Japans Finanzmarkt im internationalen Vergleich

Die Wiederbelebung des japanischen Finanzmarktes nach der „verlorenen Dekade" der 90er Jahre ist im Wesentlichen auf eine klassische Konsolidierung im Banken- und Unternehmensbereich zurückzuführen. Innovative Finanzmarktprodukte und -prozesse, die das Wachstum der Finanzmärkte insbesondere in den USA seit Mitte der 1980er Jahre geprägt haben, waren daran kaum beteiligt. Im Gegenteil, die Banken haben selbst operational notwendige Investitionen in die IT-Integration bisher aufgeschoben. Bei der Fusion der Mizuho Financial Group[1] im Jahre 2002 brach beispielsweise das Computersystem für Tage zusammen, als man versuchte, die unterschiedlichen Systeme der DKB und der Fuji Bank durch ein einfaches Relais-Computersystem miteinander zu verbinden.[2] Ähnliche Probleme wiederholen sich gegenwärtig bei der Fusion der Mitsubishi UFJ Financial

[1] Durch Fusion der Dai-Ichi Kangyo Bank (DKB), Fuji Bank und Industrial Bank of Japan.

[2] Es dauerte weitere drei Jahre, bis die Computersysteme der vormaligen Fuji Bank und der DKB integriert wurden.

Group (Anfang 2006), die ihre Systemintegration auf Ende 2008 verschoben hat, oder bei der Tokyo Stock Exchange (TSE), die es seit 1999 versäumte, ihr elektronisches Handelssystem ausreichend zu erweitern, und durch das hohe Handelsaufkommen nach einem Finanzskandal bei einem Unternehmen des Neuen Marktes (Livedoor) zusammenzubrechen drohte.

In der ansonsten überaus innovativen japanischen Ökonomie ist ein derartiges Innovations- und Investitionsdefizit allerdings schon fast als erstaunlich zu bezeichnen – auch wenn die Banken während der anhaltenden Finanzkrise natürlich nur beschränkte Investitionen aus ihren Profiten bezahlen konnten. Der größte Teil der Finanzmarktliteratur führt daher auch umgekehrt die Dominanz des traditionellen privaten und öffentlichen Banken- und Versicherungssektors sowie den mangelnden Druck der Finanzaufsicht zur Abschreibung der Problemkredite im Unternehmenssektor als einen wesentlichen Faktor für die Dauer der Finanzmarktkrise an (Hoshi u. Kashyap 2004).

Bevor diese Frage im nächsten Abschnitt genauer untersucht werden kann, soll jedoch zunächst der Status quo des japanischen Finanzsystems im internationalen Vergleich dargestellt werden. Für einen Überblick stellt Abbildung 1 die Anteile der Finanzanlagen der privaten Haushalte in Japan den gleichen Größen in Deutschland und den USA gegenüber.

Abb. 1. Finanzanlagen der privaten Haushalte im Vergleich (2004)

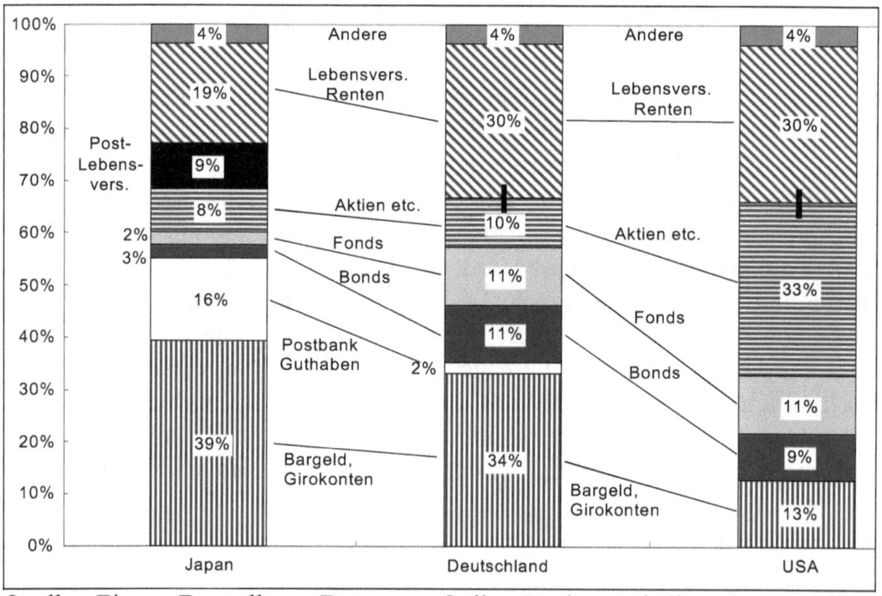

Quelle: Eigene Darstellung. Daten aus Online Bankenstatistiken der BOJ, Deutsche Bundesbank, Federal Reserve (2005).

Insbesondere das starke Übergewicht der Finanzanlagen im Bankenbereich (Depositen) und der öffentlichen Post sowie die starke Untergewichtung von Aktien und Investmentfonds haben dazu geführt, dass der japanische Markt generell als „over-banked" betrachtet wird. Eine eingehendere Analyse der Struktur und Profitabilität des privaten Geschäftsbankensystems wird jedoch zeigen, dass das große Volumen der Bankeinlagen keineswegs mit einem aufgeblähten und kostenintensiven Bankenbereich einhergegangen ist.

Tabelle 1. Größe und Profitabilität im Geschäftsbankensektor im internationalen Vergleich (in % der Bankenaktiva 2003 und Wachstumsraten 1993-2003)

	Frankreich	Deutschland	Japan	UK	USA
Bankenanzahl	895 (-45%)	2076 (-45%)	131 (-13%)	32 (-14%)	7825 (-29%)
Filialen	26.136 (-0.6%)	33.623 (-25%)	12.510 (-18%)	10.600 (-7%)	ca. 78.000
Angestellte/Bank	458 (+84%)	327 (+72%)	2305 (-25%)	14219 (+42%)	223 (+64%)
Betriebskosten/ Aktiva	1,32 (-0,23)	1,35 (-0,26)	0,90 (-0,01)	1,70 (-1,00)	3,26 (-0,54)
Personalkosten/ Aktiva	-	0,73 (-0,26)	0,41 (-0,06)	0,85 (-0,63)	1,45 (-0,13)
Aktiva/Angestellte (Mio. EUR)	9,41 (+50%)	8,11 (+109%)	17,66 (+34%)	6,70 (+149%)	3,56 (+72%)
Aktiva/BSP	247 (+17)	259 (+90)	150 (-26)	191 (+83)	68 (+12)
Netto Nachsteuer-ertrag/Aktiva	0,45 (+0,43)	0,10 (-0,34)	0,11 (+0,02)	0,71 (+0,25)	1,35 (+0,18)
Netto Zinsertrag/ Aktiva	0,89 (-0,51)	1,36 (-0,61)	1,21 (+0,12)	1,60 (-0,77)	3,15 (-0,61)
Netto Nichtzins-ertrag/ Aktiva	1,17 (+0,17)	0,50 (-0,11)	0,16 (-0,02)	1,39 (-0,51)	2,54 (+0,35)
Wachstumsrate Gebühren und Provisionen (Jahr)	9%	11%	2%	12%	-

Anm.: Sofern nicht anders angemerkt, sind alle Verhältniszahlen Prozentangaben zur Basis Bankenaktiva. Die Zahlen in Klammern sind die Veränderungen zwischen 1993-2003 in Prozentpunkten. Die Umrechung in EUR basiert auf Wechselkursen des Jahres 2003.

Quelle: Eigene Berechnungen; Daten aus OECD (2005); IWF (2005).

Tabelle 1 fasst die wesentlichen Kennzahlen im internationalen Vergleich zwischen 1993 und 2003 zusammen. In Bezug auf die Anzahl der Geschäftsbanken und den Ausbau des Filialnetzes hat Japan dabei im Verhältnis zur Marktgröße das eindeutig schlankste und konzentrierteste Geschäftsbankensystem[3], und dies, obwohl mit Ausnahme des ebenfalls stark konzentrierten britischen Finanzsystems in allen anderen Ländern zwischen 1993 und 2003 eine noch stärkere Konsolidierung im Bankensektor stattgefunden hat. In Deutschland beispielsweise sank die Bankenzahl um 45% und die Filialzahl um 25%.

Auch von der Betriebs- und Personalkostenseite zeigen sich die japanischen Geschäftsbanken als die international effizientesten im Verhältnis zum verwalteten Vermögen. Mit weniger als 1% Kosten und fast 17 Mio. EUR Vermögenssumme pro Angestelltem liegen die Banken hier mit weitem Abstand an der Spitze. Allerdings hat in Japan, im Gegensatz zur internationalen Konkurrenz, die „IT-Revolution" im Bankenbereich im gleichen Zeitraum zu keinen weiteren signifikanten Einsparungen geführt.

Bei genauerer Analyse des in Japan sehr niedrigen Geschäftsergebnisses der Banken (Netto-Nachsteuerertrag von nur 0,11% der Aktiva) wird daher auch schnell deutlich, dass die Achillesferse der japanischen Banken nicht im häufig kritisierten Kostenbereich oder dem wegen der anhaltenden Deflation niedrigen Zinsergebnis liegt, sondern im Bereich der Innovation. Dies belegen die extrem niedrigen Erträge aus dem zinsunabhängigen Geschäft von nur 0,16% der Aktiva und die langfristig niedrige Wachstumsrate der Erträge aus Gebühren und Provisionen von nur 2% pro Jahr (1993-2003).

Durch den strikten Fokus der japanischen Banken auf kostensparende Restrukturierungsmaßnahmen und den bisher verschleppten Ausbau des Provisionsgeschäftes unterscheidet sich die Strategie der japanischen Banken fundamental von der Strategie der US-amerikanischen Banken im gleichen Zeitraum. In den USA ist es den Banken gelungen, ihre Zinserträge auf einem hohen Niveau zu halten, indem sie niedrig verzinste Aktiva, wie Hypotheken und Unternehmenskredite, durch Securization auf den Kapitalmarkt (und aus ihren Bilanzen) verschoben haben.[4] Gleichzeitig

[3] Im Kreditgeschäft mit Klein- und Mittelständischen Unternehmen (KMU) kommen allerdings die regionalen Kooperativ- und Spezialbanken (*shinkin*) hinzu.

[4] Selbst im Bereich des Retail Banking hat die Securization von Hypotheken und Autokrediten sowie der zunehmende Wettbewerb mit Nicht-Finanzunternehmen wie den Automobilherstellern dazu geführt, dass der Anteil der Geschäfts- und Privatkundenkredite in den USA von 30,9% im Jahre 1974 auf 24,1% im Jahr 2003 gefallen ist. In Japan ist der Anteil von 39,5% im Jahre 1992 auf 33,2% im Jahr 2003 gesunken (The Banker, 05.07.2005).

haben sie ihre Nichtzinserträge aus Provisionen für den Verkauf von Kapitalmarktprodukten (wie Investment Trusts etc.) weiter gesteigert. Um dies zu ermöglichen, haben sie - ebenfalls im Gegenteil zu den japanischen Banken - hohe Betriebs- und Personalkosten akzeptiert, um kontinuierlich in IT und talentiertes Personal investieren zu können (vergleiche auch Hoshi u. Kashyap 2001, 2004; Fukao 2003). Im direkten Vergleich lagen im Jahre 2003 sowohl die Betriebs- wie auch die Personalkosten auf Basis der Aktiva auf dem dreifachen Niveau Japans.

Der klare Vorsprung der USA bei den Finanzinnovationen ist auch auf die relativ früh eingeleitete Liberalisierung des Marktes zurückzuführen. Die Deregulierung des Interstate Banking zwischen 1980 und 1994 führte zu einer zügigen Konsolidierung der Banken innerhalb ihrer Sektoren. Gleichzeitig hatte die graduelle Aufweichung des Glass-Steagall Acts ab Ende der 1970er Jahre die Sektorengrenzen zwischen dem klassischen Kreditgeschäft und dem Investment Banking zunehmend irrelevant werden lassen. Seit 1976 war es den Unternehmen darüber hinaus erlaubt, sich über Aktientausch zu konsolidieren oder sich zu Holdingfirmen zusammenzuschließen.

Demgegenüber hatte in der EU die zweite Bankendirektive erst ab 1989 zu einem liberalisierten Universalbanken-Konzept, zumindest für die internationalen Großbanken, geführt (Allfinanz). Ab 1994 führte darüber hinaus die einheitliche Lizensierung von Versicherungen zu einer EU-weiten Konsolidierung und zu mehr Wettbewerb auch in diesem Bereich - und ab 2002 sind EU-weite Finanzholdings prinzipiell frei, alle wesentlichen Finanzdienstleistungen vom Banking über den Wertpapierhandel bis zu Versicherungen zu integrieren (allerdings blieb der Markt durch nationale Regulierungen zersplittert).

In Japan konnten Banken und Broker dagegen erst ab 1993 Tochterunternehmen in den jeweils anderen Sektoren gründen und so schrittweise versuchen, die Handelsgrenzen aufzuweichen (gemeinsame Filialen sind erst seit 2002 möglich). Ebenso wurden die Grenzen des Versicherungsgeschäfts allmählich abgebaut. Bis 1998 blieb es den Unternehmen jedoch versagt, Holdingfirmen zu gründen, und erst zwischen 1999 und 2001 wurde die gruppenweite Konsolidierung durch Aktientausch und -splitting zugelassen. In Japan kam es daher erst zwischen 1998 und 2004 zu einer Welle von 342 M&As mit Bankenbeteiligung (BOJ 2005: 27).

2 Bankenkonsolidierung und Zukunftsstrategien

Ein Teil der Erklärung der „Rückständigkeit“ des japanischen Bankensystems im Nichtzinsgeschäft ist in der bis vor kurzem starken Regulierung des japanischen Finanzmarktes zu finden. Bis zum Platzen der Vermögensmarkt-„Blase“ 1991 sah der japanische Staat wenig Gründe, das im Wesentlichen auf Unternehmenskredite ausgerichtete Finanzsystem zu deregulieren. In dem schwierigen wirtschaftlichen Umfeld nach dem Platzen der „Blase“ schlug diese konservative Einstellung zur Bankenregulation dann in eine aktive der Schadensbegrenzung und der Aufrechterhaltung einer möglichst hohen Kreditvergabe an den Unternehmenssektor um. So kam es erst zwischen 1998 und 2001 zu einem „Big Bang“ der Finanzmarktderegulation und nicht, wie in den USA und Großbritannien, in den späten 1980er und frühen 1990er Jahren. Bis 1998 blieb den japanischen Geschäftsbanken daher der Handel mit Aktien und Derivativen im Auftrag von Privatkunden sowie die Wertpapieremission (Underwriting) auf Basis von Unternehmensanleihen und Aktien versagt.

Aber selbst nachdem die meisten dieser Regulierungen nach 2001 entfallen sind[5], haben sich die japanischen Banken im Bereich der Finanzmarktinnovation wenig aktiv gezeigt. Dies wiederum ist teilweise durch die, wegen der anhaltenden Wirtschaftskrise notwendigen, langfristigen Bilanzrestrukturierungen im Unternehmens-, Banken- und Haushaltsbereich nach Platzen der „Blase“ zu erklären. So sahen sich die Unternehmen gezwungen, ihre starke Verschuldung durch Investitionszurückhaltung und Kostenreduktion (Finanzierung aus dem Cash-Flow) zu verbessern. Die Banken versuchten daraufhin, einen möglichst großen Teil ihrer Geschäftskunden durch niedrige Verzinsung für immer riskantere Unternehmenskredite zu halten (Evergreening) und gleichzeitig ihre Risikostruktur durch sichere, aber zum Teil sogar negativ verzinste Staatsanleihen zu verbessern.[6] Gleichzeitig reagierten die Haushalte auf die gestiegenen volks-

---

[5] Für ausländische Unternehmen bestehen dagegen noch eine Reihe von Einschränkungen im Bereich des Private Banking, des Verkaufs von speziellen Produkten wie Hedge-Fonds und bei Unternehmensübernahmen durch Aktientausch.

[6] Peek und Rosengreen (2005) zeigen beispielsweise, dass die japanischen Banken während der Vermögensmarktkrise (insbesondere nach 1997) vielen Klein- und Mittelständischen Unternehmen (KMU) Kredite zu Zinsen unterhalb der risiko-adjustierten Kosten zur Verfügung gestellt haben. Die Banken hatten dabei ihre sinkende Kapitaladäquanz durch rapide zunehmende Abschreibungen im Blick und nicht die zukünftige Profitabilität oder Überlebensfähigkeit der Unternehmen („Evergreening“, siehe Hoshi u. Kashyap 2004; Arikawa 2005). Caballero et al. (2005) schätzen, dass immerhin 30% der Bankenkredite oder 14%

wirtschaftlichen Risiken und die einsetzende Deflation mit vermehrtem Halten von Bargeld und mit Investitionszurückhaltung.

Nachdem es den Banken in diesem Umfeld bis Anfang des neuen Milleniums nicht gelungen war, einen positiven Geschäftsertrag zu erzielen (Fukao 2003), waren sie auf die Liquidation ihrer langfristig gehaltenen Aktienpakete angewiesen. Damit verabschiedeten sich die japanischen Banken, parallel zu der international immer weiter zurückgehenden Bankenkreditnachfrage der Unternehmen (aufgrund der Kapitalmarktorientierung durch „securization"), auch noch aus ihrem traditionellen Investment-Banking-Geschäft. Als nach dem Ende des IT-Booms der Aktienmarkt noch weiter einbrach und schließlich in eine Abwärtsspirale geriet, fanden sich die Banken an ihrem absoluten Tiefpunkt wieder und waren auf weitere staatliche Hilfen und finale Fusionen im Bereich der Großbanken angewiesen. Vom Gipfel ihres Börsenwertes im Jahr 1986, als sie mehr als 25% des breitgefächerten Aktienmarktindex Topix ausmachten, fielen sie bis April 2003 auf eine Kapitalisierung von nur 2,7%.

Die Diskussion, inwieweit die japanischen Banken Opfer oder Verursacher dieser Finanzmarktkrise waren, ist in den 1990er Jahren hitzig geführt worden. Fest steht, dass sie ihre Bilanzkrise nicht von allein in den Griff bekamen und ihre Geschäftsfelder nicht durch Innovationen aus dem traditionellen Geschäft mit Unternehmenskrediten in das potenziell profitablere Retail Banking oder das internationale Investment Banking verlagerten. Hinzugefügt werden muss jedoch, dass es auch international überaus erfolgreichen ausländischen Unternehmen wie Merill Lynch im Umfeld der 1990er Jahre in Japan trotz Know-how und intensiver Bemühungen nicht gelungen ist, beispielsweise im Bereich des Private Asset Managements und im Vertrieb von Investmentfonds Fuß zu fassen.

Fest steht inzwischen auch, dass ab 2002 die Großbanken mit verschärften Abschreibungen von Problemkrediten (Ende 2005 nur noch 2,4% der Kreditsumme der Großbanken; 3,5% insgesamt) und umfassenden Fusionen reagierten, an deren Ende nur noch drei gigantische Finanzholdings standen.[7] Letztlich führten aber auch diese Mega-Fusionen der Mizuho Financial Group, der Mitsubishi UFJ Financial Group und der Sumitomo Mitsui Banking Group bisher nur dazu, dass die Großbanken auf eine Konsolidierung ihres alten Geschäftsmodells angewiesen blieben. Denn nur durch Kosteneinsparungen und durch weitere Konsolidierung können

der Aktiva-gewichteten Bankenkredite ab 1997 zu signifikant vergünstigten Bedingungen vergeben wurden.

[7] Sie wurden dabei durch die gleichzeitig einsetzende Erholung der japanischen Ökonomie unterstützt. Es dauerte allerdings noch drei Jahre (bis Ende 2005), bis die Kreditnachfrage der Unternehmen wieder positive Wachstumsraten zeigte.

Fusionen dieser Größenordnung schnell Profite abwerfen (und diese werden von den inzwischen über 30% ausländischen Aktionären der Gruppen weitaus intensiver eingefordert). Dieses Problem verdeutlicht Abbildung 2 eindrücklich: Die Mizuho Financial Group blieb auch nach der Fusion auf das margenschwache Geschäftskundengeschäft fixiert, das letztlich nur durch weitere Kosteneinsparungen saniert werden kann – gleichzeitig fehlt ihr das margenstarke Geschäft im Asset Management, das sich etwa die Deutsche Bank langsam und durch internationale Expansion erarbeitet hat.

Abb. 2. Geschäftsfelder internationaler Bankengruppen im Vergleich

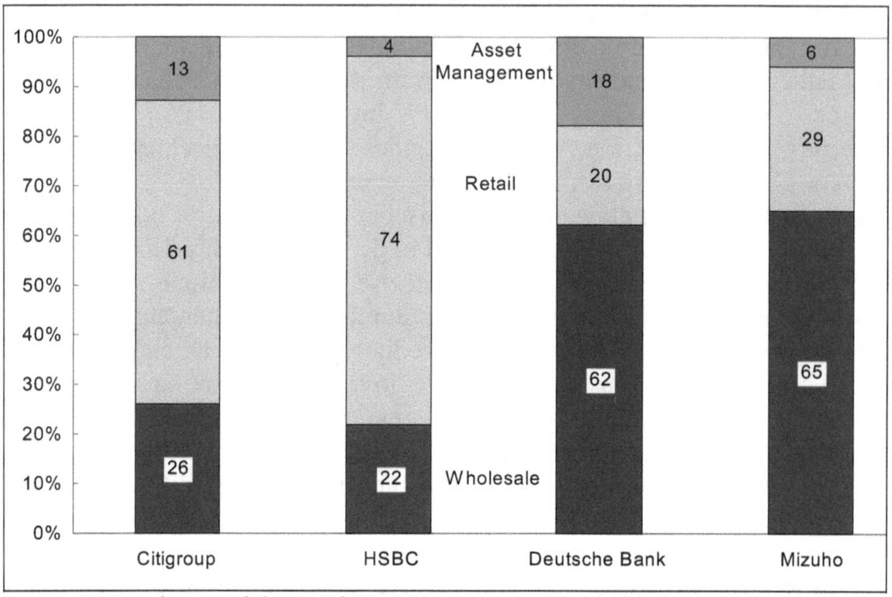

Anm.: Berechnet auf der Basis von Erträgen. HSBC, Citigroup, Deutsche Bank: Geschäftsjahr 2003; Mizuho: 2005 Prognose.

Quelle: Eigene Darstellung. Daten aus Mizuho (2004); BOJ (2005).

Mit den inzwischen wieder fließenden Gewinnen (2005: +800%) zeichnet sich jedoch auch ein überfälliger und langfristiger Strategiewechsel ab. Die Banken planen, die bisher vernachlässigten Geschäftbereiche zu erschließen und versäumte Produkt- und Prozessinnovationen nachzuholen. Zunächst haben die Banken begonnen, in IT zu investieren. Bis Ende des Fiskaljahres 2005 wollen sie ihre IT-Ausgaben um 44% erhöhen. Gleichzeitig planen alle Großbanken, die drei Säulen ihres Universalbanken-Modells auszubauen:

- Das Corporate Banking wird, den internationalen Produktionsnetzwerken der japanischen verarbeitenden Industrie folgend, insbesondere in Richtung Ostasien ausgebaut werden.
- Das Retail Banking soll durch attraktive Filialnetzwerke und „Value-Added"-Services, wie integrierte Cash- und Kreditkarten auf Basis von Depositenkonten mit Geldmarkt- und Fremdwährungsfondanteilen, ausgebaut werden.
- Und das Asset Management und Investment Banking soll zur Erzielung höherer Renditen internationalisiert werden, denn bereits heute fragen japanische Haushalte vor allem international diversifizierte Investmentfonds nach, die von den japanischen Banken bisher nur durch Partnerschaften mit internationalen Investment-Banken vertrieben werden können.

Es ist wenig verwunderlich, dass alle Großbanken ein im Prinzip ähnliches Geschäftsmodell planen, denn die schiere Größe der Bankengruppen erfordert ein Universalbankenmodell mit erheblicher Diversifikation. Zwar wird sich die später notwendige Schwerpunktsetzung und Internationalisierung wieder als schwierig erweisen, zunächst sind die Großbanken jedoch noch mit dem in jedem Fall notwendigen Ausbau des Retail-Bereichs im Privatkunden- und KMU-Geschäft beschäftigt.

Beim Vertrieb von Investmentfonds haben die Banken ihren Marktanteil bereits auf 60% gesteigert. Und da sie seit Dezember 2004 auch Aktien- und Wertpapiere direkt am Schalter verkaufen dürfen, steigen ihre Provisionseinkommen. Ab 2008 wird zu diesen Provisionsgeschäften noch der Verkauf von eigenen Versicherungen hinzukommen, ein Markt, der gegenwärtig von der öffentlichen Postbank dominiert wird. Im Hypothekengeschäft expandieren die Großbanken dank der Privatisierungspläne für die öffentlichen Finanzunternehmen (insbesondere der staatlichen Housing Loan Corp.) ebenfalls deutlich; allerdings sind in diesem Geschäft die Margen extrem niedrig. Ein weiterer Zielmarkt ist das Privatkundengeschäft der zu privatisierenden Postbank, das allerdings nur über eine erhebliche Ausdehnung des Filialnetzes zu gewinnen wäre und zunächst eher für die wesentlich kleineren und privatkundenfreundlicheren Regionalbanken interessant erscheint.

Der nächste Zielmarkt ist die internationale Expansion nach Ostasien, die seit 2004 zunächst durch eine wieder steigende Kreditvergabe an Schwung gewinnt. Bisher geht der größte Teil dieser Kredite jedoch an die lokalen Niederlassungen japanischer Automobilhersteller in diesen Ländern. Letztlich wird der Erfolg in Asien, wie auch der weitere Erfolg des internationalen Investment Banking und Asset Managements, vom Ausbau der internationalen Kompetenz und des Filialnetzwerkes abhängen. Da sich in den boomenden asiatischen Ökonomien, die gegenwärtig schrittweise ihre Bankensektoren öffnen, bereits die wesentlich erfolgreicheren amerikanischen und europäischen Konkurrenten etablieren, müssen die japanischen Banken für ihre internationalen Kunden zunächst innovative Services entwickeln, die sie klar von ihren Konkurrenten unterscheiden.

Im folgenden Abschnitt werden daher die sich zur Zeit in Japan entwickelnden Finanzinnovationen im Retail Banking untersucht. Zweifellos ist in Japan ein solches Innovationspotenzial vorhanden. Die Größe des Marktes stellt nach wie vor einen erheblichen Investitionsanreiz dar. Die Haushalte haben, nach Jahren niedriger Zinsen und erheblicher Vermögensverluste, auf der Basis der sich stabilisierenden Ökonomie begonnen, nach höher verzinsten Anlagemöglichkeiten zu suchen. Und Japans erfolgreiche Automobil- und Elektronikindustrie öffnet durch den Ausbau ihrer internationalen Investitionsnetzwerke viele Türen - insbesondere in Asien.

Ob die Banken dieses Potenzial in den nächsten Jahren jedoch auch ausschöpfen können, hängt im Wesentlichen von der weiteren Entwicklung der Marktbedingungen ab. Denn Japans Großbanken werden auch weiterhin von einer Reihe Altlasten geplagt. Hoshi u. Kashyap (1999, 2004) beispielsweise schätzen, dass japanische Bankaktiva um weitere 15-40% sinken müssten, wenn japanische Unternehmen ihre Finanzierung in einem ähnlichen Maße wie US-Unternehmen auf den Kapitalmarkt verlagern. Hinzu kommt, dass es im Geschäftskundenbereich auch von der Bankenseite her zu weiteren Einschnitten kommen wird. Denn bei vielen kleineren Unternehmen bleibt fraglich, ob sie – bei mittlerweile wieder anziehenden Kreditzinsen – konkurrenzfähig bleiben. Die finale Abschreibung der Kredite an diese häufig als „Zombies" bezeichneten Unternehmen (Sekine et al. 2003) wird damit erst jetzt, nach der Erholung des Bankensektors und der Kreditnachfrage, erfolgen.

Hinzu kommt, dass die enormen Investitionen der Banken in Regierungsanleihen mit steigenden Zinsen und damit fallenden Bondpreisen zu erheblichen Verlusten führen können. Senoguchi (2004) beispielsweise schätzt, dass eine einprozentige Zinserhöhung zu Verlusten von 4 Bio. JPY führen würde. Die für das Fiskaljahr 2005 erwarteten Netto-Profite von 2,6 Bio. JPY würden damit mehr als ausradiert werden.

3 Finanzinnovation

Wie in den meisten Industrien sind auch in der Finanzindustrie neue Technologien die treibende Kraft von Finanzinnovationen. Im Gegensatz zu den verarbeitenden Industrien gestaltet sich die klassische Unterscheidung zwischen Produktinnovationen (z.B. Zertifikaten, Exchange Traded Funds (ETF) und Hedge-Fonds) und Prozessinnovationen (z.B. Formen des elektronischen Handels) im Finanzbereich jedoch als ebenso schwierig wie die Patentierung dieser Technologien. Die zunehmende Integration und Globalisierung von elektronischem Service (wie Geldautomaten und Überweisungen) mit den gehandelten Produkten (wie der vollständigen Integration von Diskontkonten, Kreditkarten, Termineinlagen und Investmentfonds) hat zu einem sich in alle Richtungen diversifizierenden Innovationsprozess geführt, der kaum noch von öffentlichen Stellen oder Gerichten kontrolliert oder gegen Nachahmung geschützt werden kann.

In der zuvor extrem geschützten und kontrollierten Finanzindustrie mit ihren starken Monopolen im Bankenbereich hat die IT-Revolution damit zu einer Polarisierung des Innovationsprozesses geführt. Auf der einen Seite stehen vor allem kleinere Nichtbank-Finanzunternehmen, z.B. Online-Broker und Finanzdienstleister, sowie große international aktive Investment-Banken, Kreditkartenunternehmen und international diversifizierte Universalbanken, die in erheblichem Maße Finanzinnovationen und Internationalisierung vorantreiben. Auf der anderen Seite stehen die weiterhin stark regulierten (und zum Teil sogar noch öffentlichen) nationalen oder regionalen Geschäftsbanken und Sparkassen, für die Internationalisierung nur vermehrte Konkurrenz und Innovation nur – zuvor unnötige – kostenintensive Investitionen bedeuten.

Lerner (2004) beispielsweise zeigt durch eine Auswertung der Artikel im Wall Street Journal mit Bezug auf Finanzinnovationen zwischen 1990 und 2002, dass in den USA 33,5% der Innovationen im Bereich des Security Underwriting und Trading und jeweils 26,2% im Bereich des Asset Managements und bei den Pensionsfonds stattfanden. Im traditionellen Bereich des Retail- und Hypotheken-Banking wurden dagegen nur 11,6%, im Kreditkarten- und Versicherungsgeschäft nur 5,2% und im Bereich des Bankgeschäfts mit Geschäftskunden (Commercial Banking) gar nur 0,6% der Innovationen erwähnt.

In den USA hatten jedoch - angetrieben durch den graduellen Übergang zu einem Universalbankensystem und durch die Öffnung der zuvor geschützten inneramerikanischen Regionalmärkte - die Geschäftsbanken einen erheblichen Anteil an diesen Innovationen. So ergab die Auswertung der innovativen Unternehmen, dass Securities Brokers & Dealers in 23,5% der Artikel als Innovateure erwähnt wurden, Geschäftsbanken in 22,3%, Non-Depository Credit Institutions in 8,2% sowie IT-Unternehmen in 6,7% der Artikel.[8] Die meisten Finanzinnovationen der 1990er Jahre fielen

[8] Der Rest der Artikel bezieht sich auf Unternehmen aus den unterschiedlichsten Bereichen.

damit in den Bereich der kapitalmarktbezogenen Geschäfte des Wertpapierhandels und Vermögensmanagements, wurden aber von den Geschäftsbanken internalisiert. Vor allem Ende der 1990er spiegelte sich diese innovative Ausweitung ihrer Produktbasis und Prozessflexibilität auch in ihrer hohen Profitabilität wieder. So konnten die Banken auch bei zurückliegenden Geschäftskundenaktivitäten und fallenden oder stagnierenden Aktienmärkten, wie nach 2001, ihre gegenüber der internationalen Konkurrenz wesentlich höheren Margen halten.

In Japan belegen demgegenüber die niedrigen (oder negativen) Renditen der Geschäftsbanken, dass es bisher zu keinen ähnlich umfassenden Finanzmarktinnovationen gekommen ist (Hoshi u. Kashyap 2004). Sowohl die verschleppte Rekapitalisierung der Banken im letzten Jahrzehnt wie auch die gegenwärtigen kosten- und risikoorientierten Fusionen der Großbanken müssen dabei als ein Innovationshindernis betrachtet werden.

Inzwischen verbreiten sich innovative Produkte jedoch zumindest auf der Wholesale-Ebene schnell, und es findet in diesem Bereich eine rasche nachholende Entwicklung statt. Hedge-Fonds mit Asien-Fokus wachsen seit 2000 mit 35% pro Jahr, wobei 30% des verwalteten Vermögens in Höhe von 70 Mrd. USD von den japanischen Kapitalmärkten stammt. Vor allem japanische Versicherungen und Pensionsfonds versuchen gegenwärtig verstärkt, ihre niedrigen Zinseinkommen zu verbessern und ihre langfristig riskante Abhängigkeit von japanischen Staatsschuldbriefen zu verringern. Seit 2004 hat daher mehr als die Hälfte der Unternehmenspensionsfonds begonnen, in Hedge-Fonds zu investieren, und selbst der „Japan Government Pension Investment Fund" erwägt einen solchen Schritt nach weiteren Deregulierungen ab 2006. Allerdings wird das wirklich große Geschäft mit den Privatkunden gegenwärtig noch durch Lizensierungsbeschränkungen behindert, sodass die meisten ausländischen Private-Asset Manager mit ihren Angeboten an alternativen Investmentprodukten noch Offshore von Hongkong und Singapur aus operieren müssen (BusinessWeek, 26.09.2005).

Wesentlich schwerer wiegt daher auch, dass die Konservierung der konzentrierten und bankenlastigen Struktur des Marktes kaum Raum ließ für die Umsetzung von Produkt- und Prozessinnovationen durch kleine und spezialisierte Unternehmen, die bei neuen Technologien häufig die treibende Kraft sind. Die folgende Tabelle 2 zeigt beispielsweise, dass die IT-Investitionen der japanischen Banken während der gesamten 1990er-Jahre weit hinter den Investitionen der US-Banken zurückblieben und daher keinen interessanten Markt für Finanzinnovationen etablierten.

Tabelle 2. Investitionen amerikanischer und japanischer Banken in Informationstechnologien (Mrd. USD)

	US-Banken	Japanische Banken
1990-1994	19,2	11,3
1995-1999	25,1	10,0
2000-2001	30,8	12,4

Anm.: Für die JPY-USD-Umrechnung wurden Periodendurchschnittskurse verwendet.

Quelle: BOJ (2005).

Während sich die IT-Investitionen in den USA in den 1990er Jahren verdreifachten, blieben sie in Japan weitgehend konstant. Hinzu kommt, dass die Investitionen japanischer Banken im Wesentlichen in Wartung und Systemintegration flossen – nur 30% der Gesamtsumme zwischen 1995 und 2000 wurden in neue Systeme investiert (BOJ 2005). In den USA machten die Kosten der Systemerhaltung dagegen nur 2% der Investitionen im Jahr 2003 aus, während 38% der Summe in die Entwicklung neuer Systeme investiert wurde (Center for Financial Industry Information Systems 2003). Das gegenwärtig anlaufende „Program for Further Financial Reform" der japanischen Finanzmarktaufsicht (Financial Service Agency, FSA) zieht daher den Schluss, dass „... compared to other countries, Japanese financial institutions have fallen behind IT investments and IT costs remain high" (FSA 2004: 5).

Diese Diskrepanz in der Einführung von IT-Innovationen dürfte mit den inzwischen wieder anziehenden Gewinnen allerdings zügig zu überwinden sein. Für das Fiskaljahr 2005 planen allein die drei Großbankengruppen IT-Investitionen in Höhe von 2,7 Mrd. USD (auch wenn ein Großteil davon wieder in die Systemintegration und nicht die Systeminnovation fließen wird). Die notwendigen Technologien stehen jedenfalls zur Verfügung. Tabelle 3 zeigt, dass ein ganz erheblicher Teil der Finanzinnovationen in den USA auf Patenten von japanischen Unternehmen basiert. Auch die IT-Infrastruktur des japanischen Marktes insbesondere im Raum Tokio hat sich in den letzten Jahren deutlich verbessert. In kaum einer anderen Region weltweit können die Finanzdienstleister auf ein besser ausgebautes Netz von Breitbandverbindungen und auf eine höhere Verbreitung von internetfähigen Mobiltelefonen aufbauen. Die kleinen, innovativen Finanzdienstleister, die in Japan interessanterweise auch während der 1990er Jahre keineswegs stärker reguliert waren als in den USA (Miwa u. Ramseyer 2004), stehen daher bereits in den Startlöchern, um ihre Chance in einem wachsenden Markt wahrzunehmen.

Tabelle 3. Am häufigsten erwähnte Finanzpatentinhaber im WSJ 1990-2002

Unternehmensname	Anzahl
Hitachi	76
IBM	55
NCR	55
Citigroup	47
Fujitsu	47
AT&T	33
Diebold	30
Toshiba	23
Merrill Lynch	18
First Data	14
Citicorp	13
Microsoft	12
Xerox	12

Quelle: Lerner (2004).

Eine wichtige Plattform ist beispielsweise der „i-mode"-Internetservice von Japans größtem Mobilfunkunternehmen NTT DoCoMo (mit 45 Mio. Nutzern). Dieser Service wird gegenwärtig mit „Mobile Wallets" für den elektronischen Zahlungsverkehr ausgebaut. Die Mobiltelefone dienen damit nicht nur als Terminals, sondern als echte elektronische „Brieftaschen", die wie Geldautomaten Geld zunächst vom Konto auf das Gerät transferieren können und es dann jederzeit drahtlos an Getränkeautomaten, Bahnsteigschranken und Kaufhauskassen weitergeben können. Bereits im Sommer 2006 werden schätzungsweise 10 Millionen dieser Telefone im Umlauf sein.[9]

Derartige Produkt- und Prozessinnovationen helfen den Banken inzwischen, ihre erheblichen Schwierigkeiten im Privatkundenbereich zu überwinden. Denn noch immer verfügt Japan mit weniger als 13.000 Filialen über nur ein Sechstel der Filialen der USA und damit über kaum mehr als das wesentlich kleinere Großbritannien. Hinzu kommt, dass die Filialen ihre ungünstigen Geschäftszeiten erst langsam verändern und ihre Kunden weiterhin in knapp geschnittenen Wartebereichen (im Verhältnis zum deutlich sichtbaren administrativen Bereich der Angestellten) warten lassen. Ähnlich sieht es bei der Nutzung von Bankautomaten aus, die ihren Service zumeist mit den Schließzeiten der Filialen einstellen und deren Benutzungsrisiko (durch Diebstahl der Depositenkarteninformationen) die Banken bis vor kurzem auf die Kunden abwälzten.

Der nach wie vor schlechte Service im Privatkundengeschäft stellt damit nicht nur ein Entwicklungspotenzial für die Großbanken dar, er bietet auch

[9] Stand vom Januar 2006: 3 Mio. Nutzer.

ein erhebliches Marktpotenzial für die stark wachsenden Online-Banken, wie die Sony Bank, die Japan Net Bank, die eBank (eBank bietet inzwischen sogar Hedge-Fond-basierte Investment Trusts online an) oder die Seven Bank (zuvor IY Bank), ein Beispiel für spezialisierte Online-Banken mit Bankautomatennetzwerken in Convenience Stores. Kooperationen und eine Welle der Konsolidierung mit sehr erfolgreichen Online-Brokern wie Monex Beans Holding (mit Sony als strategischem Investor im Hintergrund) hat inzwischen dazu geführt, dass diese Online Holdings die volle Palette der Investment- und Privatkundenservices anbieten können.

Die größte Innovation – mit dem Potenzial, die gesamte japanische Bankenlandschaft im Privatkundenbereich grundsätzlich zu verändern – findet jedoch gerade erst statt. Die Liberalisierung des Filial- und Endkunden-Servicebereichs der Banken ab Ende 2005 führt jetzt dazu, dass auch Nichtbanken, wie Kaufhäuser und Reisebüros, Bankprodukte vertreiben oder Bankenfilialen eröffnen können. Convenience Stores, die ja bereits Bankautomaten betreiben, Reisebüros, die ein großes Interesse an Wechselkursgeschäften und Fremdwährungsdepositen haben, Kaufhäuser und Shopping Centers, die ihre Kreditangebote erweitern möchten, sowie Immobilienmakler, die Hypotheken nun selbst anbieten können, drängen daher in diesen Markt und in Kooperationen mit den Banken.

Letztlich bietet sich für Japans Großbanken damit die Chance, den früher notwendigen Schritt des Ausbaus des Filialnetzes für das Privatkundengeschäft zu überspringen und stattdessen ihre Online-Plattformen direkt an spezialisierte Dienstleister und die nunmehr als Geldautomaten fungierenden Mobiltelefone anzubinden. Für die gerade fusionierte und weltgrößte Bankengruppe, die Mitsubishi UFJ Financial Group, bedeutet dies beispielsweise, dass sie ihr (im japanischen Vergleich) großes und teures Filialnetzwerk (über 900 Filialen) aus Kostengründen zügig reduzieren kann und stattdessen ihr Netzwerk von (zur Bankengruppe gehörenden) „Lawson" Convenience Stores mit fast 8.000 Franchise-Läden zu einem landesweiten Schalternetzwerk ausbauen kann.

Derartige Kosteneinsparungen sind erst der erste Schritt zu Innovationen in der Zusammenarbeit mit den Nichtbanken-Finanzdienstleistern und den gegenwärtig explosionsartig wachsenden Business-to-Consumer-Plattformen. Falls die japanischen Banken ihre Chance nutzen, könnten sie den Erfolg der amerikanischen und europäischen Banken im filialbasierten Privatkundengeschäft auf der Basis von Online-Plattformen wiederholen, ohne den früher notwendigen Entwicklungsschritt des Aufbaus eines großen Bankenfilialnetzes nachvollziehen zu müssen. Dies könnte ihnen, mit einigen Jahren Verzögerung, auch international zu einem erheblichen – und bisher ungeahnten – Wettbewerbsvorteil verhelfen.

4 Expansion in den asiatischen Markt

Ein wichtiger Zukunftsmarkt für die japanischen Banken ist die Region Ost- und Südostasien. Auch in diesem Markt stellt die gegenwärtige Expansionsstrategie der japanischen Banken allerdings schon fast einen Neuanfang dar. Während der 1990er Jahre hatten sich die Banken schrittweise aus dem internationalen Geschäft zurückgezogen, um – bei sinkendem Kapitalwert ihrer Aktien – ihre Aktiva im Rahmen der BIZ-Kapitaladäquanzregel zu halten (Peek u. Rosengreen 2000). Von dieser Entwicklung war das boomende Geschäft in Asien zwar zunächst nicht betroffen (völlig entgegen den in dieser Region existierenden Risiken), aber nach der Asienkrise 1997 traten die Banken auch dort auf die Bremse und reduzierten ihre Kreditvergabe auf nur noch ein Drittel der vorherigen Summe (Abbildung 3).

Abb. 3. Japanische und US-Bankenkredite an die ASEAN4-Länder (Mill. USD)

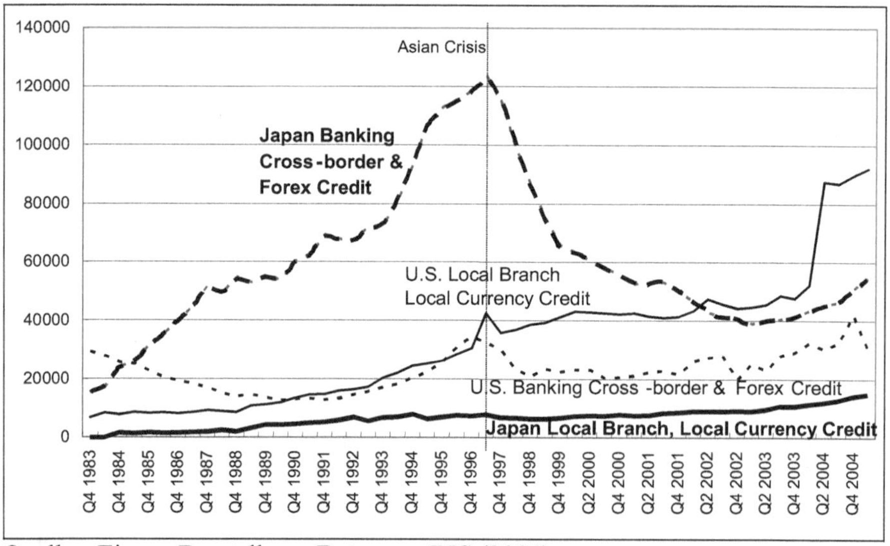

Quelle: Eigene Darstellung. Daten aus BIS (2005).

Seit 2004 wachsen diese Kredite zwar wieder deutlich, und auch die Kreditvergabe in die BRIC-Länder (Brasilien, Russland, Indien, China) nahm im Fiskaljahr 2004 um 40% zu (BusinessWeek, 26.09.2005). Die Banken beschränkten sich aber weiterhin auf das traditionelle Geschäft der Auslandskredite mit diesen Ländern. Auch diese Entwicklung steht im starken Gegensatz zu den Strategien der internationalen amerikanischen Banken, die besonders seit 2004 ihr Filialnetz in Asien stark ausbauen.[10] Mit diesen Filialen sind die amerikanischen Banken nunmehr nicht nur im Kreditgeschäft, sondern vor allem in dem explosiv wachsenden Markt der M&A, Initial Public Offerings (IPO) und Securization tätig. Abbildung 4 gibt einen Eindruck von dem Potenzial dieses Marktes, der bis 2003 – völlig entgegen der Wirtschaftskraft – nur 17% der Fusionen und Akquisitionen im Finanzbereich ausmachte. Mit einem lediglich 5%-igen Anteil der Übernahmen von lokalen Finanzunternehmen durch japanische Unternehmen liegt Japan hier nicht nur weit hinter den USA, sondern auch weit hinter den europäischen Banken zurück.

Abb. 4. M&As im Finanzsektor nach Region (1990-2003)

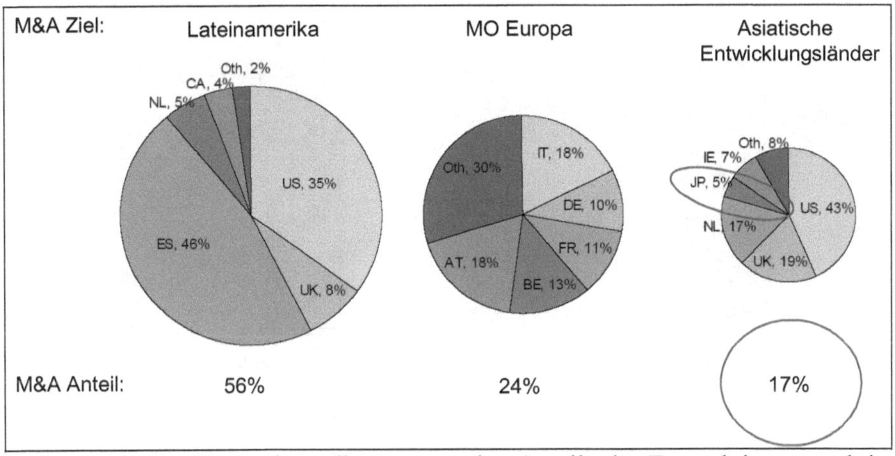

Anm.: Die Grafiken zeigen die prozentualen Anteile der Transaktionen nach investierendem Land. Der M&A-Anteil unter den Grafiken gibt den prozentualen Anteil der Region an den weltweiten M&A-Transaktionen in den Finanzmärkten von Entwicklungsländern an.

Quelle: BIS (2004).

Diesen Rückzug aus Zukunftsmärkten wollen die japanischen Großbanken jetzt stoppen. Die Mizuho Financial Group beispielsweise plant, ihre Corporate Bank bis 2009 zehn weitere Auslandsfilialen eröffnen zu lassen - allerdings eine Steigerung auf noch immer nur 31 Filialen. Diese (vorsichtige) Expansion zeigt, wie stark die Bankenstrategien nach wie vor von den Problemen des Heimatmarktes belastet werden: Denn während das Corpo-

[10] Der einmalige Sprung in der lokalen Kreditvergabe der amerikanischen Banken im Jahre 2004 ist allerdings auf verschärfte Kapitalverkehrskontrollen in Malaysia zurückzuführen, die cetris paribus eine Erhöhung der lokalen gegenüber der internationalen Kreditvergabe erfordern.

rate Banking der Mizuho Financial Group, das in Asien im Wesentlichen die japanische Automobilindustrie bedient, wieder vorsichtig expandiert, musste die Gesamtgruppe bis 2005 insgesamt 72 internationale Filialen schließen, die nach der Fusion überflüssig geworden waren.

Abb. 5. Regionale Einkommen internationaler Bankengruppen im Vergleich

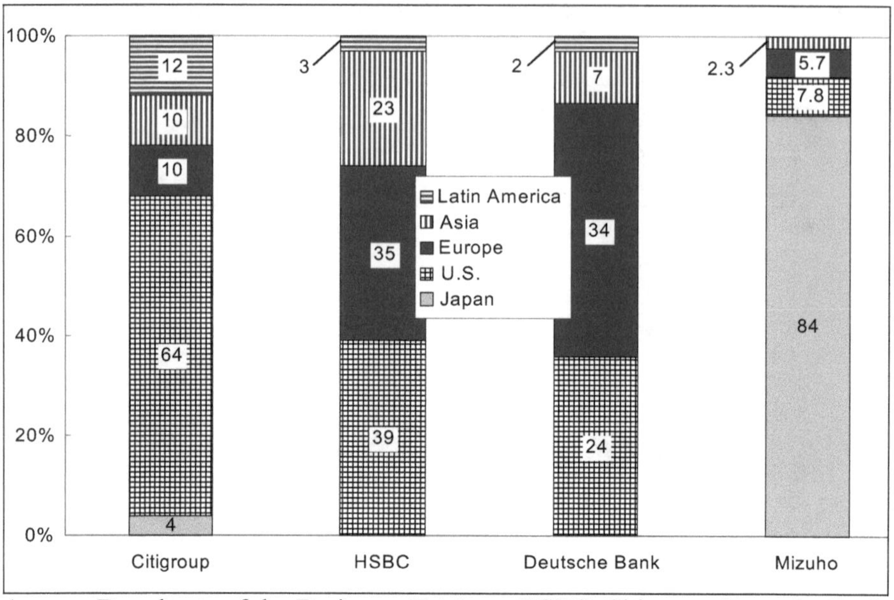

Anm.: Berechnet auf der Basis von Erträgen. HSBC, Citigroup, Deutsche Bank: Geschäftsjahr 2003; Mizuho: 2004.

Quelle: Eigene Darstellung. Daten aus Mizuho (2004); BOJ (2005).

Abbildung 5 zeigt, wie stark die japanischen Banken noch immer auf das Inlandsgeschäft und, wie bereits Abbildung 2 darlegte, auf die Geschäftskunden angewiesen sind. Die Expansion der internationalen Produktionsnetzwerke der japanischen verarbeitenden Industrie verschafft den Banken daher zur Zeit wieder eine Basis im Auslandsgeschäft - denn immerhin 68% des gesamten Einkaufs der Industrie finden inzwischen bei den asiatischen Nachbarn statt.

Letztlich hängt der längerfristige Erfolg der japanischen Banken jedoch von der gleichzeitigen Etablierung im Ausland und Entwicklung ihres innovativen Potenzials im Inland ab. Mit dem Ausbau des Private-Asset-Managements für vermögende Senioren in Japan müssen die Banken ihre Auslandsexpertise entwickeln, um diesen renditeorientierten, aber risikoscheuen Kunden attraktive Anlagen mit internationaler Streuung bieten zu können. Um ferner ihre internationale Präsenz ausbauen zu können, müssen sie in Ausland Wurzeln im Privatkundengeschäft schlagen – was ihnen nur gelingen kann, wenn sie innovative Produkte anbieten. Eine Basis dafür könnte die zügige Entwicklung von kundenorientierten Systemen „elektronischen Geldes“ sein, die zur Zeit Tokio im Sturm erobern und vielen innovativen Nichtbank-Dienstleistern eine Plattform bieten. Die Technologie ist in Japan vorhanden, und von Bangkok über Seoul bis Shanghai sind die aufstrebenden asiatischen Metropolen sehr an modernsten Infrastrukturen interessiert. Ein erprobtes System elektronischen Geldes mit breiten Anbindungsmöglichkeiten an Nichtbank-Agenten und (selbst in China inzwischen verbreitete) Online-Marktplätze würde ihnen hier einen interessanten Wettbewerbsvorteil im Retail Banking verschaffen.

5 Schlussfolgerungen

Die Dominanz einiger weniger Großbanken in Japans Finanzmärkten (einschließlich der mit Abstand größten Bank der Welt, der öffentlichen japanischen Post) hat bisher signifikante Finanzinnovationen verhindert. Weniges spricht dafür, dass sich dies in den nächsten Jahren ändern wird, denn die Strategien der Banken sind auch weiterhin auf Konsolidierung ausgerichtet. Aber Japan ist, entgegen häufig geführten Argumenten, nicht länger “over-banked“ und scheint sich an der Schwelle zu einer Welle von Finanzinnovationen im Bereich des elektronischen Geldes zu befinden. Sowohl der Markt wie auch die Infrastruktur und die notwendigen Technologien sind hierfür bereits reif, und die gegenwärtige Zulassung von Nichtbank-Agenten zum Vertrieb von Bankprodukten und Dienstleistungen könnte die Initialzündung bedeuten. Ob die Banken diese Chance im Retail Banking ergreifen, ist allerdings noch offen.

Literatur

Arikawa Y, Miyajima H (2005) Relationship Banking in post Bubble Japan: Coexistence of soft-and hard budget constraint. RIETI Discussion Paper Series 05-E-015, Tokio

Bank of Japan (2005) The Expansion of Corporate Groups in the Financial Services Industry: Trends in Financial Conglomeration in Major Industrial Countries. Tokio

BIS (2004) FDI in the Financial Sector of Emerging Market Economies. Basel

BIS (2005) Consolidated Banking Statistics. Basel

BusinessWeek (26.09.2005) BusinessWeek Online Edition. Http://www.businessweek.com

Caballero RJ, Hoshi T, Kashyap AK (2005) Zombie Lending and Depressed Restructuring in Japan. Mimeo, University of Chicago

Center for Financial Industry Information Systems (2003) Waga kuni kin'yu kikan no IT toushi no ayumi to kadai [IT Investments by Japanese Financial Institutions: History and Challenges]. Kin'yu jōhō shisutemu hakusho (White Paper on Financial Information Systems), Zaikei Shōhōsha, S 3-25

FSA (2004) Program for Further Financial Reform. Tokio

Hoshi T, Kashyap AK (1999) The Japanese Banking Crisis: Where did it come from and how will it end? In: Bernanke B, Rotemberg J (Hrsg) NBER Macroeconomics Annual 14: 129-201

Hoshi T, Kashyap AK (2004) Japan's Financial Crisis and Economic Stagnation. Journal of Economic Perspectives 18(1): 3-26

IWF (2005) International Financial Statistics. Washington

FSA (2003) Program for Further Financial Reform. Japan`s Challenge: Moving toward a Financial Services Nation. Tokio.

Fukao M (2003) Financial sector profitability and double gearing. In: Blomstrom M, Corbett J, Hayashi F, Kashyap AK (Hrsg) Structural Impediments to Growth in Japan. University of Chicago, S 9-35

Lerner J (2004) The new Financial Thing: The Sources of Innovation before and after State Street. NBER Working Papers 10223

Miwa Y, Ramseyer JM (2004) Deregulation and Market Response in Contemporary Japan: Administrative Guidance, Keiretsu, and Main Banks. Univerity of Tokyo Discussion Paper CIRJE F-267

Mizuho (2004) Financial Report 2004. Http://www.mizuho-fg.co.jp

OECD (2005) Bank Profitability - Financial Statements of Banks. Paris

Peek J, Rosengren ES (2000) Collateral Damage: Effects of the Japanese Bank Crisis on Real Activity in the United States. The American Economic Review 90(1): 30-45

Peek J, Rosengreen ES (2005) Unnatural Selection: Perverse Incentives and the Misallocation of Credit in Japan. American Economic Review 95(4): 1144-1166

Sekine T, Kobayashi K, Saita Y (2003) Forbearance Lending: The Case of Japanese Firms. Monetary and Economics Studies 21: 69-92

Senoguchi J (2004) Major Banks Operating Results: Symptoms of Asset Appreciation. Lehman Brothers Equity Research, Tokio

The Banker (05.07.2005) The Top 1000 World Banks. Http://www.thebanker.com

Die japanische Modeindustrie

Sabine Pick

1 Einleitung

Japan besitzt einen der größten Modemärkte der Welt. Internationale Hersteller von Kleidung und Accessoires haben ihn als strategisches Ziel fest im Blick, und die einheimische Industrie muss sich zunehmend einer weltweiten Konkurrenz stellen, die gewillt ist, sich auf die Besonderheiten des japanischen Marktes einzulassen. Darüber hinaus stellen Veränderungen auf dem einheimischen Absatzmarkt die japanische Modebranche vor große Herausforderungen. So führen die Alterung der Bevölkerung und der Umbruch in den sozialen Strukturen zu einem Wandel der Konsumentenstrukturen, und das geänderte Kaufverhalten hinsichtlich der klassischen Einteilung „Billigware", „Mittleres Segment" und „Luxusprodukte" zwingt zu neuen Wegen.

Dieser Artikel bietet einen Einblick in den japanischen Modemarkt, seine Struktur, seine Besonderheiten und den derzeitigen strukturellen Wandel. Er zeigt, wie die Branche auf die neuen Herausforderungen reagiert und wo weiterer Bedarf und weitere Chancen zu sehen sind.

2 Die Modebranche in Japan

2.1 Marktsituation – die wirtschaftliche Ausgangslage

Die Modebranche in Japan hat einen der größten Modemärkte der Welt im eigenen Land. Nach der letzten verfügbaren Zahl aus dem Jahre 2001 setzte der japanische Einzelhandel mit Bekleidung fast 13 Bio. JPY um (JTIA 2005: 4).

Jedoch hat sich Japan in den letzten Jahrzehnten vom einst großen Exporteur zum großen Importeur von Textilien und Bekleidung gewandelt.

Die Produktion im eigenen Land geht seit 1992 kontinuierlich zurück, sowohl wert- als auch volumenmäßig. Dies ist zum einen auf die relative Kaufzurückhaltung der Konsumenten zurückzuführen: Seit 1990 reduzierten sich die Ausgaben pro Haushalt für Bekleidung und Schuhe um 60% und betrugen im Jahr 2003 nur noch 13.967 JPY (JETRO 2005: 11).

Zum anderen ist die Verlagerung der Produktionskapazitäten ins asiatische Ausland ein wesentlicher Faktor. Aufgrund der deutlich niedrigeren Arbeitslöhne senken die Hersteller durch die Produktion in China, Vietnam oder Indonesien ihre Kosten.

Die einheimische Produktionsmenge von „outerwear" ist aufgrund dieser Bedingungen im Zeitraum von 1998 bis 2002 von 408,73 Mio. auf 227,66 Mio. Teile, d.h. um 44,3%, gefallen. Die Zahl der in Japan hergestellten Anzüge ist z.B. um 55,7% gesunken und hat sich somit mehr als halbiert (JETRO 2005: 3). Im gleichen Zeitraum sind die Importe von 380,96 Mio. auf 617,7 Mio. Teile und damit um 62% gestiegen. Dieser Trend hat sich weiter fortgesetzt, sodass sich z.B. allein innerhalb eines Jahres von 2003 auf 2004 der Import von Textilien und Bekleidung wertmäßig um 11% auf über 27 Mrd. USD erhöhte (EURATEX 2005: 173).

Unter den Importeuren von Textilien und Bekleidung dominiert hierbei China mit ca. 80% des gesamten Umsatzvolumens. Dabei ist der Anteil am Import von Bekleidung mit 82,4% fast doppelt so hoch wie der von Textilien mit 46,3%.

Dieser hohe Anteil der Einfuhren geht auch auf die schon erwähnte Verlagerung der Fertigung nach China zurück, die erfolgte, als die Produktion in Japan wegen hoher Löhne unwirtschaftlich wurde. Chinas geografische Nähe zu Japan ist hierbei ein Vorteil gegenüber anderen Ländern, da sie eine schnelle Reaktion auf wechselnde Trends erlaubt. Allerdings muss dic Gefahr einer zu großen Abhängigkeit im Auge behalten werden. Dies betrifft sowohl mögliche politische Entwicklungen als auch die Risiken einer Aufwertung des chinesischen Yuan, sobald er gegen den US-Dollar freigegeben wird. Die Kosten für das Rohmaterial als auch für die Herstellung würden sich dann deutlich verteuern. Aus diesem Grund setzen einige japanische Hersteller darauf, ihre Produktionsstandorte zu diversifizieren und teilweise in andere asiatische Länder zu verlegen.

Importe aus EU-Staaten machen demgegenüber weniger als 9% aus (JETRO 2005: 5), der deutsche Anteil beträgt dabei 0,5% (EURATEX 2005: 173). Allerdings liegt der Durchschnittspreis pro Teil aus der EU mit durchschnittlich 6.416 JPY an der Spitze (und ist fast zehnmal so hoch wie der eines Teils aus China) (JETRO 2005: 5). Dies reflektiert die Hochwertigkeit der aus der EU eingeführten Waren und die Verschiedenheit der bedienten Preissegmente.

Bei der Betrachtung der Zahlen ist zu berücksichtigen, dass viele Produkte internationaler Marken einen japanischen Lizenznehmer haben. Die lizenzierten Produkte werden somit in Japan, China oder einem anderen asiatischen Land gefertigt, und trotz europäischer oder US-amerikanischer Marke treten diese Waren dann folglich nicht als Import aus Europa oder USA in der Statistik auf.

2.2 Handelsstruktur

Für den Verkauf von Bekleidung stehen verschiedene Kanäle zur Verfügung. Es gibt die Department Stores, die sogenannten Superstores und die Geschäfte, die von Herstellern direkt geführt werden. Daneben gibt es natürlich auch die großen Shopping-Center mit ihren Geschäften unterschiedlichster Ausrichtung und die ganz normalen Boutiquen. Viele der Modegeschäfte finden sich dabei in Bahnhöfen oder – oft unterirdischen – Einkaufsstraßen.

Ein sehr hohes Image als Trendsetter haben Department Stores wie Isetan oder Takashimaya. Sie bestreiten einen Marktanteil von ca. 32% am Gesamtumsatz im Bekleidungsbereich (JETRO 2004: 6). Sowohl Einzelhändler als auch Konsumenten beobachten stets interessiert, welche Produkte dort geführt werden. Als Regel im Markt gilt nach wie vor: Wer bei Isetan et al. gelistet ist, erfährt in der Folge eine rege Nachfrage durch andere Einzelhändler.

Superstores haben einen Marktanteil von rund 16% (JETRO 2004: 6). Hinter dieser Bezeichnung verbergen sich große Ketten wie Aeon oder Ito Yokado, die eigentlich alle Produkte, von Gemüse bis hin zum Fernseher, verkaufen und damit Märkten wie Walmart oder Real ähneln. Die Expansionsstrategie dieser Geschäfte zielt auf die neu entstehenden Shopping-Center.

Daneben hat sich in den letzten Jahren auch in Japan ein internationaler Trend durchgesetzt: Die „Vertikalen" sind da. Als „Vertikale" bezeichnet man Unternehmen, die ihr eigenes Produkt entwerfen, Rohwaren einkaufen, die Bekleidung anfertigen und dann in eigenen Geschäften verkaufen. In Deutschland zählen hierzu z.B. H&M und Zara, Esprit und Benetton. Neben den Vertretern des amerikanischen Marktes wie GAP und J.Crew ist in Japan die Firma Uniqlo am bekanntesten. Die Vertikalen besitzen zurzeit einen Marktanteil von ca. 40% des gesamten Einzelhandelsvolumens im Bekleidungsbereich (JETRO 2004: 6). Sie richten ihr Angebot auf niedrigpreisige Waren aus.

Selbstverständlich gibt es in Japan auch eine Vielzahl von kleinen, sogenannten Multibrand-Boutiqen. Je nach Spezialisierung, Lage und Klientel reicht hier das Angebot von hochpreisiger Importware bis hin zu äußerst preiswerten Artikeln asiatischer Fertigung. Ihr Marktanteil beträgt insgesamt 12% (JETRO 2004: 6). Dies umfasst auch die Boutiquen in Shopping-Centern und die „Select Shops“ wie United Arrows oder Beams. Diese „Select Shops“ bilden eine spezielle Untergruppe der “normalen” Einzelhandelsgeschäfte und sind kleine Ketten, die einen Mix aus georderter Markenware verschiedener Modehersteller und eigener Produktion, bzw. Produktion unter eigener Marke anbieten. Sie zielen auf eine besser verdienende Klientel ab.

3 Mode in Japan ist anders

3.1 Markennamen

Fragt man Deutsche nach japanischer Mode, kommt als Antwort häufig die Marke „Yohji Yamamoto“. Fragt man Japaner nach japanischer Mode, wird diese Aussage oft lediglich um Namen japanischer Designer wie Hanae Mori oder Rei Kawakubo ergänzt. Dabei gibt es eine unglaubliche Vielfalt japanischer Bekleidungsmarken. Woran liegt es, dass so viele Japaner gar nicht wissen, dass die Kleidung, die sie tragen, aus Japan kommt?

(Mode-)Marken transportieren als wichtiges Element eines Lifestyle-Produkts oft ein bestimmtes Qualitäts- und Werturteil, das eng mit der kulturellen oder nationalen Herkunft der Marke verknüpft ist. Modeprodukten aus dem europäischen oder amerikanischen Ausland wird in Japan zunächst ein höherer Wert beigemessen als den eigenen, und Franzosen und Italienern traut man hierbei wiederum grundsätzlich mehr zu als Deutschen. Aus diesem Grund streben viele Firmen danach, ihr Produkt international und damit nichtjapanisch klingen zu lassen. Marken bekommen dementsprechend einen Namen, der französisch, italienisch oder englisch klingt, das erhöht das Flair. So heißt eine bekannte japanische Strumpfmarke „Antipasti“, und einer der größten Bekleidungshersteller in Japan, das Unternehmen Five Fox, vertreibt ein bekanntes und erfolgreiches Label unter dem Namen „Comme ça de Mode“.

Da auf diese Weise Produkte des einheimischen Marktes in den seltensten Fällen einen japanischen Namen bekommen, ist vielen japanischen Konsumenten nicht bewusst, wie vielfältig das Angebot japanischer Bekleidung tatsächlich ist.

3.2 Produktgruppen

Aktuelle Trends führen dazu, dass bestimmte Produktgruppen von den Konsumenten in besonderer Weise nachgefragt werden. Die für den Transport eines Trends geeigneten Produktgruppen sind international zum großen Teil gleich. Allerdings gibt es in Japan einige, die für den internationalen Markt als Trendware keine Bedeutung haben. Hierzu gehören Stofftaschentücher, Regenschirme und Strümpfe. Diese werden in Japan als Modeprodukt wahrgenommen und sind für die Hersteller ein einträgliches Geschäft.

Die Taschentücher aus Stoff sind z.B. ein Produkt, das in Deutschland seit dem Einzug der Papiertaschentücher fast aus dem Angebot verschwunden ist. Sie werden hier im Allgemeinen eher als unhygienisch betrachtet. In Japan allerdings dienen diese Taschentücher gar nicht der Reinigung der Nase. Traditionell befinden sich auf öffentlichen Toiletten und Toiletten in Büros keine Papiertücher oder Lufttrockner. Das heißt, Taschentücher werden in erster Linie zum Händetrocknen benutzt.

Ein anderer Grund für die modische Bedeutung der Taschentücher ist in der Uniformierung in vielen Schulen und Firmen zu sehen. Da die Individualisierung eines Outfits so nur sehr eingeschränkt möglich ist, wird das Benutzen eines Designer-Taschentuches im öffentlichen Raum zum Fashion Statement.

3.3 Verarbeitung und Material

Auch die Verarbeitung und das farbliche Design der Bekleidung weist landesspezifische Besonderheiten auf.

So wird zum Beispiel die Verarbeitung bei bestimmten Produktgruppen wie Herrensakkos oder Damenröcken und insbesondere bei der Sommerbekleidung den Bedingungen in Japan angepasst. Bei Durchschnittstemperaturen von 30 Grad und einer Luftfeuchtigkeit von ca. 90% in den Monaten Juli bis September benötigt man leichtere Bekleidung als in einem durchschnittlichen Sommer in Deutschland. Die Halbfütterung der Anzugjacke ist dementsprechend für Japaner in einer Frühjahrs-/Sommerkollektion geradezu zwingend. Diese Halbfütterung ist eine besondere Verarbeitung, die in verschiedenen Varianten die Fütterung eines Sakkos im hinteren Rücken – bis zur halben Höhe oder nur in der Schulterpartie – bezeichnet. Auf diese Weise wird den klimatischen Bedingungen entsprochen: Ein komplett gefütterter Blazer wäre zu warm und würde im Rückenbereich zu stärkerer Transpiration führen. Bei den Farben lassen sich spezifische Vorlieben oder Abneigungen erkennen: Japaner favorisieren gedeckte und Pastellfarben, und während im Frühjahr und Sommer 2005 in Deutschland die Farbe Khaki für Jacken als hochmodisch galt, vermeiden Japaner diese Farben bei Oberteilen. Gemusterte Stoffe hingegen sind für die Damenoberbekleidung (DOB) ein trendunabhängiger Dauerbrenner – eine Verkaufsregel besagt: „Blümchen gehen immer".

3.4 Zielgruppen und Zielorte

Eine weitere Besonderheit des japanischen Marktes liegt in der spezifischen Einteilung der Zielgruppen und dem Ausmaß der zielgruppenspezifischen Clusterung des Angebotes an einem bestimmten Ort.

Während sich in vielen Ländern die Zielgruppenbestimmung vorrangig nach dem Lebensalter richtet, steht in Japan die Zugehörigkeit zu einer bestimmten sozialen Gruppe im Vordergrund. In der Vergangenheit beinhaltete dies allerdings oft auch ein ganz bestimmtes Altersspektrum, da die individuellen Biografien meist nach einem relativ festen allgemeinen Muster verliefen.

Dementsprechend ließen sich die Zielgruppen im Modebereich bisher folgendermaßen grob unterscheiden: Schülerinnen (bis 17 Jahre), Studentinnen (bis 22), „office ladys", kurz „OL's" genannt, sowie Hausfrauen und Mütter von Mitte 20 bis Mitte 40. Ab Ende 40 traten dann fast alle Frauen in die Gruppe der Oba-san's, der Gruppe der „ Damen", ein.

Die Mode für die jeweiligen Zielgruppen wird dabei ungewöhnlich klar abgegrenzt an bestimmten Orten angeboten. Eine Durchmischung des Angebotes ist selten. Auffällig ist dies vor allem in Tokio: bekanntestes Beispiel ist der Stadtteil Harajuku. Ladenkonzepte, Personal und Waren sind auf junge, sehr modische Kunden unter 25 Jahren ausgerichtet. Eine Career Woman wird dagegen am ehesten im Stadtteil Aoyama beim Kleidungskauf fündig, eine OL häufig im Stadtteil Shibuya.

4 Demografischer und gesellschaftlicher Wandel

Ebenso wie Deutschland verzeichnet auch Japan eine zunehmende Alterung der Bevölkerung. Dazu trägt bei, dass die Menschen in Japan nach einem Bericht der Weltgesundheitsorganisation (WHO) die höchste Lebenserwartung haben und dass andererseits im Frühjahr 2004 der Anteil der Kinder und Jugendlichen unter 15 Jahren auf alarmierende 14% fiel (vgl. Japan Statistics Bureau 2004).

Neben dieser Entwicklung ist ein Umbruch der klassischen sozialen Strukturen zu beobachten, der tiefgreifende Auswirkungen auf den biografischen Verlauf hinsichtlich Karriere, Familienplanung und Zugehörigkeit zu etablierten sozialen – und modischen – Gruppierungen hat.

Für den Konsumgütermarkt allgemein und für die Modebranche insbesondere sind hier vor allem zwei Strömungen interessant, in denen sich Frauen als Konsumenten mit hoher Kaufkraft herausbilden: die „jungen Singles“ und die „alten Singles“.

Die „jungen Singles“ sind eine Folge des Nicht- oder Spät-Heiratens. Immer weniger Frauen entscheiden sich für einen klassischen japanischen Lebensweg. Sie verzichten auf eine Familiengründung und damit auf den Ausstieg aus dem Erwerbsleben. Unverheiratete Frauen, die jetzt im Alter von 30 oder 40 Jahren sind, heiraten spät oder gar nicht mehr. Sie sind berufstätig und finanziell unabhängig. Frei von traditionellen Pflichten wie Haushalt und Kindererziehung haben sie die Zeit und das Geld, sich Hobbys und Aktivitäten wie dem Shopping zu widmen. Insbesondere die Gruppe junger berufstätiger Frauen (und Männer), die kostenfrei zu Hause wohnen, hat fast ihr gesamtes Gehalt zur freien Verfügung.

Aber auch wenn sich die jungen Frauen für eine Heirat entscheiden, verlaufen die Biografien heute oft anders als zuvor – mit deutlichen Auswirkungen auf den Modemarkt: Bisher war es üblich, dass die „Office Ladys“ bis zur Hochzeit mit ca. 25 Jahren im Unternehmen blieben, danach schieden sie zunächst aus dem Erwerbsleben aus. Heute verlassen diese Frauen ihre Firma dagegen oft erst mit der Geburt des ersten Kindes, und das heißt mit Anfang 30. Da die klassische OL Firmenuniform trägt, braucht sie nur für ihre Freizeit individuelle Kleidung. Bedürfnisse einer unverheirateten OL im Alter von Anfang 20 unterscheiden sich jedoch von denen ihrer verheirateten Kollegin, die zehn Jahre älter ist. Eine Erweiterung des Angebotes ist deshalb notwendig und wurde von der Modeindustrie ins Auge gefasst.

Neben dieser Konsumentinnengruppe gibt es noch eine weitere relativ neue – die „Career Women“. Dies sind Frauen, die in gehobenen Positionen arbeiten und keine Uniform tragen. Sie sind meist kinderlos und haben ein relativ hohes Einkommen zur Verfügung. Sie benötigen seriöse Bekleidung auch für ihren Geschäftsalltag.

Die ältere japanische Bevölkerung über 60 bleibt oft wirtschaftlich aktiv. Viele arbeiten bis zum 70. Lebensjahr. Man spricht in Japan bereits von den „Junior-Seniors“.

Sie leben aktiver und gesünder als die Generationen vor ihnen. Zudem sind sie auch wohlhabender. Das mittlere Einkommen von Haushalten älterer Personen liegt nur 10% unter dem eines durchschnittlichen Haushaltes (vgl. MasterCard 2005: 6). Das bedeutet, dass einer einzigen Person fast das gleiche Geld zur Verfügung steht wie einer mehrköpfigen Familie. Diese Senioren werden auch als “Silver Aristocrats” bezeichnet. Und da in

Japan Ehefrauen ihre Männer um fast 10 Jahre überleben, sind der überwiegende Teil der Silver Aristocrats somit tatsächlich ältere Frauen. Sie leben urban, sind finanziell gut ausgestattet, gesund, aktiv und meist sozial gut vernetzt und konsumfreudig.

5 Anforderungen an Hersteller und Einzelhandel – der wartende Markt

5.1 Wandel in den Zielgruppen

Mode wird vorrangig für junge, schöne Menschen entworfen. Nur wenige Designer und Hersteller bekennen sich zu Konsumenten jenseits von Traumfigur und Jugend. Hinsichtlich des Konfektionsmaßes wird in Europa für eine zierliche, deutsche Konfektionsgröße 36 entworfen, in Japan für die entsprechend noch kleinere und zierlichere Größe 32. Tatsächlich liegen in beiden Ländern die Durchschnittsfiguren zwei Größen über diesen. Und hinsichtlich des Alterssegments konzentriert sich die herstellende Industrie auf eine Zielgruppe der 25- bis maximal 35-Jährigen.

Aber die Ansprüche an die Bekleidung ändern sich mit zunehmendem Lebensalter – unabhängig davon, ob „junge“ oder „alte“ Singles. Dies betrifft sowohl den Modegrad und das Design als auch die Passform und die Ansprüche an die Pflege der Bekleidung. Frauen und Männer ab Mitte 30 haben andere Wünsche als die Altersgruppe bis Mitte 30. Vor allem Bequemlichkeit wird ein wichtiger Faktor. Das betrifft zum einen die Schnitte der Textilien und zum anderen ihre Pflege. Der Waschbarkeit wird ein immer höherer Stellenwert eingeräumt, im Gegensatz zur Reinigung spart sie Zeit und Kosten. Mit zunehmendem Lebensalter entscheiden bequeme Passform und Leichtigkeit der Pflege mehr über den Kauf als der Modegrad.

In den USA sind ausgefeilte Konzepte speziell für Kundinnen und Kunden mittleren Alters bereits ausgesprochen erfolgreich. Paradebeispiel dafür ist der auf bequeme Mode für Frauen über 45 spezialisierte Filialist Chico’s FAS aus Ft. Myers/Florida. Allein im Jahr 2004 steigerte das Unternehmen seinem Umsatz durch das Nischenkonzept um 38,8% (TextilWirtschaft 2005: 36). Mit der Marke „Forthe Towne“ springt jetzt auch der Filialist GAP Inc. aus San Francisco auf. Erweist sich die Marke auch in den USA als erfolgreich, soll sie voraussichtlich auch nach Japan „exportiert“ werden.

Was hier zurzeit noch unter dem Stichwort Nischenkonzept läuft, werden jedoch die Hauptkonsumentengruppen der Zukunft sein. In Japan (und

Deutschland) sind solche Tendenzen im Modebereich der Damenoberbekleidung bisher aber kaum zu finden, obwohl andere Branchen diese Zielgruppe der nicht familiär gebundenen Frauen über 40 längst ansprechen. So hat die Reisebranche zum Beispiel spezielle Angebote für diese Frauen (und ihre Mütter) entwickelt. Selbst Autohersteller haben die alleinstehende Frau über 40 als Konsumentin entdeckt und arbeiten an PKW speziell für diese Zielgruppe.

Lediglich bei der Herrenbekleidung sieht es etwas anders aus. Hier hat die Modebranche bereits angefangen, auf die veränderten Bedingungen zu reagieren. So hat beispielsweise United Arrows ein neues Shopkonzept für die Zielgruppe von Männern ab 40 entwickelt. „Darjeeling Days" heißen die Geschäfte in Tokio und Nagoya, in denen Männer seit März 2005 elegante und hochwertige Bekleidung in einem der Zielgruppe angepassten Ambiente finden.

Daneben haben sich auch die Anforderungen bei der Gruppe der Frauen und Männer, die heute 65 Jahre und älter sind und schon längst nicht mehr dem traditionellen Bild der „Großeltern" entsprechen, verändert. Die Generation ist geistig und körperlich aktiv, will entsprechend jugendlich und vital aussehen. Eine Konsumentin, die mit 65 einen aktiven Lebensstil pflegt, will dem auch mit ihrer Kleidung Rechnung tragen. Sie sucht Kleidung, die ihrem modischen Anspruch genügt, und dies bedeutet oft vor allem eine andere Schnittführung als bei der Bekleidung für junge Menschen.

5.2 Umorientierung bei den Preissegmenten

Weltweit zeigt der Modemarkt einen Trend zur Polarisierung in den Preissegmenten. Gewinner sind die Anbieter von billiger Bekleidung und die Anbieter von Luxusmarken. Verlierer sind Anbieter im mittelpreisigen Segment. Bis vor wenigen Jahren herrschte der „Total Look" vor. Konsumentinnen kleideten sich bevorzugt von Kopf bis Fuß mit den Produkten einer Marke. Mittlerweile aber ist es üblich, Marken zu mixen – und dabei auch „billig" und „teuer". Dies gilt auch für Japan, wo sich die Verbraucher trotz hoher Kaufkraft an die Verfügbarkeit günstiger Bekleidung gewöhnt haben. Das Qualitätsbewusstsein ist dabei nicht gesunken, die Konsumenten fordern hohe Qualität zu günstigen Preisen. Luxusmarken wie Louis Vuitton haben dabei einen ganz eigenen Stellenwert und finden konjunkturunabhängig ihre Käufer. In Japan sind die Kundinnen von Louis Vuitton durch alle Altersgruppen und Schichten zu finden; in Europa kaufen diese Produkte fast ausschließlich gutbetuchte Kundinnen im mittleren Alter.

Die Polarisierung der Preissegmente am Markt wird sich fortsetzen, und um das untere Preissegment bei gleichzeitig hohem Qualitätsanspruch bedienen zu können, wird man die Produktion weiter verschlanken müssen. Im Klartext bedeutet dies ein weiteres Outsourcing des Rohwareneinkaufs und der Produktion. Dabei ist, wie oben bereits erwähnt, die Tendenz, alles in China zu fertigen, wirtschaftlich riskant. Sobald der Yuan frei handelbar wird, ist mit einem deutlichen Anstieg der Kosten zu rechnen. Damit wäre die chinesische Fertigung nicht mehr lukrativ. Eine zusätzliche Auslagerung der Fertigung in Länder wie Indonesien oder Vietnam ist ratsam. Damit einher gehen Investitionen in Maschinen und Fabriken und die Schulung des örtlichen Personals. Nur dadurch können die hohen Qualitätsansprüche der japanischen Konsumenten dauerhaft auch bei preiswerten Produkten erfüllt werden.

5.3 Veränderte Standortpolitik und Warenpräsentation

Diejenigen Modeunternehmen in Produktion und Handel, die sich auf die beschriebenen Veränderungen so schnell wie möglich einstellen, werden profitieren.

Gewinner im japanischen Modemarkt sind schon heute die Shopping-Center. Durch die Kombination verschiedener Geschäftsformen mit gastronomischen Einrichtungen bieten sie die Möglichkeit, den Einkauf als soziales Event zu begehen. Sie bedienen das Bedürfnis nach einem „One-Stop-Shopping“. Dies ist für „junge Singles“ interessant, aber auch für die „alten Singles“, denn wer alt wird, ist oft einsam. Shopping, als soziales Ereignis konzipiert, hat hier hohe Attraktivität. Und es gibt zahllose Möglichkeiten, die Warenpräsentation den Wünschen und Bedürfnissen der reiferen Kunden anzupassen. Permanente Beschallung, verwirrend große Warenmengen und unausgebildetes Verkaufspersonal, wie es zur Zeit in Boutiquen für die Konsumenten bis Mitte 20 in Japan vorherrscht, schreckt diese Zielgruppe eher ab. Darüber hinaus sind geräumigere Umkleidekabinen, rutschfeste Böden, Sitzmöglichkeiten und eine bessere und größere Ausschilderung wichtig. Und eine schmeichelnde Beleuchtung sowie attraktives Beratungspersonal im Alter der Zielgruppe, das deren Wünsche kennt und kompetent beraten kann, macht das Umfeld angenehmer und erhöht die Verweildauer in einem Geschäft, was direkte Auswirkung auf den Konsum hat.

6 Bilanz

Trotz der vielen Veränderungen der letzten Jahre ist der japanische Modemarkt nach wie vor einer der größten und attraktivsten der Welt. Deshalb visieren viele internationale Hersteller eine Expansion nach Japan an. Für jene, die wie Louis Vuitton schon vor Ort sind, erweist sich der japanische Markt als umsatzstark und lukrativ.

Somit müssen japanische Hersteller auf dem eigenen Terrain verstärkt mit internationalen Firmen konkurrieren. Darüber hinaus ist der Export der eigenen Produkte rückläufig, und um so wichtiger ist und bleibt der einheimische Markt.

Die aktuellen Veränderungen in der demografischen Struktur und der soziale Umbruch der Gesellschaft stellen neben dem gestiegenen Wettbewerbsdruck eine weitere Herausforderung für die japanische Modeindustrie dar.

Jedoch reagiert die japanische Modeindustrie zurzeit noch kaum darauf. Weder Hersteller noch Einzelhandel bieten neue Konzepte für die sich neu herausbildenden Kundengruppen, wie z.B. die wachsende Zahl der Konsumenten, die über 40 sind und zunehmend ein eigenes Kaufverhalten mit entsprechenden Bedürfnissen an Passform, Beratung, Preisgefüge und Ladengestaltung entwickeln.

Die Polarisierung der Preissegmente schreitet weiter voran. Die „Vertikalen" haben bereits bewiesen, dass sich sogar mit besonders preiswerten Waren lukrative Margen erzielen lassen.

Lediglich die Shopping-Center bieten Herstellern und Einzelhandel bereits jetzt einen Vertriebskanal der unter den veränderten Bedingungen eine hohe Wachstumschance aufweist. Ob kinderlose „career woman" oder alleinstehende „alte Singles": Kaufkräftige Konsumenten ohne familiäre Bindung schätzen die Vielfalt des Warenangebotes, und durch die Kombination mit gastronomischen Einrichtungen ermöglicht das Shopping-Center „One-Stop-Shopping" als soziales Event.

7 Empfehlung

Deutlich zeichnet sich ab, dass der demografische Wandel auch bei der japanischen Modeindustrie vieles verändern wird. Schon heute gibt es gemessen am Bevölkerungsdurchschnitt immer mehr Senioren. Diese „neuen Alten" sind aktiv, konsumfreudig, solvent und haben eine zunehmend höhere Lebenserwartung. Sie reifen zum wirtschaftlichen Machtfaktor. Bislang reagiert die japanische Modeindustrie lediglich mit Hilflosigkeit auf die Entwicklung, und Hersteller von Schuluniformen zum Beispiel, die sich auf dieses eine Produkt spezialisiert hatten, stehen aufgrund ausbleibender Kundschaft vor dem Konkurs. Wirklich neue Konzepte sind nicht in Sicht – ein Blick auf andere Branchen und ihre innovativen Aktivitäten ist empfehlenswert.

Dem stetig schrumpfenden Markt können Hersteller und Einzelhandel entgegenwirken, indem sie sich auf die Bedürfnisse der Kunden und Kundinnen jenseits der 40 einstellen. Die kontinuierliche Anpassung der Produkte der Bekleidungshersteller an die Bedürfnisse dieser wachsenden Zielgruppe bietet großes wirtschaftliches Potenzial. Und das gilt auch für den Einzelhandel: Sowohl die Standortpolitik als auch die Form der Warenpräsentation sollte überprüft und der neuen Situation angepasst werden.

In allen konjunkturschwachen Phasen gibt es nicht nur Verlierer, sondern auch Gewinner. In der Bekleidungsindustrie sind das jene Unternehmen, die ihre Kunden ernst nehmen, deren Bedürfnisse kennen und entsprechend bedienen. Der demografische Wandel ist in vollem Gange. Das bedeutet eine Herausforderung und zugleich eine große Chance für die Hersteller und den Einzelhandel der japanischen Modeindustrie.

Literatur

EURATEX (2005) Bulletin 2005/1 – Economic situation and prospects in the Textile and Clothing Industry in the year 2004 and outlook for 2005. EURATEX, Brüssel

JETRO (2004) Japanese Apparel Industry. In: Japan Economic Monthly, Vol. 6. September 2004, S. 1-11.

JETRO (2005) Marketing Guidebook For Major Imported Products 2004 – Apparel and Fashion. JETRO, Tokio

JTIA Japan Textiles Importers Association (2005) The Japanese Apparel Market and Imports. JTIA, Tokio

MHLW Ministry for Health, Labour and Welfare (2005). Http://www.mhlw.go.jp/toukei/jouran/indexyk_1_2.html (Zugriff am 07.09.2005)

Lal R, Han A (2005) Overview of the Japanese Apparel Market. Harvard Business School, Discussion Paper 9-505-068

MasterCard (2005) Women Consumer Market in Japan – the Super-ageing Society. MasterCard MasterIndex and Insight Reports 3Q/2005

Nagino J (2001) Unikuro no ma-ketingu hōshiki: Tairyō seisan tairyō hanbai no shijō dokusen senryaku [Marketing-Methoden von Uniqlo: Strategien zur Monopolisierung des Marktes bei Massenproduktion und -verkauf]. Paru shuppan, Tokio

Ōmi N (2000) Unikuro kyūseichō no himitsu [Das Geheimnis des stürmischen Wachstums von Uniqlo]. Appuru shuppan, Tokio

Pick S (2005):Interview mit Journalist Aikawa Katsuhiro von Women's Wear Daily Japan. 26.9.2005

Japan Statistics Bureau (2004). Heisei 15nen 10gatsu tsuitachi genzai suikei jinkō [Schätzung der Bevölkerungszahlen zum 01.10.2003]. Http://www.stat.go.jp/data /jinsui/2003np/index.htm (Zugriff am 10.04.2006)

TextilWirtschaft (2005) Nischenkonzepte wachsen schnell. 22.09.2005: 36

Veränderungen im japanischen Distributionssystem

Hendrik Meyer-Ohle[1]

1 Einleitung

Die Konsumgüterdistribution in Japan war lange Zeit dadurch gekennzeichnet, dass Hersteller über Beteiligungen an Groß- und Einzelhändlern[2] sowie durch spezifische Handelspraktiken den Vertrieb dominierten und die Beziehungen sehr stabil blieben. Viele Akteure waren darüber hinaus auch über personelle Netzwerke verbunden. Die meisten Groß- und Einzelhändler waren mit einem geringen, aber gesicherten Einkommen zufrieden, und die Großunternehmen der Branche strebten weniger nach Profitabilität als vielmehr nach Umsatzwachstum und höherem Marktanteil. Gleichzeitig war der Wettbewerb über Produkte stark, sodass das japanische Distributionssystem auch für seine Vielfalt und Verfügbarkeit an Produkten gelobt wurde (Goldman 1992).

Eine erste größere Welle von Veränderungen bedeutete die in den 1970er Jahren einsetzende Eröffnung von Convenience Stores – kleinen Supermärkten mit langen Öffnungszeiten und einem breiten Angebot an Produkten für den täglichen Gebrauch, die über keine großen Lager verfügten und daher häufig beliefert werden mussten. Die Betreiberunternehmen der Convenience Stores veränderten das bestehende System: Sie entwickelten Distributionszentren, die durch die Großhändler beliefert wurden, organisierten Qualitätskontrollen für die Waren, erreichten in Verhandlungen eine Reduzierung der Packungsgrößen und entwickelten aus-

[1] Aus dem Englischen übersetzt und zusammengefasst von Andreas Moerke.

[2] Zur Kennzeichnung wird oft der Begriff der Vertriebs-*keiretsu* (*ryūtsū keiretsu*) gebraucht, von denen Matsushita wahrscheinlich die bekannteste Ausprägung war: Die Vertriebsorganisation bestand aus 28 Großhandelsunternehmen und 27.000 Einzelhandelsgeschäften, die (fast) ausschließlich Matsushita-Produkte anboten (vgl. Mishima 1993: 211-218; Niida 2002).

geklügelte Warenfluss- und Informationssysteme. Damit ging auch ein gradueller Wandel im Kräfteverhältnis einher: Der Einzelhandel verhandelte direkt mit den Herstellern über Preise und Lieferungen, teilweise lieferten die Hersteller direkt an die Distributionszentren (SIJ 1992: 114-120, 185-196; Ryūtsū Mondai Kenkyūkai 1995: 86).[3] Die Veränderungen erfolgten allerdings nicht als radikaler Wechsel, sondern wurden Schritt für Schritt implementiert.

2 Notwendigkeit zum Wandel: die 1990er Jahre

Die 1990er Jahre brachten schließlich einen deutlichen Wandel des Distributionssystems, der vor allem auf folgende Faktoren zurückgeführt wird: Deregulierung, eine striktere Anwendung von Regeln fairen Handels, der Marktzugang durch ausländische Einzelhändler und, aufgrund der Yen-Aufwertung, zunehmende Importe. Mit dem Platzen der „Seifenblasen-Wirtschaft" wurden die japanischen Konsumenten zunehmend preissensitiv, ohne allerdings Abstriche bei der Breite des Angebots oder der Produktqualität hinzunehmen. Sinkende Preise bei gleichem Service – das setzte nicht nur den Einzelhandel, sondern auch den Großhandel und die Hersteller unter Druck. Einige neue Unternehmen zeigten sich dieser Situation gewachsen. Yamada Denki beispielsweise bot seine Elektrogeräte zu niedrigen Preisen und bei gutem Service an; Uniqlo kombinierte attraktiv gestaltete Geschäfte und niedrige Preise, Daiso Sangyo offerierte in den 100-Yen-Shops ein nahezu unüberschaubares Angebot, und Matsumoto Kiyoshi verwandelte altbackene Drogerien in moderne Einkaufswelten für junge Konsumenten. Der Erfolg dieser Unternehmen wurde möglich, weil sie eigene Kapazitäten beim Einkauf und in der Verkaufsförderung aufbauten, die von den etablierten Unternehmen schwer zu kopieren waren (Fujita 1995: 5; Teranaka 1995: 20; Ryūtsū Mondai Kenkyūkai 1995: 108-110; Meyer-Ohle 2004).

Die Hersteller, die bis dahin versucht hatten, über die Kontrolle der Vertriebskanäle ihre Marktanteile zu steuern und die Preise festzusetzen, hatten aber nicht nur mit dem erwähnten Preisdruck zu kämpfen – auch der Staat meldete sich zu Wort. So forderte beispielsweise die japanische Fair Trade Commission die Kosmetikindustrie auf, die Preiskontrollen zu lo-

[3] Die Einzelhandelskette Seven Eleven ging sogar noch einen Schritt weiter und brachte im Jahr 1997 25 Großhändler dazu, ein neues Unternehmen mit dem alleinigen Zweck zu gründen, die Filialen von Seven Eleven zu beliefern. Das war ein Meilenstein auf dem Weg von der etablierten herstellerorientierten zur retailorientierten Distribution (Gekiryū Magazin 1997).

ckern, und ermunterte den Großhandel, den Preisempfehlungen der Hersteller nicht zu folgen. Die 1990er Jahre sahen also eine Verschiebung im Kräfteverhältnis: Die Kontrolle über die Preise verlagerte sich – wenigstens teilweise – von den Herstellern zum Einzelhandel (Nihon Keizai Shinbunsha 1995: 176-178; Ryūtsū Mondai Kenkyūkai 1995: 99-112).

Auch ihre bis dahin übliche Praxis der Produktentwicklung mussten die Hersteller überdenken. Die Strategie, immer neue Produkte und Produktvariationen mit immer kürzerer Lebensdauer zu entwickeln, machte das System anfällig für Nachfrageschwankungen und führte schnell zu vollen Lagern. Dies erforderte wiederum, neue Methoden zur Synchronisation von Produktion und Verkauf zu entwickeln (Takaya 1994: 16-24).

Nicht zuletzt rüttelten neue Modelle für Beziehungen zwischen Einzelhandel und Herstellern die Branche auf. Frühere Visionen zur Veränderung gingen fast immer davon aus, dass die Dominanz der Hersteller von einer Dominanz des Einzelhandels abgelöst würde, und wurden schnell als unrealistisch und ungeeignet abgestempelt. Nun zeigten aber einige Convenience-Store-Ketten erfolgreich, dass eine gemeinsame Verkaufspolitik (Merchandising) und ein gemeinsames Management der Zulieferkette (Supply Chain Management) machbar sind und dass man sich durchaus in der Mitte treffen kann. Genauso aufmerksam registriert wurden neue Bündnisse, teilweise mit ausländischen Unternehmen. Wal-Mart ist dafür nur ein Beispiel. Auch hier war klar, dass die althergebrachte, in Japan übliche Beziehungsstrukturen nicht übernommen werden. Neben gemeinsamem Merchandising kamen die Vereinheitlichung der genutzten Informations- und Kommunikationstechnologie und die Umgestaltung der Warenlogistik dazu.

Zusammenfassend lässt sich feststellen, dass das japanische Distributionssystem in den 1990er Jahren mit Herausforderungen konfrontiert war, die alles Bisherige übertrafen und den Druck auf die Akteure erhöhten, neue Lösungen zu entwickeln.

3 Strategien seit den 1990er Jahren

Wie oben dargestellt, waren in den 1990er Jahren Änderungen für alle Beteiligten – Hersteller, Großhändler und Einzelhändler – unumgänglich geworden. Diese mussten zudem zu mehr führen als nur zu verbesserter Effektivität: nämlich auch zu verbesserter Rentabilität. Um das zu erreichen, haben Hersteller, Großhändler und Einzelhändler gleichermaßen ihre Strategien hinsichtlich der Warenlogistik, der Handelspraktiken, der Produktpalette wie auch der geografischen Ausdehnung und Organisationsstrukturen angepasst. Tabelle 1 gibt hierzu einen Überblick.

Tabelle 1. Beispiele für Änderungen der Strategien in der Lieferkette

	Hersteller	Großhandel	Einzelhandel
Logistik	Reorganisation der Logistik, Verkürzung der Lieferzeiten, Reduzierung von Lagerbeständen, industrieweite Zusammenarbeit, Abspaltung der Logistik-operationen	Stärkung der Logistik, Bereitstellung umfassender Logistikdienstleistungen	Stärkung der Logistik (Aufbau exklusiver Distributionszentralen)
Handelspraktiken	Reform des Rabattsystems, stufenweise Abschaffung der Preisbindung	Gefangen zwischen den Strategien der Hersteller und des Einzelhandels: Wechsel zu Marktpreisen	Tägliche Niedrigpreisangebote unabhängig vom Hersteller, Erhöhung des Anteils von Produkten, die in eigener Verantwortung gehandelt werden
Organisationsstrukturen (M&A)	Fusionen von Verkaufsgesellschaften, Aufbau von Netzwerken eigener Geschäfte (Textil), Aufbau von Ressourcen zur Unterstützung des Einzelhandels	Fusion von Großhändlern, Akquisition von Einzelhändlern und Schaffung von Einzelhandelsabteilungen (Generalhandelshäuser)	Fusionen und Akquisitionen zur Verstärkung der eigenen Verhandlungsbasis
Produktspektrum	Verminderung der Zahl der Produkte, Überdenken der traditionellen „Full-Line“-Strategien, Entwicklung von Produkten mit Einzelhandelsformat bzw. für die im Einzelhandel kaufenden Kunden	Ausweitung des Sortiments	Stärkung der eigenen/privaten Marken, Entwicklung neuer Bezugsquellen, Kreation von exklusiven Marken zusammen mit den Herstellern
Räumliche Ausdehnung	Rationalisierung der nationalen Netzwerke	Erweiterte Abdeckung	Streben nach japanweiter Abdeckung

Quelle: Zusammenstellung des Autors.

3.1 Strategien der Hersteller: Verschlankung der Distribution

Für die Hersteller hat Watanabe (1997: 144) die folgenden Schritte vorgeschlagen, die aufeinander aufbauen und deshalb fortlaufend umgesetzt werden sollten:

1. Überdenken der Unternehmensphilosophie und der Zielvorstellungen
2. Organisatorische Veränderungen, um den Bedürfnissen großer Einzelhandelsunternehmen gerecht werden zu können
3. Überprüfung der Angemessenheit der Verkaufskanäle
4. Überdenken der Produktstrategien bezüglich der Verbreitung
5. Prüfen der Produktion und der Lagerhaltung
6. Stärkung von Logistik- und Informationssystemen.

All diese Schritte wurden von japanischen Unternehmen angegangen, wenngleich die Änderungen selten radikal, oftmals eher inkrementeller Natur waren.

Hinsichtlich ihrer Marketing-Strategien sahen und sehen sich die meisten Hersteller noch immer mit dem Problem konfrontiert, nicht zu wissen, wie sie auf die unterschiedlichen Interessen von großen und kleinen Einzelhandelsunternehmen reagieren sollen. Während die Beziehung mit den großen Einzelhändlern zwischen Konflikt und Kooperation schwankt, ist bei den kleinen Einzelhändlern klar, dass die Hersteller dominieren. Doch auch hier gab und gibt es Unklarheiten: Rein theoretisch haben die meisten Hersteller eine Vision, wie sie die Verkaufskanäle systematisch gestalten. In der Realität ist die Vermarktung allerdings oft weniger stringent organisiert und besteht häufig aus vielen affiliierten Gesellschaften, die mehr oder weniger nach Region, Funktion und/oder Produktlinie organisiert sind.

Mit Beginn der 1990er Jahre haben die Hersteller Maßnahmen zur Verschlankung ihrer Organisation eingeführt bzw. intensiviert. Die Unternehmen konzentrieren sich in zunehmendem Maße auf ihre Kernkompetenzen, um effektiver und profitabler zu werden. Das schließt die Beziehungen zu ihren Zulieferern ein. Aber auch die Entstehung von Einzelhandelsketten mit einem landesweiten Filialnetz zwingt die Hersteller, ihre Verkaufsnetze zu straffen. So hat beispielsweise Matsushita im März 2001 angekündigt, 22 der existierenden 28 regionalen Verkaufsunternehmen zusammenzuführen. Nichimen, ein führender Hersteller von Textilien, kaufte einige seiner Vertriebsunternehmen auf, um die Ressourcen zu konzentrieren. Suntory, Marktführer im Bereich Spirituosen, trennte sich von den 55%, die das Unternehmen an einem Großhändler für Lebensmittel und Getränke hatte, um sich auf das Geschäft mit Spirituosen zu konzentrieren (Nihon Keizai Shinbun, 14.02.2002).

Gleichzeitig begannen die Unternehmen, ihre Logistiksparten zu restrukturieren. So fusionierte Matsushita zwei seiner Logistikdienstleister, und Best Denki, ein Anbieter von Elektro- und Elektronikprodukten, übergab die physische Distribution seiner Produkte an die Logistikfirma von Sanyo (Nihon Keizai Shinbun, 06.09.2001).

Die organisatorischen Veränderungen im Logistiksystem waren begleitet von einem Wechsel der Handelspraktiken, einschließlich der Preis- und Rabattsysteme, um die Effektivität zu steigern (Ryūtsū Mondai Kenkyūkai 1995: 103). Shiseido liefert ein gutes Beispiel dafür: Das Unternehmen gewährte lange Zeit Rückvergütungen auf der Grundlage des Produktvolumens, das die Zwischenhändler orderten – was für diese den Anreiz setzte, mehr zu bestellen als nötig. Um die Waren dann abzusetzen, verkauften sie sie an Discount-Geschäfte und unterminierten so das Marken-Image von Shiseido. Als Shiseido schließlich einmal 43 Mrd. JPY abschreiben musste,[4] gab das den Ausschlag für eine Umgestaltung des Anreizsystems hin zur gegenwärtigen Form, die sich an den tatsächlichen Verkäufen orientiert und die Einzelhändler motiviert, möglichst wenige Rückwaren an Shiseido zurückgehen zu lassen (Nikkei Kinyū Shinbun, 18.10.2001).

Schließlich haben die Hersteller auch ihre Produktportfolios signifikant überarbeitet; insbesondere im Bereich der Haushaltsgüter und der Kosmetik ist der Trend offensichtlich. Kao verkündete beispielsweise die Halbierung der Zahl der Produkte und nahm sogar Umsatzeinbußen in Kauf, um dem eigentlichen Ziel – einer Verbesserung der Profitabilität – näher zu kommen (Nihon Keizai Shinbun, 30.08.2001). Kaos Wettbewerber Lion verfolgt die gleiche Strategie und reduzierte die Zahl der Kernmarken von 57 auf 21, um die Gewinnmargen zu erhöhen (Nikkei Weekly, 05.02.2001). Die Kosmetikfirma Kanebo hat die Zahl ihrer „mass brands" sogar auf ein Drittel, von 60 auf 20, verringert (Nihon Keizai Shinbun, 15.06.2006).

Die Konzentration auf das Kerngeschäft wird von den Herstellern begleitet durch eine stärkere Unterstützung der Einzelhändler. Früher war dies die Aufgabe des Großhandels, ist aber durch diesen nicht mehr zu leisten. Die Hersteller arbeiten deshalb zunehmend direkt mit ausgewählten Einzelhändlern zusammen und entwickeln gemeinsam mit ihnen exklusive Marken, um zu verhindern, dass die Einzelhandelsunternehmen dies auf eigene Faust tun.

Wie hier gezeigt wurde, haben die Hersteller mittlerweile eine Anpassung ihrer Marketing-Strategien vorgenommen. Es geht jetzt weniger um

---

4 Die Abschreibungen waren z.T. auch durch eine Veränderung der Regulierung bedingt, also nicht nur auf die Handelspraxis zurückzuführen.

Marktanteile und die Kontrolle der Distributionskanäle, sondern vielmehr um bessere Rentabilität durch Konzentration auf Kernkompetenzen.

3.2 Strategien des Großhandels: Vergrößerung von Reichweite und Sortiment

Der Großhandel bekam die Veränderungen sowohl von Seiten der Einzelhandelsunternehmen als auch von Seiten der Hersteller zu spüren. Längst schon sind garantierte Margen aufgrund von langfristigen und exklusiven Beziehungen nicht mehr möglich.

Am schnellsten reagierten die großen Unternehmen: Sie entwickelten sich zu Generalisten und bauten ihre Angebote aus. Dabei vereinheitlichten sie die Handhabung der drei großen Warengruppen Getränke, Lebensmittel und Süßwaren. Mittels Übernahmen oder des Ausbaus von Bündnissen mit spezialisierten Anbietern erweiterten sie die räumliche Abdeckung. In der zweiten Phase verbesserten sie ihre Logistik, verstärkten die Unterstützung für den Einzelhandel, engagierten sich in der Produktentwicklung, implementierten die neuesten Informationssysteme und bauten Kapazitäten auf, um auch anspruchsvolle Produkte, wie Kühl- oder Tiefkühlprodukte, führen zu können. Auch hier waren Fusionen, Akquisitionen und Allianzen die bevorzugten Umsetzungsformen.

Als wichtig haben sich die Beziehungen zu den Generalhandelshäusern erwiesen, die die Großhändler bei ihren Übernahmen unterstützen und seit den späten 1990er Jahren auch selbst Bündnisse mit Einzelhandelsunternehmen schlossen. Als Folge dieser Entwicklung verloren die Großhändler mit mittlerem Geschäftsvolumen, die in hohem Maße von den Belieferungen der Convenience Stores abhängig waren, zunehmend ihre Unabhängigkeit und wurden integriert (Gekiryū Magazine 2002a; Meyer-Ohle 2004).

Am härtesten ist die Situation für die Großhändler mit geringerem Geschäftsvolumen, die weder die finanziellen noch die personellen Mittel haben, ihre Logistik umzubauen, neue IT-Systeme zu integrieren und andere Unternehmen zu akquirieren. Es ist fraglich, ob sie den Weg gehen können, den die großen schon beschritten haben: sich von einem Verkäufer, der aktiv den Hersteller vertritt, zu einem Käufer zu wandeln, der sich als Vertreter des Einzelhandels sieht.

3.3 Strategien des Einzelhandels: Aufbau eigener Kompetenzen

Wie bereits weiter oben gezeigt wurde, hat sich die Logistik als der Bereich erwiesen, der entscheidend ist für die Sicherung der Wettbewerbsfähigkeit – was dazu führte, dass sich Großhandel, Hersteller und Einzelhandel hier einen enormen Wettbewerb liefern. Deshalb soll im Folgenden auch auf die Logistikstrategien des Einzelhandels eingegangen werden. Bereits erwähnt wurde Seven Eleven; ein weiteres anschauliches Beispiel liefert die Aeon-Gruppe. Im Jahr 2001 verkündete Aeon eine ambitionierte Umgestaltung der Zulieferkette, und mit dem Ende des Projekts im Jahr 2004 wurde die Gruppe das erste Einzelhandelsunternehmen, das ein landesweites Logistiknetzwerk kontrollierte. Dieses Netzwerk besteht aus einem nationalen Distributionszentrum, drei „Cross Docking Centers“ zur Kontrolle der Warenströme, zehn regionalen Distributionszentren und weiteren kleinen Cross Docking Centers zur Aufnahme und Aufbewahrung von Waren; 19 Verarbeitungszentren steuern den Fluss von Frischwaren und Rohmaterial. Dieses System ist nicht im Besitz von Aeon und wird auch nicht von der Gruppe betrieben - den Betrieb übernehmen sechs spezialisierte Logistikdienstleister.

Aeon ist bestrebt, sein Logistiknetzwerk auch für neue Beziehungen mit den Herstellern zu nutzen. In einer ersten Phase wurden 25 der wichtigsten Produzenten von vorbehandelten Lebensmitteln, Süßwaren und Waren des täglichen Bedarfs eingeladen, direkt an Aeons Logistiknetzwerk zu liefern, was nur zwei Unternehmen ablehnten. Von den 23, die sich beteiligen, haben vier sogar zugestimmt, die Transaktionen direkt mit Aeon zu realisieren. Diese Entwicklung stimmte das Unternehmen so optimistisch, dass man hofft, die Quote der Direktgeschäfte mit Herstellern auf zunächst 50% und später 70% zu steigern (HKH 2001). Bei der Umsetzung des Projekts achtete das Management bei Aeon strikt darauf, dass keiner der führenden Großhändler aus dem Lebensmittelbereich einbezogen wurde – hat doch Aeon das Geschäftsvolumen eines Großhändlers längst erreicht und kann damit diese Handelsstufe auslassen: Im Bereich bearbeiteter Lebensmittel ist Aeon der siebtgrößte Händler, im Bereich Süßwaren die Nummer sechs, und bei Haushaltwaren setzt nur noch ein Unternehmen mehr um als Aeon (Gekiryū Magazine 2002b). Anstelle sich mit dem Großhandel zu arrangieren, hatte Aeon beschlossen, mit spezialisierten Logistikdienstleistern zusammenzuarbeiten, die jeweils in einem bestimmten Bereich (Einzelhandelslogistik, Frischfisch, Tiefkühlkost etc.) über ein herausragendes Know-how verfügen. Ein Unternehmen wurde sogar aufgenommen, weil es über ein Handelsnetzwerk in China und Südostasien verfügt und damit den Weg bereitet für verstärkte Importe von Produkten aus diesen Regionen. Aeon will die Kosten für dieses Logistiknetzwerk selbst tragen und so eine neuartige Verbindung zu den Herstellern aufbauen. Darüber hinaus strebt das Unternehmen weitgehende Transparenz an und verhandelt Preise mit den Herstellern auf der Grundlage der realen Kosten (Hayashi 2001).

Ein Blick auf die anderen Einzelhandelsunternehmen zeigt allerdings, dass Aeons Ansatz am weitesten geht; viele andere erhalten die Beziehungen zu den Großhändlern noch aufrecht. Eine Annäherung von Herstellern und Einzelhandelsunternehmen ist jedoch trotzdem festzustellen. Sie resultiert zum einen aus der bereits erwähnten Konzentration der Hersteller auf ihre Kernkompetenzen, gekoppelt mit einer Reduzierung des Sortiments und einem längeren Produktlebenszyklus. Auf der anderen Seite sind einige Einzelhändler, besonders im Elektro-/Elektronikbereich so rasant gewachsen, dass sie sich die Bedingungen nicht mehr länger diktieren lassen. Durch die Einführung von Distributionszentren haben die Einzelhandelsunternehmen die Zahl der Belieferungen ihrer Geschäfte deutlich reduzieren können: von bis zu 50 pro Tag auf ein bis zwei Lieferungen. Die Hersteller mussten sich anpassen und separate Verkaufs- und Logistikstrukturen für kleinere und größere Geschäfte entwickeln (Nihon Keizai Shinbun, 06.09.2001; Meyer-Ohle 2003).

Im Bekleidungsbereich sahen sich die Einzelhändler – aber auch die Hersteller – mit neuen Wettbewerbern konfrontiert: den sogenannten „Vertikalen“ (vgl. den Beitrag von Pick im vorliegenden Band). Deren Geschäftsmodelle waren eine so große Herausforderung, dass sich die Hersteller gezwungen sahen, ihre bisherigen Vertriebspraktiken wie Verkauf auf Konzessionsbasis zu reduzieren und verstärkt die Verantwortung bis zum Verkauf selbst zu übernehmen. (Meyer-Ohle 2003; Che 1999; Nihon Keizai Shinbun, 05.12.2001).

4 Fazit

Seit den 1990er Jahren erlebt das japanische Distributionssystem deutliche Veränderungen, die noch längst nicht abgeschlossen sind. Konfrontiert mit der Notwendigkeit zur Rationalisierung und angesichts japanischer wie ausländischer Beispiele erfolgreichen Wandels haben japanische Einzelhandelsunternehmen erkannt, dass der Einkauf ein Bereich ist, wo sie entscheidende Wettbewerbsvorteile erzielen können. Großhändler und Hersteller sehen sich gleichermaßen starkem Kostendruck und Nachfrageänderungen ausgesetzt, was ihre Position in der Distribution schwächte. Zu beobachten sind insbesondere:

- eine Vereinfachung der Handelspraktiken, dabei zunehmend fokussiert auf die Befriedigung der Erwartungen großer Einzelhandelsunternehmen;
- im beginnenden 21. Jahrhundert eine Neuformierung von Allianzen, das heißt ein Aufbrechen existierender Partnerschaften und das Schließen von neuen Bündnissen – oft geknüpft an bestimmte Fähigkeiten oder Spezialisierungen.

Schließlich hat sich auch die Position der japanischen Konsumenten geändert. Wie in anderen entwickelten Märkten ist nun auch in Japan die Nachfrage (und damit der Konsument) die treibende Kraft im Marketing von Konsumgütern. Dessen sind sich die japanischen Kunden auch bewusst und fordern Waren und Dienstleistungen entsprechend Ihren Wünschen. Dass es möglich ist, die Erwartungen der japanischen Kunden in Bezug auf Produktqualität, Präsentation und Service zu erfüllen und diese Leistungen gleichzeitig zu günstigen Preisen anzubieten, haben einige junge Unternehmen mit innovativen Konzepten bewiesen.

Literatur

Che YF (1999) Onwādo Kashiyama ni okeru itaku torihiki hōshiki to tsuika seisan hōshiki no senryakuteki hokansei [Strategische Komplementaritäten zwischen dem Verkauf auf Kommission und der Methode zusätzlicher Produktion bei Onward Kashiyama]. In: Kondō F, Wakabayashi Y (Hrsg) Nihon kigyō no maaketingushi [Geschichte des Marketing Japanischer Unternehmen]. Dōbunkan Shuppan, Tokio, S. 130-152

Fujita E (1995) Naze fuenai..? Hyakkaten no chokuyunyū [Warum erhöhen sie sich nicht...? Direktimporte durch japanische Kaufhäuser]. Nikkei Ryūtsū Shinbun, 16.05.1995: 5

Gekiryū Magazine (1997) Butsuryū kakaku no shinchōryū [Neue Trends in der Reorganisation der Logistik]. Oktober 1997: 50-53

Gekiryū Magazine (2002a) Tonya – shōsha no ritēru shinshutsu de nuri kaerareru keiretsu kankei [Großhändler – Gruppenbindungen verändern sich durch den Zugang von Generalhandelshäusern beim Einzelhandel]. Februar 2002: 60-63

Gekiryū Magazine (2002b) Ion jitsuryoku dankai ni haitta EDPL senryaku [Aeon: Die EDPL-Strategie erreicht das Niveau wirklicher Stärke]. März 2002: 10-26

Goldman A (1992) Evaluating the performance of the Japanese distribution system. Journal of Retailing 68(1): 11-39

HKH Hanbai Kakushin Henshūbu (2001) Ion sōgō butsuryū shisutemu no settokuryoku to gekishindo [Die Überzeugungskraft und die revolutionären Qualitäten des neuen umfassenden Logistik-Systems von Aeon]. Hanbai kakushin, Juli 2001: 112-116

Hayashi K (2001) Choku biki dokuji nettowāku o jiku to suru shinbutsuryū infura no zenbō [Gesamtbild der neuen Logistik-Infrastruktur zur Einführung von direkten Transaktionen in ein exklusives Netzwerk]. Hanbai kakushin, Juli 2001: 117-119

Meyer-Ohle H (2003) Innovation and Dynamics in Japanese Retailing - From Techniques to Formats to Systems. Palgrave Macmillan, Basingstoke et al.

Meyer-Ohle Hendrik (2004) Walking with dinosaurs: general trading companies in the reorganization of Japanese consumer goods distribution. International Journal of Retail & Distribution Management 32(1): 45-55

Mishima M (1993) Ryūtsū keiretsuka no ronri [Theorie der Keiretsu-Bildung in Distributionskanälen]. In: Ariga K (Hrsg) Nihonteki ryūtsū no keizaigaku [Ökonomie der japanischen Distribution]. Nihon Keizai Shinbunsha, Tokio, S. 207-254

Nihon Keizai Shinbun (30.08.2001) Kao to halve number of products to 1,000. (Zugriff über Nikkei Net Interactive)

Nihon Keizai Shinbun (06.09.2001) Big electronics retailers rationalize distribution systems. (Zugriff über Nikkei Net Interactive)

Nihon Keizai Shinbun (05.12.2001) Earnings gap in 6 apparel firms to widen in FY01. (Zugriff über Nikkei Net Interactive)

Nihon Keizai Shinbun (14.02.2002) Nichimen to make Nichimen Infinity 100% unit via TOB. (Zugriff über Nikkei Net Interactive)

Nihon Keizai Shinbun (14.06.2006) Shiseido To Roll Out 2 New Low-End, Midrange Beauty Brands. (Zugriff über Nikkei Net Interactive)

Nihon Keizai Shinbunsha (1995) Ryūtsū TODAY [Distribution heute]. Nihon Keizai Shinbunsha, Tokio

Niida H (2002) The Distribution of Household Appliances: A Keiretsu Distribution System. In: Miwa Y, Nishimura KG, Ramseyer JM (Hrsg) Distribution in Japan. Oxford University Press, Oxford, S. 77-98

Nikkei Kinyū Shinbun (18.10.2001) Shiseido shifts rebates from product stocking to sales. (Zugriff über Nikkei Net Interactive)

Nikkei Weekly (05.02.2001) Battles over turf reshape personal-care industry.

Ryūtsū Mondai Kenkyūkai (1995) Kakaku keisei no hen'yō to ryūtsū kakushin [Änderungen im Pricing und Revolution der Distribution]. In: Miyazawa K (Hrsg) Kakaku kakumei to ryūtsū kakushin [Pricing-Revolution und Erneuerung der Distribution]. Nihon Keizai Shinbunsha, Tokio, S. 14-150

SIJ Sebun-Irebun Japan (1992) Sebun-Irebun Japan – owari naki inobeeshon [Seven-Eleven Japan – die niemals endende Innovation]. Sebun-Irebun, Tokio

Takaya K (1994) Cho kakaku hakai to 'sei hai han' dōmei [Die große Preiszerstörung und die Allianzen zwischen Herstellern, Distributoren und Einzelhandel]. Sanno Daigaku Shuppanbu, Tokio

Teranaka S (1995) Hyakkaten, kakaku no tekiseika hitsuyō [Kaufhäuser, Notwendigkeit zur Anpassung der Preise]. Nikkei Ryūtsū Shinbun, 06.06.1995: 20

Watanabe T (1997) Ryūtsū chaneru kankei no dōtai bunseki – seihan no kyōdō kankei ni kansuru riron to jisshō [Dynamische Analyse der Beziehungen in den Distributionskanälen – Theorie und praktische Überprüfung der gemeinsamen Handlungen von Industrie und Handel]. Chikura Shobō, Tokio

Anhang

Autorinnen/Autoren

Dr. Sigrun CASPARY

Studium der Japanologie, Politikwissenschaft und Volkswirtschaftslehre an der Universität Bonn; 1992 Magister Artium; 1996 Promotion an der Universität Bonn zur Industriepolitik in der japanischen Luftfahrtindustrie; 1992-1993 wissenschaftliche Mitarbeiterin an der Universität Trier, FB Japanologie, 1993-1997 Research Fellow an der Hitotsubashi-Universität und am Institute for International Economic Studies, Tokio; 1997 Strategic Analyst bei der Yamaichi Bank, Frankfurt am Main; seit Herbst 1997 wissenschaftliche Mitarbeiterin am Institut für kulturvergleichende Wirtschaftsforschung bzw. am Lehrstuhl für Evolutionsökonomik und Institutionentheorie der Wirtschaftsfakultät der privaten Universität Witten/Herdecke; Forschungsgebiete sind japanische Wirtschaftspolitik, bes. Industriepolitik in der Luftfahrtindustrie, regionale Wirtschaftsentwicklung, japanisches Management, Netzwerke und Sozialkapital.

Dr. Kerstin CUHLS

Studium der Japanologie, Sinologie und Betriebswirtschaftslehre an der Universität Hamburg sowie der Kansai Gaikokugo Daigaku, Osaka; seit 1992 wissenschaftliche Projektleiterin am Fraunhofer-Institut für System- und Innovationsforschung (ISI) in Karlsruhe; 1993 abgeordnet an das National Institute of Science and Technology Policy (NISTEP) in Tokio zum Aufbau einer wissenschaftlichen Kooperation; 1997 Promotion zur Dr. phil. an der Universität Hamburg (Japanologie). Derzeitige Forschungsschwerpunkte: Gegenwärtiges und zukünftiges Japan (Wirtschaft, Politik, insbesondere Forschungs- und Innovationspolitik, Gesellschaft, Zukunftsentwicklungen), China: allgemeine Beobachtung von Wirtschaft, Politik und Gesellschaft, Methoden, Konzepte, Methodenkombinationen der Vorausschau/Foresight/Zukunftsforschung, Delphi-Methode, Zukunftsthemen sowie Innovationsstrategien für Unternehmen und Forschungseinrichtungen.

Prof. Dr. Tim GOYDKE

Studium der Wirtschaftswissenschaften mit Schwerpunkt Japan in Duisburg, Tokio und Cardiff (Wales); 1998 Abschluss als Diplom-Volkswirt; 1998-2001 wissenschaftlicher Mitarbeiter am Lehrstuhl Ostasienwirtschaft/Wirtschaftspolitik (Prof. Pascha) in Duisburg; Gastwissenschaftler an der Waseda-Universität (Tokio) und der Seoul National University; Promotion über Industriepolitik in Japan und Korea; 2002-2005 Regional Manager Japan, Korea, Südasien beim OAV - Asia-Pacific Business Association in Hamburg; seit 2005 Professor für Wirtschaft und Gesellschaft Japans an der Hochschule Bremen.

Pascal GUDORF

Studium der Japanologie und Sozial- und Wirtschaftsgeschichte an der Philipps-Universität Marburg; 1996-1997 DAAD-Stipendiat in Tokio; 1999 Praktikum bei einem deutschen Unternehmen in Yokohama; seit 2001 Mitarbeiter bei der Deutschen Industrie- und Handelskammer in Japan, verantwortlich für Presse- und Öffentlichkeitsarbeit und Chefredakteur des Wirtschaftsmagazins JAPANMARKT.

Hiromichi KUNIMI

Studium der Betriebswirtschaftslehre an der Kyūshū-Universität, Aufbaustudiengang Internationales Management ebenfalls an der Kyūshū-Universität. Seit 2003 Mitarbeiter der Development Bank of Japan, zuerst in der Research Division, seit April 2005 in der DBJ-Zweigstelle Kyūshū.

Dr. Jörg MAHLICH

Ökonomiestudium in Köln, Los Angeles, Wien und Kiel. Nach zweijährigem Japanaufenthalt Dissertation am Austrian Research Center Seibersdorf über Innovationsdeterminanten in der Pharmaindustrie und Promotion an der Universität Wien. Danach Berater bei der UNIDO und bei einer privaten Politikberatungsfirma; seit 2004 Ökonom bei der Wirtschaftskammer Österreich, Stabsabteilung Wirtschaftspolitik.

Dr. Jürgen MAURER

Studium der Informationswissenschaft, Politikwissenschaft (Schwerpunkt China), Ostasienwirtschaft (Schwerpunkt Japan) an den Universitäten Saarbrücken und Duisburg. Forschungsaufenthalte an der University of Washington (Seattle) und University of Michigan (Ann Arbor). Promoviert im Bereich internationale Beziehungen. Seit Mitte 1996 Wirtschaftskorrespondent der Bundesagentur für Außenwirtschaft (bfai), einer Servicestelle des Bundesministeriums für Wirtschaft und Technologie. Von 1997 bis 2003 Korrespondent in Peking, seit 2004 in Tokio tätig.

Prof. Dr. Hendrik MEYER-OHLE

Studium der Betriebswirtschaftslehre und Japanologie an der Universität Marburg; Promotion ebenda. 1995-1999 Mitarbeiter am Deutschen Institut für Japanstudien, Tokio. Seit Januar 2000 Professor am Department of Japanese Studies der National University of Singapore. Seit Juli 2005 Associate Professor, seit August 2005 Deputy Head des Departments und Assistant Dean der Fakultät. Hendrik Meyer-Ohle ist u.a. Autor von „Innovation and Dynamics in Japanese Retailing - From Techniques to Formats to Systems" (2003) und Mitherausgeber von „Corporate Strategies for Southeast Asia After the Crisis" (2000). Forschungsthemen: Distribution japanischer Konsumgüter, Dienstleistungen in der japanischen Wirtschaft, internationales Marketing japanischer Unternehmen in Südostasien, Veränderungen japanischer Arbeitsplätze.

Dr. Andreas MOERKE

Studium der Japanologie, Neueren/Neuesten Geschichte und Linguistik an der Humboldt-Universität zu Berlin und Tōkai-Universität, Hiratsuka, Japan. Wissenschaftlicher Mitarbeiter am Japanprojekt des Schwerpunkts „Marktprozesse und Unternehmensentwicklung" am Wissenschaftszentrum Berlin für Sozialforschung, dabei Promotion an der Wirtschaftswissenschaftlichen Fakultät der HU Berlin. Seit 2001 am Deutschen Institut für Japanstudien in Tokio, zuletzt als Leiter der Wirtschaftswissenschaftlichen Abteilung. Forschungsthemen: Corporate Governance, Industrial Organisation und International Management. Gründungsmitglied und Partner der Beratungsgesellschaften JEBinterlogue GmbH (Hamburg/Berlin) und interlogueJEB Ltd. (Tokio/Kamakura) mit Schwerpunkt Marktzugangsstrategien in Japan und Europa; Mitglied im Aufsichtsgremium (*kansaya-*

ku) des Tokioter Datenbank- und Marketing-Dienstleisters Landscape Co., Ltd.

Alexander MÜLLER

Studium der Japanologie und Wirtschaftsinformatik an der Philipps-Universität Marburg. Stipendiat des Monbukagakushō, DAAD, AIEJ und Lions Club. Forschungsstipendiat an der Graduate School of Economics der Kyoto University bis 2006. Mehrere Forschungsaufenthalte in Japan. Tätigkeiten in der Industrie, u.a. für Bosch und DaimlerChrysler. Derzeit Anfertigung einer wirtschaftswissenschaftlichen Doktorarbeit zum Thema Geschäftsprozessmodellierung durch Referenzmodelle in betrieblicher Standardsoftware.

Andreas NABOR

Studium der Japanologie, Volkswirtschaft und Sinologie an der Universität Hamburg; 1999 M.A. mit einer Arbeit über den Konkurs der Eigenheimfinanzierungsgesellschaften "Jusen" als Beispiel für die Bankenregulierung und Bankenkrise in Japan; 2000-2004 wissenschaftlicher Mitarbeiter am Hamburgischen Welt-Wirtschafts-Archiv; zwischen 1995 und 2004 verschiedene Studien- und Forschungsaufenthalte in Tokio; seit 2004 Lecturer for Economics and Finance an der Isle of Man International Business School.

Prof. Dr. Werner PASCHA

Studium der Volkswirtschaftslehre an der Universität Freiburg in Breisgau, an der London School of Economics sowie an der Universität Nagoya; 1981 Diplom, 1986 Promotion und 1991 Habilitation in Freiburg. Seit 1992 Professor für Ostasienwirtschaft/Japan und Korea am Fachbereich Betriebswirtschaft sowie am Institut für Ostasienwissenschaften der Universität Duisburg-Essen (früher: Duisburg). Daneben u.a. Vorsitzender des Beirats Japan/Korea der Deutschen Gesellschaft für Asienkunde. Forschungsaufenthalte u.a. an den Universitäten Kioto und Waseda, am Institute for Southeast Asian Studies, Singapur, und an der Academy for Korean Studies. Forschungsschwerpunkte sind der wirtschaftliche, insbesondere institutionelle Strukturwandel in Japan und Korea sowie die Wirtschaftsbeziehungen innerhalb und mit der Region Pazifisch-Asien.

Sabine PICK

Studium Japanisch, Koreanisch und Politikwissenschaft an der Rheinischen Friedrich-Wilhelms-Universität Bonn, 1991 Diplomarbeit über die sozialistische Partei Japans im Umbruch. Seit zwölf Jahren in der Textilbranche mit dem Vertrieb deutscher Produkte nach Asien beschäftigt. Ab 2002 als Beraterin selbständig. Tätigkeitsschwerpunkte sind Vertriebs- und Marketing-Management zur weiteren Verbesserung der Markt- und Wettbewerbsposition. Insbesondere Marken-Repositionierung und Restrukturierung des Vertriebes für deutsche Konsumgüter in Japan.

Dr. Martin SCHULZ

Studium der Politikwissenschaft, Volkswirtschaftslehre und Mathematik an der FU Berlin; 1989 Diplom in Politikwissenschaft, 1990 Diplom in Volkswirtschaft und 1996 Promotion am Fachbereich Wirtschaftswissenschaften mit einer Arbeit über Geldpolitik und gesamtwirtschaftliche Finanzierung in Japan. 1991-1993 Visiting Scholar an der University of Tokyo; 1993-1998 Wissenschaftlicher Mitarbeiter an der FU Berlin mit den Forschungsgebieten Wirtschaftspolitik und Europäische Integration, Fellowships und Gastprofessuren an Universitäten in Bari, Bath, Stettin und Tokio; 1998-2000 Research Fellow an der University of Tokyo und 1998-1999 Visiting Researcher an der Bank of Japan. Seit 2000 Senior Economist am Fujitsu Research Institute in Tokio. Forschungsgebiete sind Makroökonomie, Wirtschaftspolitik, International Finance, Industrieller Strukturwandel, Europäische und Asiatische Integration.

Martin SEIBERT

Studium der Betriebswirtschaftslehre an der Johannes Gutenberg-Universität Mainz. Derzeit Doktorand an der European Business School am Lehrstuhl für eCommerce/Marketing in Östrich-Winkel mit einer empirischen Untersuchung zu Corporate Publishing im Internet und Wissensmanagement. Martin Seibert ist seit dem 17. Lebensjahr (1996) Geschäftsführer der SEIBERT/MEDIA GmbH, einem Internet-Dienstleister aus Wiesbaden mit knapp 100 Kunden und 30 Mitarbeitern.

Dr. Anja WALKE

Studium der japanischen Linguistik, Wirtschaft Ostasiens und Wirtschaftswissenschaften an der Ruhr-Universität Bochum; 1998-1999 Forschungsstipendiatin des DAAD an der Chiba-Universität sowie am Institut für Okinawastudien (Okinawagaku kenkyūjo) in Tokio; 2002 Promotion an der Ruhr-Universität Bochum; seit April 2002 wissenschaftliche Referentin für die Wirtschaft Japans am GIGA Institut für Asienkunde in Hamburg; Forschungsgebiete sind die wirtschaftlichen Implikationen der demografischen Alterung, der industrielle Strukturwandel und Innovationen (Prozesse, Strategien, Innovationssystem) in Japan.

Dr. Iris WIECZOREK

Studium der Japanologie, Sinologie und Informatik an der Universität Hamburg; 1996-1998 Forschungsaufenthalt in Japan; September 2000 Promotion zum Dr. phil. an der Universität Hamburg; seit Januar 2000 wissenschaftliche Referentin am GIGA Institut für Asienkunde in Hamburg, zuständig für die Bereiche Gesellschaft, Technologie und Forschung in Japan; seit Juni 2005 zusätzlich Wissensmanagement am GIGA; Lehraufträge an der Universität Hamburg; Forschungsgebiete sind Innovationsprozesse und soziale Bewegungen in Japan im internationalen Vergleich.

Christian WINKLER

Studium der Japanologie, politischen Wissenschaft und Sinologie an der Ludwig-Maximilians-Universität München; 2003-2004 Monbushō-Stipendium an der University of Hokkaido in Sapporo; 2006 M.A. mit einer Arbeit über die Verfassungsreformdebatte in Japan.

Sachverzeichnis

Erratum

Andreas Moerke / Anja Walke
Japans Zukunftsindustrien
ISBN 978-3-540-29806-9
Impressum Seite IV

Bedauerlicherweise wurden bei der Druckdatenerzeugung falsche Informationen bezüglich der Herausgeber im Impressum aufgenommen. Die richtigen Adressen der Herausgeber lauten wie folgt:

Dr. Andreas Moerke
DIJ Tokyo
Jochi Kioizaka Bldg. 2F
7-1 Kioicho
Chiyoda-ku, Tokyo 102-0094
Japan
moerke@zukunftsindustrien.de

Dr. AnjaWalke
GIGA Institut für Asienkunde
Rothenbaumchaussee 32
20148 Hamburg
Deutschland
walke@zukunftsindustrien.de

Springer

FSC
www.fsc.org
MIX
Papier | Fördert
gute Waldnutzung
FSC® C083411

Kolibri 360 GmbH
Ferdinand-Jühlke-Straße 7
99095 Erfurt, Deutschland
produktsicherheit@kolibri360.de